デジタル・ジオグラフィーズ

Digital Geographies

Edited by:
James Ash, Rob Kitchin,
Agnieszka Leszczynski

[編著]
ジェームズ・アッシュ
ロブ・キッチン
アグニェシュカ・レシュチンスキ

[監訳] 田中雅大
[訳] 二村太郎、桐村 喬、小泉 諒

変容する空間、地理学の変容

明石書店

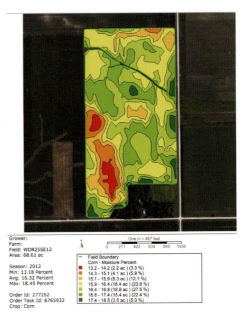

図 4.1 生産性を示す収量の詳細な地図化は，最良の効果を得るために投入資源の的を空間的に絞ることを可能にする。ここではサンプルデータのグリッドを基に，ソフトウェアのアルゴリズムによって圃場内の変動が連続的な表面として可視化されている。Viafield/AgriCharts, a Barchart.com, Inc. company 提供。

図 4.2 コンバインハーベスターの中のオペレータ制御盤。CLAAS UK 提供。http://www.claas.co.uk/fascination-claas/media/download-center

図4.3 イギリスで食肉用の牛を飼育するために必要な「パスポート」を印刷したもの。このIDコードは個々の動物に関連するデジタル記録とリンクされている。Crabbs Bluntshay Farm（イギリス・ブリッドポート）提供。

図4.4 レーザーで印字された生産IDコードを消費者が入力することで、卵の原産地の詳細を知ることができるウェブインターフェース。こうしたトレーサビリティデータベースへの公開リンクがどれだけ広く照会されているか、あるいは提供される情報がどれだけ顧客に安心をもたらしているかは明らかでない。

図4.5 典型的な自動搾乳システム。中にいる牛はわずかしか見えないが、多くの動物は簡単な調教で機械とロボットの処理手続きを受け入れるようになる。DeLaval A/S 提供。

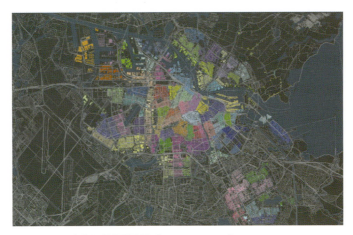

図 12.1　行政的な郵便番号区（Arribas-Bel, 2015）

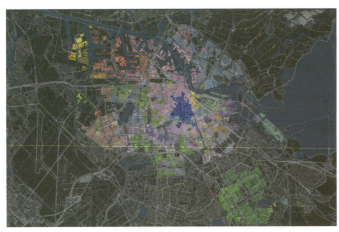

図 12.2　ツイートに基づく郵便番号区（Arribas-Bel, 2015）

デジタル・ジオグラフィーズ

Digital Geographies

Digital Geographies, First Edition
by James Ash, Rob Kitchin, Agnieszka Leszczynski
Copyright © 2018 by SAGE Publications, Ltd.
English language edition published by Sage Publishing
of London, California, New Delhi and Singapore.
All rights reserved.

Japanese language edition © 2025 by Akashi Shoten Co., Ltd.
The copyright of the Japanese translation is jointly held
by Akashi Shoten and Sage Publishing.
Japanese language edition published by arrangement with Sage Publishing
through The English Agency (Japan) Ltd.

日本語版序文　デジタル地理学／日本の地理学

ジェームズ・アッシュ
ロブ・キッチン
アグニェシュカ・レシュチンスキ

　このたび，Digital Geographies の邦訳に短い序文を載せていただくことになり，大変光栄に思っている。最初に，編者一同と各章の執筆者を代表して，編集者，翻訳者の方々，そして日本語版の制作に時間と知的エネルギーを費やしてくださった出版社のスタッフへ感謝の意を表したい。われわれの編著（コレクション）が翻訳に値すると判断されたことは，本当に光栄なことであり，誇りでもある。日本語版の制作過程が，興味深く貴重な経験であったことを願っている。

　原著の意図は，教員，学生，研究者に向けてデジタル地理学という新たな分野を紹介する，包括的で総観的なテキストを提供することであった。このテキストは，2016年にまずオンラインで（そして2018年に印刷版として）*Progress in Human Geography* 誌で発表されたわれわれの論文に基づいている。その論文でわれわれは，地理学は主に三つの点でデジタル論的転回を経験したと主張している。すなわち，デジタルなものを通じて生産される地理（geographics produced through the digital），デジタルなものによって生産される地理（geographies produced by the digital），そしてデジタルなものの地理学である（geographies of the digital）。第1に，地理学の研究と実践は，今や大部分がデジタル技術によって媒介されている――われわれはコンピュータを使って情報を検索し，データを測定・記録し，質的分析・量的分析・空間分析を行い，そして研究成果を執筆して共有する。第2に，デジタルな技術やインフラが，日常生活のあらゆる側面において，時空間的でスケールに応じた関係をどのように再構築しているのか，また，都市地理や農村地理，さらには文化地理，社会地理，経済地理，政治地理，開発地理，健康地理，環境地理，その他の地理の性質をどのように変化させているのかを詳述する，膨大な数の地理学的文献が存在する。第3に，デジタルなも

iii

の自体の地理,すなわちデジタルメディアとデジタル技術の空間的形態,地理的構成,空間性を図式化する研究が展開されている。

　本書は,地理学におけるデジタル論的転回を,その性質,影響,重要性をとらえる主要なテーマに取り組むことで探究し,詳述しようとするものである。そのために,これらのテーマを 25 の章に分け,五つのセクションで構成した。第Ⅰ部「デジタル空間」では,デジタルなものが空間や場所にもたらす変化を考察するための概念的な空間的枠組み（空間性,都市,農村,マッピング,モビリティ）を紹介し,デジタルなものとわれわれの空間的世界との関係を理解するために地理学的思考をどのように用いることができるかに焦点を当てた。続いて第Ⅱ部「デジタル手法」では,質的,量的,地図学的,参加型,データサイエンス的アプローチなど,デジタル地理学を研究するための方法論的考察と手法について詳述した。最後の三つのセクションでは,デジタルなものと文化地理との相互関係（デジタル文化）,経済地理との相互関係（デジタル経済）,政治地理との相互関係（デジタル政治）に関する実質的な問題に焦点を当てた。これらのセクションで示された分析によって明らかになったのは,文化とメディア,労働と経済活動,開発,ガバナンス,地政学といった社会-空間的な実践やプロセスを,デジタル技術がどの程度修正し,再構成しているかということである。

　2019 年に本書が出版されて以来,社会と空間のデジタル変革は急速に進み続けている。アナログな技術や運営形態はデジタルな,ネットワーク化された活動として再構成され,新たな関与の形態を切り開き,データ化や新たな様式の収益化を可能にしている。あらゆる活動やサービスのプラットフォーム化は範囲と規模が拡大している。新型コロナウイルス感染症（COVID-19）の大流行（パンデミック）とそれに伴う移動制限によって,在宅勤務へのシフトが加速し,オンラインでのビデオ会話や会議が常態化し,仕事と移動の監視が拡大・深化した。モビリティと物流を一変させると思われるドローンと自律走行車の開発,そして仕事とソーシャルケアに関連するロボットの開発が著しく成長している。地政学と大衆文化に対するハイテク部門とソーシャルメディアの影響力は増大している。そしておそらく最も重要なことは,人工知能（AI）が大量に応用される時代が始まったことである。生成 AI や深層学習（ディープラーニング）の形態は,社会のあらゆ

る側面に影響を及ぼす可能性が高い。これらの影響は，一方では実務やプロセスを自動化し，生産性を向上させ，効率性の向上や新たな市場を創出する一方，他方では社会 - 空間的な格差を広げ，労働の不安定性を悪化させ，エネルギー需要を増大させるなど，その恩恵はさまざまであろう。言い換えれば，デジタル地理学の範囲は，新たなイノベーションやアプリケーションが生み出され，展開されるにつれて拡大し，変化し続ける。このため，新たな発展とその意味を理解するために，地理学的思考と実践を継続的に発展させる必要がある。その結果，デジタル地理学は，概念的にも，方法論的にも，実証的にも，この学問分野で最も活気のある研究分野の一つとなっている。

　本書に関して読者が念頭に置いておくべき重要な側面の一つは，各章が主にイギリス，ヨーロッパ，北米（カナダ／アメリカ）の執筆者によって書かれていることである。そのため，各章はデジタルなものと地理学について，西洋——より具体的には英米——の文脈と思考に根ざした特殊な見方を提示している。本書では，アジアやグローバルサウスに関連する事例が限られており，さまざまな場所で展開されている多様なデジタル地理学について，地に足のついた比較分析はなされていない。さらに，各章では，西洋の考え方に対するポストコロニアルな批判や脱植民地主義的な批判が，どのようなアプローチや知見を再構築するのか，あるいは，他の地理学的学派がデジタル地理学についてどのような新しい洞察を生み出すのかについては，深く掘り下げられていない。そのため，紹介されているアイディアや事例の多くは，日本におけるデジタルなものを通じて生産される地理，デジタルなものによって生産される地理，そしてデジタルなものの地理を理解する上で有用である一方，日本が他の地域とは性質も結果も異なる独自のデジタル地理学をどの程度持っているのか，また，日本の地理学の知的伝統やアプローチがデジタル地理学についての考え方をどのようにとらえ直しうるのかを考察することは極めて重要である。そのため，読者にはある問題についての視点や探究の糸口を開くための手段として，また，地域の文脈や知見に照らして考察し，批評し，反論するための手段として，本書の各章を活用していただきたい。

　現在進行中の社会のデジタル化と英米の枠組みを考えると，本書を批判的に振り返るのに有効なのは，もし第2版が出版された場合，どのような変更が加

えられるかを検討することである。われわれは更新の可能性について既に示唆してきたが，それはおそらく新たなセクションを二つ設けることであろう。一つは社会問題に焦点を当てたもので，家庭，消費，ソーシャルケア，健康に関する章を含むかもしれない。もう一つは，拡大するエネルギー需要，電子廃棄物，レアメタルの採掘が環境，生態系，気候に与える影響について考察するものである。また，既存の各セクションに新しい章を追加することもできる。たとえば，時間地理学に関する章と，国際的な視点，ポストコロニアルな視点，脱植民地主義的な視点に関する章を，冒頭の「デジタル空間」のセクションに追加したり，アートベースの手法やアルゴリズム的／機械学習的な手法を「デジタル手法」のセクションに追加したりすることもできるだろう。さらに，貨幣と金融，データと監視資本主義，自動化(オートメーション)に関する章をデジタル経済のセクションに加えることもできるだろう。本書全体を通して，各章は英米の文脈にとどまらず，さらに範囲と事例を広げた方がよいだろう。こうした議論は，日本では他にどのようなデジタル地理学が間違いなく研究されているのか，また他にどのような研究が有益に探究される可能性があるのかを示唆するものである。

　われわれの願いは，デジタル技術がわれわれの世界をどのように媒介し，変容させつつあるかに関心を持つすべての教員，学生，研究者にとってこの訳書が役立ち，価値を持つものであること，そしてデジタル地理学を研究する英米の研究者と日本の研究者の架け橋となることである。そのためにも，日本のデジタル地理学についてもっと知りたいので，是非あなたの研究をわれわれに紹介してほしい。

　2025年1月

文献

Ash, J., Kitchin, R. and Leszczynski, A. (2018) 'Digital turn, digital geographies?', *Progress in Human Geography* 42(1): 25–43.

デジタル・ジオグラフィーズ

目次

日本語版序文　デジタル地理学／日本の地理学 ……………… iii

第1章　デジタル・ジオグラフィーズへの招待 ……………… 1
　　デジタル地理学　1　　　デジタルを定義する　3
　　デジタル論的転回　6　　本書の構成　7

第 I 部　デジタル空間

第2章　空間性 …………………………………………………… 16
　　はじめに　16　　地図 - 領土関係　16　　ハイブリッド空間　18
　　デジタルシャドウと拡張現実　20　　コード化空間とコード／空間　22
　　媒介的空間性　23　　人間を超えた空間性　25

第3章　都市 ……………………………………………………… 30
　　はじめに　30　　都市を計算する──略史　30
　初期の視座──サイバーシティの地理学　32　　スマートアーバニズム　34
　　スマートシティを超えるデジタルアーバニズム　38

第 4 章　農村 …………………………………………………………… 44

農村の技術　44　　農業，産業主義，そして農村の田園風景　45
どのようにコードが農業生産を変化させているか ── 三つの事例研究　47
将来の農場とスマートな農村空間　53

第 5 章　マッピング …………………………………………………… 56

導入点　57　　歴史　59　　議論　62　　未来　64

第 6 章　モビリティ …………………………………………………… 70

はじめに　70　　特定の機能をもつデジタル技術　71
相互接続されたデジタル技術　75　　自動化(オートメーション)　79

第 II 部　デジタル手法

第 7 章　認識論 ………………………………………………………… 84

はじめに　84　　歴史，地理学，デジタルなもの　86
視覚への偏重と資本 ── さらなる二つの認識論的批判　88
おわりに ── 普遍的な認識論に抗う　90

第 8 章　データとデータインフラストラクチャー …………………… 97

はじめに　97　　デジタルデータと地理学研究　97
データインフラストラクチャー，オープンデータ，API　101
クリティカル・データ・スタディーズと地理学研究　106

第 9 章　質的手法と地理人文学 ……………………………………… 113

はじめに —— 同時発生的であることについて　113
歴史的文脈と主な論争　113
デジタル人文学／空間人文学／地理人文学　117
子どもと若者の地理　120　　潜在的な将来の動向　123

第 10 章　参加型手法と市民科学 …………………………………… 128

はじめに　128　　参加論的転回とデジタル論的転回　128
デジタルな参加型手法　131　　主要課題　135　　今後の展開　138

第 11 章　カルトグラフィーと GIS ………………………………… 143

はじめに　143　　歴史的文脈 —— 編み込まれた流れ　145
世界の地図学的モデル　147
高度に対話的なプロセスとしてのマッピング　149
マッピングプラットフォームとしてのインターネット　150
コードの重要性の高まり　152　　ありえる未来　153

第 12 章　統計学，モデリング，データサイエンス ……………… 157

はじめに　157　　歴史的文脈　158　　現在の議論　161
実現可能な未来　164　　おわりに　167

第 III 部　デジタル文化

第 13 章　メディアと大衆文化 …………………………………172

はじめに　172
デジタルプラットフォームの台頭　174
デジタルプラットフォームとコンテンツ制作の論理　175
デジタルプラットフォームとミクロ文化　178
デジタルプラットフォーム，ミクロ文化，情動　178
デジタルプラットフォームと大衆文化を研究する　181

第 14 章　主体／主体性 …………………………………185

はじめに　185　　データと監視下の主体　187
誰が（デジタルな）主体とみなされるのか？　192　　おわりに　194

第 15 章　表象と媒介 …………………………………199

はじめに　199　　表象とデジタル地理学　200
デジタル地理学と媒介　203　　今後の方向性　206

第 IV 部　デジタル経済

第 16 章　労働 ……………………………………………………………… 212

はじめに　212　　歴史的な文脈づけ —— 新旧のシルクロード　213
デジタル労働　215　　デジタル労働の空間を再考する　219　　おわりに　223

第 17 章　産業 …………………………………………………………… 227

はじめに　227　　デジタル産業の成り立ち　229
デジタル産業の地理　231　　デジタル産業の次なる一歩　239

第 18 章　シェアリングエコノミー ……………………………………… 243

はじめに　243　　歴史的文脈におけるシェアリングエコノミー　244
共有についての言説　246　　デジタルプラットフォームの役割　249
分配としての共有？　251　　今後の展開　253

第 19 章　既存の産業 …………………………………………………… 256

はじめに　256　　既存産業とデジタルなものの変革的な性質　257
デジタル化によって破壊された三つの産業 —— 小売業，金融業，製造業　260
おわりに —— 地理は有効である　265

第Ⅴ部　デジタル政治

第 20 章　開発 ……………………………………………………………… 272

はじめに　272　　略史　273　　理論的アプローチ　275
主要な議論　276　　今後の展開　281　　おわりに　284

第 21 章　ガバナンス ……………………………………………………… 288

はじめに　288　　デジタルガバナンスの初期形態　289
社会-空間的関係のデジタルガバナンス　291
規律訓練から制御と予測へ　296　　おわりに　299

第 22 章　市民論 …………………………………………………………… 303

デジタル市民論の出現　303　　市民権のデータ化　304
デジタル市民論の空間化　308　　デジタル市民論の企業化　309
デジタル市民論の新たな反抗的利用　311

第 23 章　倫理 ……………………………………………………………… 316

はじめに　316　　公共空間の商業化のためのツールとしてのデータ化　318
集団と個人　321　　データ倫理の課題　323

第 24 章　知識政治 ………………………………………………………… 329

　　　はじめに　329　　　地理空間的知識の政治学　330
　アクセスの問題 ── デジタルインフラストラクチャーと物質的不平等　332
　　　認識論的バイアス ── アクセス，視認性，権威　334
　デジタル知識のより広範な政治的・物質的効果　336　　おわりに　338

第 25 章　地政学 ……………………………………………………………… 343

　　　地政学とデジタル地理学　343　　　歴史　343
　　　論争　347　　　将来の発展　350

監訳者解題 …………………………………………………………………… 357

索　引 ………………………………………………………………………… 367

凡例
- 「　」は原文の" "と対応している。
- 傍点は原文のイタリック体と対応している。
- 〔　〕は原著者による補注である。
- 〔　〕は訳者による補注である。
- 原著の本文，注，謝辞，文献表に記載されている URL は必要に応じて最新のものに更新し，明らかな誤り（固有名の間違い，引用文献の発表年の間違い等）は正確な情報に修正した。
- 引用文献について，邦訳があるものは文献表に記載した。
- 企業名，組織名，サービス名等は原著刊行当時のものである。

第 1 章　デジタル・ジオグラフィーズへの招待

ジェームズ・アッシュ
ロブ・キッチン
アグニェシュカ・レシュチンスキ

デジタル地理学

　デジタルな現象が人間生活のほとんどすべての側面を根本から変えたことは，もはや自明の理である。経済から文化や政治に至るまで，いまだにデジタルな技法，論理，装置に手を付けられていない分野はほとんど存在しない。たとえば，経済は今やデジタルな製品やサービスの生産に基づいており，世界の株式市場は高速のアルゴリズム的取引と，人間が直接知覚できるよりも速いスピードで通信するデジタルネットワークを介して管理されている。われわれがどのようにして他者を識別し，他者と社交し，自己表現し，人気のコンテンツやエンターテイメントを消費するか，といったことを含む文化的生活の多くの側面は，今や Facebook，Twitter，Instagram などのソーシャルメディアプラットフォームを通じて高度に媒介されている。政府はサイバー攻撃を恐れ，国際開発のためにデジタルな戦略を展開し，非常に動態的で個人を対象とする様式の空間的な隔離や統制に基づく新しいガバナンスの論理を可能にするためにデジタル技術を活用する。日常生活の政治的・経済的・文化的領域を横断するこれらの〔デジタルへの〕転換は，あらゆる種類のモノ，処理手続，実践，物質性と結びついている。消費者向けの PC から商用のサーバファーム，またスマートフォンからアプリケーションに至るまで，デジタル技術の遍在と浸透，そしてその影響は，空間経済と経済関係の変容，都市と地域の管理・統治様式，空間・空間性・モビリティの生産，マッピングのプロセス・実践・形態，空間的な知識と想像の輪郭，空間的な知識政治の形成と実現をもたらしており，地理学者にとって差し迫った関心事となっている（Elwood and Leszczynski, 2011;

Graham and Marvin, 2001; Kitchin and Dodge, 2011; Rose et al., 2014; Wilson, 2012)。デジタルな存在(プレゼンス)，実践，効果は，基盤となるインフラ，構成資源，創造と廃棄の場の不平等な地理によって特徴づけられる (Lepawsky, 2015; Pickren, 2018; Zook, 2005)。同様に，インターネット，ゲーム，ソーシャルメディア，位置情報メディア，空間メディアのようなデジタルメディアにも明確な地理が存在する (Ash, 2015; Leszczynski, 2015; Kitchin et al., 2017)。

同時にデジタル技術は，われわれが地理学者としてどのようにデジタルな世界と関わり，それを研究していくかをも変化させる。デジタルデバイス（コンピュータ，人工衛星，GPS，デジタルカメラ，オーディオ・ビデオレコーダー，スマートフォン）やソフトウェアパッケージ（統計プログラム，スプレッドシート，データベース，地理情報システム（GIS），質的分析パッケージ，ワードプロセッサー）は，概念的なアプローチの違いに関係なく，下位分野の枠を越えて地理学の実践と研究に欠かせないものとなった。データの生成・処理・保存・分析・共有，文書資料，視覚資料，地図，分析結果，アイディア，ビデオ，ポッドキャスト，プレゼンスライドなどの作成と配布，メーリングリスト，ソーシャルメディア，主流メディアを通じた情報の共有と公開討論への参加，といったものの現在の様式は，徹底的にコンピュータ技術に依存している (Kitchin, 2013)。デジタルプラットフォームは「分野」を構成するものを変化させている。また，デジタルコンテンツの台頭は，地理学の長年の関心事にアプローチするための新たな形式の証拠を構成している。さらに，デジタルな存在(プレゼンス)や実践は新たな問いを喚起し，地理学的探究の新たな切り口を開いている (Leszczynski, 2018)。

これらの大きな転換を背景に，本書はさまざまなデジタル地理学(ジオグラフィーズ)の見取り図を示すとともに，地理学者がデジタルなもの（the digital）と関わる際の概念的・理論的・経験的な軸を特定し，地理学にとってデジタル性がどのように，またなぜ問題なのかを論じ，地理学がデジタルな現象の研究に提供できる洞察を明らかにする。この短い序章では，「デジタル地理学」を枠づけ，次章以降の論考を位置づける，いくつかの重要な定義と原理を提示する。まず，「デジタル」というキーワードについて議論し，それを定義することから始める。筆者らは，デジタル地理学は，それ自体が一つの下位分野というよりも，既存の，また新興の地理学的探究分野のレンズを通じて理解されるのが最適である，と

いうことを提案する．本書はそのような探究の軸に沿って構成されており，本書に収められた論考は，認識論と知識生産，空間と空間性，手法と方法論，文化，経済，政治といった問題に関する地理学的思考とそれらの問題に対するアプローチを，デジタルな現象，実践，存在がどのように屈折させ，再構成しているかを描き出している．

デジタルを定義する

　「デジタル」という用語は，地理学（Ash et al., 2018）からメディア・スタディーズ，カルチュラル・スタディーズ（Manovich, 2013），ソフトウェア・スタディーズ（Fuller, 2008）に至るまで，さまざまな分野の文献において多様な意味を持っている．そのため筆者らは，デジタルなものとの多様な関わりを考慮しつつそれを幅広く定義する立場を支持しており，デジタルなものは存在（ontics），美的感覚，論理，そして／または言説として多様に理解しうると考えている（Ash et al., 2018）．存在の意味でのデジタルとは，デジタルシステムが「すべての入力と出力を無数の1と0の二値構造に変換し，それらを数値(ナンバー)，あるいは『数字(ディジット)』のレベルで保存，転送，操作できるようにする」（Lunenfeld, 2000: xv）方法を指す．同時に，存在〔としてのデジタル〕は物理的な文字の世界（Coyne, 1994）と考えられており，デジタル性を物質的かつデジタルなモノとして，つまりデジタルな現象と媒介へのアクセスを保証し，われわれのデジタルな実践の人工的な生成物を構成し，われわれのデジタル性の経験を構造化するハードウェア，ソフトウェア，デバイス，コンテンツ，コード，アルゴリズムとして理解することに重きを置く．それらのデジタル技術は，コンピュータの基盤構造が持つ二進法の性質と一致するように，他の複数の技術，メディア，芸術形態，空間性を再コード化──あるいは再媒介化（Bolter and Grusin, 1999）──してきた．それゆえ，デジタル性は美的感覚でもあり，デジタル技術の浸透をとらえ，われわれが空間と空間性を理解・経験する方法を，常にすでにデジタルシステムには還元できない「デジタル性の回路によって特徴づけられる」（Murray, 2008: 40）ものとしてかたちづくっている．〔さらに〕われわれが，ネットワーク化されたデジタル技術をわれわれの〔前に広がる〕景観と

いう織物のすみずみまで取り入れ，途切れなく埋め込んでいくにつれて，それは次第に，日々のリズム，交流，機会，空間構成，流れをルーティン的に秩序づけるようになる（Franklin, 2015）。これらの存在，美的感覚，論理と並行して，われわれの日常生活の空間と実践においてデジタル技術の影響が届く範囲が広がることを積極的に促し，可能にし，保障し，物質的に維持する一連のデジタル言説〔デジタルなものについての言説〕が登場してきた。

　しかし，この多面的な定義は，あらゆるものを「デジタル」の観点から特徴づけたり，関係づけたりする包括的な基準として意図されたものではない。本書の編者らは，デジタル技術に関する学術的な議論に含まれる，こうした一般性の問題に関わる大きな落とし穴を避けようとしている。「デジタル」という用語は，一種の言説的なラベルや総称のように，一連の全く異なる物事の上に投げかけられ，漠然と展開されやすい。そうすることで，そのラベルは，〔デジタルなものが〕非常に異質なモノ，実践，処理手続の集合であることを，明らかにする以上に，わかりにくくする可能性がある。このような一般性の問題を避けるためには，「デジタル」という用語を，特有のモノ，技法，論理，処理手続，実践，影響との関係において常に条件づける必要がある。これらの条件づけは，研究する現象の経験的な特異性に焦点を当てることを強いるため重要である。それらの特異性の一つ目は，「デジタル」はデジタルコンピューティングの出現と歴史的に関連する社会的・文化的・技術的・経済的生産のジャンルを指す〔用語である〕が，「デジタルなもの」にはデジタルコンピューティング技術が必要不可欠である（ただしそれだけでは不十分である），ということである。ホーストとミラー（Horst and Miller, 2013）に従えば，「デジタル」とは，究極的にはバイナリコードや〔コンピュータの〕基本構造と互換性がある，もしくはそれらから生じるオブジェクトや人工物を意味するが，そうしたオブジェクトや人工物はデジタルシステムの二値論理と物質性を超えてさらなる「増殖」を生み出す。たとえば，スマートフォン上のデジタル地図は，新しいかたちのナビゲーション実践と空間移動を促すが，その実践はソフトウェアそのものを超えており，事前に予測できない新しい移動の文化を創造する（Verhoeff, 2012）。

　〔特異性の〕二つ目として，このような増殖は，物事を瞬時に識別し，特徴づ

けるデジタルシステムの経験的能力から生じ，その能力は新しい行動能力を生み出す。たとえば，自律走行車に搭載された光検出・測距（LIDAR）センサーは，光を照射し，それが戻ってくるまでの時間を測定することで，物体と何もない空間を識別する。その後，この情報は，物体が動いているか静止しているか，人間か人間でないかを判断するために，機械学習アルゴリズムに従って識別される。この場合，そのような識別化によって機械学習アルゴリズムは障害物を回避して誘導できるようになり，それによってその乗り物は人間の運転手なしでも安全に走行できるようになる。この観点に立つと，デジタルなコード，アルゴリズム，二値構造がいかにしてあらゆる種類の要因を通じてこれらの識別化の間に閾値を設けるか，ということの検証に重点が置かれる。自律走行車の場合，これには LIDAR センサーの工業的な設計と製造，自律走行車をどこでどのように試験できるかを決める広範な市場原理と政府の論拠および技法，そして自律走行車が人間と人間以外のものを迅速かつ十分正確に特徴づけて識別できるかどうかをめぐる社会不安などが含まれるだろう（Ash, 2017）。ひいては，人間の感覚能力（Ash, 2015）や認知能力（Hayles, 2017），そしてより広く意思決定に，デジタル技術によって成り立つ識別化がどのように入り込み，それらをどのように変化させるかを理解することもできるだろう。

　これは三つ目の経験的な特異性を生み出す。それは，画一的な「デジタルなもの」は存在せず，デジタルな生産，流通，使用，媒介の多様な実践とプロセスから生じるさまざまに物質化された対象，主体，空間性，効果，影響のみが存在する，ということである。「デジタルなもの」に言及する際，われわれは状況に応じて，無数の，互いに排他的でない意味で「デジタル」〔という用語〕を思い浮かべている。これは，複数のデジタル地理学に名前をつけ，それらを経験的・概念的に枠づけ，理論化するという本書の動機と一致している。筆者らが唯一無二の「デジタル」は存在しないと主張するのと同じように，唯一無二の，あるいは画一的なデジタル地理学も存在しない。本書に所収された各論考が証明するように，地理学におけるデジタルなものとの関わりは，人文地理学の下位分野の幅広い論点と研究コミュニティを横断して，さまざまな知的立場，哲学的コミットメント，認識論，研究の主題と対象，そして方法論的実践に知見を与えるとともに，それらから知見を得ている。

デジタル論的転回

　筆者らは本書の編者として,「デジタル地理学」という呼称を用いて,〔物事を〕特徴づけて識別する一連の存在, 美的感覚, 論理, 言説としてデジタルなものを理解するが, こうしたプロセスを研究するためにデジタル地理学という新たな下位分野の確立を提案しているわけではない。そのような試みは何年もの間, 人類学 (Horst and Miller, 2013) や社会学 (Lupton, 2014) で進められている。両方とも焦点は幅広く, デジタルなものの (of the digital) 人類学や社会学, デジタルなものによって生み出される (produced by the digital) 人類学や社会学, デジタルなものを通じて生み出される (produced through the digital) 人類学や社会学を包含している。特に学術的な知識生産のあらゆる側面においてデジタル技術への依存が浸透していることを考慮すると, こうした試みは, ほとんどすべての人類学や社会学をある程度「デジタル人類学」や「デジタル社会学」として再構成することになる, と筆者らは考えている。その結果,「デジタル」でない社会学や人類学が存在しないことになる。筆者らは, これとは別の道をとる。(人文) 地理学のすべてを「デジタル地理学」に包摂したり, デジタル地理学という新たな別個の下位分野を宣言したりするのではなく, むしろ, 地理学的実践の認識論的・学術的コミュニティの方向性を変えた根本的な学問的転回を知ってもらうために「デジタル地理学」を発展させるのである (Ash et al., 2018)。このようなものとしてデジタル地理学を指すことで, 学問的実践のすべてを「デジタル」としてとらえ直すことで生じる一般性の問題を回避する。筆者らは, 地理学とデジタルなものの関係について批判的に考える必要があると主張する。その一方で,「デジタル地理学」を, 地理学における探究の対象や主題としてのデジタルなものへの転回として, またデジタルな現象による地理学研究の同時的変化としてとらえることは, デジタルなものがどのようにして多くの地理学を再形成し, 地理学的知識の生産を媒介し, 研究関係を再構成するか, そしてどのようにそれ自体が多くの地理を有するか, といったことについて考えられるようにする点で, より有意義である。

　このような仕方でデジタルなものを枠づけることで, 筆者らは, デジタルなアプローチ, 方法論, 調査研究を, 都市地理学や開発の地理学のような下位分

野の領域から脱文脈化することを回避する。その代わりに，デジタルなものとの関わりが都市や開発だけでなく，健康，政治，経済，社会，文化，環境などに関するわれわれの集合的理解をどのように発展させるのかということを依然として重視している。それはまた，「デジタルなもの」が，複数の研究テーマを横断し，地理学の複数の下位分野，知的伝統，認識論的コミュニティから生じた方法論を活用する学際的研究のための場や様式として機能することを可能にする。たとえば，デジタル技術の生産に使用されるレアメタルの地理に注目することは，資源・開発地理学，ポストコロニアル・スタディーズ，そして地政学の分野に問題を提起する。これはデジタルなものが研究，認識論，知識生産にもたらす変化を，地理学の下位分野の中にある，またそれらを横断する理論，概念，モデル，経験的発見に関する広範な知識の基礎と歴史の中で文脈化することを可能にする。たとえば，スマートシティの開発をデジタル地理学という一つの分野の中で際立たせるよりも，都市化とアーバニズムの長い歴史をめぐる議論の中で枠づける方が理にかなっていると思われる。本書は，このような地理学の分野内横断性へのコミットメントに基づき，地理学においてデジタルなものを最も直接的に取り上げてきた主要な探究軸をとらえる五つのテーマ，すなわち空間と空間性の理論化，地理学的な手法と方法論，文化地理，経済地理，政治地理で構成されている。これにより，地理学においてデジタルなものが──認識論的，理論的，方法論的に──明示的に関わってきた多様な方法や，デジタルな対象，主体，媒介が地理学の理論，実践，手法を変化させ続けると予想される学問的実践の領域をとらえることができる。

本書の構成

本書の五つのパート──空間，手法，文化，経済，政治──の各章は，デジタル技術がさまざまな活動，実践，物，美的感覚に入り込み，それらを変化させ，それらによって変化させられる無数の方法に注目する。各パートに寄せられた論考は，その無数の意味での「デジタルなもの」への関わりによって統一されているが，それらは方法論的な方向性，関心の主題／対象，依拠する知的伝統，存在論的・認識論的立場が多様である。各章のタイトルは，デジタルな

ものと空間，手法・方法論，文化，経済，政治との関係を抽出するきっかけとなるレンズを構成する重要な概念を示している。それぞれの例において，「デジタル」がその重要な概念の接頭辞になりえる——たとえば，（デジタル）労働，（デジタル）マッピング，（デジタル）ガバナンスなどである。しかし，地理学の分野内横断性へのコミットメントと，すべての地理学を常にすでに「デジタルな」地理学としてとらえ直すことを避けることへのコミットメントを順守して，筆者らは「デジタル」という接頭辞を省いた。そうすることで，五つのテーマに沿って構成された個々の論考は，地理学的探究がどのようにして人文地理学のさまざまな下位分野と探究軸の全体にわたってデジタルなものへと転回し，デジタルなものによって広く変化させられたかを物語るものとなっている。

　われわれは地理学者として，空間，場所，空間性に関心を寄せたり，それらと関わりを持ったりすることで互いに提携している。そのため本書では，デジタル空間について書かれた五つの論考から始める。第2章ではアグニェシュカ・レシュチンスキ（Agnieszka Leszczynski）が，空間性とデジタル技術の関係を理解するためのさまざまな理論とアプローチを概説している。これらの立場は多様であるが，それらはすべて，空間がどのように知覚され，知られ，利用され，経験されるかを変化させる社会‐空間的関係の様子を，さまざまなデジタル技術が生み出し，共同構成し，生成するプロセスに注目するさまざまな方法を提示する。第3章では，デジタル空間に関する一般論を超えて，デジタルに媒介される都市環境に特有の空間性について論じる。ここではアンドレス・ルケ゠アヤラ（Andrés Luque-Ayala）が，リオデジャネイロのような都市において，コントロールルームのスクリーンや環境中のスマートセンサーなど，さまざまなデジタル技術の導入がもたらした変容を指摘し，これらのデジタル技術がどのようにして明確なかたちでリアルタイムのガバナンスを可能にしているかを明らかにしている。第4章では，一般的にはデジタル技術との関連であまり研究されてこなかった農村空間へと話を転じる。マーティン・ドッジ（Martin Dodge）は，センサー付きのコンバインハーベスターから自動搾乳機に至るまで，デジタル技術が農村空間を少なくとも都市と同じくらい，あるいはそれ以上に変容させてきたことについて有益な指摘をしている。マッピングは

空間の生産と空間に関する知識において常に中心的な役割を担ってきた重要な技術であり，第5章ではマシュー・ウィルソン（Matthew Wilson）が，専門的な地理学者だけでなく日常生活における空間移動にとっても，マッピングのデジタル化に伴う〔物事の〕転換が重要であることを示している。第Ⅰ部の最後ではティム・シュヴァーネン（Tim Schwanen）が，デジタルに媒介される交通技術へのアクセスは不平等であり，モビリティに不均等な影響を与えるという重要な注意を喚起している。

　われわれがデジタル空間をどのように知り，理解するかは，地理学の手法や方法論に疑問を投げかけると同時に，新たな方法論の発展を喚起する。手法に関する第Ⅱ部の冒頭，ジム・サッチャー（Jim Thatcher）による認識論についての章では，地理学におけるデジタル技術——特にGIS——の活用は，視覚を優先する知識の長い歴史の一部であることが示される。そして，デジタル技術がもたらす新たな可能性を認めつつも，この視覚中心主義を念頭に置いてデジタルな手法を批判すべきであるとしている。第8章ではロブ・キッチン（Rob Kitchin）とトレイシー・ローリオ（Tracey Lauriault）が，デジタルな技法の登場がもたらすデータの性質の変化と，それによってデータインフラストラクチャーを活用した新しいかたちの分析がどのように可能になるかを指摘している。次の章ではメーガン・コープ（Meghan Cope）がデータとデジタル性をめぐる議論を広げており，人間の経験の複雑性に注意を払うことができる新しい質的手法を生み出すためにデジタル技術をどのように活用できるかを示している。第10章ではヒラリー・ジョーイーガン（Hilary Geoghegan）が，前章に続いて，地に足のついたデジタルデータの収集に焦点を当て，デジタル技術が参加型手法の開発に重要な機会を提供することについて詳述する一方，デジタル技術自体が適切な市民主導科学を生み出すための解決策になるという考えに対して慎重な立場をとっている。これに続きデヴィッド・オーサリヴァン（David O'Sullivan）は，地理情報科学との関連でカルトグラフィーの実践について説明し，この分野に対する批判は理論的である以上に，批判的に関与する地理情報科学的実践を生み出すため，これらの技術に働きかけるものでなければならない，と提案している。第Ⅱ部の最後の章では，ダニ・アリバス＝ベル（Dani Arribas-Bel）が空間統計学の活用に焦点を当て，データサイエンスにおけるデ

ジタルな技法と開発がいかにこの重要な分野を変革しつつあるかを強調している。

　第Ⅲ部ではデジタル文化に焦点を移す。ジェームズ・アッシュ（Jame Ash）の論考は，現在の大衆文化が基本的にデジタルプラットフォームによって媒介されているということを提案することで，このパートを先導している。デジタルプラットフォームは制作されるコンテンツのタイプやそれの経験方法を形成し，そのコンテンツに関連する情動と感情を増幅させるのである。次にサム・キンズリー（Sam Kinsley）は，TwitterからUS-VISITビザプログラムまで，さまざまなデジタル技術が，いかに異なる様式の主体性を媒介し，生産するかを示している。最後に第15章では，ジリアン・ローズ（Gillian Rose）がデジタルメディアとの関連で表象概念を問い直し，デジタルコンテンツが複数のインターフェース，サーバー，ウェブサイト，プラットフォームにまたがって翻訳される際の複雑性と特殊性を理解するためには，〔表象よりも〕媒介という言葉の方が有用かもしれないと主張している。

　第Ⅳ部では文化的な取組みからデジタル経済への検討へと移る。冒頭の章ではマーク・グラハム（Mark Graham）とモハメド・アミール・アンワル（Mohammad Amir Anwar）が，デジタル労働は労働と場所の関係性を複雑にし，新しいかたちの搾取を可能にすると同時に，デジタルワーカーが独自の仕事の様式，仕事の条件，仕事の場を生み出す潜在的な可能性もある，と主張している。第17章はデジタル産業についての説明である。ここではマシュー・ズック（Matthew Zook）が，これらの産業を物理的に位置づけると同時に，これらの産業が独自の形態のデジタルな空間性をどのように生み出しているかを理解することが重要である，と指摘している。次にリジー・リチャードソン（Lizzie Richardson）は，「オンデマンド」エコノミー，「ギグ」エコノミー，そして最近では「プラットフォーム」エコノミーとも呼ばれるシェアリングエコノミーに注目する。彼女は，Uberのような配車サービスが，いかに問題のあるシェアリング言説に基づいているか，また，この経済の存在や権力関係においてデジタルプラットフォームとインターフェースが果たす基本的な役割はどのようなものかを示している。第Ⅳ部の締めくくりとしてブリュノ・モリセ（Bruno Moriset）は，銀行や小売業など，いわゆる非デジタル産業や従来型の産

業がデジタル技術によって変化し，価値のグローバル化を推進し，経済の異なる部門間の境界を曖昧にしていることについて，有益な見取り図を示している。

　本書の最後のパートは，デジタル政治とデジタルなものの政治地理に目を向ける。ドロテア・クライネ（Dorothea Kleine）による第 20 章は，デジタル技術がグローバルな開発において果たす役割と，ジェンダー不平等や環境の持続可能性といった問題がデジタル技術やそれに付随する政策にどのように反映されているか，また，これらの技術によってそれらの問題が，時に意図しない――そして，必ずしもポジティブでない――結果をもたらしながら，いかに潜在的に変容されているかについて，参考になる要約を提示している。次にロブ・キッチンは，デジタル技術がいかに新しい様式のガバナンスにつながってきたかを示している。閉回路テレビ〔CCTV〕，スマートフォンの追跡，その他のさまざまな技術に関する議論を通じて，キッチンは規律訓練型のガバナンスから管理社会への移行を指摘する。続いてテイラー・シェルトン（Taylor Shelton）はデジタル市民論について議論し，アトランタなどのスマートシティを事例に，デジタル市民論がいかに空間化され，企業化されているかを論じている。第 23 章では，リネット・テイラー（Linnet Taylor）がデータと倫理の関係について議論するとともに，データ化の体制の下で倫理がどのように変化するかを理解するために，公共空間の商品化の事例を用いている。次にジェイソン・C・ヤング（Jason C. Young）は，アクセスやバイアスの問題，そして先住民の知識との関連における不平等がもたらす物質的影響に焦点を当て，地理空間メディアの知識政治について考察している。本書の最後を飾るジェレミー・W・クランプトン（Jeremy W. Crampton）の章では，Google Earth などの技術に焦点を当てながら，特に軍事と監視実践との関連でデジタル地政学を概観する。彼は，学術的実践と商業的実践と軍事的実践が，多くの人々が納得する以上に密接に結びついている可能性があるということを強調している。

　本書は，非常に幅広い経験的対象・状況・出来事・アプローチを取り上げ，さまざまな知的伝統を横断して研究を集めているが，デジタル地理学を学ぶための出発点と手引きを提供するものである。各章を読み解くことで，読者がさまざまな現象に対する洞察を得るとともに，デジタル技術が自らの研究分野をどのように変化させているかを問い直すきっかけになることを願う。

謝辞

本章および本書へのロブ・キッチンの寄稿はすべて，欧州研究会議の助成（ERC-2012-AdG 323636-SOFTCITY）によるプログラマブル・シティ・プロジェクト（The Programmable City Project）の一環として書かれたものである。

文献

Ash, J. (2015) *The Interface Envelope: Gaming, Technology, Power*. New York: Bloomsbury.

Ash, J. (2017) *Phase Media: Space, Time and the Politics of Smart Objects*. New York: Bloomsbury.

Ash, J., Kitchin, R. and Leszczynski, A. (2018) 'Digital turn, digital geographies?', *Progress in Human Geography*, 42(1): 25–43.

Bolter, J. D. and Grusin, R. A. (1999) *Remediation: Understanding New Media*. Cambridge, MA: MIT Press.

Coyne, R. (1994) 'Heidegger and virtual reality: The implications of Heidegger's thinking for computer representations', *Leonardo*, 27(1): 65–73.

Elwood, S. and Leszczynski, A. (2011) 'Privacy, reconsidered: New representations, data practices, and the geoweb', *Geoforum*, 42(1): 6–15.

Franklin, S. (2015) *Control: Digitality as Cultural Logic*. Cambridge, MA: MIT Press.

Fuller, M. (2008) *Software Studies: A Lexicon*. Cambridge, MA: MIT Press.

Graham, S. and Marvin, S. (2001) *Splintering Urbanism: Networked Infrastructures, Technological Mobilities and the Urban Condition*. London: Routledge.

Hayles, K. (2017) *Unthought: The Power of the Cognitive Nonconscious*. Chicago: University of Chicago Press.

Horst, H.A. and Miller, D. (2013) *Digital Anthropology*. London: Bloomsbury.

Kitchin, R. (2013) 'Big data and human geography: Opportunities, challenges and risks', *Dialogues in Human Geography*, 3(3): 262–267.

Kitchin, R. and Dodge, M. (2011) *Code/Space: Software and Everyday Life*. Cambridge, MA: MIT Press.

Kitchin, R., Lauriault, T. P. and Wilson, M. eds. (2017) *Understanding Spatial Media*. London: Sage.

Lepawsky, J. (2015) 'The changing geography of global trade in electronic discards: Time to rethink the e-waste problem', *Geographical Journal*, 181(2): 147–159.

Leszczynski, A. (2015) 'Spatial media/tion', *Progress in Human Geography*, 39(6): 729–751.

Leszczynski, A. (2018) 'Digital methods I: Wicked tensions', *Progress in Human Geography*, 42(3): 473–481.

Lunenfeld, P. (2000) *The Digital Dialectic: New Essays on New Media*. Cambridge, MA: MIT Press.

Lupton, D. (2014) *Digital Sociology*. London, New York: Routledge.

Manovich, L. (2013) *Software Takes Command*. New York: Bloomsbury.

Murray, S. (2008) 'Cybernated aesthetics: Lee Bull and the body transfigured', *Performing Arts Journal*, 30(2): 38–65.

Pickren, G. (2018) '"The global assemblage of digital flow": Critical data studies and the infrastructures of computing', *Progress in Human Geography*, 42(2): 225–243.

Rose, G., Degen, M. and Melhuish, C. (2014) 'Networks, interfaces, and computer-generated images: Learning from. digital visualisations of urban redevelopment projects', *Environment and Planning D: Society & Space*, 32(3): 386–403.

Verhoeff, N. (2012) *Mobile Screens: The Visual Regime of Navigation*. Amsterdam: Amsterdam University Press.

Wilson, M.W. (2012) 'Location-based services, conspicuous mobility, and the location-aware future', *Geoforum*, 43(6): 1266–1275.

Zook, M. (2005) *The Geography of the Internet Industry: Venture Capital, Dot-cams, and Local Knowledge*. Malden, MA: Blackwell.

第Ⅰ部
デジタル空間

第2章　空間性

アグニェシュカ・レシュチンスキ

はじめに

　地理学者は，空間および社会‐空間的諸関係（空間性）の生産の中心に技術があることを認めてきた。歴史的にみれば，技術と空間性を同時に分節化する取組みは「地図」を重視し，測量機器や地図学的技法などの空間的技術と結びついてきた。たとえば地理学者は，地政学的な領土概念についての主張を定義し，正当化するための計算的戦略の手の内で，それらの技術がどのように展開されるかを探ってきた。1960年代以降のデジタルコンピューティングの増加と，より最近の数十年にわたる商業目的の地理的位置情報技術の流行は，生まれながらにしてデジタルな技術や，デジタルコンテンツの生産，そして空間と空間性を把握するための新しい概念的枠組みの発展を促している。

　本章で筆者は，空間性と技術の関係——より最近では空間性とデジタル性の関係——を解き明かすために西洋の地理思想において発展されてきた理論的・概念的枠組みの概要を確認・提供する。まず，批判地図学の伝統である地図‐領土関係について議論することで話の舞台を設定する。次に，技術‐社会‐空間関係におけるデジタルなもの（the digital）の役割をとらえるための最新の枠組みを検証する。それには，ハイブリッド空間，デジタルシャドウと拡張現実，コード／空間，媒介的空間性，回折的技術空間，雰囲気，が含まれる。

地図‐領土関係

　批判地図学者は，地図は空間的現実を鏡のように写し出すのではなく，それが表象する領土に先立つものである——つまり領土を生み出すものである——ということを示してきた（Pickles, 2004）。この観点で地図とは，境界づけられた

広がりのある領土——土地，それの資源，そこの人々——の輪郭を描き，それに名前をつけ，それを正当化し，それの安全を確保し，それへのアクセスとそれの統制を維持することに役立つ科学的・視覚的産物を生み出すために空間的技術（測量機器，投影法など）を利用すること，を意味する。地図は領土化の道具として利用されることで国家，帝国，植民地主義の中心的戦略となった。たとえばアメリカの初期の地図は新世界を，先住民の存在を欠いた広大な空地として表象している。それは先住民を「侵略，併合，細分化，商品化」（Harley, 1992: 524）にうってつけのものとして描き出している。

　地図は人々を土地から追い出すことを正当化するだけでなく，土地とその資源やそこの住人の定量化を通じて遠隔地からの統制を可能にし，領土の植民地支配をさらに固めた。たとえば，イギリスによるエジプトの占領（1882〜1952年）は国全体の地籍図の作成，すなわちエジプト大地図（Great Land Map of Egypt）作成構想によって支えられていた（Mitchell, 2002を参照）。大地図は空間的知識をまとまりのある地図学的産物（地図）へと統合しただけでなく，その知識をイギリスの植民地権力の管理下へと独占的に集中させた。イギリスがさまざまな種類の空間的介入（徴税，インフラ整備計画，軍隊の配備など）に向けて，大地図の中にまとめられた地理的知識を利用できるようにすることで，エジプトに対する帝国主義的統制が固められた。さらにそれは，空間的な計算，定量化，規制の遠隔実践を介して，離れた場所から帝国を運用・運営できるようにした。

　これらの歴史的説明では，空間的技術は，空間に適用する際にそれを領土として描き出す計算的戦略と理解されている。領土とは，まさにそれを描く地図によって自然化・透明化され，地図学的に区別された地政学的実体なのである（Crampton, 2010; Elden, 2007）。ピクルス（Pickles, 2004）によれば，1960年代に始まった地理情報システム（GIS）のようなデジタルな空間インフラの開発は，空間の生産における技術の役割をさらにわかりづらくした。GISは「透明性という新たな視の制度（scopic regime）」（Pickles, 2004: 162）を生み出した。その制度のもとでは，空間は二次元で地図化することができるだけでなく，デジタル技術を用いて調べたり作り直したりすることもできる。ピクルスの関心は空間／領土の技術的生産の不平等な権力関係にある。さらにその関心は，クリ

ティカル GIS の伝統である技術 - 空間 - 社会関係に関する多くの取組みと共鳴している。特に P/PGIS（Participatory or Public Participation GIS: 市民／参加型 GIS）研究は，デジタルマッピング技術は国家の領分にあるだけでなく，土地と資源についての国家の主張を正当化する語りに対して，コミュニティ，先住民，市民社会組織が積極的に抗議・抵抗したり，かれら自身の地政学的・経済的な主張を発展・交渉したりすることに活用できる，ということを示した（たとえば Elwood, 2006 を参照）。

こうした空間と空間性の技術的生産と結びついた知識政治に対する関心は，現在も地理学分野の焦点であり続けている（たとえば Elwood and Leszczynski, 2013）。しかし，より最近，GIS という構造物の独特な集合体を超えたデジタルな空間的技術とデータ生産── 対話型のウェブ地図，ジオフェンス技術，土地固有のジオタグ機能，地図 API，位置情報サービスが含まれるが，それらには限定されない──が増大し，多様化し，商業化していることは，上記のような空間的技術を通じて規定される国家と市民社会の関係を強調することを超えて，〔地理学の〕焦点を多様化させている。地理学などの分野の研究者は，日常生活の空間と実践において当然のこととして期待され，普通に登場するようになったデジタルなデバイス，サービス，コンテンツ生産を利用して／を通じて／によって生み出された空間性を検証したり，理論化したりすることに関心を寄せるようになった（Ash et al. 2018）。

ハイブリッド空間

批判地図学者は，技術は空間と空間性を生み出すものであるという考えを発展させたが，それはデジタルなものと空間的なものが互いに分節化し合う様子を把握して理論化しようとする今日の取組みにおいては，もはや自明の理である。空間とデジタルメディアの関係を考える最初のアプローチは**ハイブリッド空間**という概念である。それは，空間と空間性に関する二つの異なる領域，すなわちデジタル（または仮想）空間と現実（物理的，物質的，かつ／または実際的）空間の絡み合いによって構成されるものとして理論化されている。ハイブリッド性のテーゼがとらえるのは，デジタルなものと現実世界は存在論的

かつ物質的に分かれている（もしくはある時点では分かれていた）が，より最近になってようやくデジタル技術の普及によって互いを交差させるようになった，ということである。仮想的な社会環境であるセカンドライフは，その人気が頂点に達した 2000 年代中盤から後半の間，大衆言説の中で圧倒的な支持を得た。それは，仮想アバターを作り出し，背後に物質世界の装いを残すことでユーザーが自由に振る舞える，親密で，非／身体的で，社会性を有する独立した領域であり，デジタルなものの好例である（Johnson, 2007）。しかしより最近では，デ・ソウザ・エ・シルヴァ（de Souza e Silva, 2006）などの研究が指摘するように，位置を認識するモバイルデバイス（location-aware mobile devise）が増加したことで，こうした物理空間とデジタル空間の境目は事実上なくなってきた。モバイルデジタル技術の日常利用は，仮想空間と現実空間を効果的に「ハイブリッド化する」ために機能し，モバイル空間を生み出してきた（de Souza e Silva, 2013; de Souza e Silva and Frith, 2012）。モバイル空間は，人々が位置情報を取得できるモバイルデバイス（location-enabled mobile device）を用いて都市を動き回る中で副産物として出現する（de Souza e Silva, 2006）。デジタルなものが物理空間に出現することで物質的なものとデジタルなものが「ハイブリッド化する」実際の（物理的な）場は，ネット・ロカリティと呼ばれてきた（de Souza e Silva and Frith, 2012）。そのように概念化される中でデジタル技術は，空間のハイブリッド化をもたらすとともに，ハイブリッドな空間と空間性にアクセスするためのインターフェースとして機能するものとみなされる。

　ハイブリッド空間は，ジオコード化されたコンテンツや「位置情報サービスを含むコンピューティングとの新しいかたちのやり取りを可能にする」ものとみなされる（Wilson, 2014: 538）。コンテンツ生産に注目したズックとグラハム（Zook and Graham, 2007b）は，Google のページランクアルゴリズムを事例に，ジオコード化されたコンテンツを並び替えるアルゴリズムについて検討した。それは Google Maps の検索結果一覧において場所の基数（順序）を決定する。ズックとグラハム（Zook and Graham, 2007b）によれば，アルゴリズムは空間の異種混交性を生成するものである。それによってユーザーは自らを，仮想的・物理的かつ空間的な混合物の中にある「二つの世界」（Zook and Graham, 2007b: 468）の境目に住まうものとみなすようになる。そこは，「物理空間を案

内・理解するためにサイバースペースにおいて順位を付けられ，地図化された情報を利用した結果」(Zook and Graham, 2007b: 466) 生み出される。ジオコード化されたコンテンツとその表示方法を構造化するアルゴリズムは，空間的なモビリティと行動を形成する。たとえば，Google Maps の検索窓に「ピザ」と入力した結果表示される施設一覧は，一番上の方に現れた施設へと人々を誘導して消費パターンを形成する (Zook and Graham, 2007a)。

空間と空間性を理論化するためにそれらとデジタルメディアを対置させる異種混交性という概念の限界は，仮想空間の数々は存在論的に互いに異なっている，あるいは少なくとも最初のうちは異なっていたが，ようやく最近になって最新のデジタルメディアによって「ハイブリッド化された」，と説明することにある。このような説明が暗に意味するのは，デジタル空間はもともと「現実の」または「実際の」空間から分離されているがゆえに，元から非物質的だということである。これは，デジタル空間は常にすでに物理的-物質的であることを必要とし，データセンター，インターネット取引，海底光ファイバーケーブル，大陸ブロードバンド，ルーターの広大なネットワークによって構成される，ということを見過ごしている (たとえば Blum, 2012 を参照)。

デジタルシャドウと拡張現実

グラハム (Graham, 2013) はハイブリッド性のテーゼを超えたニュアンスを加えつつ，特に都市は，今や，レンガやモルタルと同じくらいデジタルシャドウによっても構成されている，と主張する。デジタルシャドウとは，都市空間から生まれる都市空間に関するデジタルコンテンツの層である。それはソーシャルメディアの日常利用から発生し，モノのインターネット〔IoT〕の連結デバイスによって増殖・伝送されるデータや，スマートシティにおけるセンサーネットワークの相互作用を通じて生まれるデータの軌跡としてゆらゆらと立ち上がる。デジタルコンテンツの層は特に都市で厚みを増す。都市は農村と比べて住民とデバイスの両方の密度が高いのだが，それに限らず，人口密度の違いを考慮しても，ジオコード化されたコンテンツの生産は明らかに都市的現象である (Hecht and Stephens, 2014)。しかしそれでも，都市と農村の区別を超

えて，データシャドウは長年にわたる都市の不平等も（再）生産している。ジオコード化されたコンテンツの空間的分布，それらを生成する言語，そして独占的なアルゴリズムによるそれらのデータ製品の振り分け(ソーティング)は，特定の場所を目立たせつつ他の場所を不明瞭にすることで不平等な都市地理を生み出す。グラハムとズック（Graham and Zook, 2013）は，テルアビブのジオコード化されたコンテンツに着目し，Google Maps の検索窓にアラビア語とヘブライ語で「レストラン」と入力すると，同じ場所でも全く異なる結果が返ってくることを確認した。Google Maps は，都市の言語的‐空間的な住み分けを固定するような仕方で，それぞれの言語に応じて，検索結果一覧の一番上にさまざまな施設を登場させる。

都市景観がますますデータへと変換されるにつれ，同時に，われわれはそれらのデジタルシャドウの観点で都市を経験するようになってきた。われわれは，都市の文化的・社会的・政治的な「律動」を見抜くために，それらのデータの流れにデジタルな方法で入り込むことができ，それによって，都市空間の中にいながら，都市空間を経験しつつ，都市空間に関するコンテンツを登録する。言い換えれば，デジタルシャドウはわれわれの日常の空間と空間性を拡張または増強するのである。グラハムら（Graham et al., 2013）はそれらのデジタルシャドウの経験を拡張現実としてとらえている。拡張現実は，「技術，情報，コードを通じて媒介される，また独特な個人化された空間／時間の構造の中で実現される物質と仮想の結びつき」（Graham et al. 2013: 465）によって構成されている。

「拡張現実」は仮想と現実の区別に注目したり，技術を，仮想的であると同時に現実的でもあるハイブリッド化された空間性を調停するデジタルな仲介者，として特権化したりするのではなく，デジタルプラットフォーム，ハードウェア，ジオコード化されたコンテンツが共に空間を生産するようになる介在的な局面を重視する。われわれはそこで元居た場所をデジタルな情報の層によって「拡張されたもの」として経験する。このようにして拡張現実は暗黙裡に空間の存在発生（ontogenesis）を認める。それは，空間の技術的生産は常に不完全だという考えである。空間は常に生成変化（becoming）の過程にある。そしてその生成変化は，高度に主体的であるがゆえに行為遂行的(パフォーマティブ)であり，特異的に

身体化された主体にとって現前し，利用可能な技術に左右される。拡張現実の場合，あらゆる個人の経験は，ジオコード化されたコンテンツやネットワークの利用可能性，利用されているデバイス，さらには一日の時間帯にさえも左右される。それゆえ現実は所与のものではなく，時間と場所の諸局面で「拡張され」，高度に個人化されると同時に，コンテンツの流れ（たとえば，最も強いデジタルシャドウを投じる場所に関する情報の類）の利用可能性や企業によるそれの形成によって範囲を定められる。

コード化空間とコード／空間

　グラハムら（Graham et al., 2013）は，デジタルな仕方で補足される空間性や「拡張現実」を存在発生論的に概念化したが，それは，日常空間のいたるところでコードとソフトウェアが出現することで生み出される空間性の性質に関して画期的な理論を作り上げたキッチンとドッジ（Kitchin and Dodge, 2011）の上に直接成り立っている。彼らは，コードとソフトウェアがますます空間の生産の中心を占めるようになってきていることをとらえるために，コード化空間とコード／空間という二つの概念を発展させた。コード化空間とは，コードとデジタルソフトウェアがはっきりと姿を見せ続ける一方，それらが故障するとアナログな取引に置き換えられる空間である。一例として小売の空間が挙げられる。そこでは，電子支払いデバイスが突如機能しなくなった場合，現金取引によってそれが代替される。交換の社会関係は，小売の空間にあるデジタル技術によって促されるが，それに振り回されるわけではない。

　コード化空間は，コード／空間，あるいはコード／ソフトウェアが機能することが本質的である空間と対比することができるかもしれない。そこでは，デジタル技術の故障が空間と空間性（社会-空間関係）の機能不全をもたらす。生体認証，パスポート認証，身体や荷物のスキャナーなどのデジタル技術の故障は，空間の機能不全をもたらすだろう。空港はそのようにして機能を停止する。空間の社会性――人々の場所間の移動――も同じように機能不全に陥る。航空旅行のコード／空間にはアナログな代替物は存在しない。コード／空間は，コードによる空間の転導（transduction）〔あるものの存在が絶えず新たに作り直さ

れること〕の能力——あるいは，まだコード化されていない空間をコード／空間へと一新する可能性——をとらえる。それは，「ソフトウェアと日常生活の空間性が互いに構成されるようになるとき，［つまり］互いを通じて生産されるようになるとき」(Kitchin and Dodge, 2011: 16) に生じる。ある空間においてコードとソフトウェアが優位な立場にあることは，その空間の性質だけでなく，それが利用される方法や，その場所の空間性にも変化をもたらす。たとえば都市のカフェを見てみよう。そこは主として社会的交流（カジュアルな対面の出会い）が生じる空間であるが，Wi-Fi へのフリーアクセスを提供し始めたことで，ホットデスク型のワークスペース〔同じデスクを異なる人どうしで共有して利用するフレキシブルなワークスペース〕へと変容したように思われる。その空間の（交流中心から仕事中心へと向かう）創発的な空間性は，翻ってコードとソフトウェアをより強くそこの中心に登場させる。コード／空間は本質的に存在発生的である。空間の性質とその空間性は両方とも，仕事の空間としてであれ，主に社会的な空間としてであれ，空間を利用したり支配したりする局面で作り直される。

媒介的空間性

空間の技術的生産の存在発生論は，空間の生産における技術の役割が個人，技術の性質，その展開の時間／空間に依存する仕方をとらえるが，そのような考えはデジタル技術に固有のものではない。たとえばそれはアナログな地図利用の偶有性（コンティンジェンシー）もとらえる。近年レシュチンスキ (Leszczynski, 2015) は，われわれの日常の生きられた現実を生み出す技術，人，場所・空間の多様かつ偶有的（コンティンジェント）な結びつきを理解するための概念的枠組みとして媒介を提示することによって，生まれながらにしてデジタルなメディアの文脈で，コード／空間の存在発生論的な理論化を広げている。媒介は，われわれが日常生活の空間と実践において，人間的な他者と非人間的でデジタルな他者の両方と共にいることをどのように経験しているか，ということに関する現代の状況を伝える。われわれは媒介によって空間，経験，交流を技術 - 社会 - 空間関係の多数の結びつきの効果として理解するようになるのである。拡張現実と同じように媒介は，コンテンツ，技術，空間，社会的なものが一つにまとまる方法ではなく，むし

ろそれらが集まるという事実と関係している。ただしここでは、デジタル技術をデジタルコンテンツによって拡張された空間のインターフェースとして理解するのではなく、インターフェース自体がそれらの交差の効果として理解される（Galloway, 2012）。言い換えれば、われわれの生きられた現実は技術、社会性、空間性の可変的な共同構成の結果なのである。

　このような定式化において空間の生産は、依然として、元から存在発生的なものとされている。しかし空間的媒介論は、空間および／または社会性を超えて技術を存在論的に特権化することを不安定化させる。たとえばデジタル技術は、空間を横断する社会関係の中間項や仲介者のかたちをとる能動的な行為体（エージェント）としては位置づけられない。同じように、空間は転導に対して従順な受動的存在としては表現されない。技術、社会関係、空間はすべて —— 自然と同様に —— われわれの生きられた空間性に影響を与えることにおいて能動的である。「空間性は媒介される」と述べることは、物理空間は常にすでにコードとソフトウェアによって伝達（形成、生産）される能力を超えた —— そしてそれとは独立する —— 情報空間（Jurgenson in Madrigal, 2012）であると断言することと同じである。そのような主張は、デジタル技術自体が空間性にとって生産的で生成的であるのと同じくらい、空間は「デジタルなもの」の構成と形成への能動的な参加者である、ということを強調する。

　媒介論に従えば、技術は媒介そのものではない。つまり、技術は接続的な中間項ではないのである。むしろ技術は、これまでになかった新しい方法、すなわち、われわれが媒介されたものとして経験し、理解する創発的な形態の社会性と空間性を生み出すようにして、情報をとらえ、登録し、循環の中に取り込むのである。フェデリカ・ティメト（Federica Timeto）は媒介的空間性を回折的技術空間という概念によってもう少し具体的にしようと試みている。それは、「人間と機械が関係し合い、交差する社会技術的環境」（Timeto, 2015: 1）である。「動態的で偶有的（コンティンジェント）な形態として」、「［技術空間の］出現はそれらを横断する媒介の生成性から切り離せない」（Timeto, 2015: 1）。

　ソーシャルプラットフォームのInstagramを介した画像の共有は、まさにそのような、人間、デジタルプラットフォーム、空間性が互いを巻き込み、媒介する／される行為遂行的（パフォーマティブ）な経験の例である。Instagramへの投稿は、さまざ

まな場所／空間／位置が，ある瞬間には文化的・社会的な重要性を高め，別の瞬間には弱めてしまうということを積極的にかたちづくり，かつ反映することによって空間を生み出す運動である。たとえばホックマンとマノヴィッチ（Hochman and Manovich, 2013）は，記念日〔イスラエルのホロコースト記念日と戦没者追悼記念日〕という重苦しい国家的イベントの期間中の Instagram 活動と，そのイベントのほぼ直後の喜びに満ちた幻想のイベント〔独立記念日〕の期間中の Instagram 活動には，はっきりと区別できる「識別特性」があることを確認した。全国的な喪および慰霊と，その直後のお祭り気分のお祝いイベントの間に Instagram に投稿された都市の一画，という観点でみると，テルアビブにおける Instagram 活動の地理は浮き沈みによって特徴づけられる。しかし，それらの別々の期間における Instagram 活動の空間性は，同時に都市の一握りの場所に集中していた。これはボーイとアウターマルク（Boy and Uitermark, 2017: 612-613）が，特定の場所を好ましい消費の場として駆り立てて循環させることで Instagram の画像上の「都市を」効果的に組み直す「日常生活の美化」として特徴づけたものを反映している。それは，それらの場にある身体と資源の流れを積極的に別の方向へそらして集中させるような仕方で行われる。これは，ジェントリフィケーションのために場所を用意するような仕方であり，それらの場所の Instagram 上の価値を高めているにすぎない。ここでは，ソーシャルメディア活動を通じて都市が出現するのだが，Instagram 活動は単なる鏡ではない。これらの断片的で，デジタルで，都市的な〔Instagram の〕パフォーマンスは，不均等な都市地理を空間的に方向づけ直し，かつ深化させることに関与する。そしてデジタルな経路を通じて，その不均等な都市地理が跳ね返ってくる。言い換えれば，媒介と現実は互いに関与し合うのである（Timeto, 2015）── デジタル性と空間性は，経験的または物質的に互いから解放されえないのである。

人間を超えた空間性

　研究者たちは上述した技術 - 社会 - 空間関係へのアプローチを支える人間中心的な空間性の枠組みから脱却し，デジタルな空間性の理論化を人間だけの

領域を超えて発展させ始めている。アッシュ（Ash, 2013, 2017）によれば，デジタル技術は人間との相互作用の外側に独特な社会性を有している。アッシュはデジタル技術を一連の「摂動」として，つまり他のデジタルオブジェクトの振る舞いをかたちづくるデジタルオブジェクトの能力を通じて人間の意識の外側で互いに関係し合っているものとして位置づけている。レシュチンスキ（Leszczynski, 2015）と同じようにアッシュも技術を，「既存の［諸］空間を形成する，またはハイブリッドな形態の現実を創り出［している］」ものとはみなさない。むしろ摂動は，雰囲気，つまり「問題になっている［デジタル］オブジェクトにとって局所的な」(Ash, 2013: 22) 時空間を生成する。雰囲気は他のオブジェクトに対して（摂動を介して）自らを現前させるだけでなく，人間主体にとっての時空間も組織化する。

　アッシュ（Ash, 2013）は，雰囲気がいかにして人間と非人間の両方の潜在能力と振る舞いを形成するかを，スマートフォンを例に描き出している。モバイルデジタルデバイスは，人間が知覚できない電波の送受信を通じてWi-Fiのネットワークアクセスポイント（NAP）と通信する。Wi-Fi対応デバイスがNAPの範囲内に入ると必ず，ネットワークはそのデバイスにとって利用可能なものとして自らの存在を示す。また，タイムスタンプを押されて地理的に位置づけられたデバイスがアクセスポイントに対して示す存在感を登録するために，そのデバイスに摂動を与える。たとえNAPが実際のネットワーク接続を有効にしないWi-Fiアンテナ塔のエミュレーターである場所だとしても同じである（Leszczynski, 2017を参照）。しばしばデバイスは，不確定なネットワークの基数（一般的には信号の強さで組み立てられるネットワークの接続の順番）を伴いつつ，複数のNAPの範囲内に置かれるだろう。別のところでは，ネットワーク範囲の空間的広がりは，それ自体が風のような自然な要因による摂動に揺れ動かされる。これらの接続性のあいまいさは，問題となっているオブジェクトの数々がそれら自体の間にある諸関係を構造化する（アクセスポイントをデバイスに表示したり，ネットワークを接続したりする）方法から生じる。

　また同時にデジタルオブジェクトは，人間のための時空間を編成することで人間主体の振る舞いをかたちづくる。一つの方法は，フィードバックループを通じたものである（Ash, 2013）。デッドゾーン（全く接続性のない区域），あるい

はネットワーク接続の乏しさ（散発的な接続，データ通信速度の遅さ）は，人間の目にも明らかになるかもしれない。それらは，接続の問題を解決するのではなく悪化させることで，人間にそれらのデバイスと関わることを強いる。たとえば，手作業によって無理矢理ネットワークへの接続を試みると，デバイスが利用できる最善の（最も信頼性が高く，最も強い信号を受信する）ネットワークへ自動的に接続できるようになるのと比べて，信頼性の高い接続を確立するのに要する時間が長くなるだろう。

ネットワーク接続が機能する場所では，デジタルオブジェクトの間の摂動は，主体の空間的軌跡を形成することで人間の潜在能力に影響を与えることができる。たとえば，モバイルデバイスの背後で動作するアプリケーションは，個人のデバイスに向けた通知として，消費（飲食，娯楽，購買）のためのデジタルな提案を散発的に「押しつける」かもしれない。これらの散発的なピンは単純な通知として現れるが，実際にはユーザーたちのリアルタイムの位置や，彼／彼女らのソーシャルグラフ〔インターネット上での人間どうしの相互関係〕のメンバーの過去の消費行動を含む無数の要因の結果である（たとえば，最近になってあるレストランがある人物の社会ネットワークにいる人々の行きつけになった場合，その人たちがその店の近くに来るとそのことが通知される）。人間のモビリティを暗示的に形成することを通じて消費へと仕向けるこうした情動的な刺激は，人間が直接意識する範囲の外側でデジタルオブジェクトの摂動が有効になる場合にのみ可能となる。プッシュ通知の場合，これらには，正常に接続していることと，「バックグラウンドにおいて」（つまり，アプリケーションが画面上でアクティブ状態になっていないときに）アプリケーションが無事に更新されることが含まれる。

さらにいえば，非人間と関わることは，デジタルな産物の性質や，空間と空間性の再構成について考えるための刺激的な道を開くことを約束する。一つの道は，上述したアッシュの研究に倣い，非人間的なものの空間性と時空間を継続的に探究することである。これに関連する別の新しい研究は，セクシュアリティや親密な出会いのような，従来は人間特有の関係として理解されてきたものの空間と空間性をデジタルな非人間が再構成していることを強調している（たとえばCockayne et al. 2017）。概念的探究の第3の方向性は，社会-技術的自然の文脈における非人間の空間と空間性の問題を含んでいる。これまで地理学で

は，人間と非人間の有機的生命の集合体としての自然が，しばしば技術‐社会‐空間関係の三連構造とみなされがちなものとどのように交差するか，あるいはそれにどのように適合するか，ということが見過ごされていた。これは研究をより先へと進める刺激的な道となることを約束する。

文献

Ash, J. (2013) 'Rethinking affective atmospheres: Technology, perturbation and space times of the non-human', *Geoforum*, 29: 20–29.

Ash, J. (2017) *Phase Media: Space, Time and the Politics of Smart Objects.* New York: Bloomsbury.

Ash, J., Kitchin, R. and Leszczynski, A. (2018) 'Digital turn, digital geographies?', *Progress in Human Geography*, 42(1): 25–43.

Blum, A. (2012) *Tubes: A Journey to the Center of the Internet.* New York: HarperCollins. ブルーム，A. 著，金子　浩訳 (2013)『インターネットを探して』早川書房．

Boy, J.D. and Uitermark, J. (2017) 'Reassembling the city through Instagram', *Transactions of the Institute of British Geographers*, 42(4): 612–624.

Cockayne, D., Leszczynski, A. and Zook, M. (2017) '#HotForBots: Sex, the nonhuman, and digitally-mediated spaces of intimate encounter', *Environment and Planning D: Society and Space*, 35(6): 1115–1133.

Crampton, J.W. (2010) 'Cartographic calculations of territory', *Progress in Human Geography*, 35(1): 92–103.

de Souza e Silva, A. (2006) 'From cyber to hybrid: Mobile technologies as interfaces of hybrid spaces', *Space and Culture*, 9(3): 261–278.

de Souza e Silva, A. (2013) 'Location-aware mobile technologies: Historical, social and spatial approaches', *Mobile Media & Communication*, 1(1): 116–121.

de Souza e Silva, A. and Frith, J. (2012) *Mobile Interfaces in Public Spaces: Locational Privacy, Control, and Urban Sociability.* New York: Routledge.

Elden, S. (2007) 'Governmentality, calculation, territory', *Environment and Planning D: Society and Space*, 25(3): 562–580.

Elwood, S. (2006) 'Negotiating knowledge production: The everyday inclusions, exclusions, and contradictions of participatory GIS research', *Professional Geographer*, 58(2): 197–208.

Elwood, S. and Leszczynski, A. (2013) 'New spatial media, new knowledge politics', *Transactions of the Institute of British Geographers*, 38(4): 544–559.

Galloway, A.R. (2012) *The Interface Effect.* Cambridge: Polity Press.

Graham, M. (2013) 'The virtual dimension', in M. Acuto and W. Steele (eds), *Global City Challenges: Debating a Concept, Improving the Practice.* London: Palgrave. pp. 117–139.

Graham, M. and Zook, M. (2013) 'Augmented realities and uneven geographies: Exploring the geo-linguistic contours of the web', *Environment and Planning A*, 45(1): 77–99.

Graham, M., Zook, M. and Boulton, A. (2013) 'Augmented reality in urban places: Contested content and the duplicity of code', *Transactions of the Institute of British Geographers*, 38(3): 464–479.

Harley, J.B. (1992) 'Rereading the maps of the Columbian encounter', *Annals of the Association of American Geographers*, 82(3): 522–542.

Hecht, B. and Stephens, M. (2014) 'A tale of cities: Urban biases in volunteered geographic information', in E. Adar and P. Resnick (eds), *Proceedings of the Eighth International AAAI Conference on Weblogs and Social Media*. Palo Alto, CA: AAAI Press. pp. 197–205.

Hockman, N. and Manovich, L. (2013) 'Zooming into an Instagram city: Reading the local through social media', *First Monday*, 18(7). Available at: http://firstmonday.org/article/view/4711/3698 (accessed 1 February 2018).

Johnson, C. (2007) 'Living a virtual life on the internet', *CBS*, 8 February. Available at: www.cbsnews.com/news/living-a-virtual-life-on-the-internet (accessed 1 February 2018).

Kitchin, R. and Dodge, M. (2011) *Code/Space: Software and Everyday Life*. Cambridge, MA: MIT Press.

Leszczynski, A. (2015) 'Spatial media/tion', *Progress in Human Geography*, 39(6): 729–751.

Leszczynski, A. (2017) 'Geoprivacy', in R. Kitchin, T.P. Lauriault and M.W. Wilson (eds), *Understanding Spatial Media*. London: Sage. pp. 239–248.

Madrigal, A.C. (2012) 'How Google builds its maps — and what it means for the future of everything', *The Atlantic*, 6 September. Available at: www.theatlantic.com/technology/archive/2012/09/how-google-builds-its-maps-and-what-it-means-for-the-future-of-everything/261913 (accessed 1 February 2018).

Mitchell, T. (2002) *Rule of Experts: Egypt, Techno-Politics, Modernity*. Berkeley: University of California Press.

Pickles, J. (2004) *A History of Spaces: Cartographic Reason, Mapping and the Geo-coded World*. New York: Routledge.

Timeto, F. (2015) *Diffractive Technospaces: A Feminist Approach to the Mediations of Space and Representation*. Farnham: Ashgate.

Wilson, M.W. (2014) 'Continuous connectivity, handheld computers, and mobile spatial knowledge', *Environment and Planning D: Society and Space*, 32(3): 535–555.

Zook, M.A. and Graham, M. (2007a) 'The creative reconstruction of the Internet: Google and the privatization of cyberspace and DigiPlace', *Geoforum*, 38(6): 1322–1343.

Zook, M.A. and Graham, M. (2007b) 'Mapping DigiPlace: Geocoded Internet data and the representation of place', *Environment and Planning B: Planning and Design*, 34(3): 466–482.

第3章　都市

アンドレス・ルケ゠アヤラ

はじめに

　デジタル技術は，人文地理学が都市を理解する方法に対し，過去数十年にわたり深い影響を与え続けている。その大部分は，都市とその空間の現在進行形での変容の結果であり，コンピュータや情報通信技術（ICT），デジタルシステムの大規模でユビキタスな使用の結果でもある。またそれは，世界中でのICTの急成長や，コンピュータ技術の生産と消費によってもたらされた空間集積の影響を顕著に受けたグローバルな都市化のプロセスが大きく変化した結果でもある。本章では，この文脈を踏まえ，デジタル空間と都市空間が絡み合い，共に構成し合う複数の方法を紹介する。重要なのは，さまざまな計算処理的かつデジタルな論理とデバイスによって，都市が物質的・文化的・政治的にどのように急速に変容してきたか，また現在も変容し続けているかである。本章では，効率性，生産性，透明性に関するテクノユートピアの物語に支えられた都市の中にあるデジタル技術が，いかにして都市のガバナンスとコントロールの多くの側面を再編成しながら，都市の権力の機能を変化させているかに注目する。

都市を計算する —— 略史

　1950年代後半以降，ノーバート・ウィーナー（Norbert Wiener）によって開発されたサイバネティックスの原理に基づき，都市はますます通信システムとして認識されるようになった（Meier, 1962; Webber, 1964; Light, 2003）。アメリカの防衛産業で働く科学者たちによって開発された一連の情報技術とともに，サイバネティックスを取り入れた都市計画者たちは，都市を機械と生命体の両方として再概念化した。これにより，数学やシステム分析，コンピューティン

グ技術の進歩を意思決定のためにうまく利用する，新たなタイプの都市計画が可能になった。1960年代初頭には，ピッツバーグ，ニューヨーク，ロサンゼルスのようなアメリカの都市が，都市再開発計画においてコンピュータ技術を使った実験を開始した。都市計画はコンピューティング，サイバネティックス，軍事的な専門知識の組み合わせを通じて，地方行政に対して問題指向型のアプローチをとるようになった。都市問題は軍事的／防衛的な視座から枠づけられるようになり，プロセスを管理する機能が次第にその解決策とみなされるようになっていった。都市は「貧困との戦い」の「戦場」となったが，その一方で，都市問題はフィードバックの繰り返しと継続的な自己調整によって解決されるプロセスとして再解釈された（Light, 2003）。当時，*Journal of the American Institute of Planners*誌は，都市計画に革命をもたらすものとしてコンピュータを歓迎した（Harris, 1966）。コンピュータは，データベースやシミュレーションとともに，地図や三次元モデルなどの既存の計画ツールを拡張したり，大規模なデータセットを処理したり，斬新な方法で問題を可視化したりすることができるものとして認識された。しかし最も重要なことは，コンピュータが都市計画を科学的な努力に変えるかのように見えたことである（Light, 2003）。情報システムは，科学的に検証可能な結果を強制する一方で，都市計画のプロセスをほぼ間違いなく脱政治化することができる都市対応の一形態となった。

　都市計画という特定分野を超えて，1960年代から1990年代の間には，コンピュータ利用の成長とそれに伴う社会の脱物質化が，都市化のプロセスを損ねたり，都市の存在そのものを脅かしたりするという考えがあった（Bolter and Grusin, 2000）。サイバースペースの「神学」（Bolter and Grusin, 2000）——コンピュータ，デジタルシステム，ニューメディアが脱物質化された情報の世界を創り出し，われわれはそこへ住むことができるという信念——は，現実が徐々に情報に置き換えられていくという未来的で陶酔的なテクノユートピア主義を支えていた。マーシャル・マクルーハン（McLuhan, 1994 [1964]），アルヴィン・トフラー（Toffler, 1980），ニコラス・ネグロポンテ（Negroponte, 1995），ビル・ゲイツ（Gates, 1995）のような研究者や技術者は，デジタル通信が空間的近接性の必要性を克服する程度や，それを通じた都市の壊滅的な崩壊を指摘した。このような予測は現実とはならなかった。この脱都市幻想（ポストアーバンファンタジー）の誤謬は，ICTと都市

第3章　都市

の複雑な関係や相互依存性を理解していないことにある。ICTとコンピュータの世界は，都市に取って代わるどころか，グローバルな都市化を促進する上で重要な役割を果たしている（Graham, 2004）。20世紀の後半を通して，グローバルな情報通信の発達と，先進工業社会に特徴的な都市の変容が，並行して生じた。すなわち脱工業都市の構成そのものが，都市と遠隔通信の関係の問題となったのである（Graham and Marvin, 1996）。都市はもはや単に建物，交通網，経済活動，文化的生活が密集した物理的結節点ではなくなった。都市は電子的なハブ，情報の需要の中心地，グローバルなデジタル通信の拠点にもなった。

コンピューティングのユビキタスな性質は，境界よりも相互接続性によって統治される都市世界を確立した。新興のネットワークシティにおいては，都市なるものはもはや物理的な囲い（つまり城壁）によってではなく，デジタルな接続性によって定義される。ここでは，「領域の統制は，その領域にサービスを提供する経路の容量とアクセスポイントも統制しない限り，ほとんど意味をなさない」（Mitchell, 2004: 10）。インターネット自体が都市地理的側面を有している。なぜなら，〔通信の拠点に〕選ばれた都市がクラスター化を通して，インターネットの生産に重要な役割を果たしているからである（Townsend, 2001; Zook, 2005）。デジタルな接続を可能にする物理的なネットワーク ── 光ケーブルや銅ケーブル，通信塔やアンテナ ── から，デジタルエコノミーに関連する雇用パターンや政治経済の風景まで，情報技術と都市は共に構成し合うのである。

初期の視座 ── サイバーシティの地理学

1992年にクリスティーヌ・ボワイエ（Christine Boyer）は，当時流行していたサイバースペースの脱物質化に関して初めて批判的な分析を行った ── 皮肉にもサイバーシティという概念は，都市の観点でいえば，中心のない巨大なメガロポリスとして考えられがちであった（Boyer, 1992）。ボワイエはサイバーシティという考えを深め，成長する情報ネットワークの物質的な性質と社会-技術的な性質のハイブリッド性を強調した。サイバーシティに関する都市地理学の取組みは，デジタル世界における空間と物質性の両方を前面に出し，技術は都市や身体に取って代わるものではなく，むしろ社会的・身体的・経済的・文

化的関係を媒介するものだと主張する（Graham, 2004）。そしてデジタル技術は，都市や日常生活の文化地理を無数の方法で変容させる（Crang, 2010）。たとえばウェイクフォードは，フェミニストアプローチに基づき，インターネットカフェのハイブリッド性と，デジタルな媒介を通して形成されるユーザーの身体的なジェンダーアイデンティティを検討している。コンピューティングの風景の一部としての都市は，ハイブリッド空間の多面性――「オンラインの経験に限定されるのではなく，それを含む物質的地理と，想像上の地理」（Wakeford, 1999: 180）の集まり――によって構成されている。似たようなアプローチに従い，フォルラーノ（Forlano, 2009）は，Wi-Fi技術がいかにして都市の社会文化的・経済的な再構成をもたらし，一連の新たなコードスケープ（codescapes）を生成しているかを検討している。

　おそらく，デジタル技術と都市が一体となるハイブリッド空間について最も議論されることの一つは，監視の空間であろう。デジタル技術は，単純なデータの収集や組み合わせだけでなく，可視化（ビジュアリゼーション）やシミュレーションの技法を通しても，都市の監視を促進し，可能とする（Graham, 1998）。グラハムとウッド（Graham and Wood, 2003）はフーコー（Foucault）のパノプティコン概念を新たな高みへと引き上げ，膨大な量の情報をほぼリアルタイムで保存し，組み合わせるコンピュータの能力を利用した「スーパーパノプティコン」の出現を主張している。それは「壁も窓も塔もなく，警備員すらもいない監視システム」（Poster, 1990: 93（Graham and Wood, 2003: 230 にて引用））であり，直接的な監視を通した国家の統治能力の量的変化を指摘するものである。このプロセスが意味するものはプライバシーないし規律訓練型の統制をはるかに超えている，ということを彼らは示唆している。閉回路テレビ（CCTV）やスマートメーターから，データ収集によって促されるソーシャルターゲティングやマーケティングに至るまで，監視は都市の情報経済の成長を刺激する一方で，特定の政治経済的構成を支持する。このような継続的でリアルタイムな身体と行動の追跡は，サービス提供の細分化（利用者を支払い能力やリスク，適格性のレベル分けで区別すること）を支援し，公共サービスの民営化，都市の商品化，都市市場の開発を優先する新自由主義的な論理を助長する（Graham and Wood, 2003: 229）。

　都市におけるコード操作に埋め込まれた潜在的な不平等の可能性の検討は，

ソフトウェアによって振り分けられる地理という、「広範な分野や領域を横断して、特権的な集団・場所と周縁化された集団・場所を分離しようとする試みに適用される」デジタルに媒介的な振り分け(ソーティング)の技術の定式化につながった（Graham, 2005: 562）。CCTVによる顔認識や電子モビリティシステムに代表されるソフトウェアによる振り分け(ソーティング)は、コードやプログラミングが都市的実践の媒介者として都市とその政治の両方を形成する役割を果たしていることの好例である（Thrift and French, 2002; Kitchin and Dodge, 2011）。このようなデジタルに媒介された都市は感覚を持つ都市（sentient city）である。それは、「受動的な背景ではなく、日常生活を組織化する能動的な行為体(エージェント)となる」ユビキタスコンピューティング環境であり、「われわれが都市を考えるだけでなく、都市もわれわれのことを考える世界である」（Crang and Graham, 2007: 789）。現代の都市環境を特徴づけるエブリウェア（everyware）〔everywhereとsoftwareを組み合わせた造語〕としてグリーンフィールド（Greenfield, 2006）が表現したこのユビキタスコンピューティングは、「コンピュータを見えないようにして、当たり前のものとするような方法で、われわれの日常生活にコンピュータを埋め込むことを目指している」（Galloway, 2004: 384）のである。

スマートアーバニズム

　最近の、そして流行のデジタルアーバニズムを構成しているのは、スマートシティという概念である。これは、都市問題をデジタルな方法で解決する見込みを拡張し、現実化させるものである。民間部門、国際組織、国・地方の政府が推進するスマートシティの代表的なビジョンは、インテリジェントなインフラ、ハイテクな都市開発、デジタル経済、電子市民を組み合わせ、都市性(アーバニティ)をデジタルに拡張するというものである。スマートシティを取り巻く話は、技術が変革の主要な原動力となる、魅惑的かつ規範的な未来像に深く根差している（Luque-Ayala et al., 2016）。このアイディアは、IBMが所有する商標Smarter Cities®に関連した宣伝を通じて世界的に認知されるようになった。また、スマートシティは、2000年代に開発されたインテリジェントシティ——学術界、産業界、行政の連携を通じた問題解決アプローチを重視し、ICTが地域のイノ

ベーション，競争力，経済発展に向けた重要なインプットとして機能するという考え（Komninos, 2002; Caragliu et al., 2011）——の要素も継承している。

　スマートシティは，その登場以来，あいまいで漠然とした概念である。スマートシティ概念は，グリーン経済の成長，インフラの柔軟性，新たな都市サービス，透明性，需要への対応，社会的包摂，都市の持続可能性といったより良い未来への願望が込められている。スマートシティの介入は幅広い形態をとり，多くの場合（常にではないが），都市のコンピューティングとデジタル技術の役割を前面に押し出す。例として，都市センサーからのデータ収集とその運用を目的とした自治体所有のオープンソースプラットフォームであるバルセロナの *Sentilo* や，実験的な予測分析のプラットフォームであるシカゴの *SmartData* が挙げられる。スマートシティのイニシアティブは，多くの場合，官民双方の利害関係者のリーダーシップの下で，さまざまな規模のプロジェクトがゆるやかに結びついた混合体である —— *Amsterdam Smart City* の場合，デジタル技術が関連する 200 近いプロジェクトが集まっている。

　リオデジャネイロは，現代の都市ガバナンスにおいてデジタル技術が陣頭指揮を執るようになる変革の一例として挙げられる。2010 年，広範囲にわたって洪水や地滑りをもたらした豪雨の後，リオ市長は IBM にデジタル技術を用いた自治体規模のコントロールセンターの設計と導入を依頼した。リオのオペレーションセンター（COR：http://cor.rio）は，交通やエネルギー，緊急時対応，廃棄物管理，社会支援など都市サービスの統合を促進している。「スマートシティ」イニシアティブの模範として広く紹介されているこの COR は，「1 日 24 時間，週 7 日間稼働し，複数の自治体システムの情報を相互接続し，リアルタイムで可視化，監視，分析，対応を行っている」（Prefeitura Rio de Janeiro, 2011: 14）。80 以上のカスタマイズできるコンピュータモニターが巨大なスクリーンを形成する COR は，1960 年代の NASA の管制室のようである。ここから市の職員が決定を下し，市の毎日の流れや循環を管理し，必要に応じて緊急事態に対応する。ラジオ放送やテレビ放送だけでなく，Facebook，Twitter，Waze，YouTube，Instagram での活発な活動も通して，COR は都市インフラの毎日の機能（と機能停止）に市民を積極的に関与させ，緊急事態についてメディア的な雰囲気を醸し出す。都市を統治する新たな方法は，こうした「（日常と非常時

の）統制関係の崩壊と，市民との関わり方の変容（そこでは市民は，もはやインフラネットワークの最終的な受け手ではなく，必要不可欠な機能的もしくは操作的な要素として存在する）」（Luque-Ayala and Marvin, 2016: 204）から生まれている。ルケ＝アヤラとマーヴィンは，日常の一部として緊急事態が動員される，このようなデジタルに可能となる透明性と可視性の論理は，既成の秩序を疑問視せず，むしろその維持を保証するものであり，「管制室の視点が提供されることによって，市民は政治的主体というよりは，むしろインフラの運用上の構成要素となった」（Luque-Ayala and Marvin, 2016: 206）と主張している。

　過去10年間で，地理学と都市研究の研究者たちは，スマートシティに対して批判的な疑問を投げかけ始めた（Hollands, 2008; Luque-Ayala and Marvin, 2015）。これらの新しいデジタル技術はどのように都市の流れを変革し，都市の政治とガバナンスを再形成するのか？　どのような論理と経路が支配的か，また「スマート」はどの程度まで進歩的なアジェンダを受け入れることができるのか？　スマートシティを通して，さまざまな都市性や市民の想像はどのように形成され，争われるようになるか（Luque-Ayala and Marvin, 2015）？　キッチンら（Kitchin et al. 2016: 17–22）は，スマートシティに対する一般的な批判を挙げている。第1に，スマートシティは，都市のすべての側面を測定または監視できることを前提とする，還元主義なかたちのテクノクラシー型のガバナンスを進める。都市の問題は技術的な問題として扱われ，それに応じてスマートシティは技術的解決を優先する。第2に，スマートシティはバグだらけで，脆く，そしてハッキングされる可能性がある。それは「ウイルス感染，誤作動，クラッシュが起こりやすく」，「悪意によるハッキングに弱い」。第3に，前節で示したデジタル監視への批判に沿って言えば，スマートシティがビッグデータを動員することで，パノプティコン的な監視，予測プロファイリング，社会的振り分け(ソーティング)が行われる。最後に，スマートシティの介入とそれに伴うデータの動員は，都市の政治性とビッグデータの政治性の両方を見落とし，中立性という錯覚を引き起こす。ところが，データ収集とコード開発は常に価値判断を伴うものであり，これを通して政治的介入を表明する。

　これらの批判は，スマートアーバニズムの権力／知の諸側面を解き明かし，テクノユートピア的言説としてのスマートシティが新自由主義的合理性と，特

定の私的利益をいかに促進するかを指摘し始めている。スマートシティに対する批判の高まりは，都市ガバナンスの企業化におけるその役割を浮き彫りにしている。スマートアーバニズムもアーバンビッグデータも，ICT 企業が政府の機能を「捕捉」し，新たな市場機会を開拓するために動員したアジェンダ――起業家の目標を推進する企業努力――とみなすことができる（Greenfield, 2013; Townsend, 2013; Vanolo, 2013; Söderström et al., 2014; Barns, 2016）。都市のあらゆる種類の流れをデータに変換することで生まれる新たな流れは，都市の計算処理的な論理を可能とし，都市をビジネス主導的で，起業家的で，企業的な存在として再構成する上で重要な役割を果たす（Marvin and Luque-Ayala, 2017）。

　ニューヨーク市（NYC）の経験は，具体的には，都市データをインフラユーティリティとして構成する「データ駆動型都市」というアイディアを通じて，デジタル都市における起業家的論理の役割の拡大を示している。これはまた，新たなインフラ形態としてのデータの出現も指摘している。ニューヨークにとって，「データ駆動型の都市とは，透明性を通じて説明責任能力を高めつつ，データを賢く利用することで重要なサービスをより効果的に提供する都市である」(New York City, 2013: 7)。ブルームバーグ（Bloomberg）市長のリーダーシップの下，市議会はオープンデータ法を承認し，市のすべての機関に 2018 年までにデータを公開することを義務づけた。この法律は，経済的な機会を生み出すだけでなく，「政府のために効率的な解決策を検討することを国民に許可する」ことも期待されている（NYC Local Law 11 of 2012）。これは，市のオープンデータプラットフォームである NYC OpenData の開発につながった（https://opendata.cityofnewyork.us を参照）。2014 年 7 月現在，市は，市民がポータルサイトを通じて 1,300 近いデータセットを利用できるようにした。オープンデータプラットフォームはデータ収集の形式を標準化し，機械で読み取れるフォーマットで利用できるようにすることを目的としている。デジタルアーバンダッシュボード（Kitchin et al., 2015; Mattern, 2015）とは異なり，重点はデータの可視化よりも生データの提供を通じて計算の可能性を開くことにある――通常，オープンデータプラットフォームは都市のプロセスを再考しようとする市民ハッカー，コード開発者，起業家によってアクセスされる。バーンズ（Barns, 2016）は，これらのプラットフォームは，自治体が企業の目標を採用すること

を支援し，競争力のあるポジショニングと投資の誘致を優先すると主張している。これは，「オープンデータ運動の修辞的な願望が最近になって開放性や透明性といった価値観から，より限定された価値観の生成へと移行している」(Barns, 2016: 554) ことを示しており，地方政府は都市の新たな流れのためのプラットフォームやプロバイダーとして再解釈されている。

スマートシティを超えるデジタルアーバニズム

　研究者たちは，スマートシティについて白黒つけるような批判を避けようとする中で，現在普及している計算処理的（コンピューテーショナル）なアーバニズムの存在論的・認識論的基礎を問う必要性を指摘してきた。かれらの主張は，デジタル技術がどのように都市を変容させ，形成するかを理解することは，単にそのような技術がどのように，どこで，誰のために用いられているかを分析することには限られない，ということである。哲学やメディア・スタディーズに依拠すれば，都市の計算は，都市のための「隠喩，手法，組織化の枠組み」(Golumbia, 2009: 1)，つまり「来たるべき現実，新たなタイプの現実を構築する」抽象的な機械として枠づけられている (Deleuze and Guattari, 1987: 142; Marvin and Luque-Ayala, 2017 を参照)。このようにスマートシティは，単に「市民を規律訓練しようとするトップダウンの試み」でも，「人々の名の下でボトムアップ的に技術を自由化することを介して，この関係性を単純に逆転させることで挑戦できる」(Krivy, 2018: 14) ものでもない。同様に，企業的なスマートシティの含意は，「包摂，エンパワーメント，持続可能性，デジタルプライバシーというリベラルな人間主義的価値観」(Krivy, 2018: 14) にデジタル技術を埋め込むことを通じて単純に相殺できるものではない。スマートシティはトップダウンかボトムアップかという単純な分析を超えようとしている研究者たちは，デジタルアーバニズムという新たな波が，誰によって，何のために実現されるかにかかわらず，都市のガバナンスの独特なレジーム――力関係を描き出し，形成する新たな方法を植えつけることで，「接続と切断を通じて，都市を見るたり，関係性を表現したり，変化する物質的な未来を予想したりする方法を刻み込む」(Marvin and LuqueAyala, 2017: 86) 体制――を構築すると主張している。

デジタル都市の将来のかたちはほとんどわかっていないが，デジタルなもの（the digital）と都市の一体化は，フューチャリング〔未来について考え，その実現を目指すこと〕のプロジェクト，つまりアルゴリズム的な予測を動員して，従来の科学的な因果関係の論理を覆す投機的な取組みとして認識されるようになってきている。ビッグデータと「アルゴリズム的投機」の諸形態が一体になることは，物質的にも言説的にも，「特定の種類の来るべき都市を予期させる」(Leszczynski, 2016: 1692) だろう。デジタルなアルゴリズムは特定の都市の未来を想像すると同時に，それを実行する。これは，都市形成におけるアルゴリズムの役割のより良い理解を求めている。しかし，都市の未来を想像する上で，アーバンビッグデータとその分析が，既存の都市の分断や社会経済的不平等を再生産することしかできないことは明らかである。後者の具体的な物質性はデジタルな介入を超えて存続するし，未来に投影されるものの中で唯一確実なのは現代の都市を特徴づけている不均等性である (Leszczynski, 2016)。

　結論として，ステレオタイプでハイブリッドな身体，行為体（エージェント），行為主体性（エージェンシー）がデジタルアーバニズムの形成において果たす役割をさらに検討する必要性を強調することが重要である。第1に，これは，差異と多面性，ジェンダーと人種がどのように組み込まれるもしくは動員されるかについて問うことを意味する。ジリアン・ローズ (Rose, 2016) は，スマートシティでの出来事に女性の声が欠けていることを指摘し，デジタル都市において「さまざまな社会的カテゴリーがどのように構築されるか」をめぐる研究課題を求めている——それは，デジタルデータやデジタルデバイスが社会的ステレオタイプを創り出し，強固にするものであると同時に，人々がそれらに対抗することを認めるものでもある。クィアやフェミニストによるデジタル空間に対する新たな批判は，そこで働いている「植民地化，人種化，普遍化のプロセス」を露わにすることを試み (Cupple, 2015)，コード（規範とアルゴリズムによる命令の両方）と空間を横断する関係性をさまざまな身体がさまざまな方法で経験することを指摘している (Cockayne and Richardson, 2017)。第2に，これはデジタル都市の形成に携わる身体のタイプを問うことを意味する。よく知られているように，都市に関していえば，最も効果的な技術はインフラとして採用される技術である (Thrift, 2014)。そのためには，背後に埋め込まれ，それ自体が都市インフラの流れと

なる，さまざまなデジタルシステムやデジタルな処理手続きに注意を払う必要がある。たとえばスリフト（Thrift）は，データが都市の表面（壁やスクリーンなど）に埋め込まれるようになり，それによって都市のあらゆる表面がわれわれに語りかけ，都市のあらゆる瞬間や出会いがデジタルな処理手続きを通じて媒介されるようになる可能性を指摘している。しかしローズ（Rose, 2017）の見解によれば，デジタルな行為主体性（エージェンシー）（技術的な非人間の行為主体性（エージェンシー））が詳細な分析の対象となる一方で，デジタルに媒介された人間の行為主体性（エージェンシー）には，さらなる注意が必要である。彼女は，ポストヒューマンな行為主体性（エージェンシー）とは「常にすでに技術と互いに構成し合う」（Rose, 2017: 779）もの――技術的に媒介され，多様で，独創的な行為主体性（エージェンシー）であり，都市と互いに生産し合い，都市を再創造する役割を果たす，根本的に拡張された人間――であるとする。これは，今や技術的に媒介された人間を都市のデジタル空間の理解に再び組み込むこと，そして最も重要なこととして，そうした人間が持つ都市の未来を再発明する能力を再考することを求めている。

文献

Barns, S. (2016) 'Mine your data: Open data, digital strategies and entrepreneurial governance by code', *Urban Geography*, 37(4): 554–571.

Bolter, J.D. and Grusin, R. (2000) *Remediation: Understanding New Media*. Cambridge, MA: MIT Press.

Boyer, M.C. (1992) 'The imaginary real world of cybercities', *Assemblage*, 18: 115–127. ボイヤー, M.C. 著，毛利嘉孝訳 (1996)「サイバーシティという想像的な現実の世界――電子コミュニケーション時代の都市」『10＋1』(7): 92–108.

Caragliu, A., Del Bo, C. and Nijkamp, P. (2011) 'Smart cities in Europe', *Journal of Urban Technology*, 18(2): 65–82.

Cockayne, D.G. and Richardson, L. (2017) 'Queering code/space: The co-production of socio-sexual codes and digital technologies', *Gender, Place & Culture*, 24(11): 1642–1658.

Crang, M. (2010) 'Cyberspace as the new public domain', in C. Wanjiku Kihato, M. Massoumi, B.A. Ruble and A.M. Garland (eds), *Urban Diversity: Space, Culture and Inclusive Pluralism in Cities Worldwide*. Baltimore, MD: Johns Hopkins University Press. pp. 99–122.

Crang, M. and Graham, S. (2007) 'Sentient cities: Ambient intelligence and the politics of urban space', *Information, Communication & Society*, 10(6): 789–817.

Cupples, J. (2015) 'Coloniality, masculinity and big data economies', *Julie Cupples: Geography/ Development/Culture I Media*. Available at: https://juliecupples.wordpress.com/2015/05/11/coloniality-masculinity-and-big-data-economies (accessed 1 February 2018).

Deleuze, G. and Guattari, F. (1987) *A Thousand Plateaus*. Minneapolis: University of Minnesota Press. ドゥルーズ, G., ガタリ, F. 著, 宇野邦一・小沢秋広・田中敏彦・豊崎光一・宮林寛・守中高明訳 (2010)『千のプラトー——資本主義と分裂症　上・中・下』河出書房新社.

Forlano, L. (2009) 'WiFi geographies: When code meets place', *The Information Society*, 25(5): 344–352.

Galloway, A. (2004) 'Intimations of everyday life: Ubiquitous computing and the city', *Cultural Studies*, 18(2–3): 384–408.

Gates, B. (1995) *The Road Ahead*. London: Hodder and Stoughton.

Golumbia, D. (2009) *The Cultural Logic of Computation*. Cambridge, MA: Harvard University Press.

Graham, S. (1998) 'Spaces of surveillant simulation: New technologies, digital representations, and material geographies', *Environment and Planning D: Society and Space*, 16: 483–504.

Graham, S. (2004) 'Introduction', in S. Graham (ed.), *The Cybercities Reader*. London: Routledge. pp. 1–29.

Graham, S. (2005) 'Software-sorted geographies', *Progress in Human Geography*, 29(5): 562–580.

Graham, S. and Marvin, S. (1996) *Telecommunications and the City: Electronic Spaces, Urban Places*. London: Routledge.

Graham, S. and Wood, D. (2003) 'Digitizing surveillance: Categorization, space, inequality', *Critical Social Policy*, 23(2): 227–248.

Greenfield, A. (2006) *Everyware: The Dawning Age of Ubiquitous Computing*. Berkeley, CA: New Riders.

Greenfield, A. (2013) *Against the Smart City*. New York: Do projects.

Harris, B. (1966) 'The uses of theory in the simulation of urban phenomena', *Journal of the American Institute of Planners*, 32(5): 258–273.

Hollands, R.G. (2008) 'Will the real smart city please stand up? Intelligent, progressive or entrepreneurial?', *City*, 12(3): 303–320.

Kitchin, R. and Dodge, M. (2011) *Code/Space: Software and Everyday Life*. Cambridge, MA: MIT Press.

Kitchin, R., Lauriault, T.P. and McArdle, G. (2015) 'Knowing and governing cities through urban indicators, city benchmarking, and real-time dashboards', *Regional Studies, Regional Science*, 2(1): 6–28.

Kitchin, R., Lauriault, T.P. and McArdle, G. (2016) 'Smart cities and the politics of urban data', in S. Marvin, A. Luque-Ayala and C. McFarlane (eds), *Smart Urbanism: Utopian Vision or False Dawn*. London: Routledge. pp. 16–33.

Komninos, N. (2002) *Intelligent Cities: Innovation, Knowledge Systems, and Digital Spaces*. London: Taylor & Francis.

Krivy, M. (2018) 'Towards a critique of cybernetic urbanism: The smart city and the society of control', *Planning Theory*, 17(1): 8–30.

Leszczynski, A. (2016) 'Speculative futures: Cities, data, and governance beyond smart urbanism', *Environment and Planning A*, 48(9): 1691–1708.

Light, J.S. (2003) *From Warfare to Welfare: Defense Intellectuals and Urban Problems in Cold War America*. Baltimore, MD: Johns Hopkins University Press.

Luque-Ayala, A. and Marvin, S. (2015) 'Developing a critical understanding of smart urbanism?', *Urban Studies*, 52(12): 2105–2116.

Luque-Ayala, A. and Marvin, S. (2016) 'The maintenance of urban circulation: An operational logic of infrastructural control', *Environment and Planning D: Society and Space*, 34(2): 191–208.

Luque-Ayala, A., McFarlane, C. and Marvin, S. (2016) 'Introduction', in S. Marvin, A. Luque-Ayala and C. McFarlane (eds), *Smart Urbanism: Utopian Vision or False Dawn*. London: Routledge. pp. 1–15.

Marvin, S. and Luque-Ayala, A. (2017) 'Urban operating systems: Diagramming the city', *International Journal of Urban and Regional Research*, 41(1): 84–103.

Mattern, S. (2015) 'Mission control: A history of the urban dashboard', *Places Journal*, March. Available at: https://doi.org/10.22269/150309 (accessed 1 February 2018).

McLuhan, M. (1994) [1964] *Understanding Media: The Extensions of Man*. Cambridge, MA: MIT Press. マクルーハン, M. 著, 栗原　裕・河本仲聖訳 (1987)『メディア論――人間の拡張の諸相』みすず書房.

Meier, R.L. (1962) *A Communications Theory of Urban Growth*. Cambridge, MA: MIT Press.

Mitchell, W.J. (2004) *Me++-: The Cyborg Self and the Networked City*. Cambridge, MA: MIT Press. ミッチェル, W.J. 著, 渡辺　俊訳 (2006)『サイボーグ化する私とネットワーク化する世界』NTT出版.

Negroponte, N. (1995) *Being Digital*. London: Hodder and Stoughton. ネグロポンテ, N. 著, 福岡洋一訳 (2001)『ビーイング・デジタル――ビットの時代　新装版』アスキー.

New York City (2013) *Chief Information & Innovation Officer Progress Report—December 2013*. New York: NYC Department of Information Technology and Telecommunications (DoITT). Available at: www1.nyc.gov/site/doitt/about/reports-presentations.page (accessed 17 May 2018).

Prefeitura Rio de Janeiro (2011) *Plana de Emergencia para Chuvas Fortes da Cidade do Rio de Janeiro*. Rio de Janeiro: Defesa Civil/Prefeitura Rio de Janeiro. Available at: www.rio.rj.gov.br/dlstatic/10112/4402327/4109121/RIODEJANEIRORESILIENTE_2013.pdf (accessed 17 May 2018).

Rose, G. (2016) 'So what would a smart city designed for women be like? (and why that's not the only question to ask)', *Visual/Method/Culture*. Available at: https://visualmethodcultllre. wordpress.com/2016/04/22/so-what-would-a-smart-city-designed-for-women-be-like-and-why-thats-not-the-only-question-to-ask (accessed 1 February 2018).

Rose, G. (2017) 'Posthuman agency in the digitally mediated city: Exteriorization, individuation, reinvention', *Annals of the American Association of Geographers*, 107(4): 779–793.

Söderström, O., Paasche, T. and Klauser, F. (2014) 'Smart cities as corporate storytelling', *City*, 18(3): 307–320.

Thrift, N. (2014) 'The promise of urban informatics: Some speculations', *Environment and Planning A*, 46(6): 1263–1266.

Thrift, N. and French, S. (2002) 'The automatic production of space', *Transactions of the Institute of British Geographers*, 27(3): 309–335.

Toffler, A. (1980) *The Third Way*. New York: William. Morrow. トフラー, A. 著, 鈴木健次訳 (1980)『第三の波』NHK 出版.

Townsend, A. (2013) *Smart Cities: Big Data, Civic Hackers, and the Quest for a New Utopia*. New York: W.W. Norton.

Townsend, A.M. (2001) 'Network cities and the global structure of the Internet', *American Behavioral Scientist,* 44(10): 1697–1716.

Vanolo, A. (2013) 'Smartmentality: The smart city as disciplinary strategy', *Urban Studies,* 51(5): 883–898.

Wakeford, N. (1999) 'Gender and the landscapes of computing in an Internet café', in M. Crang, P. Crang and J. May (eds), *Virtual Geographies: Bodies, Space and Relations*. London: Routledge. pp. 178–200.

Webber, M. (1964) *Explorations into Urban Structure*. Philadelphia: University of Pennsylvania Press.

Zook, M. (2005) *The Geography of the Internet Industry: Venture Capital, Dot-coms, and Local Knowledge*. Malden, MA: Blackwell.

第4章　農村

マーティン・ドッジ

農村の技術

　低い人口密度と領域の広さゆえに，農村空間は独特である。集落は面積と人口の点で小さく，経済活動は地理的に広く分散している。物理的な距離と交通アクセスの不便さという点で生じる遠隔性という条件は，農村地域での公共サービスの提供とインフラ整備がコスト高になることと相関する。実際，電気，電話，飲料水，下水システムなど，都市ではどこにでもあり，当たり前のものだと思われるサービスへのアクセスという点で「自給自足」の生活をすること（Vannini and Taggart, 2014）は，真の農村性(ルーラリティ)の兆候となる特徴である。

　農村的な場所はさらに，新しい考えや政治権力から，一般的に政治的にも文化的にも周縁に位置している。多くの場所において，農村の住民は都市の同じような人々と比べて，経済的により貧しく教育水準も低い。これらの状況から，周縁的な農村地域は伝統的に技術面での僻地であり，新しいデジタル開発の採用が遅れた（Salemink et al, 2017 を参照）。本章では，イギリスの現代的な農業実践の経験的な事例を用いて，広い意味での西洋の先進経済の文脈における農村空間に焦点を合わせる。

　農村地域の住民や企業が利用可能な電話通信とインターネットサービスは都市地域に比べて質が悪く，容量が少なく，洗練されておらず，選択肢がなく，信頼性が低いが，皮肉にも高額になることもあるということは広く知られている。広範囲に分散した世帯へ物理的にケーブルをつなげることにかかる高いコストは，高速ブロードバンドの普及を阻害してきた（Skerratt, 2010）。困難な土地に位置する分散した住民に向けてサービスを提供するためにアンテナを設置することの難しさとコストは，携帯電話と 3G/4G の提供がよくても断片的であり，より遠隔な場所では全く不可能であることを意味した。たとえば，商業

プロバイダーへの政府補助金と相当額の資本投資が数年間あったにもかかわらず，このようなブロードバンドインターネット接続や携帯電話受信可能エリアの「圏外」は，現在もイギリスの農村の一部で残り続けている（Philip et al. 2017）。より広い「デジタルディバイド」の議論の一部として，インターネットインフラの供給が相対的に不十分で，デジタル技術の普及率が低いことが，農村地域の社会経済発展にとって著しい障害とみなされている（Malecki 2003）。それゆえ，何十年もの間，情報通信技術（ICT）が開発事業において農村性（ルーラリティ）の不利な状況，特に遠隔性の感覚を克服することができる方法として提唱されていたこと（Kleine, 2013 を参照）は，ある意味で逆説的（パラドックス）なのである。

農業，産業主義，そして農村の田園風景

　経済的に発展した国家では，大多数の人々は都市に居住しており，都市の後背地の先で起きていることが見落されたり，低く評価されたりしがちである。それは部分的には，平穏な田舎としての農村という多忙な都市のモダニティの対極にある考え方が，明らかに正しくないにもかかわらず，今も強力だからである。牧歌的な田園地方は空想であるが，それはどのように社会一般が農村空間と関わるか，特にどのように農業を理解するかについて，真に影響を及ぼしている。またこれらの根深い誤解が，デジタル技術に関する主流の報道や現代の学術的分析の大半から農村が欠落していることに寄与しているとも言える。ほとんどの学術研究者，技術ジャーナリスト，そして「デジタルなもの（the digital）」に関する主要な哲学者たち —— ほぼ全員が都市住民である —— は，農村の文脈におけるコンピュータ化の特別な「影響」について検討する上で盲点を有している。ソフトウェアシステムの組織的な効果についての説明，モノのインターネット〔IoT〕の社会的含意に関する検討，シェアリングエコノミーやいわゆる「ビッグデータ」の可能性の分析において，通常，田園地方は完全に欠落しているのである。

　しかしながら，農村空間は生産的景観の異種混合的な集合体であり，それらのほとんどは従来の情報システムによって所有され，能動的に管理されており，ソフトウェアのアルゴリズムによって経済活動は計画され，それらの結果はス

プレッドシートやデータベースに保存されている。それゆえ，農村がその姿を生じさせる方法にソフトウェアがますます物質的な変化をもたらすようになってきていることは，学術的分析では見落とされているものの自明である。農村地域は人口密度が低く〔経済〕活動が空間的に分散しているため，コンピュータのハードウェア機器やその他の目に見えるICTインフラの物質的な普及は〔都市地域に比べて〕大幅に少ないものの，コードのアルゴリズム的処理はそれらに劣らず集中的あるいは顕著である。

このことは，農業システム——農村空間の最も重要な利用方法であり，最も明瞭な経済的特徴——と農業者の日常的実践の変化によって示されている。農村外の都市に住む観察者の大多数にとって，農業の表面的な姿や社会的認識は，たとえばイギリスの低地の場合，人間が作り上げたインフラや，工業製品の生産と消費に関連する鉄やコンクリートの固い物質性といった技術依存の明白な兆候がほとんどないため，「緑豊かで心地よい」景観である。人々は作物の生い茂る畑，草を食む見慣れた家畜，緑の木々を目にする。そこでは，整然とした耕作や，門やフェンスのような管理の要素が見られるが，それでもなお，農業空間は（都市とは異なり）本質的に「自然な」プロセスに根差していると認識されている。

さらに，農業は技術的に発達していないと広くみなされているが，しばしば集約的で工業的な規模の活動である。ほとんどの農業景観は，20世紀に入って以降完全に技術に依存したものになり，機械化が進み，より安価で高性能なディーゼルエンジンと電気モーターに馬力が取って代わられた。第二次世界大戦中とその直後，イギリスでは個人農の生産力を増加させ，1ヘクタール当たりの収穫量を増やし，労働力を削減しながら全体的な生産性を向上させることが促進された。政府補助金と価格保証政策は，農場の統合と生産の専門化・集約化を奨励した。農業実践の全面的な近代化は，より多くの，また大きな機械の導入，新たなタイプの建物，改良された家畜の品種，そして殺虫剤や除草剤というかたちでの生化学的な発明の活用を意味した。

ここ数十年，イギリスでは，集約的で工業化された農業生産をこれまで以上に押し進める動きは幾分弱まったかもしれない——その理由の一部は，食品の品質，動物福祉，生物多様性，持続可能性への懸念である——が，その一方で，自動

化のためのICTやデジタル技術の利用は農業全体でより顕著になっている。今や，コードは毎日の農業実践に，またより広く見れば，農工業フードシステムの運営とガバナンスに変化をもたらしている──その一部はそれを機能させるためにソフトウェアと分散型情報システムに依存するようになってきている。

どのようにコードが農業生産を変化させているか──三つの事例研究

　工業的な規模の農場は複雑な空間的・経済的事業体であり，それらは「社会的なものと自然的なもの，人間的なものと人間的でないもの，農村的なものと農村的でないもの，そしてローカルなものとグローバルなものの絡み合いと相互作用によって作られ（そして常に作り直され）ている」(Woods, 2007: 495)。現代の農場を生み出す絡み合いには，ICTの複数のインスタンス化，「パーベイシブコンピューティング」のレイヤーの増加，環境センサー，自動識別システム，分散型データベース，ソフトウェアアルゴリズム，そしてシミュレーションモデルが含まれる。デジタル技術，特にソフトウェアがどのように農業実践に実際の変化をもたらし，農業景観を変化させているかを表すために，ここではイギリスの文脈で三つの簡潔な事例研究を提示する。すなわち，それは(i) 耕地生産における精密農業技術，(ii) バイオデジタル畜産と食品のトレーサビリティシステム，(iii) 酪農生産とロボット搾乳である。

耕地生産における精密農業技術
　収量の増加と収益性の改善のために〔農業の〕実践を変化させるという点で，デジタルコードが最も影響を与えている農業分野の一つは耕地生産，特に大規模な穀物生産である。20世紀の間，すでに機械化の進展が穀物農業を効率的な工業活動へと変貌させていた。生産性をさらに高めるためにデジタル技術が導入され，農地ごとに収量がどのように異なるか，また最大の効果をもたらすためには肥料や殺虫剤などの投入物をどこに散布するのが適切か（過去には，農業者たちは広大な農地全体に投入物を均等に散布する必要があったが，それは生態的に非効率で，経済的に無駄であった），といったことに関する情報不足の克服が目指された。搭載されたGPSを通して空間的な位置を記録し，センサーを通

して作物と環境の状態をモニターするといったかたちでの主要な農業機械のコンピュータ化は，外部データ（たとえば高解像度のマルチスペクトル衛星画像や気象データ（Yang 2009））と組み合わさり，農業者の作業実践の情報化を促した。それは「精密農業」と呼ばれている。

　モバイルデジタル技術と分析ソフトウェアパッケージは，農業者の暗黙の身体化された知識（いわばかれらの土地への「感覚」）を定量化・自動化した手順へと変貌させており，自律的に取得されてアルゴリズム的に処理されるデジタルデータを使用することで，すぐに使用可能な空間的知識を提供する（Tsouvalis et al, 2000; 巻頭図 4.1 も参照）。一つの農場が数千ヘクタールもの土地で単一の作物を作る大規模な穀物生産では，精密農業ソフトウェアのアルゴリズムによって可能になる1ヘクタール当たりの収量の増加と化学薬品投入量の減少が相対的に小さなものだとしても，それは顕著な財務利益をもたらす。精密農業から得られる収量，土地の質，地力のばらつきなどの情報は，価格，補助金支払額，環境助成金などの詳細と組み合わされて，食料供給の長期予測モデルに取り込まれた。

　穀物の収穫作業におけるいくつかの主要な段階を一つの機械にまとめるために1930年代に初めて開発されたコンバインハーベスターは，工業的な規模の農業を象徴するものの一つである。今日のそれは，精密農業の中心を占める機械的要素であり，デジタル技術が詰め込まれている。統合ソフトウェアシステムと大量のセンサーが，収穫プロセスの多くの側面を絶えず監視し，制御している。これは，レーザーによる案内を通した操縦や，カメラと画像認識アルゴリズムを使用した回転刃と切断棒の配置によって，半自律的な運転を可能にすることを含んでいる。コンバインハーベスターは作物の収穫にまつわる複雑な作業をこなすことに加え，モバイルデータ収集プラットフォームとしても稼働し，収穫量，品質，含水量の詳細な測定値を絶えず取得して，GPSで地理参照する。かつて運転台はうるさく埃っぽい場所であったが，現在は完全に密閉され，防音装置と空調が付けられており，機械を物理的に操作する場所であるのと同じくらいソフトウェアのモニタリングセンターにもなっている。コードは農業者を，画面を見ながら働く労働者へと変身させており，それによってかれらは畑の作物を見るのと同じくらい多くの時間をセンサー出力のモニターに費やして

いる〔巻頭図4.2〕。

　精密農業を支えるコードとコンバインハーベスターのような高価な機械のアルゴリズムは，スマート技術，ビッグデータ，機械学習アルゴリズムを使用して，完全に自動化された耕地生産システムを実行可能な試みとする地点にまで発展した（Wolfert et al., 2017）。耕作部門における規模や資本集約度を踏まえると，ここに，自律型農作業ロボットが人間に完全に取って代わって露地作業を行う可能性がある。このように，連日連夜小麦を収穫する未来のコンバインハーベスターは，誰も乗らないだろうから，空調がついた運転台は全く必要ないだろう。

バイオデジタル畜産と食品のトレーサビリティシステム

　情報システムと複雑なソフトウェアデータベースは，現在の畜産において極めて重要な側面である。農業食品の製造業者と大手の小売企業は，食肉製品のハザード分析とライフサイクルの完全なトレーサビリティシステムを導入し，監査と説明責任を可能にするために調達方法と生産の基準を変えてきた（Friedberg, 2007）。

　これらの目標は「農場から食卓まで」のトレーサビリティであり，それはセンサーとデジタル識別システムの導入を通した財政的にも物流的にも効率的な方法でのみ実現可能なものである。これらのシステムは物質的な流れや状態の変化を自動的に記録するものであり，ソフトウェアアルゴリズムによって制御されており，その結果は分散型データベースに保存され，それがサプライチェーンのさまざまなアクターに提供される。ブーア（Buhr, 2003）による分析は，食肉供給に関連する複数の異なる追跡・特定システムを詳述しており，それぞれの場面で，個々の家畜と屠殺後の枝肉の構成部位がさまざまなメカニズムを通して抽象化され，監視されることを示している。これには多くの抽象化と識別が必要であり，それらの多くはさまざまな関係団体には見えないようになっている。識別方法の一つは，鳥の翼にタグを付けたり，家畜の耳にバーコードタグを付けたり，牛のパスポート（巻頭図4.3）を発行したりするなどといった，動物の義務的なIDコード化の使用である。これは，農場の動物を簡単に機械で読み取れる商品へと作り変える。データベースの記録には，家畜の

一生を通じて、血統、農場の位置、給餌法、交流や変容（たとえば、獣医の検診歴、ワクチン接種、動物の屠殺・梱包・加工、小分けされた食肉製品としての流通）の時点や地点などの詳細が蓄積されていく。これらの監査証跡は、何らかの失態や汚染の責任／負担の連鎖を提供するために、関与した人間のオペレーターの名前を収集することもできる。これらのデータの多くは動物よりも長生きし、遺伝子系統の生産性に関する知識を深めるために家畜の血統データベースに組み込まれ、遺伝子選択と人工交配を通じて次世代の牛、豚、鶏を予測し、決定するためにソフトウェアアルゴリズムによって処理される。

トレーサビリティをコンピュータ制御しようとする取組み──イギリスにおいて、家畜の飼育、移動、そして認可された屠殺を完全に規制しようする試み──の原動力の一つは、監査システムの過去の失敗である。1990年代から2000年代にかけて発生した家畜の病気には羊のスクレピー病、牛のBSE、鶏の鳥インフルエンザリスクなどがあるが、当時の監査システムはそれらの影響を悪化させた（Barker, 2015）。これらのトレーサビリティデータベースの要素のいくつかは、消費者からの問い合わせに開かれている。それによって購入者は食品の出所の詳細を「調べる」ことができ、通常、農場の名前と地理的な位置が明らかになる（巻頭図4.4）。

コンピュータ制御される大規模な監査システムと、その結果としてのトレーサビリティデータベースの高度化にもかかわらず、これらは絶対に間違いがないわけではなく、誤り、事故、意図的な偽装によって食肉の衛生と品質が今も損なわれていることを示す証拠は多数存在する（Manning, 2016）。それは、何千もの異なる農場、食肉加工場、食品製造施設や包装工場や流通倉庫などを横断して、どのようにコードが実際に操作されているかが部分的に影響している。何か間違いが発生したり改ざんが起きたりするかもしれない地点はたくさんある。たとえば、2013年には違法な馬肉の汚染がヨーロッパの多くの国で発覚し、2017年には違法な殺虫剤の使用によって汚染された可能性がある数百万個もの卵が人間の食物連鎖に入り込んだことがあった。もちろん、生産者が利益のために行う食品偽装や意図的な混入は何世紀にもわたって続いてきた問題であり、それゆえ、ソフトウェアシステムがこのような犯罪行為を根絶できないことは驚くべきことではない。

トレーサビリティシステムにおける幾度もの失敗にもかかわらず，デジタル技術とソフトウェアの行為能力〔エージェンシー〕が〔人間の〕食のために飼育されている動物の短い命を顕著に変化させたことは疑いの余地がない。野原で放牧されている牛や舎内で集約的に飼育されている豚は，本当の意味で，生きるためにコードに依存している――もしそれらが監査システムに正しく登録・記録できなければ，実際問題として動物は死んでしまうのである。動物は生物学的・認識的には機能的である一方，合法的に屠畜できず，フードチェーンに販売することもできないため，経済的には生存できない。農業者は動物をゴミとして廃棄せざるをえないだろう。それゆえ，われわれが野原でみる家畜や農場の舎内で育てられている何百万頭もの動物は，今やバイオデジタル動物から成るものである。それらはコンピュータスクリーン上の対話型の血統図から選択され，遺伝子データベースから得た予測に従って種畜が選ばれ，スプレッドシートに描かれた生産計画表に基づいて生み出されるのである。

酪農生産とロボット搾乳

　家畜飼育に関連する毎日の農業実践と，予測できない動物の管理や変化する動物福祉へのニーズは，穀物生産に比べると自動化によって作り変えるのがずっと難しい。しかしながら，農業関連産業では，コードをより直接的に畜産に適用するための重要な試みが進行中であり，それは特に生乳生産をめぐる転換的な実践を通して取り組まれている。

　前世紀の間に，生産性を上げ，生乳のより高度な衛生を保証するため，農場の搾乳室の機械化が顕著に進んだが，搾乳は労働集約的な作業であり続けた。これは自動搾乳システム（AMS）の登場によって変化し，このシステムを販売する企業は，この機械は農業者により大きな管理能力を提供し，労働力の節約をもたらす，と強く主張している（Holloway, 2007）。AMS は，物質的な形態としては，文字通り牛を包み込む大きなロボットマシンであり，人間の介入や直接の監視なしに搾乳プロセス全体を実施することが可能である（巻頭図4.5）。この機械の操作はコードに依存しており，特に，センサーからの入力を用いて，電気機械部品の位置を牛の身体の上にスムーズに移動させることが重要である。さらに，コードは予期せぬ出来事（たとえば動物の足が乳房から吸引カップを外し

てしまう「蹴飛ばし」）を絶えずモニターし続け，それに適切に対応する必要がある。機械を制御するソフトウェアアルゴリズムは牛をデータベース内の個体として認識することができ，発信機付きの首輪に記録されている検知 ID 番号を利用し，母牛の現在の訪問を登録し，計算された量の濃厚飼料を容器に投入して搾乳中の母牛を満足させるようにする。母牛の乳の流れは品質管理のため常にモニターされ，搾乳1回当たりの全体的な乳量は生産性の継続的な記録の一部としてログを取られる。言い換えれば，搾乳されることで牛自体が非常にリアルなコード／空間（Kitchin and Dodge, 2011）となるのである。そうすることで，母牛は新たな度合いの自律性を得て，牛の活動の時空間も変化する。牛はもはや群れの一部ではなく，必要に応じて搾乳できる個体とみなされており，決まった時間に集団で搾乳室へ移動させられるのではなく，ロボットユニットの中に歩いて入る時間を選ぶことができる。そうすることで，個々の牛の活動のログ取得はアルゴリズムが非典型的なパターンにフラグを立てることを可能にする。そうしたパターンは，牛が健康問題を抱えていることを示している可能性があり，農業者に調査するよう警告（アラート）するのである。

　AMS は個々の酪農業者にとって相当な資本投資を意味する。AMS の製造業者の宣伝文句は農業者の労働実践の有益な変化に重きを置き，農業者を1日2回の手作業から自由にし，農場での他の作業に時間を割くことを可能にすることを約束する。さらに，製造業者は AMS が潜在的に動物福祉も改善し，牛にとってよりストレスの少ない搾乳環境を提供すると主張する。しかしながら，こうした AMS がさまざまな農場の実際の状況でどのくらい確実に動くのか，また，複雑なソフトウェアの機械故障や不具合が発生した時にどれだけ酪農者たちが「実際に操作する」役割を続けなければいけないのかは明らかでない。さらに，自分たちが飼育する動物の管理の多くをコードに委ね，画面に表示される統計やスマートフォンに送られる更新情報を通して単にモニタリング活動を続けることを農業者たちがどれだけ快適だと考えるかについても明らかではない。

将来の農場とスマートな農村空間

　過去 40 年間で〔世界の〕人口は 40 億人から 70 億人以上へと倍近く増加し，農業生産性は地球規模で見るとこの人口変化と並行して増加してきたが，その背景としては，生産活動を強化し，収量を増加するために，より多くの技術を導入したことが挙げられる（Godfray et al., 2010）。地球上の人口が 2050 年までに 90 億人を超えると予測されている中（Tomlinson, 2013），農業は今後数十年間で人口増加のペースについていけるだろうか？

　今後はソフトウェアが農村空間のガバナンスのより多くの側面を引き継ぎ，主要な食料生産においてこれまで以上に大きな役割を果たすであろう。「スマートな」農業の諸相が到来しつつあり（Wolfert et al., 2017），人間の介入なしに年中無休で 24 時間稼働する完全自動化された農場を開発する計画が真剣に進められている。このトレンドは避けられないものだろうか？　これはある人にとっては望ましくない流れかもしれないが，特に地球規模の巨大都市（メガシティ）に住む数百万人もの人々に食べ物を与えるというとてつもなく大きなプレッシャーや，気候変動が農業用地に与える大きな脅威を考慮すると，必要なことかもしれない。地球規模の生産性を最大化すると同時に農業のカーボンフットプリントを軽減することを目的として，農業の「持続可能な集約化」が提唱されている（Godfray et al., 2010）。生産の多様な生態的景観とさまざまな環境正義や社会正義の結果を考慮に入れることは，より多くのスマート技術，デジタルセンサー，データサイエンスを用いることによってのみ実現可能である。多くの意味で，混雑した都市の道路を走る無人タクシーに比べると，耕作農業は完全自律走行車や移動ロボット〔の導入〕に適している。

　しかしながら，デジタル技術やスマート技術の使用は農業の根本的な生態的持続可能性にリスクをもたらす。マイケル・ポーランのような批評家は，これらの技術の導入は高エネルギーで，非常に浪費的で，ひどく不平等なフードシステムという，「いつも通りのやり方」を維持しようとすることを前提としていると指摘している。さらに，スマート農業のレトリックの多くが，科学技術の誇大宣伝と技術的解決策への素朴で夢想的（ユートピア）な信仰に満ちていることも明らかである。集約的な工業的農業を批判する人々にとって，そこにはオルタナティ

ブな農業の未来があり，世界中の人々に食べ物を与えるための唯一の実現可能で持続可能な解決方法とは，より公平な資源の分配，無駄の削減，補助金制度の廃止，有機システムや地域に根差したサプライチェーンへのより良い支援の提供という，社会 - 政治的な変化を必要とするものである。これらは西洋化された食事行動の根本的な再考（過度な食肉消費から野菜中心の食へ）や，人口増加の抑制と組み合わされるだろう。もちろん，このオルタナティブな未来では，デジタル技術の必要性がより低くなるのではないか，あるいは少数の自己本位の集団の利益を高めるためではなく，より広いフードシステムを支援するために進歩的な方法でソフトウェアの使用を想像し直す必要があるのではないか，と問う人もいるかもしれない。このオルタナティブな未来では，デジタル地理学者はソフトウェアがどのように地元の生産者をより良く結びつけ，資源を共有し，食品廃棄を削減し，都市の消費者と農村の生産者を再び結びつけるために使われるかを検証するかもしれない。

文献

Barker, K. (2015) 'Biosecurity: Securing circulations from the microbe to the macrocosm', *Geographical Journal*, 181(4): 357–365.

Buhr, B.L. (2003) 'Traceability and information technology in the meat supply chain: Implications for firm organization and market structure', *Journal of Food Distribution Research*, 34(3): 13–26.

Freidberg, S. (2007) 'Supermarkets and imperial knowledge', *Cultural Geographies*, 14(3): 321–342.

Godfray, H.C.J., Beddington, J.R., Crute, I.R., Haddad, L., Lawrence, D., Muir, J.F., Pretty, J., Robinson, S., Thomas, S.M. and Toulmin, C. (2010) 'Food security: The challenge of feeding 9 billion people', *Science*, 327(5967): 812–818.

Holloway, L. (2007) 'Subjecting cows to robots: Farming technologies and the making of animal subjects', *Environment and Planning D: Society and Space*, 25(6): 1041–1060.

Holloway, L., Morris, C., Gilna, B. and Gibbs, D. (2009) 'Biopower, genetics and livestock breeding: (Re) constituting animal populations and heterogeneous biosocial collectivities', *Transactions of the Institute of British Geographers*, 34(3): 394–407.

Kitchin, R. and Dodge, M. (2011) *Code/Space: Software and Everyday Life.* Cambridge, MA: MIT Press.

Kleine, D. (2013) *Technologies of Choice? ICTs, Development, and the Capabilities Approach.* Cambridge, MA: MIT Press.

Malecki, E.J. (2003) 'Digital development in rural areas: Potentials and pitfalls', *Journal of Rural Studies*, 19(2): 201–214.

Manning, L. (2016) 'Food fraud: Policy and food chain', *Current Opinion in Food Science*, 10: 16–21.

Philip, L., Cottrill, C., Farrington, J., Williams, F. and Ashmore, F. (2017) 'The digital divide: Patterns, policy and scenarios for connecting the "final few" in rural communities across Great Britain', *Journal of Rural Studies*, 54: 386–398.

Salemink, K., Strijker, D. and Bosworth, G. (2017) 'Rural development in the digital age: A systematic literature review on unequal ICT availability, adoption, and use in rural areas', *Journal of Rural Studies*, 54: 360–371.

Skerratt, S. (2010) 'Hot spots and not spots: Addressing infrastructure and service provision through combined approaches in rural Scotland', *Sustainability*, 2(6): 1719–1741.

Tomlinson, I. (2013) 'Doubling food production to feed the 9 billion', *Journal of Rural Studies*, 29: 81–90.

Tsouvalis, J., Seymour, S. and Watkins, C. (2000) 'Exploring knowledge-culture: Precision farming, yield mapping, and the expert–farmer interface', *Environment and Planning A*, 32(5): 909–924.

Vannini, P. and Taggart, J. (2014) *Off the Grid: Re-assembling Domestic Life.* London: Routledge.

Wolfert, S., Verdouwa, C. and Bogaardt, M.J. (2017) 'Big data in smart farming: A review', *Agricultural Systems*, 153: 69–80.

Woods, M. (2007) 'Engaging the global countryside: Globalization, hybridity and the reconstitution of rural place', *Progress in Human Geography*, 31(4): 485–507.

Yang, C. (2009) 'Airborne hyperspectral imagery for mapping crop yield variability', *Geography Compass*, 3(5): 1717–1731.

第5章　マッピング

マシュー・ウィルソン

　地理学という学問と地図作成(マップメイキング)の関係は，位置を認識するデジタル文化（location-aware digital culture）の重圧のもとで，より複雑化している。多くの人々が経験するデジタルな地理的技術にはさまざまなものがあり，たとえば，デジタルメディアアプリケーションの使用を支える衛星ナビゲーション，GPS，Google Maps，位置情報サービスが挙げられる。しかし一般の人々は，それらの技術が地理学という学問とどのように関係しているか，また，地理学者による研究がそれらの技術の発展やそれらの意味合いに関する研究とどのように関係しているか，といったことを知らないだろう。驚くかもしれないが，それらの地理的技術はマッピングインタフェースに依存している一方で，地理学者や地図学者からほとんどインプットを受けずに発展してきた。デジタル地理学の観点でマッピングを再検討するということは，こうした局面に向き合うということである。一見すると，その局面では（空間的な秩序化や定位としての）マッピングと（それらの秩序化の表現や表象としての）地図作成(マップメイキング)が発展しており，それは日常生活の空間性を生み出し，その分析と表象を支援する新しいかたちの空間メディアの登場と並行しているように思われる（Kitchin et al., 2017）。

　では，このように広まったデジタル文化において，われわれは地図(マップ)を作ること(メイキング)と地図化(マッピング)することをどのように区別するのだろうか？　デジタル地理学という視座はマッピングに何をもたらすのだろうか？　デジタルな地図作成(マップメイキング)の実践はデジタル地理学の概念的な影響力をどのように充実化させるのだろうか？　われわれはいつの間にか，地図によって増幅され，変化した学問分野に身を置いていたのだが，それは地理学の思考と実践にとって何を意味するのだろうか？　デジタル地理学への関心の高まりは，変遷を経て増加してきたマッピングの哲学と地図作成(マップメイキング)の技法の問題と出会う。マッピングに関する非表象的な見方が増大している（Kitchin and Dodge, 2007; Kwan, 2007）。ラディカルな参加

型の地図作成(マップメイキング)は生産物よりもその過程を重視する（Bhagat and Mogel, 2008; Preston and Wilson, 2014）。以下では，マッピング，地図作成(マップメイキング)，デジタル地理学が交わる点について議論し，マッピングの歴史，マッピングに関する議論，マッピングの未来への導入点を提示する。

導入点

　「私は人文地理学者なので，実際には地図を扱わない」。地理学者を自称する理由を尋ねられた際，社会理論に取り組む人文地理学者の一部は，地図に対する愛を示す一方で，地図を作ることは，自分たちの専門や教育内容を超えている，あるいはそれらの外側にあるとして敬遠するだろう。中には，地理学者は単に地図を作ったり，その上に書かれた事実を記憶したりするだけではない，などと声高に主張する者もいるだろう。「われわれは空間と社会について真剣に考える研究者なのだ！」。筆者自身もこうしたことに身に覚えがある。しかし，デジタル地理学という発想は，マッピングや地図作成(マップメイキング)とわれわれの関係を一新し，状況を逆転させ，〔社会問題に対して〕応答的で責任のあるマッピング研究を強く主張する好機である。そのような考えのもと，筆者は三つの導入点を提示したい。

　第1に，われわれはマッピングと地理情報システム（GIS）の関係を明確にしなければならない。筆者は後者を，前者がより特定のかたちで表れたものとみなしている（GISについては本書第11章で検討されている）。マッピングについて語るということは，幅広い異質な実践と概念を集めるということであり，何らかの方法で空間的秩序に介入するということである。マッピングは画像的表象を含むだろうし，そうでないかもしれない。それは表象を含むだろうし，そうでないかもしれない。それ以上でも以下でもない。たとえばデニス・ウッド（Wood, 1993）は，マッピングとは世界を秩序化する認知プロセスであると述べている。実際のところマッピングが持つ秩序化の力は，微妙または壮大，個別的または集合的，認知的または前認知的かもしれない。重要なのは，マッピングには還元できないとしてGISを無視することではなく，マッピングが複数の仕方で発生し，急増し，差異を作り出すことを考慮しつつ，GISがマッピング

の一つのタイプとしてどのように動作するかを考えることである。これはマッピングを，認知プロセス（McCleary, 1987; Wood, 1993），客観的評価の対象となる特定のコミュニケーション関係（Robinson, 1952; MacEachren, 1995; Roth, 2013），思考実験の領域（Cosgrove, 2005; Debord, 2008 ［1955］），あるいは地図の作成と利用という従来の区別が曖昧な「マップ 2.0」（Crampton, 2009; Caquard, 2014）としてとらえることを意味する。論集 *Rethinking Maps* は，地図というモノと，そうしたモノによって組み立てられるマッピング実践をこのようにとらえ直すことにおいて，多大な役割を果たしている（Dodge et al., 2009）。

　第 2 に，マッピングと地図作成（マップメイキング）はしばしば（空間的秩序化とその秩序化の表象との違いとして）別物とみなされる一方で，ウッド（Wood, 1993, 2010）は，それらの実践をひも解き，それらの能力を検討するとともに，それらの介入的な可能性を広げる機会があることをわれわれに気づかせる。彼は二つの地図を比較している。一つは何らかの出来事を説明する際の手振りによって生み出されるものであり，もう一つはダイニングルームのテーブルの上に敷かれたランチョンマットに描かれたものである。彼は次のように述べる。「それは細い線である……が，マッピングと地図作成（マップメイキング）の違いである。後者において地図は常に書き込まれている。それは振り払えず，くっついて離れず，表面に貼り付いている。どこに持っていこうが，しっかりと抱きつき，しがみつく」（Wood, 1993: 51〔強調は原文通り〕）。

　ここでウッドは，書き込まれ，物質的に表明された（地図作成（マップメイキング）としての）マッピングと，マッピングと結びついた潜在的に非物質的な身振りや思考との決定的な違いを描き出している。しかし，「デジタルなもの（the digital）」の記号のもとでは，これらの区別はより複雑化し，あいまいなものとなっている。もはや地図は印刷されるだけではないし，グローブボックスの中できちんと折りたたまれているだけでも，ただ単にデジタルな対話型インターフェースとしてポケットの中に入っているだけでもない。デジタル地図はわれわれを軽くつつき（ナッジ），われわれの移動範囲を提案し，われわれの関心を方向づける（Curry, 1998; Thatcher et al., 2016）。また，批判地図学は地図が領土を生み出す方法を議論してきた（Harley, 1989）のだが，デジタル地図はそれに付随する言説，物質性，情動の幅・種類に関する全く新しい研究を求める。

第3に，そして最後に，マッピングはメディアとして媒介し，機能する（Sui and Goodchild, 2011; Leszczynski, 2015）。位置情報サービス，デジタルな足跡と軌跡，デジタルな香りの出現は，デジタルな地図作成手法〔マップメイキング〕の発展を取り巻く小さな物語を超える新たな政治経済や注意経済（attention economy）の基礎となっている（Kelly, 2013; Lin, 2013; Thatcher, 2014）。デジタル技術によって〔何かを〕空間に付け加えること――空間の拡張――は，地理学という学問とマッピングの関係を再検討する必要があることの証拠となる（Graham and Zook, 2013）。マッピングに関連するデジタルな実践をより責任と応答性をもって実践できるように位置づけ直す機会が存在する。もちろんそれは，手法や現象としてのデジタルマッピングが地理情報科学と地図学の狭い関心を超えた研究や実験に対して開かれることを必要とする――それはデジタル空間人文学〔第9章参照〕の発展とは似て非なるものである。しかし，そこにはデジタルマッピングを状況づける別の歴史，別の挑戦が存在する。

歴史

　地図作成〔マップメイキング〕の実践者は，地理的な技法の社会的・歴史的状況の重要性を無視しがちである。もちろんそれは危険な立場であり，そのことは，アーサー・ロビンソン（Robinson, 1967）からブライアン・ハーリー（Harley, 1989）やジュディス・タイナー（Tyner, 1999）に至るまでのさまざまな地図学史の研究者たちによって警告されてきた。実際，ロビンソンのような地位を確立した地図作成者〔マップメーカー〕にとって，地図作成法〔カルトグラフィー〕の細かい技法は歴史上の先例を研究することでより大きな意味を持つようになった――これはロビンソンの研究でしばしば見過ごされる側面である。地図作成者〔マップメーカー〕がそのような歴史を研究しないと思われているように，地図学史の研究者は地図を作らないと思われることがあまりにも多い。繰り返すが，デジタル地理学という機会はデジタルマッピングを取り巻くそのような区別を乱すものである。

　デジタル地図にまつわる歴史に興味がある人は，最近出版されたマーク・モンモニア編 *History of Cartography* 第6巻（ハーリーとデヴィッド・ウッドウォード（David Woodward）が1987年に創刊）から始めるとよいだろう（Monmonier, 2015）。

国家の威信であれ，系譜的なつながりであれ，企業の使命であれ，すぐに思い浮かぶ単純で便利な物語であれ，われわれは起源について議論する。なぜなら，それらの物語は現代のわれわれのデジタル地図への執着を明るみに出すからである。われわれはそれらの初期のプログラマーと，技術‐社会的問題の技術的解決に目を向ける。なぜなら，それらはわれわれに偶然の出来事の中での進歩という素晴らしい物語を提供するからである。要するに，デジタルマッピングの歴史は論争的なのである（もちろん，地図作成法(カルトグラフィー)の論争的な歴史も引き継いでいる。Fabrikant, 2003 を参照）。

　実際，デジタルマッピングの起源を突き止めようとすると，「君ならどうする？」という感覚を抱く。筆者を含む一部の者は，20世紀中盤におけるハーバード大学の地理学プログラムの廃止と，それを受け継ぐ同大学のコンピュータグラフィックス研究所をめぐるドラマに関心を寄せている（McHaffie, 2000; Chrisman, 2006; Wilson, 2017）。他にも，ロジャー・トムリンソン（Tomlinson, 1968）のカナダ地理情報システム（CGIS）や，デイシーとマーブル（Dacey and Marble, 1965）によって GIS というものが初めて参照された出版物も起源として挙げられる。イギリスで行われたデジタルマッピング技術を使ったある種の実験（Gaits, 1969）に注目する人もいるかもしれない。筆者は，こういった簡単に繰り返される物語に興味を持ち続けている。たとえば，Esri 社のような企業はトムリンソンを〔GIS の〕基礎として指摘する（Esri, 2012）のだが，その一方で Esri 社の初期のソフトウェアの多くは1960年代中盤にハーバード大学でコンピュータのパンチカードとして始まったものである。このような物語でさえ，より詳しく説明する必要がある。なぜなら，ハーバード大学でのこの研究は，1964年のベティー・ベンソン（Betty Benson）とハワード・フィッシャー（Howard Fisher）の研究，1962年のエド・ホーウッド（Ed Horwood）の研究，そしてワシントン大学のワルド・トブラー（Waldo Tobler）などの大学院生たちの研究（Tobler, 1959; Berry et al., 1962 も参照）といった，それまでの研究から始まっているからである。アメリカ地質調査所で開発された自動化(オートメーション)の形式や，1950年代の空間分析に関する社会物理学的な見方（McHaffie, 2002; Barnes and Wilson, 2014）にはさらに多くの起源を見出せる。われわれは（特に，マッピングを用いたこれらのデジタルな実験における女性の役割を回復するためにも

（Pavlovskaya and St. Martin, 2007を参照））突き進むことができるだろう（また，突き進むべきである！）。われわれは，多くの道筋を束ね，手描きの地図作成における標準や慣習を創り出そうとする最も初期の試みにさえも手を伸ばし，これらのデジタルマッピングの歴史を語るべきである。

　たとえば，マッピングは空間関係の画像的表象を超えるものであるという考えは，「地図なるもの」やそのようなモノを集めるプロセスに関する著しくポストモダンな理解と考えられることが多い。確かに，地図作成の核心は〔現実と地図の〕対応関係の問題——画像的表現を通じて現実を表象する最適な方法——である。アーウィン・ライス（Erwin Raisz）は 1938 年に *General Cartography* を著した。アーサー・ロビンソン（Robinson, 1970）によれば，それは英語で書かれたものとしては初めての地図学の教科書である。ライス（Raisz, 1938）は，地図作成者の職人芸——筋力，身体的要素，特定のスタイルから生まれる創造物——を紹介するような教育法を概説した。このような地図学の理想の多くは残り続けるだろうが，地図作成へのデジタルな介入は作成と読解の両方を加速させるだろう。最も重要なことは，地図作成者の技術を手描き地図に特化させてきた時代が終わり，作者性を示すさまざまな指標とともにデジタル地図が登場したということである。

　要点は，デジタルマッピングの歴史は生産的だということである。それは，共犯関係，不都合な意味合い，構造的不平等，言語のバイアスなどを回避するようにして連想や正当性を生み出す。そして，SnapChat の地図と，911 規則〔緊急通報時の位置通知に関する規則〕の強化や全地球測位における初期の軍事的な技術革新とを結びつける，位置情報サービスにまつわる物語は，われわれのデスクトップやブラウザベースの地図作成ソフトウェア〔にまつわる物語〕とは異なるもののように見えるが，こうしたさまざまな発展の歴史が混ざり合い，新しい技法や関連する技術文化に豊かな土壌を与える。これらの歴史は相互に関係し合っている。それらを選択的に語ることによってのみ，任意の系譜をたどり，それに反応する可能性を生み出すことができるだろう。

第 5 章　マッピング

議論

　学問分野の境界線の固定化は，抵抗不可能な再領土化の標的となる。1980年代の間，新しいかたちの計算処理(コンピュテーション)と自動化(オートメーション)が地図学的表象の生産と空間分析の両方のパフォーマンスを変化させ，それらと人文地理学の（たとえ系統的だとしても）伝統的な下位分野（都市地理学，経済地理学，政治地理学，フェミニスト地理学，マルクス主義地理学など）との関係はより明確なものとなった。1990年代のいわゆる「GIS論争」と1980年代後半以降の自動化地理学をめぐる議論から生じたクリティカルGISは，そのような抵抗的な逃走線（line of flight）の一つである（それらをレビューしたSchuurman, 2000を参照）。実際，*Cartographica*誌上でモノグラフのかたちで全文が発表されたナディン・シュールマン（Nadine Schuurman）の学位論文 *Critical GIS: Theorizing Emerging Science* は，学問分野の練り直しを論じている。シュールマンは，社会的かつ技術的な議論を繰り広げ，地理情報科学の内部において理論，倫理，社会的なものの生産を分析する際の相互運用性と表象のモデルの技術的問題を論じた。この介入は必然的なものであり，地理学の教育法について従来とは異なる考え方を求めるだろう。ピクルス（Pickles, 2006: 765）が後に1990年代〔の動向〕について述べたように，地理情報科学者が自らの研究を彼／彼女らの同僚が取り組んでいる批判的人文地理学の研究よりも意義があると考えたように，批判的人文地理学者は新たに登場した地理情報科学の役割を無視する傾向にあったため，「学生も指導者も苦しんだ」（これらの「論争」についてはSchuurman, 2000とPickles, 1995を参照）。

　しかし，われわれがこの分野の再定義を目撃しているように，おそらくこれらの緊張は解消されず，これからも（ビッグデータサイエンス，クリティカル・データ・スタディーズ，デジタル空間人文学のように）繰り返されるだろう。1990年代のマッピングをめぐる論争が残したものは，今日重要性が増しているデジタル地理学を研究するための素地をほとんど何も準備してこなかった（一方，本書は，われわれがこれらの倫理，市民論，表象，政治，労働，不平等などについての議論に取りかかるための基礎を与えることを意図している）。マッピングと地図作成(マップメイキング)に関するあらゆる単純な境界を不安定にする技術文化的状況が現れてきている。デジタル地理学がもたらす機会とは，（マッピングと地図作成(マップメイキング)とし

ての）空間的秩序化の技術の反響を書き留めるために，それらの条件を再検討することである。たとえば筆者は以前，ビッグデータ，ネオ地理学〔地理学の専門家ではない人々が地理的技術を利用して地理空間情報を生み出す取組み〕，自己定量化〔自分自身の身体や精神の状態を数値データにする取組み〕は，まさに「日常生活の急速な再編のための……再構成」（Wilson, 2017: 34）であり，「ビッグデータはインフラとして機能し，ネオ地理学は新たな労働関係を可能にし，自己定量化は個人的・集団的ガバナンスの方法論を可能にする」（Wilson, 2017: 34）と述べた。実際，現在のデジタルマッピングは位置情報サービス，ジオフェンシングとジオソーシャル・ネットワーキング，そしてそれらのプラットフォームの頂点に築かれるさまざまなかたちの拡張を必然的に伴う。また，これらの新しいデジタル技術は地図そのものの直接的な描写や読み取りに関わるのではなく，表象，可読性，正当性に関する長年の疑問を拡大させる。

　言い換えれば，マッピングと地図作成（マップメイキング）はもはや総描，縮尺，地図学的慣習，空間モデリングをめぐる議論に限られないのである（*International Journal of Geographic Information Science*誌で取り上げられる話題の範囲が，ゆっくりかもしれないが拡がっていることに目を向けてほしい）。むしろマッピングと地図作成（マップメイキング）は，デジタル文化や，アクセス，プライバシー，監視，注意の需要（attentional demand），人口学的プロファイリング，新たな世界的分業，構造的不平等，軍事化，商品化といったことに関する問題をめぐる広範な議論の影響を受けている（Elwood and Leszczynski, 2011; Lin, 2013; Stephens, 2013; Graham et al., 2015; Kitchin et al., 2017; Wilson, 2017）。また，地理情報科学は上記のような問題を分野の内部に取り込み始めたが，考えなければならないことはもっとたくさんあり，新しい視点が必要である。マッピングに関するデジタル地理学的研究に取り組むということは，テクノロジーとテクニカルな実践と社会との関係性に関する長年の議論に依拠するということである。

　しかしながら，マッピングを用いるデジタル地理学的研究はどうだろうか？　新しいかたちの地図作成（マップメイキング）は〔社会への〕介入に寄ってきており，今まで実現しなかった未来の投影へと向かっている。最近の支配的表象に対抗して来るべき現在を変えようと試みるラディカル地図学の現代的役割を考えてみよう。（たとえば，Bhagat and Mogel, 2008を参照）。それらの取組みは，ギー・ドゥボー

ル（Debord, 2008 [1955]）〔の心理地理学地図〕や，1971 年に *Fitzgerald* としてまとめられたビル・バンギ（Bill Bunge），グウェンドリン・ウォーレン（Gwendolyn Warren），彼らの協力者によるデトロイト探検（Bunge, 1971）に重要なルーツがある。マッピングは空間性の記録以上に，現在の状況を作り変えたり，不平等の問題へのラディカルな注目を橋渡ししたりする手段であった。しかし，こうした介入に対する情熱は，近年の地理空間デザインやジオデザイン ―― 意思決定のプロセス，街の将来の空間への新しいビジョン，人間と景観の新しい関係，社会や環境の大災害に対する新しい解決策，といったことを通じてプロジェクトを模索すること（Steinitz, 2012; Wilson, 2015）―― の発展によっても共有されている。これらの介入，いわばマッピングの映写技師的実践は，地図と領土の関係，現働的なもの（the actual）と潜在的なもの（the virtual）の関係，さらには空間と時間の領域に関する長年の諸前提間の関係についての単純な考え方を不安定にする。

未来

われわれはすでに世界を地図化し終えた ――〔それにもかかわらず〕なぜわざわざ地理を研究するのか？　地理学者はしばしば，この感情をやり込めるために，地球のダイナミズム，人間と環境の関係の変化，地球を緊張状態に置く迫り来る危機を，地理学的思考が緊急に必要であることの証拠として持ち出す。「南極大陸で巨大な氷塊が溶解したようだ。地図室へ向かえ！」。そして地理学が ―― デジタル空間人文学として，ジオデザインとして，デジタル地理学として ―― 新たなかたちの緊急性へと傾くにつれ，筆者は過去の似たような主張を思い出す。ウォーレン・ストレイン（Strain, 1938: 26）は「『新しい』地理学」と題する論文で次のように述べている。

> 何か新しいものを開発し，地球とそこに住む人々に関する知識を現代の考え方に適合するように再構成しようとした結果，多くの人が絶望的に混乱し，自分自身と自分の生徒の両方を地理嫌いにし，この教科に時間やお金を費やすことを正当化できない慣習に陥ってしまった。

80年前のように，現在，地理学者は新たな緊急課題を探し求めている。それはまるで，こうした混沌とした力がわれわれの分野の慣習と伝統の再編成を引き起こすことについて，われわれが不安を抱いているかのようである。1938年のストレインにとって，「自動車，ラジオ，飛行機，音声映画」は社会を再編成するものであり，それゆえに地理学研究を再編成するものでもあった。彼が指摘したのは，この分野の教育法の基礎を再検討し，新しい世代の学生が地理学的思考に取り組めるためにしっかりと備えておくことであった。地理学分野はいかにしてそれに従って調整されるのだろうか？　筆者はマッピングに関するデジタル地理学の観点から二つの出発点を提案する。

　第1に，デジタル地理学者は，地理情報科学の狭い見方を超えて，マッピングの遍在性について語ることがたくさんある，ということを認めなければならない。われわれは，パーソナルアクティビティモニター，スマートシティ，ドローン戦争，ジオデモグラフィックアルゴリズム，ソーシャルネットワーキングなどに表れる位置認識社会（location aware society）の言説と物質性を理解するにあたって，独特な資格を有しているはずである。重要なのは，デジタル地理学の観点から見れば，マッピングは多様なソフトウェアとハードウェア，文化の盗用と科学的革新だけでなく，抵抗と破壊も包含するということである。これらの発展と他分野に対する含意の研究を放棄することは，この分野の無関心さを認めることになるだろう。

　第2に，デジタル地理学者は，デジタルな地理の研究においてデジタル技術の専門家の重要性を理解しなければならない。そうすることでデジタル地理学という視座は，1990年代のGIS論争の教訓を心に留めることになるだろう。テクノロジーの観点で批判を行うことにより，批判はテクニカルな実践を実際に形成するかもしれない（Schuurman and Pratt, 2002）。言い換えれば，「技術者は社会理論の課題を理解して〔自らの実践に〕取り入れる」と主張するだけでは不十分なのである（おそらく不公平でもある）。むしろ，開発者たちと協力して彼／彼女らの専門用語や設計制約を取り入れることは，アクセス，プライバシー，監視，表象，剥奪などをめぐる長年の問題を扱う，マッピングに対する複数のアプローチを結びつけるのに役立つかもしれない。JavaScriptの書き方を学ぼう。GeoJSONの空間データを使って研究しよう。コミュニティパートナーや

エンジニアと協力しよう。いじり回して，失敗して，もう一度挑戦しよう。

文献

Barnes, T.J. and Wilson, M.W. (2014) 'Big Data, social physics, and spatial analysis: The early years', *Big Data & Society*, 1(1). DOI: 10.1177/2053951714535365.

Berry, B.J.L., Morrill, R.L. and Tobler, W.R. (1964) 'Geographic ordering of information: New opportunities', *Professional Geographer*, 16(4): 39–44.

Bhagat, A. and Mogel, L. (eds) (2008) *An Atlas of Radical Cartography*. Journal of Aesthetics and Protest Press.

Bunge, W. (1971) *Fitzgerald: Geography of a Revolution*. Cambridge, MA: Schenkman Pub. Co.

Caquard, S. (2014) 'Cartography II: Collective cartographies in the social media era', *Progress in Human Geography*, 38(1): 141–150.

Chrisman, N.R. (2006) *Charting the Unknown: How Computer Mapping at Harvard became GIS*. Redlands, CA: Esri Press.

Cosgrove, D.E. (2005) 'Maps, mapping, modernity: Art and cartography in the twentieth century', *Imago Mundi*, 57(1): 35–54.

Crampton, J.W. (2009) 'Cartography: Maps 2.0', *Progress in Human Geography*, 33(1): 91–100.

Curry, M.R. (1998) *Digital Places: Living with Geographic Information Technologies*. London: Routledge.

Dacey, M. and Marble, D. (1965) 'Some comments on certain technical aspects of geographic information systems', *Technical Report No. 2, ONR Task 1, No. 389-142, Contract NONR 1288 (35)*. Evanston, IL: Northwestern University.

Debord, G. (2008) [1955] 'Introduction to a critique of urban geography', in H. Bauder and S. Engel-Di Mauro (eds), *Critical Geographies: A Collection of Readings*. Kelowna, BC: Praxis. pp. 23–27.

Dodge, M., Kitchin, R. and Perkins, C. (eds) (2009) *Rethinking Maps: New Frontiers in Cartographic Theory*. Abingdon: Routledge.

Elwood, S. and Leszczynski, A. (2011) 'Privacy, reconsidered: New representations, data practices, and the geoweb', *Geoforum*, 42(1): 6–15.

Esri (2012) 'The 50th anniversary of GIS', *ArcNews*, Fall. Available at: www.esri.com/news/arcnews/fall12articles/the-fiftieth-anniversary-of-gis.html (accessed 1 February 2018).

Fabrikant, S.I. (2003) 'Commentary on "A History of Twentieth-Century American Academic Cartography" by Robert McMaster and Susanna McMaster', *Cartography and Geographic Information Science*, 30(1): 81–84.

Gaits, G.M. (1969) 'Thematic mapping by computer', *Cartographic Journal*, 6(1): 50–68.

Graham, M. and Zook, M. (2013) 'Augmented realities and uneven geographies: Exploring the geolinguistic contours of the web', *Environment and Planning A*, 45(1): 77–99.

Graham, M., Straumann, R.K. and Hogan, B. (2015) 'Digital divisions of labor and informational magnetism: Mapping participation in Wikipedia', *Annals of the Association of American Geographers*, 105(6): 1158–1178.

Harley, J.B. (1989) 'Deconstructing the map', *Cartographica*, 26(2): 1–20. ハーリー, J.B. 著, 田中雅大訳 (2020)「地図を脱構築する」『空間・社会・地理思想』(23): 123–148.

Kelley, M.J. (2013) 'The emergent urban imaginaries of geosocial media', *GeoJournal*, 78(1): 181–203.

Kitchin, R. and Dodge, M. (2007) 'Rethinking maps', *Progress in Human Geography*, 31(3): 331–344.

Kitchin, R., Lauriault, T. and Wilson, M.W. (eds) (2017) *Understanding Spatial Media*. Thousand Oaks, CA: Sage.

Kwan, M.P. (2007) 'Affecting geospatial technologies: Toward a feminist politics of emotion', *Professional Geographer*, 59(1): 27–34.

Leszczynski, A. (2015) 'Spatial media/tion', *Progress in Human Geography*, 39(6): 729–751.

Lin, W. (2013) 'Situating performative neogeography: Tracing, mapping, and performing "Everyone's East Lake"', *Environment and Planning A*, 45(1): 37–54.

MacEachren, A.M. (1995) *How Maps Work: Representation, Visualization, and Design*. New York: Guilford Press.

McCleary, G.F. (1987) 'Discovering cartography as a behavioral science', *Journal of Environmental Psychology*, 7(4): 347–355.

McHaffie, P.H. (2000) 'Surfaces: Tacit knowledge, formal language, and metaphor at the Harvard Lab for Computer Graphics and Spatial Analysis', *International Journal of Geographical Information Science*, 14(8): 755–773.

McHaffie, P.H. (2002) 'Towards the automated map factory: Early automation at the U.S. Geological Survey', *Cartography and Geographic Information Science*, 29(3): 193–206.

Monmonier, M.S. (ed.) (2015) *Cartography in the Twentieth Century*. Chicago: University of Chicago Press.

Pavlovskaya, M. and St. Martin, K. (2007) 'Feminism and geographic information systems: From a missing object to a mapping subject', *Geography Compass*, 1(3): 583–606.

Pickles, J. (ed.) (1995) *Ground Truth: The Social Implications of Geographic Information Systems*. New York: Guilford.

Pickles, J. (2006) 'Ground truth 1995–2005', *Transactions in GIS*, 10(5): 763–772.

Preston, B. and Wilson, M.W. (2014) 'Practicing GIS as mixed-method: Affordances and limitations in an urban gardening study', *Annals of the Association of American Geographers*, 104(3): 510–529.

Raisz, E. (1938) *General Cartography*. New York: McGraw-Hill.

Robinson, A.H. (1952) *The Look of Maps: An Examination of Cartographic Design*. Madison:

University of Wisconsin Press.

Robinson, A.H. (1967) 'The thematic maps of Charles Joseph Minard', *Imago Mundi*, 21(1): 95–108.

Robinson, A.H. (1970) 'Erwin Josephus Raisz, 1893–1968', *Annals of the Association of American Geographers*, 60(1): 189–191.

Roth, R.E. (2013) 'Interactive maps: What we know and what we need to know', *Journal of Spatial Information, Science*, 6: 59–115.

Schuurman, N. (1999) 'Critical GIS: Theorizing an emerging science', *Cartographica*, 36(4): 7–108.

Schuurman, N. (2000) 'Trouble in the heartland: GIS and its critics in the 1990s', *Progress in Human Geography*, 24(4): 569–590.

Schuurman, N. and Pratt, G. (2002) 'Care of the subject: Feminism and critiques of GIS', *Gender, Place and Culture*, 9(3): 291–299.

Steinitz, C. (2012) *A Framework for Geodesign: Changing Geography by Design*. Redlands, CA: Esri Press.

Stephens, M. (2013) 'Gender and the: GeoWeb: Divisions in the production of user-generated cartographic information', *GeoJournal*, 78(6): 981–996.

Strain, W. (1938) 'The "new" geography', *Peabody Journal of Education*, 16(1): 26–30.

Sui, D.Z. and Goodchild, M.F. (2011) 'The convergence of GIS and social media: Challenges for GIScience', *International Journal of Geographical Information Science*, 25(11): 1737–1748.

Thatcher, J. (2014) 'Living on fumes: Digital footprints, data fumes, and the limits of spatial big data', *International Journal of Communication*, 8: 1765–1783.

Thatcher, J., O'Sullivan, D. and Mahmoudi, D. (2016) 'Data colonialism through accumulation by dispossession: New metaphors for daily data', *Environment and Planning D: Society and Space*, 34(6): 990–1006.

Tobler, W.R. (1959) 'Automation and cartography', *Geographical Review*, 49(4): 526–534.

Tomlinson, R.F. (1968) 'A geographic information system for regional planning', in G.A. Stewart (ed.), *Land Evaluation: Papers of a CSIRO Symposium*. South Melbourne: Macmillan of Australia. pp. 200–210. Available at: https://gisandscience.files.wordpress.com/2012/08/1-a-gis-for-regional-planning_ed.pdf (accessed 28 May 2018). トムリンソン, R.F. 著, 門村　浩訳 (1969)「地域計画のための地理的情報システム」『地学雑誌』78(1): 45–48.

Tyner, J. (1999) 'Millie the mapper and beyond: The role of women in cartography since World War II', *Meridian*, 15: 23–28.

Wilson, M.W. (2015) 'On the criticality of mapping practices: Geodesign as critical GIS?', *Landscape and Urban Planning*, 142: 226–234.

Wilson, M.W. (2017) *New Lines: Critical GIS and the Trouble of the Map*. Minneapolis: University of Minnesota Press.

Wood, D. (1993) 'The fine line between mapping and mapmaking', *Cartographica*, 30(4): 50–60.
Wood, D. (2010) *Everything Sings: Maps for a Narrative Atlas.* Los Angeles: Siglio.

第6章　モビリティ

ティム・シュヴァーネン

はじめに

　デジタルなもの（the digital）は，これまでかなりの間，世界中の人，モノ，情報の物理的なモビリティを構成してきた。これは，情報において最も明白であり，インターネットと携帯電話が，過去40年以上にわたり，認識を超えて，コミュニケーションの量，多様性，速度，地理的スケールを変化させてきた。しかし，重大な変化は，人と貨物のモビリティとの関係でも生じてきた。たとえば，航空システムとコンテナ輸送システムは，コード／空間――コードと日常の生活空間の相互構成（Kitchin and Dodge, 2011）――の教科書的な例であり，現在道路を走っている自動車の大多数は，ソフトウェアに重大な問題が発生した場合，走行を停止するだろう。徒歩移動と（従来の）自転車移動さえも，対象となるスマートフォンアプリの急増にみられるように，ユビキタスコンピューティングやソフトウェア，デジタルインターフェース，環境センサーによってますます媒介されるようになってきている。

　本章は，デジタルなものが物理的なモビリティをどのように媒介するか，また両者がどのように相互に構成し合うかについて，地理学と関連分野における議論を概観する。本章はモノよりも人のモビリティに注目し，モビリティを単なるAからBへの移動以上のものとしてとらえる移動論的転回の考え方（Sheller and Urry, 2006）を採用する。クレスウェル（Cresswell, 2010）などの研究が提案しているように，モビリティとは，移動，表象，実践の絡み合いである。ここでは，移動とは，AからBへの位置の置き換えを，表象とは，移動の意味と社会的なコード化を，実践とは，身体化された移動の経験と行為をそれぞれ指す。本章では，デジタル技術と個人のモビリティの間の相互作用の三つの様相を軸に大まかに構成された三つの節にわたって，しばしば異なるもの

とされる一連の文献を概説する。最初に，たとえば雇用主との遠隔のコミュニケーションのような，特定の機能を実行する技術の布置構成(コンステレーション)に注意を向ける。続いて，スマートモビリティのように，より広範囲にわたる複数の機能を同時に実行するデジタル技術の相互接続ネットワークに焦点を当てる。最後に，日常生活における物理的なモビリティとデジタルなモビリティの絡み合いをより深めるであろう，最新のデジタル技術の潮流である自動化(オートメーション)に関する議論で締めくくる。

レビューする文献はデジタル技術とモビリティをめぐる最近の議論の進展におおむね従っているが，年代順には示されていない。これは，以前からの議論が今日も続いているためである。モビリティとデジタルなものに関する地理学的研究は，前者の後に後者が，後者の後に前者がといったかたちで生じる波というよりも，テーマの追加と多様化によって特徴づけられる。地理学者が導き出した結論の中には，時代を越えて重要であり続けるものも存在する。たとえば，デジタルなもの〔の社会へ〕の組み込みは，モビリティのシステム，実践，経験の構成における空間と場所の重要性を消し去ったわけではないし，モビリティの社会‐空間的不平等を減らすというよりも，むしろ増やしてきたかもしれない。デジタル情報通信技術（ICT）を──しばしば企業のアクターを通して──モビリティシステムに組み込む一般的な論理は，昔から今に至るまで，速度，効率性，利便性，安全性，治安，そして／あるいは環境の持続可能性に基づいている。しかしながら，複数のデジタル技術が共同で生み出す効果は，しばしば主流の言説が示唆するよりも複雑であいまいである。

特定の機能をもつデジタル技術

置換とそれ以上のもの

交通地理学者と経済地理学者は，少なくとも 1980 年代以降，遠隔通信や在宅勤務，e コマースのような機能を満たす，モビリティとデジタル ICT の交点に関心を持ってきた（Salomon, 1986 など）。長い間，主な関心は人とモノの物理的移動が有線コンピュータと無線デバイスによる遠隔の相互作用によってどの程度置き換えられるかという疑問であった。渋滞の緩和，生産性の向上，環境

的負荷の低減，そして物理的移動が引き起こすあらゆる種類の障壁を被る人々（多くの障がい者や高齢者など）のアクセシビリティの改善，といった利点が認識されていることから，そのような置換は長い間望ましいものと喧伝されてきた。サロモン（Salomon, 1986）は置換への狭い関心を批判し，物理的なモビリティとデジタルなモビリティの間のより広い範囲の相互関係を考慮する必要があると主張した。彼は置換を，生成（ICT の使用が物理的移動を増やしたり，逆に減らしたりする場合），修正（使用される交通モードのように ICT の使用が移動の特定の側面を変化させる場合），中立性（ICT が物理的移動に影響を与える場合）に区別した。サロモンは，たとえばリアルタイムの情報提供や，交通や駐車場管理のためのコンピュータシステムを通して，ICT はモビリティシステムの運用効率を改善するために使うことができ，それが誘発する土地利用の変化を通してモビリティに対して間接的な影響を与える可能性があるとも指摘している。

　サロモン（Salomon, 1986）の枠組みは，交通地理学者やエンジニアなどによる多くの研究において，人々の物理的移動が在宅通勤や e ショッピングによってどのように影響を受けるのかを分析するために用いられてきた（コーエン = ブランクシュテインとロテム = ミンダリ（Cohen-Blankshtain and Rotem-Mindali, 2016）は最近のレビューを示している）。経験的研究の結果は多様であるが，ICT による物理的移動の置換が全体的な純効果であることを示唆しているように思われる。サロモンの枠組みに基づく経験的研究の多くは有用である一方で，二項対立や二元論的な方法で，物理的な移動とデジタルな領域を分離された領域と考えてきた。表象と実践を十分に考慮せずに，移動とモビリティを同一視することも共通している（Cresswell, 2010）。同じ点は，ICT が物理的移動に与える影響をよりよく理解するために時間地理学や社会学の時間置換仮説——インターネットやデジタルメディアの利用は，モビリティを必要とする社会活動やその他の屋外余暇活動に取って代わるという仮説——などの他の分析的枠組みに依拠した研究でも保持されている（Kwan, 2002）。

　物理的なモビリティとデジタルなモビリティの絡み合いと同様に，表象と実践は地理学とより広い社会科学のモビリティ研究においてより大きな役割を果たしている。たとえば，ビジネス出張におけるビデオ会議の効果に関する最近の研究は，社会的規範や，身体的経験と対面での交流の必要性が，ビジネス

相手や同僚との間の相互依存的な物理的モビリティとデジタルモビリティの複雑な混合物をどのようにして作り出すのかを示してきた（Haynes, 2010; Storme et al., 2017）。他にも，無線技術がどのようにして物理的移動に組み込まれ，複雑かつ時々あいまいな方法で実践，意味，経験を再構成しているかを示す研究もある。家族生活の日常のやりくりに関する研究は，特に有職の母親にとって，携帯電話が仕事の約束や子どもの送り迎えのスケジュールをその場で変更できるようにすることを示してきた。その他の帰結としては，「時間ぎりぎりの運転」（Line et al., 2011: 1493）がある。たとえば，親は不測の事態に備えて最低限の余裕を残すことで，遅刻や子どもを待たせることに対する罪悪感や不安を（わずかに）減らしている（Schwanen, 2008）。しかし，移動中の家族の状況においては，デジタル技術は意図的に抑えられることもあるかもしれない。ウェイトとハラダ（Waitt and Harada, 2016）は，ニューサウスウェールズでのエスノグラフィー的研究において，一部の親たちが癇癪を起こさないようにするためにいかに車の中で子どもにデジタルメディアを使わせているか，またその一方で，一部の親たちが，〔家族で〕共有する移動が楽しみ，親密さ，気づかいを共有する瞬間となるように，いかにそのような技術を禁止しているかについて議論している。

社会的分化

　モビリティの研究者たちは，モビリティの実践におけるデジタル技術の媒介が既存の社会的不平等を強調し，新しい階層分化を生み出すさまざまな方法に注目してきた。最もよく知られた例は，「モバイルな生活」と「ネットワーク資本」に関するジョン・アーリらの研究である（Elliott and Urry, 2010）。アーリによればモバイルな生活は，高速輸送と通信システムを中心に組織化された日常の実践とアイデンティティから成るものであり，個別性，柔軟性，適応性，再帰性によって特徴づけられる。それはネットワーク資本——物理的なモビリティとデジタルなモビリティを通して，距離をおいても有益な社会的関係を築き，維持する個人の能力を強調する，経済資本，文化資本，社会関係資本と並ぶ新しいかたちの資本——によって可能になる。ここでは，コンピューティング，ソフトウェア，デジタルインターフェースが，ジェンダー，階級などと並んで新しい社会階層の

生成に関与している。これらの階層の中心にあるのは，一方では，モビリティを実現し，組織化する特定の方法（たとえば，無線自動識別（RFID）技術を利用した複数の交通モードへのアクセスと料金支払い，リアルタイムのスケジュール変更，空港や鉄道駅での高級ラウンジの利用）の評価であり，他方では，他者のモビリティを可能にする手荷物係のような，一般的に不安定な労働者の特定の場所への固定化である。アーリの発想は，それ以降，たとえばシェラー（Sheller, 2016）によるハイチ地震後の研究などで発展してきた。彼女は，どのようにして国際援助が復興過程において不平等なネットワーク資本を地域コミュニティに意図せずに再び刻み込んだのかを示しただけでなく，いかにそれらの地域コミュニティが，浄水設備などの提供された設備を，時折，携帯電話やノートPCの充電といったかれらのニーズを満たす技術に再利用したのかについても示した。

　モビリティの研究者たちが，特定の機能を持つデジタル技術が社会的階層分化に寄与していることを示すもう一つの方法は，モビリティの安全保障化についての一連の研究である。ここでの焦点は，危険で望ましくないと考えられているモビリティを事前に回避する，あるいは遮断するために使われる，デジタルパスポート，生体認証，行動プロファイリング技術，顔認識ソフトウェア，さらには携帯電話さえも含めたデジタル技術である。論点は，これらの技術は監視，検知，抑止，権力の行使または象徴化以上のことを行っているということである。なぜなら，それらが依拠するコンピュータコードは，身体的な振る舞い，服装の種類，顔の表情，目の動きなどが適切であるか，あるいは正常であるかについての考え方を反映し，それを実現するからである（Graham 2005; Adey, 2009）。空港ほどこれが顕著な場所はない —— そこはデジタルな保安技術がモビリティを再構成する最たる場所である（Adey, 2009）。

　しかし，モビリティのデジタルな監視は，今の時代には無数の方法によって実行されており，そのほとんどが上で議論した例よりもそれほど技術的に洗練されていない。たとえば，犯罪被害に対するモラルパニックの文脈において，どのようにして子どもの日常のモビリティが，携帯電話を使った遠くからの監視という親の試みと，そうした監視に対する子どもの抵抗の試みによって再形成されてきたかについて考えてみよう（Pain et al., 2005）。また，RFIDなどのデジタル技術が，物流業界において製品の監視だけでなく製品を動かす人や

機械の監視にも使われていることについても考えてみよう（Kanngieser, 2013）。すべての場合においてデジタル技術は，人間主体にとって適切で望ましい存在の仕方や移動の仕方に関する規範の創造に関与しているのである。

相互接続されたデジタル技術

　人とモノの物理的移動と，ラジオ，テレビ，電話による通信の分離は，20世紀を特徴づけるものであったが，携帯電話や小型コンピュータ，人工衛星，そしてユビキタスコンピューティングのような技術は，1990年代以降，移動するモノ，インフラ，そしてより広い環境を急速に相互接続するようになってきた（Sheller, 2007）。前節で言及した物流システムはこの例の一つであり，もう一つの例は現代の自動車である（Sheller, 2007）。本節では，ミシェル・フーコー（Michel Foucault）に倣ってガブリス（Gabrys, 2014）が「計算処理装置（コンピュテーショナル・ディスポジティフ）」と呼ぶもの——特定の問題を中心に組織化されるデジタル技術，言説，知識，物質性，ビジネスモデル，実践の布置構成（コンステレーション）——の一部として，人々の日常のモビリティを大きく再構成する多様な機能性を持つ相互接続された複数のデジタル技術のさらなる二つの集まりに注目する。

常時接続性

　一つ目の装置（ディスポジティフ）は，常時接続性（Wilson, 2014）である。一見したところでは，それはスマートフォンのようなハンドヘルド端末を中心に展開されるが，実際には多くの接続技術（GPS，無線ネットワークなど），専門技術（同期プロトコル，人間工学など），実践（情報検索，ソーシャルメディアなど），期待やメンタリティ（「常時オン」という考え方や，ほぼ同期的な反応など），空想（人体に埋め込まれたチップによるサイボーグ的な視界など），そして，たとえばバーチャルアシスタントやチャットボットが使う言語を含んでいる。ウィルソン（Wilson, 2014: 539）によれば，「ハンドヘルドコンピューティングは，解決されるべき問題，実践されるべき科学（そして「救われるべき」国家）の中から生まれたのではなく，シリコンバレーのベンチャー資本主義と競争的な起業家精神から生まれたアイディアとしてから出現した」。それにもかかわらず，ハンドヘルドコンピュー

ティングは，幅広い企業や会社によって，急速に商業目的に利用されるようになった。それらは，特定のサービスの販売かつ／あるいは人々に対する広告やスポンサードされた情報の提供のための常時接続性に依拠していた。それゆえ，より抽象的なレベルでは，常時接続性装置（ディスポジティフ）は，利益追求と新しい市場――人間の日常のモビリティに及ぼす当然の帰結――の必要性の問題を取り扱う。

その帰結の一つは，位置情報サービス（LBS）を中心とするものである。ウィルソンが他の場所で説明したように，LBS は，自分がどこにいて，周辺にどのようなモノやサービスがあるかをユーザーに気づかせるだけでなく，「都市の経験を取引として再構築する」（Wilson, 2012: 1270）ものである。LBS を提供するアプリは，人々に，チェックイン，写真のアップロード，コメントの投稿を促し，それによって IT 企業がすでに補足している GPS の軌跡（トレース）をより豊かにする。その結果生み出されるのが，ウィルソンが「人目を引くモビリティ」と呼ぶもの，つまり訪問した場所，取り組んだ活動，消費したサービスについて，個々のユーザーが作り上げる物語である。この一部として，モビリティの習慣や実践が微妙に変化する可能性がある。

常時接続性のもう一つの帰結は，身体活動，メンタルヘルス，温室効果ガス排出などの自己モニタリングのために現在存在している無数のアプリやデバイスから生じる。ゲーミフィケーション，身体と自己の定量化，そして絶え間ない自己改善という新自由主義的な精神に依拠することで，これらのデジタル技術は個人のモビリティを媒介し，再構成する（Schwanen, 2015; Barratt, 2017）。たとえば，サイクリング履歴を記録するフィットネスアプリ Strava の場合，そのゲーミフィケーション，可視化（ビジュアリゼーション），コミュニティ形成の特性が，ユーザー間でのサイクリングの水準を高めている（Barratt, 2017）。

スマートモビリティ

スマートシティの重要な構成要素としてのスマートモビリティは，効率的で環境に優しく，包摂的であるとされ，大抵の場合デジタル技術の運用に依存している，モビリティの選択肢とサービスの提供を意味する。この用語は容易に使われるが，せいぜいあいまいに定義されているにすぎない。「学術的な文献やより広範な文献においてスマート（アーバン）モビリティが意味するも

のについて，批評はおろか，はっきりと検討したものはほとんどない」(Lyons, 2018: 6)。

　スマートモビリティは，渋滞，大気汚染，騒音，温室効果ガス排出，交通事故，社会的排除，都市の衰退，運動不足といった同時多発的な問題を解決しようとする，もう一つの計算処理装置（コンピュテーショナル・ディスポジティフ）である。主な目的は，事業者やエンドユーザー，その他のアクター全体に関わる時間と資源を節約し，経済成長に貢献することである。相互接続された環境センサー，デジタルインターフェースとソフトウェアは，距離の摩擦を減らし，既存の事業者（バス／タクシー事業者や自動車製造／レンタカー会社など）と新しい事業者（自動車／バイク／自転車シェアの事業者やIT企業など）にビジネス機会をもたらすために，モビリティシステムと実践に組み込まれている。個人所有からサービスとしてのモビリティ（mobility-as-a-service）――頭文字をとってMaaSとして知られるようになってきている――へのシフトを実現することが，スマートモビリティの鍵であると広く考えられている。

　デジタル技術の役割は，モビリティシステムを再構成することだけでなく，「市民がデータポイントであり，データの生成者でもあると同時に，フィードバックシステムにおける応答ノードでもある」(Gabrys, 2014: 38)ような参加様式を可能にすることでもある。知識はスマートモビリティ装置（ディスポジティフ）に不可欠であり，固定された場所にある携帯電話基地局，鉄道／バスへの入口，自転車ドッキングステーションなどのセンサーに沿って移動を登録したり（オイラーデータ），追跡技術から得られる時間が記録された空間的な位置のシーケンスを登録したりすること（ラグランジアンデータ）で組み立てられる。データのモニタリングと分析の要点は，特定の規範や理想（環境に優しいドライバー，健康志向のサイクリストなど）の創造と循環を通してモバイルな主体を規律訓練することではなく，人々が自分たちのモビリティ実践を（たとえば，特定の時間帯に需要が多い場所で，より多くの自動車や自転車のシェアを可能にすることによって）自己規制できるようにする環境条件を確立することである。先読みと先取りの論理だけでなく機械学習とリアルタイム予測の技術もこうした様式の運用の鍵である。

　特定の場所におけるスマートモビリティ装置（ディスポジティフ）に関する包括的な調査は，依

然として行われていない。とはいえ，地理学者は，スマートモビリティ実践への参加者や，移動時間量や渋滞・排出量の削減，身体活動の増加などの定量化できる効果について，急速に拡大する学際的な根拠の基盤(エビデンスベース)に貢献してきた（バイクシェアリングについては Corcoran and Li, 2014 参照）。地域性や考慮されるモビリティサービスの仕様によって結果は異なるが，高密度の環境に住む若い／ミレニアル世代の，中流階級で，白人の男性が，シェアモビリティのユーザーを過剰に代表している（Prieto et al., 2017）。おそらく，社会的包摂を可能にする以上に，スマートモビリティは，西洋諸国の都市におけるすでに恵まれた集団に不均衡な利益をもたらし，現在進行中のジェントリフィケーションのプロセスを強化し，より貧しい人々を立ち退かせているように思われる。

　質的手法を採用する研究は，移動よりもモビリティに関してより深い洞察を発展させてきた。ケントら（Kent et al., 2017）は，シドニー住民のサンプルの中で，ライフコースの早い時期にカーシェアリングを支援するスキル，気質，信念が培われ，デジタルなインフラや物理的なインフラを利用できた人は，引っ越しや海外移住などのライフイベントによってカーシェアリングへの転換が促された，ということを示している。イギリスのブライトンにおけるスマート e バイクの都市実験の一環としてベーレント（Behrendt, 2016）は，スマートベロモビリティ〔ベロ velo は自転車を意味する〕の生きられた経験について調査した。彼女は，e サイクリングのラグランジアンな追跡にさらされた参加者が，たとえば最も速いルートの選択，プライバシーに対する誇りや不安といった情動／感情，自分のデータの共有を通したコミュニティ形成といった再帰的なものを含め，どのようにさまざまな反応を誘発させられたかを示している。ベーレントの調査結果は，スマート（ベロ）モビリティ装置(ディスポジティフ)が，外部から決定された規範や理想を前提とした規律訓練的なメカニズムを通してではなく，自己規制を通して新しい実践と経験を引き起こす，という上記の議論と符号している。

　スマートモビリティ装置(ディスポジティフ)が自動車の開発と使用に及ぼす影響に関する研究は，ユビキタスコンピューティング，ソフトウェア，デジタルインターフェース，環境センサーが自家用車の優越性を低下させることを予想させるという点で，推測的かつ楽観的になりがちである。カンツラーとニー（Canzler and Knie, 2016: 65）の言葉を借りれば，「後には引けない」のである。繁栄，個人

化，幸福(ウェルビーイング)を実現する鍵としての従来型の自動車は，これらの社会的財の新しい進行役としてのデジタルプラットフォームに取って代わられつつある。また，自動車を中心としたスマートモビリティの発展は──自己所有がミレニアル世代にとってより魅力的なものになるよう，自動車メーカーがカーシェアリングに進出しているように──〔社会への〕順応を通して存続する自動車モビリティの適応能力を反映しており，社会-空間的不平等を永続させるかもしれないという，より慎重な意見もある（Schwanen, 2016）。

自動化(オートメーション)

　既存のスマートモビリティ装置(ディスポジティフ)は〔そのまま〕拡大し，進化するかもしれないが，もし，無人車やドローンのような自動運転車（AV）が，多くの解説者が信じているように急速に普及するのであれば，認識できないほど変化する可能性もある。既存のスマートモビリティ技術と比較して，自律レベル 4（「運行設計領域」の中で完全に自律的）あるいはレベル 5（あらゆる運転状況において完全に自律的）の道路交通車両は，未知の技術性（technicity）──技術の能力のことであり，この場合は特に機械学習がモビリティのシステム，実践，経験を生成し，変化させる能力を意味する（Kitchin and Dodge, 2011）──のレベルを示している。しかしながら，自動車に走行制御装置や自動駐車〔の仕組み〕が幅広く埋め込まれていることが示唆するように，道路交通の自動化は「ある種の熱狂的な変化というよりも，ゆっくりとした大きな変化を通して進行している」（Thrift, 2014; Sheller, 2007 も参照）。

　これまでのデジタル技術と同様に，AV は，道路モビリティに関する問題の必然的な解決策になると期待されている。交通はより安全で，渋滞が少なく，清潔で，安価になり，カーシェアリングが増え，障がい者や高齢者のような従来型の自動車モビリティから周縁化されてきた集団のより大きな社会的包摂が進むだろう。AV がいかに根本的にモビリティシステムを再構成するかについての見通しはたくさんある。予想される利点のいくつかは確かに実現されるかもしれないが，全体的な効果は複雑かつあいまいになりそうである。地理学者は，AV に関するいくつかの神話を払拭するのに適した立場にある。たとえば，

運転支援システムあるいは自律走行システムを使う人々の YouTube 動画の分析（Brown and Laurier, 2017）や，トラック運転のエスノグラフィー（Gregson, 2017）は，人間のドライバーが一部の有名な解説者たちが言うほど簡単にはいなくならないだろうということをすでに示唆している。

　AV が何をもたらすとしても，モビリティに関心を持つ地理学者は，モビリティ，身体性，デジタルなものについて，新しい概念化を試みるべきである。交通地理学からのアプローチは，アクセシビリティの潜在的な改善可能性について有益な表象を生み出しうるが，それとは別の疑問——既存のスマートモビリティ装置（ディスポジティフ）によってすでに提起されている疑問——が今後ますます差し迫ったものになるだろう。どのような種類のモバイルな主体性が実現されるのか？　人間が運転しなくなったとき，自動車はどのようなものになり，どのように経験されるのか？　ソフトウェアが故障するリスクによって，どのような場所固有の影響が生じるのか？　さまざまな地理的環境において，都市や「良質な生活」という考えはどのように再構成されるのか？　AV が非西洋圏に普及するとき，植民地性——植民地主義の永続的な遺産——は強化されるのだろうか？　最近のデジタルオブジェクトとその効果の概念化（たとえば，Ash, 2015; Schwanen, 2015）や，常にすでに技術と共同構成されているものとしてのポストヒューマンの行為主体性（エージェンシー）の概念化（Rose, 2017）は，これらの疑問を調査するための有益な出発点を提供しており，今後の研究は，デジタルモビリティの特殊性をより詳細に理解するために，これらのアプローチを利用することができるだろう。

文献

Adey, P. (2009) 'Facing airport security: Affect, biopolitics, and the preemptive securitisation of the mobile body', *Environment and Planning D: Society and Space*, 27(2): 274–295.

Ash, J. (2015) 'Technology and affect: Towards a theory of inorganically organised objects', *Emotion, Space and Society*, 14: 84–90.

Barratt, P. (2017) 'Healthy competition: A qualitative study investigating persuasive technologies and the gamification of cycling', *Health & Place*, 46: 328–336.

Behrendt, F. (2016) 'Why cycling matters for smart cities: Internet of bicycles for intelligent

transport', *Journal of Transport Geography*, 56: 157–164.
Brown, B. and Laurier, E. (2017) 'The trouble with autopilots: Assisted and autonomous driving on the social road', in *CHI'17: Proceedings of the 2017 ACM SIGCHI Conference on Human Factors in Computing Systems*. New York: Association for Computing Machinery. DOI: 10.1145/3025453.3025462.
Canzler, W. and Knie, A. (2016) 'Mobility in the age of digital modernity: Why the private car is losing its significance, intermodal transport is winning and why digitalisation is the key', *Applied Mobilities*, 1(1): 56–67.
Cohen-Blankshtain, G. and Rotem-Mindali, O. (2016) 'Key research themes on ICT and sustainable urban mobility', *International Journal of Sustainable Transportation*, 10(1): 9–17.
Corcoran, J. and Li, T. (eds) (2014) 'Special section on spatial analytical approaches in public bike sharing programs', *Journal of Transport Geography*, 41: 268–345.
Cresswell, T. (2010) 'Towards a politics of mobility', *Environment and Planning D: Society and Space*, 28(1): 17–31.
Elliott, A. and Urry, J. (2010) *Mobile Lives*. London: Routledge. エリオット, A.・アーリ, J. 著, 遠藤英樹監訳 (2016)『モバイル・ライブズ──「移動」が社会を変える』ミネルヴァ書房.
Gabrys, J. (2014) 'Programming environments: Environmentality and citizen sensing in the smart city', *Environment and Planning D: Society and Space*, 32(1): 30–48.
Graham, S.N.D. (2005) 'Software-sorted geographies', *Progress in Human Geography*, 29(5): 562–580.
Gregson, N. (2017) 'Mobilities, mobile work and habitation: Truck drivers and the crisis in occupational auto-mobility in the UK', *Mobilities*, 13(3): 291–307.
Haynes, P. (2010) 'Information and communication technologies and international business travel: Mobility allies?', *Mobilities*, 5(4): 547–564.
Kanngieser, A. (2013) 'Tracking and tracing geographies of logistical governance and labouring bodies', *Environment and Planning D: Society and Space*, 31(4): 594–610.
Kent, J., Dowling, R. and Maalsen, S. (2017) 'Catalysts for transport transitions: Bridging the gap between disruptions and change', *Journal of Transport Geography*, 60: 200–207.
Kitchin, R. and Dodge, M. (2011) *Code/Space: Software and Everyday Life*. Cambridge, MA: MIT Press.
Kwan, M.P. (2002) 'Time, information technologies and the geographies of everyday life', *Urban Geography*, 23(5): 471–482.
Line, T., Jain, J., and Lyons, G. (2011) 'The role of ICTs in everyday mobile lives', *Journal of Transport Geography*, 19: 1490–1499.
Lyons, G. (2018) 'Getting smart about urban mobility ─ aligning the paradigms of smart and sustainable', *Transportation Research, Part A*, 115: 4–14.
Meyer, J., Becker, H., Bosch, P.M. and Axhausen, K.W. (2017) 'Autonomous vehicles: The next

jump in accessibilities?', *Research in Transportation Economics*, 62: 80–91.
Pain, R., Grundy, S., Gill, S., Towner, E., Sparks, G. and Hughes, K. (2005) '"So long as I take my mobile": Mobile phones, urban life and geographies of young people's safety', *International Journal of Urban and Regional Research*, 29(4): 814–830.
Prieto, M., Baltas, G. and Stan, V. (2017) 'Car sharing adoption intention in urban areas: What are the key sociodemographic drivers?', *Transportation Research, Part A*, 101: 218–227.
Rose, G. (2017) 'Posthuman agency in the digitally mediated city: Exteriorization, individuation, reinvention', *Annals of the American Association of Geographers*, 107(4): 779–793.
Salomon, I. (1986) 'Telecommunications and travel relationships: A review', *Transportation Research, Part A*, 20: 223–238.
Schwanen, T. (2008) 'Managing uncertain arrival times through sociomaterial associations', *Environment and Planning B: Planning and Design*, 35(6): 997–1011.
Schwanen, T. (2015) 'Beyond instrument: Smartphone app and sustainable mobility', *European Journal of Transport and Infrastructure Research*, 15(4): 675–690.
Schwanen, T. (2016) 'Rethinking resilience as capacity to endure: Automobility and the city', *City*, 20(1): 152–160.
Sheller, M. (2007) 'Bodies, cybercars and the mundane incorporation of automated mobilities', *Social & Cultural Geography*, 8(2): 175–197.
Sheller, M. (2016) 'Connected mobility in a disconnected world', *Annals of the Association of American Geographers*, 106(2): 330–339.
Sheller, M. and Urry, J. (2006) 'The new mobilities paradigm', *Environment and Planning A*, 38(2): 207–226.
Storme, T., Faulconbridge, J.R., Beaverstock, J.V., Derudder, B. and Witlox, F. (2017) 'Mobility and professional networks in academia: An exploration of the obligations of presence', *Mobilities*, 12(3): 405–424.
Thrift, N. (2014) 'The promise of urban informatics: Some speculations', *Environment and Planning A*, 46: 1263–1266.
Waitt, G. and Harada, T. (2016) 'Parenting, care and the family car', *Social & Cultural Geography*, 17(6): 1079–1100.
Wilson, M.W. (2012) 'Location-based services, conspicuous mobility, and the location-aware future', *Geoforum*, 43: 1266–1275.
Wilson, M.W. (2014) 'Continuous connectivity, handheld computers, and mobile spatial knowledge', *Environment and Planning D: Society and Space*, 32(3): 535–555.

第 II 部

デジタル手法

第 7 章　認識論

ジム・サッチャー

はじめに

　本書の編者らは，地理学は「デジタル論的転回の渦中にある」と主張した（Ash et al., 2018: 25）。2016 年から 2017 年にかけて，アメリカ地理学会と〔イギリス〕王立地理学協会も同じように，それぞれデジタル地理学に関する専門グループと研究グループを公式に結成することで，この転機を認識した。こうした動きの中では，デジタルな方法論，オブジェクト，美的感覚を中心的に扱う出版物（たとえば，Bergmann, 2016; Leszczynski, 2018; Moran and Etchegoyen, 2017; Thatcher et al., 2016a）がますます増えていることだけでなく，「デジタルなもの（the digital）」が地理学の実践の本質的かつ広範な要素となってきた無数の道筋が認識されていることが見て取れる。本章では，新しい地理学的知識の生産と密接に関係する認識論と認識論的批判の両方を紹介し，検討する。

　そのために，本章は三つの節で論を進める。第 1 に，地理学がデジタルなものと継続的に関わりを持つ中で築かれたいくつかの認識論の簡潔な歴史を示す。本章は，初期の空間科学がコンピュータを使った手法を通じてデジタルオブジェクトを利用するようになったことから始まり，その結果生じる GIS 批判とそれに関連する認識論を経由し，プロセス論的な認識論への方向性を有すると思われる，より最近の研究で締めくくる。第 2 に，本章は，地理学におけるデジタルなものに対するさらなる二つの認識論的批判 —— 視の制度（scopic regime）や視覚的表象の過度な特権化と，資本主義システムに結びつけられた知識生産の性質に対する批判 —— を浮き彫りにする。最後に，デジタル地理学において今後ありえる認識論的研究に対するいくつかのアプローチを概観し，あらゆる認識論的枠組は本質的に部分的な性質を有しているということを強調する。

　先へ進む前に，本章で理解される「認識論」という用語を簡単に定義し，し

ばしばそれとペアにされる形而上学，すなわち「存在論」と対比させる必要がある。コンピュータサイエンスと情報科学において存在論は，ある範囲(ドメイン)の中にあるオブジェクトまたは事物の種類や性質，またその範囲(ドメイン)の中に存在するオブジェクトと事物の種類の間にある関係，これらの形式化された構造または命名を意味する。しかし，形而上学において存在論という用語は，現実と言えるもの，存在すると言えるものを広く意味する。地理学者は空間オブジェクト，空間情報，空間データとの関連で，二つの存在論の定義の間にある緊張と交点を探った。たとえば，スミスとマーク（Smith and Mark, 1998: 308）は地理的オブジェクトが「単に空間上に位置しているだけでなく」，むしろ「もともと空間と結びついている」ことを認識することで，〔二つの存在論の〕分断を橋渡ししようとした。彼らの主張では，地理的種（geographic kind）の存在論は，存在（being）の性質と，ヒューマンコンピュータインタラクションに必要な通信とデータ構造の要件との間を橋渡しするという。シュールマンとレシュチンスキ（Schuurman and Leszczynski, 2006: 709）による別のアプローチは，情報学の存在論の定義——「エンコードされたフィールドによって提供される意味の可能な範囲」——を利用した。彼女らは，現在のデータベース構造から省かれている「深い文脈」をよりよくとらえる「データに関する質的でエスノグラフィー的なデータ」を含めるために，メタデータ内の可能な意味を拡げることを提案した（Schuurman and Leszczynski, 2006: 717）。同じようにサッチャーら（Thatcher et al., 2011）は，データの存在論を構築することの背後にある政治性をとらえて読める状態にするために，インタビューや参与観察のようなエスノグラフィー的手法を利用した。パブロフスカヤ（Pavlovskaya, 2009）などの研究は，マッピング行為においてもともと生じる存在論の力をより広く明らかにした。

　地理学で取り組まれている人文地理学とGISに関する存在論と認識論の性質についての研究は不均一で不完全な歴史を有しているが（O'Sullivan et al., 2018），本章の文脈では存在論の哲学的な定義が焦点となるだろう。存在論は，存在すると言えるものとしてとらえることができる。対照的に認識論は，何を知ることができるか，またどのようにわれわれはそれについて知ることができるかということに関心を寄せる形而上学の分野である。それゆえそれは，理論的批判と知識生産の根本的要素である。

歴史，地理学，デジタルなもの

　地理学の実践におけるデジタル技術の重要性は，いくら強調してもしすぎることはない（Sui and Morrill, 2004）。人工衛星からのリモートセンシングデータを分析する地理情報システム〔GIS〕から携帯電話を使ったインタビューの記録に至るまで，デジタルデバイスは下位分野の枠を越えて地理学を満たし，媒介している（Ash et al., 2018; Rose, 2015）。そして，知識の生産と科学の実践において定量化と抽象化が果たしてきた役割は，近代国家の形成や機能と密接に絡み合っているが（Foucault, 2008; Rose-Redwood, 2012; Scott, 1998），その一方で地理学分野を歴史的にみると，デジタルオブジェクトは計量革命とそれに伴う空間科学の登場の間に初めて地理学の実践の基礎となった。

　地理学における計量革命の初期のメンバーは，認識論的に経験主義と実証主義の立場に立った。経験主義とは，事実は自明の理であり理論的説明をほとんど必要としないと考える学派であり，実証主義とは，社会現象を客観的に測定し，人間の行動を予測・説明する自然法則を決定することが可能であると認める学派である。計量革命の初期のメンバーはそれらを統合して，知識と現実世界の間に「同型の対応関係」があると考えた（Sheppard, 2015）。それは，自然科学に適用されるような定量化，分析，科学的手法を通じて世界を知ることができるというものである。言い換えれば，客観的真実は，現実世界の現象に関する仮説の生成，検証，観察，分析の継続的で反復的なプロセスを通じて生み出すことができるということである。これを通じて，「大規模化するデータセットに比較的単純な数式を適用することで予測可能な経験的パターンを見つける」ことを重視する「新しい地理学」が登場した。バーンズ（Barnes, 2014: 51）が指摘したそのような状況は「ビッグデータ」との関連で繰り返されている。歴史的にみれば，この一連の法則定立的な空間科学から〔地理学の方法論として〕初期の GIS が登場し，その周辺に地理情報科学が組織された。

　空間科学の実践者の中には関係的で非ユークリッド的な空間論に関心を寄せる者もいたが（たとえば Couclelis, 1999），GIS が自らを下位分野として具体化するにつれて，それは，絶対的で，離散的で，容器のようで，規則的な空間の存在論をもたらした。そしてこれに伴い，GIS はこの存在論から構築された知

識を受け入れる認識論的方向性を生み出した（Dixon and Jones, 1998）。1990 年代までに，技術的なシステムとしての GIS と科学としての GIS の両方の根底にある認識論は，空間と知識の本質主義的な性質を不用意に受け入れすぎているという批判にさらされるようになった。デジタルマッピングのプロジェクトがほぼ確立され，国家安全保障機関とさえ結びついたことで（Clarke and Cloud, 2000），クリティカル GIS の研究者たちは，地図が「合理主義的論理――普遍的計算」を具体化する方法を暴き出すために，それを「脱構築した」（Harley, 1989; Pickles, 1995: 231）。

　1990 年代にクリティカル GIS が台頭すると〔GIS の〕実践者たちは，自分たちが生み出すオブジェクト（大抵の場合，デジタルに作られた地図）が，表象を公平なもの，とりわけ「真実」にする，「どこからでもない視点」という「神のなす業（God Trick）」を具体化し，強化していることを問題にし始めた（Haraway, 1988; Leszczynski, 2009; Schuurman, 2000）。認識論的にいえば，フェミニストやその他の批判者（たとえばマルクス主義者（Smith, 1992 を参照））は，世界が「単一の時空間性のシステムによって植民地化される」ことなどありえないということを強調した（Harvey and Haraway, 1995: 516）。スタンドポイント理論（Harding, 1986），状況に置かれた知識（Haraway, 1988），限られた認識文化という概念（Knorr-Cetina, 1999），さらに科学的知識の社会的・文化的生産に関するその他の批判（たとえば Latour, 1988）も，地理学におけるデジタルなものに関するよりニュアンスに富んだ認識論の必要性を提案した。それは，自分たちの〔認識論的〕前提を意識しつつも，なお探究の対象に重点を置くものである（Schuurman and Pratt, 2002: 291）。

　このような研究の一例は，地図を「奇妙なものにする」現在進行中の取組みに見出だすことができる。ブラウンとノップ（Brown and Knopp, 2008）はノースウェスト・レズビアン・ゲイ歴史博物館プロジェクトと協働し，技術としての GIS が要求する表象的な枠組みとの緊張関係にクィア理論の認識論を導入することを試みた。かれらは，エスノグラフィー的研究への深い取組みを通じて，「地図の生産と消費のプロセスを，複数の形式の表象，複数の知り方，複数の解釈へと開いた」（Brown and Knopp, 2008: 55）。ギーゼキング（Gieseking, 2018: 151）はこの研究を発展させて，「ビッグデータ」アーカイブにおけるクィアな

主体の包摂，排除，表象を検討し，社会が近年ビッグデータに執着している中では，周縁化された人々は「かれらを決して測定できない誤った規範」の創出を通じてさらに抑圧される，ということを見出した。

より最近では，デジタル地理学の実践者たちは，フェミニストの認識論と並んで，またその影響を受けて，モノや知識が世界にもたらされるプロセスに視線を注いでいる。このようなアプローチは，地図などのモノや観念の存在論的安定性に疑問を投げかけ（Dodge et al., 2009），その代わりに，そうしたモノや観念を常に（再）創造して解釈しなければならない，絶え間なく繰り返される偶 有 的な実践を問う。デジタルなものの文脈では，このようなプロセス論的認識論は，しばしば技術性（technicity）——「人間とその技術的支援の関係の共同構成的な環境」（Crogan and Kennedy, 2009: 109）——を考慮する。たとえば，ドッジとキッチン（Dodge and Kitchin, 2005）はコードを「人と連携して物事を実現する」能力と定義している。他の定義についてはアッシュ（Ash, 2012）を参照されたい。デジタル地理学は決して単にデジタルなのではなく，とりわけ，身体化された実践，技術的インフラ，データベース，可視化からなる集合体である。

視覚への偏重と資本 —— さらなる二つの認識論的批判

地図は地理を「作る」かもしれないし（最近の議論については Aalbers, 2014a, 2014b, 2014c; Wilson, 2014 を参照），「卓越した表象の形式」（Harvey, 2000: 557）であり続けているかもしれないし，そうでないかもしれない。しかし上述の歴史は，デジタル地理学を実践または理解する上で地図と地図作成は常に主要な手段である，あるいはこれからも主要な手段であり続ける，ということを示しているわけではない。デジタルオブジェクトは空間科学の広範な実証主義的・経験的研究を通じて初めて地理学で広く使われるようになったかもしれないが，今や地理学者は —— GISであれ，ワードプロセッサーであれ —— 何らかのかたちでデジタルな媒介や実践を取り入れずに，一つの学術研究を生み出すのは難しいだろう。そのため，デジタルな実践の根底にある認識論を理解する必要がある。前節では，空間科学から始まり，フェミニストの認識論的批判を経て，プロセス論的認識論に関する最近の研究に至る歴史を示したが，本節では，デジ

タル地理学の認識論をさらに理解して批判するための二つの関連する手段を紹介する。

メリッサ・グレッグ（Gregg, 2014: 37）は「データスペクタクル」という用語を創り出し，「大規模なデータセットを見つめることの美的喜びと視覚的魅力」が，視覚を特権化するモダニズムの傾向と，新しい認識論を生み出すための指揮・統制の国家的な幻想にどのように依拠するかについて言及している（初期のサイバネティック運動との結びつきについては Halpern, 2014 も参照）。ピクルス（Pickles, 2004）は，特に GIS とマッピングについて言及しつつ，グレッグの「データスペクタクル」を先取りして，世界を完全に理解可能で，定量化可能で，表象可能なものとするデジタルなものの認識論を批判している。この認識論的な神話は，データは「決してその解釈よりも存在論的に先行することはない」（Thatcher et al., 2016b: 993）という考えを退け，いかに「ビッグデータ」が世界を単に解釈するのではなく作り出し，実証主義の復活を反映しているか，ということの基礎を形成している（boyd and Crawford, 2012; Kitchin et al., 2015; Wyly, 2014）。世界をデジタル情報として符号化（エンコード）して理解しようとする認識論の影響力と既存の力は，生活の多くの領域，とりわけ，成長を続ける自己追跡（セルフトラッキング）の盛り上がり（Neff and Nafus, 2016），知識を形成する検索エンジンの力（Pasquale, 2015），計算的な国境警備装置（Amoore and Hall, 2009），投資のための土地の新たな集合体（アッセンブリッジ）（Li, 2014），において確認できる。

「スペクタクル」の理論化は，社会の全体性をとらえようとする動きを，社会がそのようなものとして存在していることと誤解しがちである。同様に，データ解析とデータ可視化（ビジュアリゼーション）の分野が急成長しているにもかかわらず，それに付随する認識論は普遍的なものではない。第 1 に，それは，表象と可視化（ビジュアリゼーション）をトップダウンで理論化するがゆえに，こうしたデータの多くを生み出す身体的でありふれた実践を見落としている（Leszczynski, 2015; Wilmott, 2016）。第 2 に，このような批判は，デジタルなもの全般に対するより内省的な批判を犠牲にして，デジタルなものの特定の側面（たとえば巨大な分散型コンピュテーション）をやみくもに物神化または物象化する可能性がある。あらゆる形式の知識生産は，デジタルな実践を通じて生まれてきた，また生まれ続けている参加型実践の豊かさを表す〔ことができる〕が，トップダウンの枠づけを強く求める批判はそ

れを無視してしまう。

　それと関連して，デジタルなものとその認識論を批判するもう一つの手段は，既存のデジタルなものの生産を資本主義の必須事項に関するより大きなシステムの中に位置づけることである。こうした批判は，デジタル企業が主として「できる限り多くの資金を稼ぐためにここにいる」（Pasquale, 2015: 208 で引用されている Ameriquest 社のマネージャーの発言）ということを認識し，資本主義の必須事項である資本蓄積が，世界の何を知り，何を知ることができるかをどのように形成するかを強調する。たとえば，モバイルデバイスの利用者によって生み出され，収奪され，蓄積され，分析されるデータは，テクノロジー企業がそこから剰余価値を獲得できると判断したデータである（Thatcher et al., 2016b）。さらに，データスペクタクルと同様に，個人を表象するために登場するデジタルな身元情報は完全に正確である必要はなく，競争部門で利益を生み出すのに十分なだけ正確であれば事足りる（Dalton and Thatcher, 2015）。デジタル地理学者にとってそれは，何が捕捉されないのか，また研究者はどのデータにアクセスできる／できないのかという観点から，そのようなデータを通じてどのような知識が生み出されえないかを問うことに注意を払わなければならない，ということを意味する（Thatcher, 2014）。これはクリティカル・データ・スタディーズ（CDS）における多くの研究の根底にある認識論的批判であるが（Dalton and Thatcher, 2014; Dalton et al., 2016），他の批判と同じように限界がないわけではない。CDS のアプローチはデータに焦点を当てる際，疑問を投げかけようとする対象そのものを物象化し，データを，それが出現する，またそれが存在論的に先行することが決してない社会 - 技術的集合体（アッセンブリッジ）から切り離されたものとして，知らぬ間に特徴づけてしまうことがある。

おわりに ── 普遍的な認識論に抗う

　この短い章では，デジタル地理学の実践と批判に見られるいくつかの主要な認識論的方向性を取り上げた。本章では，計量革命の間に地理学においてデジタルなものが特権的な研究対象・手法として際立つようになったことから始まり，フェミニストをはじめとする研究者たちによって行われたクリティカ

ル GIS を介して，そのような広く実証主義的で経験主義的な認識論的指向から，より部分的で状況に置かれた知識への移行を検討した。最後に，デジタルなもののプロセスや存在発生的（ontogenetic）な性質に焦点を当てる認識論を紹介し，最近のさらなる二つの批判を提示した。一つ目は視の制度と表象的認識論の特権化に対する批判，二つ目は世界の資本主義的な枠づけの中での知識生産の境界画定に対する批判である。

　デジタル地理学のあらゆる要素または実践には，明示的に表現されるものであれ，綿密な検証を通じてのみ見出されるものであれ，必然的に認識論的枠組みが含まれる。また，本章で取り上げた認識論的枠組みは網羅的なものではない。むしろそれらはそれぞれ，既知の認識論的枠組みの部分性を示すことを意図している。デジタルな機器や媒介，データ，コンピュテーション，インフラの遍在性は，地理学がデジタル地理学であること，あるいは本書の編者らが述べているように地理学が「デジタル論的転回の渦中にある」（Ash et al., 2018: 25）ことをますます意味するようになってきている。その観点で本章が主張するのは，われわれは自らの研究の認識論的基盤を注意深く選択しなければならないということである。上述の認識論的アプローチはいずれも限界がないわけではないし，逆に，知識の生産に貢献できなかったものはない。

　デジタル地理学への関心やその実践が続くにつれて，一方で，われわれは技術が中立的になることは決してないということを常に思い出さなければならない（Heidegger, 1977）。ジェンダーや人種によってバイアスがかかった人工知能（Hudson, 2017）から，投機的な投資を支持して先住民の土地所有権の要求をすべて無視するデータベース（McCarthy and Thatcher, 2017）に至るまで，デジタルなモノや実践は常に，かつ必然的に，それらの技術性を通じて，われわれが世界で知れることや行えることを要求し，媒介し，構造化する。他方で，われわれはデジタルなものの認識論的・存在論的な力を否定することはできない。デジタル地理学者は自らの研究のために，研究対象を認識可能なものにする認識論を選択することで，その対象に対してある程度の存在論的安定性を与えることができる（Pavlovskaya, 2009）。しかしわれわれは，ブラウンとノップ（Brown and Knopp, 2008）がクィア理論を利用して示したように，どのような認識論的枠組みにおいても，一部の対象，発想，主体は表象不可能なままであっ

たり，知ることができないままであったりする可能性がある，ということも思い出さなければならない．今後，われわれは，デジタルなものとそれが世界に与える影響の「困難と共にある」(トラブル)（Haraway, 2016）必要があり，その創造，実践，研究へと至る認識論的基盤がいかに常に知識を利用可能にし，制約するものであるかを認識しなければならない．

　一部の人にとってこれは，デジタルな実践を通じてオルタナティブで潜在的な解放の世界を探る思弁的なフェミニストの認識論を意味するかもしれない．また，現在の認識論や存在論に対する資本主義の構造的影響への厳しい批判を意味する人もいるだろう．同じ研究対象であっても，異なる認識論的立場から生産的にアプローチすることが可能であり，実際，今後の研究の多くは必然的に，よりニュアンスに富んだ研究を生み出すために理論的アプローチと認識論的アプローチを混ぜ合わせ，かみ合わせることになるだろう．〔不毛な〕論争を避け，どのような認識論的枠組みにも限界があることを認識することは，批判的かつ頑健(ロバスト)な方法でデジタルなものと関わるために必要だろう．しかしこれは，批判の終わりを求めるものではなく，むしろその継続を求めるものである．認識論的な盲点がどこに存在するかを知るために――内省的であろうと，外部からであろうと――アプローチの限界に対する注意を喚起することが先へと進む道である．

文献

Aalbers, M.B. (2014a) 'Do maps make geography? Part 1: Redlining, planned shrinkage, and the places of decline', *ACME: An International Journal for Critical Geographies*, 13(4): 525–556.

Aalbers, M.B. (2014b) 'Do maps make geography? Part 2: Post-Katrina New Orleans, post-foreclosure Cleveland and neoliberal urbanism', *ACME: An International Journal for Critical Geographies*, 13(4): 557–582.

Aalbers, M.B. (2014c) 'Do maps make geography? Part 3: Reconnecting the trace', *ACME: An International Journal for Critical Geographies*, 13(4): 586–588.

Amoore, L. and Hall, A. (2009) 'Taking people apart: Digitized dissection and the body at the border', *Environment and Planning D: Society and Space*, 27(3): 444–464.

Ash, J. (2012) 'Technology, technicity, and emerging practices of temporal sensitivity in videogames', *Environment and Planning A*, 44(1): 187–203.

Ash, J., Kitchin, R. and Leszczynski, A. (2018) 'Digital turn, digital geographies?', *Progress in Human Geography*, 42(1): 25–43.

Barnes, T.J. (2014) 'What's old is new, and new is old: History and geography's quantitative revolutions', *Dialogues in Human Geography*, 4(1): 50–53.

Bergmann, L. (2016) 'Toward speculative data: "Geographic information" for situated knowledges, vibrant matter, and relational spaces', *Environment and Planning D: Society and Space*, 34(6): 971–989.

boyd, d. and Crawford, K. (2012) 'Critical questions for Big Data. Information', *Communication & Society*, 15(5): 662–679.

Brown, M. and Knopp, L. (2008) 'Queering the map: The productive tensions of colliding epistemologies', *Annals of the Association of American Geographers*, 98(1): 40–58.

Clarke, K.C. and Cloud, J.G. (2000) 'On the origins of analytical cartography', *Cartography and Geographic Information Science*, 27(3): 195–204.

Couclelis, H. (1999) 'Space, time, geography', in P. Longley, M.F. Goodchild, D. Maguire and D.W. Rhind (eds), *Geographical Information Systems: Principles, Techniques, Management, and Applications*. New York: Wiley. pp. 29–38.

Crogan, P. and Kennedy, H. (2009) 'Technologies between games and culture', *Games and Culture*, 4(2): 107–114.

Dalton, C.M. and Thatcher, J. (2014) 'What does a critical data studies look like, and why do we care?' *Society and Space*, 12 May. Available at: https://www.societyandspace.org/articles/what-does-a-critical-data-studies-look-like-and-why-do-we-care (accessed 1 February 2018)

Dalton, C.M. and Thatcher, J. (2015) 'Inflated granularity: Spatial "Big Data" and geodemographics', *Big Data & Society*, 2(2). DOI: 10.1177/2053951715601144.

Dalton, C.M., Taylor, L. and Thatcher, J. (2016) 'Critical data studies — a dialog on space', *Big Data & Society*, 3(1). DOI: 10.1177/2053951716648346.

Dixon, D.P. and Jones, J.P. III. (1998) 'My dinner with Derrida, *or* Spatial analysis and poststructuralism do lunch', *Environment and Planning A*, 30(2): 247–260.

Dodge, M. and Kitchin, R. (2005) 'Code and the transduction of space', *Annals of the Association of American Geographers*, 95(1): 162–180.

Dodge, M., Perkins, C. and Kitchin, R. (2009) 'Mapping modes, methods and moments: A manifesto for map studies', in M. Dodge, R. Kitchin and C. Perkins (eds), *Rethinking Maps: New Frontiers in Cartographic Theory*. Abingdon: Routledge. pp. 220–243.

Foucault, M. (2008) *Security, Territory, Population: Lectures at the College de France 1977–1978*. New York: Palgrave.

Gieseking, J. (2018) 'Size matters to lesbians, too: Queer feminist interventions into the scale of big data', *Professional Geographer*, 70(1): 150–156.

Gregg, M. (2014) 'Inside the data spectacle', *Television & New Media*, 16(1): 37–51.

Halpern, O. (2014) *Beautiful Data: A History of Vision and Reason since 1945*. Durham, NC: Duke University Press.

Haraway, D. (1988) 'Situated knowledges: The science question in feminism and the privileges of partial perspective', *Feminist Studies*, 14(3): 575–599.

Haraway, D. (2016) *Staying with the Trouble: Making Kin in the Chthulucene*. Durham, NC: Duke University Press.

Harding, S. (1986) *The Science Question in Feminism?* Ithaca, NY: Cornell University Press.

Harley, J.B. (1989) 'Deconstructing the map', *Cartographica*, 26(2): 1–20. ハーリー, J.B. 著, 田中雅大訳 (2020)「地図を脱構築する」『空間・社会・地理思想』(23): 123–148.

Harvey, D. (2000) 'Cosmopolitanism and the banality of geographical evils', *Public Culture*, 12(2): 529–564.

Harvey, D. and Haraway, D. (1995) 'Nature, politics, and possibilities: A debate and discussion with David Harvey and Donna Haraway', *Environment and Planning D: Society and Space*, 13(5): 507–527.

Heidegger, M. (1977) *The Question Concerning Technology and Other Essays*. New York: HarperCollins.

Hudson, L. (2017) 'Technology is biased too. How do we fix it?' *FiveThirtyEight.com*, Available at: https://fivethirtyeight.com/features/technology-is-biased-too-how-do-we-fix-it/ (accessed 1 February 2018)

Kitchin, R., Lauriault, T. and McArdle, G. (2015) 'Knowing and governing cities through urban indicators, city benchmarking, and real-time dashboards', *Regional Studies, Regional Science*, 2(1): 729–751.

Knorr-Cetina, K. (1999) *Epistemic Cultures*. Cambridge, MA: Harvard University Press.

Latour, B. (1988) *Science in Action*. Cambridge, MA: Harvard University Press. ラトゥール, B. 著, 川崎　勝・高田紀代志訳 (1999)『科学が作られているとき —— 人類学的考察』産業図書.

Leszczynski, A. (2009) 'Quantitative limits to qualitative engagements: GIS, its critics, and the philosophical divide', *Professional Geographer*, 61: 350–365.

Leszczynski, A. (2015) 'Spatial media/tion', *Progress in Human Geography*, 39(6): 729–751.

Leszczynski, A. (2018) 'Digital methods I: Wicked tensions', *Progress in Human Geography*, 42(3): 473–481.

Li, T.M. (2014) 'What is land? Assembling a resource for global investment', *Transactions of the Institute of British Geographers*, 39(4): 589–602.

McCarthy, J. and Thatcher, J. (2017) 'Visualizing new political ecologies: A critical data studies analysis of the World Bank's renewable energy resource mapping initiative', *Geoforum*, 102: 242–254.

Moran, D. and Etchegoyen, L. (2017) 'The virtual prison as a digital cultural object: Digital mediation of political opinion in simulation gaming', *Environment and Planning A*, 49(2):

448–466.

Neff, G. and Nafus, D. (2016) *Self-Tracking*. Cambridge, MA: MIT Press.

O'Sullivan, D., Bergmann, L. and Thatcher, J.E. (2018) 'Spatiality, maps, and mathematics in critical human geography: Toward a repetition with difference', *Professional Geographer*, 70(1): 129–139.

Pasquale, F. (2015) *The Black Box Society*. Cambridge, MA: Harvard University Press. パスカーレ, F. 著, 田畑暁生訳 (2022)『ブラックボックス化する社会——金融と情報を支配する隠されたアルゴリズム』青土社.

Pavlovskaya, M. (2009) 'Visualization, feminist', in R. Kitchin and N. Thrift (eds), *International Encyclopedia of Human Geography*, Vol. 12. Amsterdam: Elsevier. pp. 157–164.

Pickles, J. (ed.) (1995) *Ground Truth: The Social Implications of Geographic Information Systems*. New York: Guilford Press.

Pickles, J. (2004) *A History of Spaces: Cartographic Reason, Mapping and the Geo-Coded World*. New York: Routledge.

Rose, G. (2015) 'Rethinking the geographies of cultural "objects" through digital technologies: Interface, network and friction', *Progress in Human Geography*, 40(3): 334–351.

Rose-Redwood, R. (2012) 'With numbers in place: Security, territory, and the production of calculable space', *Annals of the Association of American Geographers*, 102(2): 295–319.

Schuurman, N. (2000) 'Trouble in the heartland: GIS and its critics in the 1990s', *Progress in Human Geography*, 24(4): 569–590. シュールマン, N. 著, 小林哲郎・森田匡俊・池口明子訳 (2002)「1990 年代の GIS とその批判」『空間・社会・地理思想』(7): 67–89.

Schuurman, N. and Leszczynski, A. (2006) 'Ontology-based metadata', *Transactions in GIS*, 10(5): 709–726.

Schuurman, N. and Pratt, G. (2002) 'Care of the subject: Feminism and critiques of GIS', *Gender, Place and Culture*, 9(3): 291–299.

Scott, J.C. (1998) *Seeing Like a State: How Certain Schemes to Improve the Human Condition Have Failed*. New Haven, CT: Yale University Press.

Sheppard, E. (2015) 'Thinking geographically: Globalizing capitalism and beyond', *Annals of the Association of American Geographers*, 105(6): 1113–1134.

Smith, B. and Mark, D.M. (1998) 'Ontology and geographic kinds', in T.K. Poiker and N.R. Chrisman (eds), *Proceedings of the Eighth International Symposium on Spatial Data Handling* (SDH '98), Vancouver, Canada. Burnaby, BC: International Geographical Union. pp. 308–320.

Smith, N. (1992) 'History and philosophy of geography: Real wars, theory wars', *Progress in Human Geography*, 16(2): 257–271.

Sui, D. and Morrill, R. (2004) 'Computers and geography: From automated geography to digital earth', in S.D. Brunn, S.L. Cutter and J.W. Harrington (eds), *Geography and Technology*. New York: Springer. pp. 81–108.

Thatcher, J. (2014) 'Living on fumes: Digital footprints, data fumes, and the limits of spatial big data', *International Journal of Communication*, 8: 1765–1783.

Thatcher, J., Bergmann, L., Ricker, B., Rose-Redwood, R., O'Sullivan, D., Barnes, T.J., et al. (2016a) 'Revisiting critical GIS: Reflections from Friday Harbor', *Environment and Planning A*, 48(5): 815–824.

Thatcher, J., Muilligann, C., Luo, W, Xu, S., Guidero, E. and Janowicz, K. (2011) 'Hidden ontologies — how mobile computing affects the conceptualization of geographic space', in K. Janowich, M. Raubal, A. Krüger and C. Keßler (eds), *Proceedings of the Workshop on Cognitive Engineering for Mobile GIS* (CEMob2011), In conjunction with the Conference on Spatial Information Theory (COSIT'11), Belfast, Maine. Available at: http://ceur-ws.org/Vol-780 (accessed 18 May 2018).

Thatcher, J., O'Sullivan, D. and Mahmoudi, D. (2016b) 'Data colonialism through accumulation by dispossession: New metaphors for daily data', *Environment and Planning D: Society and Space*, 34(6): 990–1006.

Wilmott, C. (2016) 'Small moments in Spatial Big Data: Calculability, authority and interoperability in everyday mobile mapping', *Big Data & Society*, 3(2). DOI: 10.1177/2053951716661364.

Wilson, M.W. (2014) 'Map the trace', *ACME: An International Journal for Critical Geographies*, 13(4): 583–585.

Wyly, E. (2014) 'The new quantitative revolution', *Dialogues in Human Geography*, 4(1): 26–38.

第8章　データとデータインフラストラクチャー

ロブ・キッチン
トレイシー・ローリオ

はじめに

　本章は，地理学研究が行われる方法を作り変えている，デジタルデータの生産とそれへのアクセスに主たる関心が置かれている。本章は，まずデータの性質の変化，比較的最近のデジタルでないデータソースの広範なデジタル化，そしてビッグデータの生産を概観することから始める。次に，研究のためのデータ共有を促進するサイバーインフラストラクチャーとデータインフラストラクチャー——アーカイブとリポジトリ——について議論する。最後に，クリティカル・データ・スタディーズという新興の分野と，その地理学的認識論との関連性について簡単に議論して締めくくる。

デジタルデータと地理学研究

　データは，しばしば情報と知識の基礎的要素として理解される。データは，世界を尺度や他の表現形式（数字，文字，記号，画像，音，電磁波，ビットなど）としてとらえ，抽象化することによって生み出される素材である。データは一般的に代表性を持つものであり，測定によって現象の特徴（たとえば，人の年齢，身長，体重，意見，習慣，居場所）を明示しようとする。データは派生的であったり（たとえば他のデータから生み出される），暗示的であったりする（たとえば存在よりも不在を通して示される）こともある。広い意味で，データは次の点でさまざまである。

・形式：データは量的（数字，カテゴリーなど）あるいは質的（単語，画像など）

97

である。
- 構造：データは構造化されている（一貫した尺度／カテゴリーを持つ定義済みのデータモデル）か，半構造化されている（事前に定義されたデータモデル／スキーマがない）か，構造化されていない（定義されたデータモデルがなく，非常に変化しやすい）。
- 起源：データは捕捉される（意図的に調達される），あるいは排出される（本質的に他のプロセスからの副産物として生み出される）。
- 生産者：データは一次的（特定の目的のために，人，組織，集団によって生成される）か，二次的（第三者によって利用可能にされる）か，三次的（第三者に由来する，または第三者によって集計される）である。
- 種類：データは索引的なもの（一意に識別され，結合が可能）か，属性（代表的だが索引的ではない）か，メタデータ（データの定義，出所，系統のようなデータの利用を促進する，データについてのデータ）である（Kitchin, 2014）。

「データ」という用語は17世紀の英語の中でようやく初めて使われたが（Rosenberg, 2013），長い間データは行政，ビジネス，科学の目的のために社会によって生成されてきた。それ以降，データの生成，保存，分析は，データが促進する洞察やプロセスの有用性と価値によって大きく成長し，新しい知識，政策，イノベーション，製品の創造，人口の管理・規制，事業運営に使われてきた（Poovey, 1998）。

19世紀から20世紀にかけて大量のアナログデータが生み出されてきたが，ここで生み出された〔データの〕総量は，現在のデジタル大洪水（digital deluge）〔膨大な量のデジタルデータが存在すること〕と比べて非常に少量である。伝統的に，データの生産，分析，解釈は大量の労働力を必要とする——すべてのデータは人の手によって収集され，分析されなければならなかった（Grier, 2007）——ため，時間と金のかかるものであった。最初のコンピュータでさえ，データは一般的に人の手でデジタル化されなければならなかったし，コンピュータによる分析は現在の標準よりも相対的に遅かった（今であれば数ミリ秒で十分な処理が何時間も何日もかかり，誤ったコーディングは作業のやり直しを意味した）。結果として，データ生成は特定の問題に答えることに焦点を絞り，厳

密に制御された方法で何度も試行された技法を使って行われた。また，行政以外の分野では，うまくいけば母集団全体を代表し，誤差，偏り，不確実性を一定水準に抑えたデータを生成するために，サンプリング技法を使って定期的に（たとえば毎年），あるいは単発的にデータを生成する傾向にあった（Miller, 2010）。人口調査や気象データ収集のような例外を除いて，社会科学や自然地理学の個々のデータセットは，とりわけアンケート，インタビュー，フィールドワークによって生成されたもののような，各種機関によって作成されていないものについては，〔サンプル〕サイズが非常に小さい傾向にあった。伝統的な方法によって生成されたデータセットは，一般的に，限られた量や，サンプル資料，狭い地理的範囲，少ない種類，狭い枠組みを特徴としていた。気象データの場合，たとえその地球規模での収集が「巨大な機械」（Edwards, 2010）を構成していたとしても，データは統合・標準化された方法で収集されたわけでも，リアルタイムで収集されたわけでもなかった。

　対照的に，新しいかたちのビッグデータは，非常に異なった性質を持っている。近年，ビッグデータを構成するものについて多くの議論がなされているが，キッチン（Kitchin, 2014）は，それらが次のような特徴を持っていることについて詳しく説明している。

- 数百万や数十億のレコードや，ストレージ上の何テラ／ペタバイトものデータからなる，量の膨大さ
- 継続的かつほぼリアルタイムで生成される速度の速さ
- 構造的な性質をもっていたり，非構造的な性質を持っていたりする，種類の多様さ
- 集団やシステムの全体（*n*=すべて）を捕捉しようと努める，範囲の網羅性
- きめ細かな解像度と一意的な索引による識別
- 異なるデータセットの結合を可能にする共通フィールドを内包する，リレーショナルな性質
- 拡張性（新しいフィールドを生成方法に簡単に追加できる）とスケーラビリティ（データセットのサイズをすぐさま拡大できる）の特徴を備えている柔軟性

キッチンとマッカードル（Kitchin and McArdle, 2016）は，ビッグデータの構成要素と広く考えられている 26 のデータセットを検証し，ビッグデータの最も重要な特徴は，速度と網羅性の二つであると主張している。ビッグデータは継続的に生産され，一つの領域やプラットフォームの中のすべてのサンプルを対象とする。たとえば，ナンバープレート自動認識カメラは，（従来の交通調査のように）特定の時刻でのサンプルではなく，カメラ〔の前〕を通過するすべての車両のナンバープレートを継続的にスキャンし，捕捉する。そして，カメラのネットワークを使って，個々の車両の経路を追跡することも，1 年 365 日 24 時間，都市全体の交通パターンを計算することもできる。交通状況の静的な，しばしば粗いスナップショットを生産する代わりに，リアルタイム監視などの交通分析に利用できるデータの解像度と範囲が飛躍的に向上している。

　波や温度や地震を計測するためにセンサーを配置している海洋学，気象学，地球科学などの自然科学分野では，かなり以前から，高速かつ網羅的なデータが利用されてきた。このようなデータは現在，より広く普及しつつあり，ビッグデータは地理学者が関心を持つあらゆる領域で生成され，環境の監視や感知，サービス・製品の媒介や提供のために使われている。生産されるビッグデータの多くは，データを生成する技術が自動的に地理参照属性（ジオリファレンス）（たとえば，GPSや他の形式のアドレス指定を使って計算された座標）を加えることを考えれば，本質的に空間データである。地理参照（ジオリファレンス）されたビッグデータのソースは，携帯電話，スマートフォンアプリ，スマートメーター，スマートユーティリティ，物流システム，環境モニタリング，センサーネットワーク，ナビゲーションシステム，自律走行車，自律型重機，ソーシャルメディア〔ウェブ〕サイト，旅行・宿泊ウェブサイト，オンライン・オフラインの金融取引，監視・セキュリティシステム，緊急サービスなどを含んでいる。多くの場合，データは本質的にさまざまな問題を調査するために使うことができる排出物——システムの副産物——である。たとえば，Twitter のような地理参照（ジオリファレンス）されたソーシャルメディアデータは，モビリティや感情のパターンをモデル化するために生産されたものではなかったが，現在ではそのような方法で使われることが多い。

　ビッグデータに加えて，従来のデータセットへのアクセスも，デジタル化と共有化が進むにつれて向上が見られる。たとえば，数百万もの文書，書籍，統

計調査，行政記録，写真，アナログ音源，映画などがデジタルメディアに変換されてきている。加えて，通常は先住民によって聴覚的に伝えられてきたローカルかつ伝統的な知識もまた，現在ではデジタル化され，地図化されている（Taylor and Lauriault, 2014）。これらのメディアは分析の範囲を拡大するために組み合わせることができ，新しい方法で検索することが可能であり，データマイニング，パターン認識，データビジュアリゼーション，統計学，モデリングのようなビッグデータ分析の応用に開かれている。このように，データ分析は，かつては人の手によって行うのが難しかったり，時間がかかったり，アナログ技術を使う必要があったりしたが，〔現在では〕わずか数マイクロ秒で可能になり，より複雑な解析を行うことが可能になっている。たとえば，現在ほとんどのスマートフォンで見られる計算能力を考えてみよう。さらに，これらのデータは新しいデータインフラストラクチャーとクラウドストレージプラットフォームを通してますます利用可能になってきており，それゆえ，地理学研究での利用に開かれてきている。

データインフラストラクチャー，オープンデータ，API

　高品質のデータを生産する労力とコストを考えると，従来のデータセットは貴重な商品とみなされ，しばしば厳重に保護されるか，高値で取引されるかのどちらかであった。研究者たちが生成した社会科学データのほとんどはアーカイブされることも，共有されることもなかった。行政や国のデータ，また統計機関が生成したデータは，ほとんどが公文書館を訪問しなければ，またしばしば特別な許可を得なければアクセスできなかった。それゆえ，地理学研究を行うためのデータへのアクセスには問題があった。インターネット，新しいアーカイブ技術，デジタルデータストレージの大規模な拡張，データ標準，オープンサイエンス，オープンデータ運動は，データアクセスを変革してきた。

　データのコレクションと保存は，これまでも，そしてこれからも非公式と公式の両方の性質を持っている。非公式なアプローチは，単にデータを収集して，保存することのみで構成されるものであり，データの保有あるいはバックアップとして説明されるのが最も適切だろう。多くの研究者は，研究で得られ

た非公式なデータのコレクションを自分たちのコンピュータに保存し，メモリスティックや個人のクラウドのような外部メディアにバックアップしている。これらのデータは，一般的にキュレーションとメタデータを欠いており，通常，データを作成した人以外がそのデータを理解することは難しい。公式なアプローチは，アーカイブを作成し，管理する一連のキュレーション的な実践と制度的構造で構成されており，より専門的な方向性を持っている (Lauriault et al., 2007)。デジタルデータアーカイブや信頼されたデジタルリポジトリは，将来の再利用のために，完全なレコードセット——データ，メタデータ，関連する資料——を保持することで，明示的に長期的な取組みであろうとしている。研究者はますます資金提供機関によってデータ管理計画を採用するよう促されたり，強制されたりするようになってきており，自分たちの研究のデジタルデータをアーカイブに預けるようになってきている。

　データインフラストラクチャーとは，インターネット上で保持され，アーカイブされているデータを保存し，共有し，互いにリンクし，使用するためのデジタルな手段である。過去20年間にわたって，カタログ，ディレクトリ，ポータル，クリアリングハウス，リポジトリなど，さまざまな関連科学や関連研究のデータインフラストラクチャーの創造に多大な労力が費やされてきた (Lauriault et al., 2007)。これらの用語は同じ意味で使われることが多いが，これらは微妙に異なるタイプの存在である。カタログ，ディレクトリ，ポータルは，個々のデータアーカイブ（カナダリモートセンシングセンターの地球観測データ管理サービスなど）や個々の機関に所有されているデータコレクション（オーストラリア国立データサービスなど）を詳しく説明し，互いにリンクする一元管理的なリソース，あるいは多くの機関が所有しているコレクションにアクセスする手段を提供する連合的なインフラストラクチャー（アメリカ国立海氷データセンターなど）である。それらは，保有するデータセットのかなり詳細な目録を提供するかもしれないし，メタデータの収集場所として機能するかもしれないが，必ずしもデータをホストするとは限らない（ジオコネクションズ・ディスカバリーポータルなど）。単一サイトのリポジトリは，ウェブインターフェースを通してアクセス可能な単一サイトにすべてのデータセットをホストするが，複数の場所にバックアップやミラーサイトを保持しているかもしれない（UKデー

タアーカイブなど)。連合的なデータリポジトリやクリアリングハウスは，データの保存とアクセスのための共有の場所になりうる（NASA の地球変動マスターディレクトリなど)。それは，検索と取得，データの管理と処理という点でいくつかのデータサービスを提供するかもしれないが，それぞれの保管庫あるいはアーカイブは独立して作られたものであり，データのフォーマット，標準，メタデータ，ポリシーを共有していないかもしれない。とはいえ，リポジトリは，それぞれのアーカイブが一連の要求仕様を満たし，監査と証明を利用してデータの完全性とユーザー間の信頼性を確保することを保証しようとする（Dasish, 2012)。

サイバーインフラストラクチャーは，デジタルアーカイブとリポジトリのコレクション以上のものである。それは，データを配布でき，互いにリンクでき，分析できる，専用のネットワーク技術，（データ管理・処理に関する）共有サービス，データビジュアリゼーションのような分析ツール（グラフや地図を作成するアプリ），メタデータや共有規格（ISO19115〔地理情報のメタデータの ISO 規格〕など)，ウェブマップサービス（WMS)，ウェブフィーチャーサービス（WFS)，意味論的相互運用性や，構造化された用語表，（アクセス，使用，知的財産権などに関する）共有ポリシーから構成されている（Cyberinfrastructure Council, 2007)。そのようなサイバーインフラストラクチャーは，各国の統計機関や国家的あるいは国際的な空間データインフラストラクチャー（SDI）が実施しているものを含んでいる。それらの組織は，データの相互運用性を最大化し，データの品質，忠実性，整合性を保証し，信頼を促進するために，定義されたパラメータに従ってすべてのデータを保存・共有することを義務づけている。SDI の目的は，複数の部門や管轄のユーザーが，これらのデータをシームレスに再利用し，自分たちのシステムにリンクできることを保証することである。たとえば，北極圏空間データインフラストラクチャーは，ヨーロッパ空間情報インフラストラクチャー，地球規模の地理空間情報管理の国連専門家委員会，全球地球観測システム〔GEOSS〕，カナダ地理空間データインフラストラクチャーのような，全地球的，地域的，国家的な地理空間データ環境と提携している。またそれはオープンデータであり，国際標準化機構〔ISO〕とオープン地理空間コンソーシアム〔OGC〕の標準に基づいており，カナダ，デンマーク，フィンラン

ド，アイスランド，ノルウェー，ロシア，スウェーデン，アメリカとの間での公式な空間データの連携である。

　データインフラストラクチャーを構築する利点としては，より多くのデータにすぐにアクセスできる状態であること，規格，プロトコル，ポリシーの採用を通して，データの品質と完全性が向上すること，データセットを組み合わせることが新しい知見を生み出せること，リソースの共有と複製の回避を通して経済の規模が拡大すること，データの再利用を可能にすることで研究資金提供者への投資収益の向上することが挙げられる。実際，データインフラストラクチャーは，地理学者にとって二次データ，三次データの重要なソースとなり，有用なデータへのアクセスの容易さと速さを大幅に向上させている。

　とはいえ，従来のデータにもビッグデータにも，アクセスに関する問題が残っている。学術機関，公的機関，非政府組織，民間団体によって作られた従来のデータは，限られた人員にのみ使用が制限されていたり，料金を支払うかライセンスを得ることでのみ利用可能であったりする。近年，公的資金を使って生み出されたデータを事実上オープンにすることで，この状況を変えようとする試みが行われている。ポロック（Pollock, 2006）は「誰もが自由に利用，再利用，再配布できる——ただし，著作権表示かつ／または継承〔二次著作物についても元の作品と同じライセンスを引き継げる〕の要件に従う場合に限る——のであれば，データはオープンである」と主張している。しかしながら，オープン性が何を意味するかについては異なる理解が存在しており，オープンデータアーカイブの中には，利用と再利用，再加工，再配布について制限を設けているものがある。現在，多くの管轄組織は，行政データや業務データの一部を自由に分析・再利用できるようにするオープンデータリポジトリを持っており，公共サービスの透明性と説明責任を促進し，オープンデータエコノミーを作り出すことを可能にしている。しかしながら，これらのリポジトリがどの程度の広さを持つのかには大きなばらつきがあり，多くはデータのゴミの山にすぎず，組織や運営という点ではデータのアーカイブというよりも保有に近い（Lauriault and Francoli, 2017）。同様に，公的資金による研究から生み出されたデータを再利用できるようにし，機関のリポジトリや〔特定の〕学問分野専用のデータインフラストラクチャーを経由してそのデータを共有する，オープンサイエンス

を促進する強い動きが存在している（Borgman, 2015）。

　民間企業に関しては事情がやや異なる。企業が生み出したデータは，利益のために製品を生産し，競争上の優位性をもたらす，貴重な資産である。結果として，企業はオープンに他者とデータを共有することについてしばしば消極的になる。ビッグデータは，主に民間部門によって生み出されているため，通常，それらへのアクセスは制限されているか，有料か，独自のライセンスが適用される。場合によっては，限られた量のデータが，アプリケーションプログラミングインターフェース（API）を通して，研究者や一般の人々に公開されるかもしれない。たとえば，Twitter は，商業目的のために数社に，有料でファイアーホース（データのストリーム）へのアクセスを許可しているが，研究者は，「ガーデンホース」（パブリックツイートの約 10％）や「スプリッツァー」（パブリックツイートの約 1％），コンテンツのさまざまなサブセット（「ホワイトリスト上」のアカウント）への〔アクセス〕に制限されている（boyd and Crawford, 2012）。地理学やより広い学術界においてビッグデータへのアクセスが制限されていることの帰結の一つは，Twitter, Flickr, Instagram のような一部のデータセットが不釣り合いな注目を受け，時には不適当な問題の検証に再利用されることである（Kitchin et al., 2017）。

　データインフラストラクチャーはデータセットの品質と使いやすさを向上させることができるが，データの品質──データがどの程度クリーン（誤りと欠落がない状態）で，客観的（偏りがない）で，一貫性がある（矛盾がほとんどない）か──と正確性──どの程度正確に（精密性），また忠実に（忠実性，信頼性）データが意味するものを表現しているか──が重要な問題として残されていることにも留意すべきである。そして，ビッグデータは，その網羅的な性質がサンプリングバイアスを取り除き，データに含まれるあらゆる誤り，欠落，矛盾，あるいは忠実性の弱さ（Mayer-Schönberger and Cukier, 2013）を補うために，従来のデータと同じ品質と正確性の基準を満たす必要はないと主張する者もいるが，その一方で，「ゴミを入れれば，ゴミが出てくる」〔不正確なデータを入力すれば，不正確なデータが出力される〕という格言は依然として有効である。実際，ビッグデータは，（測定手段の偏りを通して）汚れたデータ，（虚偽の説明による）偽のデータ，（測定される人口学的特徴の非代表的な性質のために）偏ったデータ，あ

るいは忠実性が乏しく，弱いプロキシを構成するデータ（データはしばしば排出されたり，別の目的で再利用されたりする）に満ちている可能性もある（Crampton et al., 2013）。公的な報告目的（たとえば，家計支出に使われるデビットカードやクレジットカード）のための多くのビッグデータソースの適合性を評価するために国の統計機関によって行われた複数の実験は，いくつかのビッグデータソースが知識を拡張しうる一方で，データ品質の問題，標準，完全性，プライバシーの問題，コスト，所有権，そして持続可能性の点から考えて，既存のアプローチに取って代わることができない，ということを実証してきた（Vale, 2015）。したがって，地理学的分析のためにデジタルデータを使うとき，そのデータの完全性と目的に対する適合性を考慮することが重要である（Miller and Goodchild, 2015）。データ大洪水は，世界を理解するための膨大な量のデータにつながるかもしれないが，それは，より大きな洞察に自動的につながることを意味するわけではない。時には，汚れた鉱脈を露天掘りすることよりも，高品質のデータの狭い継ぎ目を研究することの方が，有益な場合もある。

クリティカル・データ・スタディーズと地理学研究

「データ革命」や「データ大洪水」と名づけられてきたものと対応するように，データ，データベース，データインフラストラクチャー，そしてそれらがどのように生み出され，使われているかについて，より分析的かつ批判的な注目が集まり続けている。以前からデータに対して批判的な注目が向けられてきたが，概してこれは，データの生成，処理，分析，応用の政治性や実践よりも，品質，相互運用性，代表性のような技術的問題が中心であった。その代わりに，理論的かつ分析的な関心は情報と知識の生産・使用に向けられてきた。データは主に，本質的に分析や事実に先立つもの，つまり解釈や議論の前に存在するもの——本質的に善良で，中立的で，客観的で，非イデオロギー的なものであり，技術的制約のもとでありのままの世界をとらえるもの（Gitelman and Jackson, 2013）——として扱われていた。言い換えれば，政治的であるのはデータの使い方であって，データ自身ではないということである。

クリティカル・データ・スタディーズは，中心的な関心としてデータの政治

性と実践を取り扱うものである。クリティカル・データ・スタディーズは，批判的社会理論に基づいて，データは単に中立的で，客観的で，独立した世界の生（なま）の表象であるわけでは決してなく，むしろ，状況に置かれ，偶有的（コンティンジェント）で，関係的で，文脈的であり，世界の中で能動的に働いているものであると仮定する。データは，それを考え，生み出し，処理し，管理し，分析するアイディア，技法，技術，人，システム，文脈によって構成される（Bowker, 2005）。言い換えれば，データはその生成以前に存在するものではない。すなわち，データはどこからともなく生じるものではなく，その生成は必然的なものでもない。データの生成，処理，分析は，プロトコル，標準，測定プロセス，設計判断，規律訓練的な規範，制度的な政治によって形成され，その使用は，特定の目的や目標を試み，達成するために文脈的に枠づけられている。ギッテルマンとジャクソン（Gitelman and Jackson, 2013: 2）が言うように，「データは常にすでに調理されている」ため，「生（なま）データは矛盾語法である」。

　同様に，データベースやリポジトリは，データを集約したり，共有したりするための，単に中立的で，技術的な手段ではない。むしろそれらは，制度的かつ組織的な文化，習慣，思想体系，金融体制，法的かつ規定的な要件によって形成された，より大きな制度的かつ政治的な景観に埋め込まれた複雑な社会‐技術的システムである（Ruppert, 2012; Kitchin, 2014）。われわれが個人的な経験から証明できるように，リポジトリを創設し，運用するには，多くの利害関係者とともに多くの制度的・政治的・人事的な仕事――交渉，議論，丸め込み，ロビー活動，駆け引き――を行う必要がある。さらに，データベースやリポジトリは権力／知の表出であり，どのような疑問を投げかけることができるか，疑問はどのように尋ねられ，どのように答えられるのか，答えはどのようにして展開されるのか，誰が疑問を投げかけることができるか，といったことをかたちづくる（Ruppert, 2012）。

　クリティカル・データ・スタディーズは，データがいかに常にすでに調理されているか，また，データがいかに権力／知を構成するかを解き明かそうとするものである。この分野が出現するにつれて，関連するさまざまなプロセスや問題の検証が試みられるようになってきた。たとえば，現在では，次のような研究が多数見られる。すなわち，データを取り扱い，保存するのに利用される

データ実践を記録しようとするもの，オープンデータの政治性やデータリポジトリの共有とアクセスの政治性を描き出そうとするもの，データセットとアーカイブの系譜，一時性，空間性を詳細に説明しようとするもの，データ市場の作用と経済，データの商業取引を明らかにしようとするもの，データの生成と使用をかたちづくる統治性(ガバメンタリティ)を示そうとするもの，データから価値と有用性を生み出し，共有し，抽出する倫理を検証し，議論しようとするものである（*Big Data & Society*誌を参照）。クリティカル・データ・スタディーズの研究者に加えて，ファーストネーション〔カナダの先住民のうち，イヌイットやメティ以外の民族〕の中には「データ主権」（Phillips, 2017）という概念を提唱している集団もある。それによって，ファーストネーションとイヌイットは，かれらに関するデータの返還を要求し，かれらの健康と幸福(ウェルビーイング)を測定する（実際には，回復力，先住民固有の知識資産，コミュニティの健康よりも病気を測定する）と主張するデータ指標モデルに疑問を呈し，かれら〔自身〕やかれらのローカルかつ伝統的な知識について収集されたデータとの関連でいえば，研究者と研究対象者の権力／知を再考している。カナダでは，ファーストネーション情報管理評議会による所有権，管理，アクセス，占有権の原則と，ローカルかつ伝統的な知識の集団ライセンスの付与（Canadian Internet Policy and Public Interest Clinic, 2016）が，こうした先駆的な動きの二つの例である。

　地理学者は，クリティカル・データ・スタディーズの分野の発展の最前線に立ってきた。たとえば，影響の大きい論文においてダルトンとサッチャー（Dalton and Thatcher, 2014）は，新しいデータレジームの包括的な批評を提供するために必要な七つの誘因を提示した。

1. データレジームを時間と空間に位置づける。
2. データが本質的に政治的なものであり，誰かの利益に資するものであることをさらけ出す。
3. データと社会との間の複雑で非決定的な関係を明らかにする。
4. データが決して生(なま)ではないことについて説明する。
5. データは自明のものであるという誤謬と，ビッグデータはスモールデータに取って代わるという誤謬を暴き出す。

6. 新しいデータレジームが社会的に進歩的な方法でどのように使われうるのかを探る。
7. 新しいデータレジームに対する学術界の取り組み方，そのような取り組みの機会について検証する。

これらの誘因を運用可能にするという点で，キッチン（Kitchin, 2014）は，彼が「データ集合体〔アッセンブリッジ〕」と名づけたものを解き明かすことを提案しており，キッチンとローリオ（Kitchin and Lauriault, 2018）は，データの生産と使用の政治性と実践を理解するために，ミシェル・フーコー（Michel Foucault）の「装置〔ディスポジティフ〕」という概念と，イアン・ハッキング（Ian Hacking）の「動的唯名論」について論じている。クランプトンら（Crampton et al., 2013）は，空間ビッグデータと関連するデータ分析の欠点を概説し，オルタナティブな認識論を推進している。レシュチンスキとクランプトン（Leszczynski and Crampton, 2016）は，彼らが「データ不安」と名づけたものを概説している。それは，空間ビッグデータは，手元の課題に対しては不十分であるが，同時に過剰かつ十分すぎるものでもあるという逆説的な懸念である。シェルトン（Shelton, 2017）は都市科学と新しい都市の想像を支えるビッグデータの政治性と倫理について詳細に論じている。ハーヴェイ・ミラーとマイケル・グッドチャイルド（Miller and Goodchild, 2015）のように地理情報科学の研究者は，批判的かつ経験的にデータ駆動型地理学を検証してきた。これらの他にも多くの貢献がある。

　これらの説明は，GIS の政治性とその展開を明らかにし，より状況依存的で，内省的なかたちの地理情報科学（それ自体が科学に対するフェミニスト的批判を起源に持つ）を定式化し，実践しようとしてきたクリティカル GIS 研究にかなりの程度依拠している（Schuurman, 2000）。後者の場合，GIS の実践者は自分の（知識，経験，信念，願望に関する）立場性〔ポジショナリティ〕，自分の研究や実践が学問的な議論や制度的な政治・野心の中でどのように枠づけられているのか，自分のデータがどのように調理され，（清潔性，完全性，一貫性，正確性，忠実性に関する）特定の性格を保持しているのか，自分の分析手法がどのような機会と落とし穴を持っており，それが手法，モデル，発見，解釈に対してどのように影響を及ぼしているか，といったことを明確に認識し，説明することが求められる。筆者

らは，すべての地理学的研究が，そのような認識論的な考察に留意すべきであると考えている。言い換えれば，デジタル地理学の実践——データインフラストラクチャーからデジタルデータを生成または入手し，デジタル手法を使用する——においては，それらの政治性と実践について批判的に熟考し，説明すべきである。これは，すべてのデジタル地理学がクリティカル・データ・スタディーズを行うべきだと言っているのではなく，むしろ，その存在論的，認識論的，倫理的な見解に注意を払うべきだということである。

謝辞

本章の研究は，欧州研究会議先端研究者賞「プログラマブル・シティ（The Programmable City）」（ERC-2012-AdG-323636）の助成によって可能になった。本章は，二つの既発表論文（Kitchin and Lauriault, 2015, 2018）に基づいている。

文献

Borgman, C. (2015) *Big Data, Little Data, No Data: Scholarship in the Networked World*. Cambridge, MA: MIT Press.

Bowker, G. (2005) *Memory Practices in the Sciences*. Cambridge, MA: MIT Press.

boyd, d. and Crawford, K. (2012) 'Critical questions for big data', *Information Communication and Society*, 15(5): 662–679.

Canadian Internet Policy and Public Interest Clinic (2016) 'A proposal: An open licensing scheme for traditional knowledge'. Available online: https://cippic.ca/en/TK_Open_Licensing_Proposal (accessed 1 February 2018).

Crampton, J.W., Graham, M., Poorthuis, A., Shelton, T., Stephens, M., Wilson, M.W. and Zook, M. (2013) 'Beyond the geotag: Situating "big data" and leveraging the potential of the geoweb', *Cartography and Geographic Information Science*, 40(2): 130–139.

Cyberinfrastructure Council (2007) Cyberinfrastructure vision for 21st century discovery. Available online: https://www.nsf.gov/pubs/2007/nsf0728/nsf0728.pdf (accessed 1 February 2018).

Dalton, C. and Thatcher, J. (2014) 'What does a critical data studies look like, and why do we care?'. *Society and Space*, 12 May. Available online: https://www.societyandspace.org/articles/what-does-a-critical-data-studies-look-like-and-why-do-we-care (accessed 1 February 2018).

Dasish (2012) 'Roadmap for preservation and curation in the social sciences and humanities'.

Available online: https://cst.ku.dk/english/projects/closed-projects/dasish/publications/projectreports/D4.1_-_Roadmap_for_Preservation_and_Curation_in_the_SSH.pdf (accessed 1 February 2018).

Edwards, P. (2010) *A Vast Machine: Computer Models, Climate Data, and the Politics of Global Warming*. Cambridge, MA: MIT Press.

Gitelman, L. and Jackson, V. (2013) 'Introduction', in L. Gitelman (ed.), *'Raw Data' is an Oxymoron*. Cambridge, MA: MIT Press. pp. 1–14.

Grier, D.A. (2007) *When Computers Were Human*. Princeton, NJ: Princeton University Press.

Kitchin, R. (2014) *The Data Revolution: Big Data, Open Data, Data Infrastructures and their Consequences*. London: Sage.

Kitchin, R. and Lauriault, T. (2015) 'Small data in the era of big data', *GeoJournal*, 80(4): 463–475.

Kitchin, R. and Lauriault, T.P. (2018) 'Towards critical data studies: Charting and unpacking data assemblages and their work', in J. Thatcher, J. Eckert and A. Shears (eds), *Thinking Big Data in Geography*. Lincoln: University of Nebraska Press. pp. 3–20.

Kitchin, R. and McArdle, G. (2016) 'What makes big data, big data? Exploring the ontological characteristics of 26 datasets', *Big Data & Society*, 3(1). DOI: 10.1177/2053951716631130.

Kitchin, R., Lauriault, T.P. and Wilson, M.W. (eds) (2017) *Understanding Spatial Media*. London: Sage.

Lauriault, T.P. and Francoli, M. (2017) 'Openness, transparency, participation', in R. Kitchin, T.P. Lauriault and M.W. Wilson (eds), *Understanding Spatial Media*. London: Sage. pp. 188–203.

Lauriault, T.P., Craig, B.L., Taylor, D.R.F. and Pulsifier, P.L. (2007) 'Today's data are part of tomorrow's research: Archival issues in the sciences', *Archivaria*, 64: 123–179.

Leszczynski, A. and Crampton, J. (2016) 'Introduction: Spatial Big Data and everyday life', *Big Data & Society*, 3(2). DOI: 10.1177/2053951716661366.

Mayer-Schönberger, V. and Cukier, K. (2013) *Big Data: A Revolution that will Change How We Live, Work and Think*. London: John Murray. マイヤー゠ショーンベルガー，V.・クキエ，K. 著，斎藤栄一郎訳 (2013)『ビッグデータの正体――情報の産業革命が世界のすべてを変える』講談社．

Miller, H.J. (2010) 'The data avalanche is here: Shouldn't we be digging?', *Journal of Regional Science*, 50(1): 181–201.

Miller, H.J. and Goodchild, M.F. (2015) 'Data-driven geography', *GeoJournal*, 80: 449–461.

Phillips, G.W. (2017) 'Indigenous data sovereignty and reconciliation', opening keynote address, Data Power Conference, Ottawa, Canada.

Pollock, R. (2006) 'The value of the public domain'. Institute of Public Policy Research, London. Available online: https://rufuspollock.com/papers/value_of_public_domain.ippr.pdf (accessed 1 February 2018).

Poovey, M. (1998) *A History of the Modern Fact: Problems of Knowledge in the Sciences of Wealth and Society*. Chicago: University of Chicago Press.

Rosenberg, D. (2013) 'Data before the fact', in L. Gitelman (ed.), *'Raw Data!' is an Oxymoron*. Cambridge, MA: MIT Press. pp 15–40.

Ruppert, E. (2012) 'The governmental topologies of database devices', *Theory, Culture & Society*, 29: 116–136.

Schuurman, N. (2000) Critical GIS: Theorizing an emerging science. PhD dissertation, University of British Columbia. Available online: https://open.library.ubc.ca/soa/cIRcle/collections/ubctheses/831/items/1.0089782 (accessed 1 February 2018).

Shelton, T. (2017) 'The urban geographical imagination in the age of Big Data', *Big Data & Society*, 4(1). DOI: 10.1177/2053951716665129.

Taylor, D.R.F. and Lauriault, T.P. (2014) *Developments in the Theory and Practice of Cybercartography*. Amsterdam: Elsevier Science.

Vale, S. (2015) 'International collaboration to understand the relevance of Big Data for official statistics', *Statistical Journal of the IAOS*, 31: 159–163. Available online: https://content.iospress.com/articles/statistical-journal-of-the-iaos/sji889 (accessed 1 February 2018).

第 9 章　質的手法と地理人文学

メーガン・コープ

はじめに —— 同時発生的であることについて

　より安価で，速く，強力なデジタルツールの開発と，それらが促進した「デジタル論的転回」は，地理学における質的研究の（再）活性化とほぼ同時期に起こった。質的研究は地理学において常に重要なものであったが，1990年代後半以降の時期は，質的手法の使用とそれに対する批判的省察の深化および多様化を目にすることとなった。これらはインターネット，スマートフォン，そして瞬時の地球規模の接続性の進化と同時に発生し，実りある収斂をもたらしている。

　本章では，質的手法とデジタル地理学の交点について，それらを下支えする二つのテーマに沿って検討する。すなわち，質的データの収集・分析・表現（可視化を含む）のためにデジタルツールがどのように導入され，適応されてきたかという実践と，デジタルな生活，デジタルな世界，そして新しい社会的／空間的な関わりを理解するための意味である。ここでは，デジタルな技法と質的地理学の再活性化との相互の調整，質的GIS〔地理情報システム〕，そして「デジタル人文学／空間人文学／地理人文学」の出現について検討するとともに，関連する議論や下位分野に特化したリソースを明らかにする。最後の節では，10年の時を隔てた二つの若者の地理プロジェクトに関する筆者自身の研究に基づき，デジタルな質的地理学の実践と意味に変化が生じていることを示し，今後注視すべきいくつかの展開を提案する。

歴史的文脈と主な論争

　地理学は質的研究の優れた伝統を常に有してきたが，過去20年間における

質的手法の実践とその実践に対する批判的省察の高まりは，一連の強固な方法論的発展と認識論的発展をもたらした。これは，部分的には，1970年代以降の地理学における「批判的転回」に遡ることができる。それにより，社会正義の問題，多様な立場，そして存在論（世界について何を知ることができるか）の変化は，活動家的な研究者に，公平性，正義，レリバンスといった社会的・政治的目標に沿って多様な手法を発展させることとなった（詳細な概要については Aitken and Valentine, 2006 を参照）。同様に，コリガン（Corrigan, 2015）が跡づけたように，地理学における人文主義者と現象学者は，何十年もの間，場所，景観，詩学，権力の創造と意味を探究し，意味を見極めるためにテキストや視覚資料を用いた調査を行ってきた。地理学の社会科学的側面と人文学的側面の両方における強固な批判的基盤と，1990年代中盤における空間科学批判（Pickles, 1995）を踏まえれば，今日では必須となった地理学の質的手法の手引書の初版が世紀の変わり目の頃に刊行されたのは驚くことではない。同様に，アメリカ地理学会（AAG）の質的研究専門グループが2000年に設立されたが，それはまさに質的手法に関する知的な議論の場を求める声が認識された時期であった。その後，質的地理学の手引書のほとんどが改訂され，新しい刊行物が出版されたり（たとえば DeLyser et al., 2010, Gomez and Jones, 2010），質的地理学の専門雑誌の出版が盛んになったりしたことで，質的地理学の議論，探究，そして学術的発展のためのより充実した書庫とプラットフォームが形成された。

　質的地理学の近年の拡張は，データ収集・分析・表現のための使い勝手の良いツールの発展によって促進されてきた。新たなデジタルツールと機能が開発されるにつれ，「デジタルなものを通じて生産される地理（geographies produced through the digital），デジタルなものによって生産される地理（geographies produced by the digital），デジタルなものの地理（geographies of the digital）」（Ash et al., 2018: 27, 強調は原文通り）を検証する潜在的な可能性は，計量的なモデル研究者だけでなくエスノグラファーにとっても同様に魅力的なものとなってきた。デジタルなものを通じて生産される（質的）地理学について言えば，質的データ収集のツールは急速にデジタル化されてきた。それにはたとえば，インタビューやフォーカスグループのためのデジタルボイスレコーダーやカメラ，手書き資料用のスキャナー，自由回答式の質問のためのオンラインのアンケート

ツール，調査参加者が（移動，食事，活動などの）日記をつけるための GPS 機能付のスマートフォンアプリ，大量の文書資料をデジタル化して検索可能にするための光学式文字認識〔OCR〕などが含まれる。こうしたデジタル化は徐々に進行し，不均等に導入されているが，その過程で何かを失ってしまうのではと心配する実践者たちのある種の悲痛な叫びがないわけではない——このような懸念は，もしかしたら自身のデータに親密性を感じているせいだろうか？　データ収集実践のツールが大きく変化したことに加えて，「デジタル論的転回」は〔データの〕分析にも大きな影響を与えており，たとえばコンピュータ支援型の質的データ分析ソフトウェアに対する研究者たちの反応はさまざまである（Watson and Till, 2010 を参照）。

　しかしながら，質的地理学の近年の拡張は従来の調査手法のデジタル化にとどまるものではない。むしろ，われわれは「生まれながらにしてデジタル」である質的情報への新しいアプローチや技法を目の当たりにしており，それらは「デジタルによって生産される地理」を示唆している。これにはツイートの内容と地理的位置の探索（Jung, 2015, Poorthuis et al., 2016），OpenStreetMap への参加（Stephens, 2013）と「新しい空間メディア」（Leszczynski and Elwood, 2014）のジェンダー化された性質，そしてデジタルに媒介される日常生活の分析への自発的（ボランタリー）な地理情報の導入（Sui et al., 2013）などが含まれる。これらの実践の多くはデータの定量化を伴うが，ここでは，ジェンダーバイアスの評価，「リスク」に関するコミュニティの認識の調査，社会的アクターの多様な経験・感情・動機の探究といった質的な作業も多い。

　最後に，デジタルなものの質的地理学はいくつかの筋道に沿うかもしれない。デジタル技術，光ファイバーネットワーク，通信衛星の資本調達，研究開発，物質的生産に関わる物理的事業の地理を考えてみよう。これらは定量的な尺度だけでその本質を抽出することはできない（Zook, 2005）。デジタルなものの質的地理学はオンラインやバーチャルな世界に見出すことができるし，ゲーマーによるデジタル環境の経験——およびデジタル環境に対する命令——を通して，また「拡張現実」の探検の中に見ることもできる（Rutherford and Bose, 2013）。最後に，社会と空間の研究者として，われわれはデジタルデバイスとそのネットワーク（われわれがいつ家路につくかを知っている自動温度調節器などの「スマー

ト」消費財を含む），コンピュータ，インターネット，そしてそれらをすべて可能にするソフトウェアコードが，どのように日常の地理的実践をより一層「デジタルな生活」へと変化させているかに関心を向けなければいけない。キッチンとドッジ（Kitchin and Dodge, 2011）が主張するように，これらの多くは目に見えないものの，空間性の生産にとって非常に重要なことである。新たに誕生しつつあるデジタル世界をわれわれがどのように生産し，経験し，知るかを問い，理解するために，質的デジタル地理学が必要なのである。

　「デジタル地理学」という言葉は，コンピュータで作られた地図のイメージを想起させる。実際，ウィルソン（Wilson, 2017）が示しているように，今日で言うところのGISの進化は，初期のデジタル技術に依存していたと同時に，それを刺激するものでもあった。クリティカルGIS（また質的GISや市民参加型GISといったその変種）の起源をめぐる物語は複数の場所でうまく詳述されているので，ここでは繰り返さない（Schuurman, 2004; Wilson, 2017を参照）。GISは単に量的（つまり数値的）データの保存・分析・表示に限定されるものではない。多くの著者やプロジェクトが，GISの多様なデータソースに対する本質的な開放性，つまり，非数値データをGIS自体に編み込む可能性，多様なデジタルな方法で量的データと質的データの表現を融合させる可能性，そして互いに矛盾するものであれ，相互補完的な方法で新しい問いを立てる――またそれに回答する――ものであれ，異なるタイプの地理的データを互いに擦り合わせることを認める分析実践を創出する可能性を実証してきた。このような実践や，土地に根差したユーザー（ヴァナキュラー）と研究ベースのユーザーの両方によるオンライン上での「マッシュアップ」の豊富な発展は，誰が何を地図化できるかということについての考え方を変化させ，その結果，カルトグラフィーの民主化と同時に，専門家の間で空間的可視化（ビジュアリゼーション）の生産における妥当性，「真実」，厳密性に関する不安をもたらした。

　しかしながら，デライザーとスイ（DeLyser and Sui, 2014）がデジタル時代における質的地理学と計量地理学のレビューの中で主張しているように，新たに登場しつつある実験的カルトグラフィーは，技法や視点の健全な探究と，人間がどのように空間と関わり，空間を生産し，表現し，想像するかという根本的で概念的な問いの再活性化を表している。新しいツール，新しい「知る」方

法，社会的・政治的・経済的生活の新しいリズムや実践という観点から，質的デジタル地理学は頑健(ロバスト)な研究をするのに適した立場にある。しかしながら，このような楽観主義は賞賛すべきであるものの，デジタルな生活の調査においては新鮮な視点を求める必要もある。たとえばローズ（Rose, 2017: 779）は「ポストヒューマンの行為主体性(エージェンシー)は常にすでに技術とともに構成されている」と主張し，「地理学者はデジタルに媒介される都市についての理解を再構成し，都市のポストヒューマン的行為主体性(エージェンシー)の発明力と多様性を認めなければならない」と指摘している。同様にレシュチンスキ（Leszczynski, 2018: 1-2）は，トライアンギュレーションと代表性の間の「ひどい緊張関係（wicked tensions）」〔という考え〕を用いることで，「デジタルな物質性や実践の急速な拡散が刺激的な研究機会を開くと同時に，こうした世界を有意義に知り，理解する試みそのものに異議を唱える方法に注意を向ける」ことを提案している。特に「今やわれわれは皆デジタル［研究者］である」（Mullen, 2010）ことから，このような機会と批判の二重性は質的デジタル地理学の将来を保証すると言えよう。

デジタル人文学／空間人文学／地理人文学

　学術的研究における新しい技術とその利用は，たとえその分野がデジタル時代の前から長い間存在しているものであるとしても，新しい名前の分野を生み出す火付け役となる可能性がある。本章を準備する中で，筆者は本節のタイトルに記したようなさまざまな用語の広範な傾向がわかってくるようになった。ここではそれらを定義することを試みる。まず，「デジタル人文学（digital humanities）」は多様な意味を持ち，激しい論争の的となっているが，基本的には，何千ページもの文書から新しいパターンを見つけることから，人文学的アプローチを用いてソーシャルメディアを分析することまで，さまざまな作業を行うためにデジタル技術を利用すること（しばしば数量化と多くのコンピュータ操作を含む）を提案するものである（Gold, 2012）。デジタル人文学では，「果たしてデジタル人文学は従来の人文学の目標を実現するためのより良い方法を提供するのか，あるいは人文学の目標に対する理解を変革する能力を持っているのか」（Foley and Murphy, 2015）というような疑問が議論の中心となってい

る。人文学の「空間論的転回」は空間，場所，スケール，その他の地理学的なテーマに対する新しい関心を引き起こしており，そして驚くべきことではないが，このような研究者たちはしばしば地理空間的技術やGISを用いている。その限りにおいて地理学はしばしば引き合いに出されてきたが，「空間的視座」と考えられる観点から執筆しているデジタル人文学の研究者はわずかである。

これに関連して，「空間人文学 (spatial humanities)」は空間史，歴史GIS，そして歴史データ（定量的なものだけでなく，最近では定性的なものも増えつつある (Gregory and Giddes, 2014 を参照)）を表象する地図関連の技法の導入に関わる研究者の仕事が，主な起源となっているようである。この分野の研究者たちは人文学分野の「空間論的転回」を受け入れ，斬新な方法でGISの利用を活発にしているが，空間人文学の研究の多くは，言うなれば，批判的文化地理学や歴史地理学における時間と空間の理論化を拡大するよりも，むしろ地理学の有用性をその商売道具としてとらえているように見える。ただし，「ディープマップ」や「空間的語り（ナラティブ）」に関する研究のいくつかは，そのような理論化のために豊かな材料を提供している (Bodenhamer et al., 2015)。同時に，Neatline，StoryMapJS，Adobe Illustrator など，GISとは明らかに異なるさまざまなタイプの可視化（ビジュアリゼーション）プログラムは，多くの場面で明らかな利点を持つという認識が広まりつつある。ノウルズら (Knowles et al., 2015: 239) が指摘するように，

> ナラティブマッピングとディープマップという考えは，いずれもわれわれが経験する場所の意味——絶えず変化し続ける，没入的で感覚的に刺激的な環境 (Massey, 1997)——を表象することへの渇望を反映している。GISとカルトグラフィーを支える参照システムは，特定の場所に関連するさまざまな原資料を組み合わせること（しばしば指摘されるGISの力の一つ）を可能にするが，それらが基とする表象モデルは，人々がどのように場所と空間を経験するかを認識し，表現するわれわれの能力を妨げている。

第3に，「地理人文学 (geohumanities)」という用語は，ディアらが編纂した同名の出版物 (Dear et al., 2011) や，2015年にアメリカ地理学会が創刊した新しい学術誌 *GeoHumanities: Space, Place, and the Humanities* に代表されるように，

地理学者たち自身の間で自家製の産物として出現したようである。この雑誌では，場所と空間を背景や文脈的な参照枠，あるいは GIS にお膳立てされて提示されたものとしてではなく，第一義的なものとしてとらえるという，明確に批判的な空間観と深い起源重視の姿勢に立っている。クレスウェル（Cresswell, 2014）は，地理人文学は「空間論的転回以降の数十年にわたる批判的思考とわれわれのデジタル能力を結びつける，空間と場所を中心に据えた新たな学際的試み」を示すものであると述べている。しかし，彼はそれに加えて，GIS のデジタル能力とは関係なく，またそれ以前から地理学と人文学の間に長きにわたって存在しているつながりを慎重にたどっている（Cresswell, 2016）。同様に，現在地理人文学として枠づけられている一連の研究は，すでにクリティカル GIS の強みを持ち，GIS が脱構築された過去を知っており，そこには芸術，語り，創造性，遊び心，〔複数の手法の〕並置，そして実験へとこの分野を開く準備をしたフェミニスト研究やポストコロニアル人文主義研究が埋め込まれている（Dear et al., 2011）。それゆえ，デジタル人文学と空間人文学はその実践の核にデジタル技術を持つが，地理人文学はその理論と実践の核に場所と空間性を持ち，デジタルと関わることもあれば関わらないこともある，というように区別をすることができるだろう。ペータ・ミッチェル（Peta Mitchell）は手短に以下のように述べている（Hawkins et al., 2015: 328 における引用）。「広義に構想された地理人文学は，これらの空間技術の出現とそれが提供する意味を説明し，それに関わらなければならないが……デジタルメディア／デジタル人文学／ビッグデータの課題（アジェンダ）の中に包含されないよう気をつけなくてはならない。なぜなら，それらの課題（アジェンダ）に無批判に，あるいは表面的にアプローチすると，地理人文学は空間を不活性にする「制限された空間性」（Crang, 2015）をもたらしかねないからである」。

　ここでは二つの基本的な問いが共鳴し続けており，そのことがこれらの分野を区別することに役立つかもしれない。第 1 に，研究の目標は場所の目録や，空間（静的な背景や絵画（タブロー）としての空間）を通過する移動の目録を作ることなのだろうか，それとも空間的に強化された解釈を通して社会と空間の交差する影響（相互作用を通じて生産され，作り直される空間（Crang, 2015 を参照））を脱構築することなのだろうか？　第 2 に，それに関連して，GIS はデジタル化されたテ

クストをかき集めて新たなパターンを探し出したり、アルゴリズムによって関連分析を行ったりすることと同じように、パターンや洞察を明らかにするために利用される単なるデジタルツールなのだろうか、あるいはこの分野の存在論と認識論を反映する（そしておそらくは転換する）ような仕方で採用される／問い直される空間的視点なのだろうか？

子どもと若者の地理

　ここでは、過去に筆者自身が取り組んだ、10年のインターバルがある二つの研究プロジェクトに基づいて、デジタル地理学と質的手法の関係を探究する上での時間の経過に伴う変化といくつかの課題を説明する。2000年代前半に筆者が子どもの地理について研究し始めた頃、前述した転換の多くはその初期段階にあった。ニューヨーク州バッファローにおける子どもの都市地理学プロジェクト（2001〜2005年）は、子どもによる都市空間の概念化を検討するものであり、「デジタルなもの」への入口を多数含んでいたが、それらは一般的に楽観的で、技術の導入に対してやや無批判であった（このプロジェクトについては他のところで詳述されている（Cope, 2008））。筆者は、デジタル技術、参加型質的アプローチ、そしてそのプロジェクトで浮かび上がった子どもの地理の交わりのいくつかをレビューした上で、経験的研究の事例として、2012年にデジタルなものの役割により意識的に注意を払いながら10代のモビリティについて探求した若者たちとの別の取組み（Cope and Lee, 2016）を取り上げようと思う。いずれのプロジェクトにおいても、筆者の研究チームは質的データを空間データと融合する新しいデジタルな技法を開発した。

　子どもの都市地理学のプロジェクトにおいてデジタルアプローチは、研究の全体的な目標に組み込まれたより大きな一連のツールの一部であった。全体的な目標とは、バッファローのローワー・ウエスト・サイドの場所、特に子どもたちの経験に関連する場所についてより深く学ぶこと、そして子どもたちに自分たちの既存の地理的知識と地理的視点をわれわれと共有してもらうことである。われわれは、一般公開されているデータを用いて、GISによって近隣に関する一般的なデータを地図化することで、地元地域により慣れ親しめるように

し，その地図を参加型研究のための視覚的で文脈的な背景とした。

われわれは，GIS だけでなく，GPS 機器，デジタルカメラ，音声レコーダー，コンピュータなどのデジタルデバイスを用いて，参加した子どもたちと共にデータを生成した。われわれは，デトロイト地理探検（Bunge, 2011 [1971]）のアナログな子どもの地理学と，リッド（Wridt, 2004）などのような若者の地理学におけるデジタルな〔取組みの〕先駆者にヒントを得た。たとえば，子どもたちにデジタルカメラ（2000 年代初期にはとても新しいものだった！）で〔かれらにとって〕意味のあるものの写真を撮るようお願いし，それらの JPG ファイルに注釈とジオタグをつけた。〔また〕子どもたちに GPS 機器の使い方を教え，興味深いものについて手書きのメモを取りながら近隣を散歩してもらい，それらをその地域の空中写真を重ね合わせた（例として Cope, 2008 を参照）。〔さらに〕子どもたちはデジタル音声レコーダーを使用して，地元の場所に関する自分たち自身の怪談を語り，「ラジオ番組」を作った。ある大学院生は，Google Earth で〔子どもたちが〕自分たちの家を見つけることを手伝い，なじみがある場所の鳥瞰図を初めて見た時の反応を記録した。加えて，写真，地図，手描きの絵，ビデオを現地調査と組み合わせるとともに，さまざまなメディアを通して，近隣の現状と待ち望まれる未来を記録し，表現した。これらの子どもたちが生成したデータ，空間的可視化（ビジュアリゼーション），子どもたちとの会話，エスノグラフィー的な現地観察は，探索的なデジタル質的実践を構成するさまざまなメディアを通して分析され，キュレートされ〔必要な情報が収集，整理，要約，公開（共有）され〕，語られた。このプロジェクトの性質はいくつかの新たな技術的アプローチの火付け役となった。筆者の博士課程学生のジョン・ジンキュの「想像されたグリッド（imagined grid）」〔という手法〕は，写真やその他の非定量的データを，GIS 上での人口統計データの描画と直接統合することを可能にした（Jung, 2009 を参照）。別の博士後期課程学生のラドナ・ニッギと筆者が開発した「地に足の着いた可視化（グラウンデッド・ビジュアリゼーション）」という反復的な戦略は，新たなデジタル／量的分析法を生み出すことを可能にした（Knigge and Cope, 2006）。筆者らが持ち込んだ技術は，社会的な潤滑油として，また子どもたちとのアイスブレーカーとして機能しただけでなく，データを生成し，新たな技法を発展させるのに役立ち，バッファローにおける幼少期の経験の新たなデジタル地理を共同で探求す

ること――また構築すること――を可能にした。

　2012年まで話を進めると，プロジェクトも若者たちの集団も大きく異なっていた。その対象は，自分たちのモビリティを最大化するために社会的・物質的ネットワークを情報通信技術と組み合わせて自分たち自身のデジタル地理を築いている，主に白人で，バーモント州の郊外および農村に住む中流階級の高校生たちである（Cope and Lee, 2016）。筆者らは，人口密度の低い集落で10代の若者がどのように日常生活を歩んできたか，特に車を持たない状況でかれらはどのようにA地区からB地区へ移動しているか（また，かれらが運転免許と車を所有したときにどのような変化が生じたか）に関心があった。携帯電話へのアクセスとその利用は，10代の若者が車に乗せてもらったり，友人と待ち合わせをしたり，時間通りに仕事に行ったり，日々の生活を調整したりする能力に明確な違いをもたらしていた。10代の若者が携帯電話を持つことで親の心配がどのように和らぐかを検討した研究者もいるが（たとえばPain et al., 2005），筆者らは10代の若者たちの間で増えつつある「デジタルな生活」にも関心があった。筆者らは，10代の若者が携帯電話のチャット，ダイレクトメッセージ〔DM〕メールに目を通し，交通問題に関連するやりとりを口頭で筆者らに対して説明する，「テクストレビュー」という新たな調査技法を開発した。これを通して，筆者らはデジタルデバイス（電話）を使用してデータを収集できただけでなく，10代の若者とその家族が瞬時につながることができることにますます依存していることについて，洞察を得ることができた。

　このようなプロジェクトは，データの収集と分析におけるデジタルツールの使用（実践）と，デジタルな生活や世界の性質と構成（意味）への注目の高まりの両方によってもたらされる，めまぐるしく転換する自己反省的な変化についての見解を提供する。デジタルな若者の地理学の領域は継続して注意を払う意義がある。なぜなら，われわれはすでに「生まれながらにしてデジタルな」人々と向き合っているからである。かれらは，即座に，また完全にアクセス可能な情報やコミュケーションが実現する前の時代について記憶がない。そのため，かれらの日常の移動，意思の疎通，そして（スナップ）チャットはすべてログがとられ，デジタル化されているだけでなく，かれら自身の世界観がすでにデジタルなあり方として枠づけられているのである。

潜在的な将来の動向

　デジタルな分野において「次に何が起きるか」を予測するのは危険なことであるが、いくつかの新たに出現しつつあるトレンドは注目に値すると思われる。第1に、質的デジタル地理学の「実践」面では、数値ではないデータ（テキスト、写真、サウンドクリップ）を地図、図、タイムラインなどの可視化手法〔ビジュアリゼーション〕にシームレスに組み込む手法が進展し続け、これらの境界は崩れていくだろう。空間的に参照されるGIS（たとえばArcGISのストーリーマップ機能）や、データ分析、データ可視化〔ビジュアリゼーション〕の世界（たとえばJMP、Atlas.ti、NVivoのマッピング機能、オープンソースの地図表示ツールなど（http://dirtdirectory.org/categories/mapping の簡潔なレビューを参照〔2024年9月6日現在ウェブサイト消滅〕）から、常に新しい可能性が開発されている。これらは、ある時点において、強力なマッピング／可視化〔ビジュアリゼーション〕と頑健〔ロバスト〕な質的データの保存・分析機能の両方を持つ、低価格で使用しやすいプラットフォームに収束するのではないか、という疑問が今も残っている。

　実践の領域における二つ目の問題は、読者がリアルタイムで質的データにアクセスできるようにするという厄介な問題に関するものである。エルマンとカピシェフスキ（Elman and Kapiszewski, 2017）は学術研究における透明性の向上の強力な提唱者であり、データを「FAIR」（見つけやすくfindable、アクセスしやすくaccessible、相互利用しやすくinteroperable、再利用しやすいreusableもの）にすることを推奨している。彼らは、安価なサーバースペースによって読者が原典のアーカイブ、テクスト、あるいはメディアベースのデータに、リンクされたかたちですぐにアクセスできるようになることで、遠くない将来に質的研究の完全な透明性が実現されると述べている。エルマンとカピシェフスキはこの実践に潜在的な落とし穴があることを認識している。研究者はデータ管理により精通し、責任を持たなければならず、出版社はサーバーの容量を確保し、倫理的規定を満たすアクセスメカニズムを設計する必要がある。また、被験者の同意を守るために、読者の認証と許可の複雑な方法が協議され、体系化されなければいけない。その解決法として、彼らは、データリポジトリ、出版社、そして著者による分析メモや、翻訳、抜粋、データへのリンクの提供を組み合わ

せた「透明性のある調査のための注釈」(annotation for transparent inquiry: ATI) を提唱している。さらにエルマンとカピシェフスキ (Elman and Kapiszewski, 2017) は，「ATI の有用性は，デ・ー・タ・へ・の・ア・ク・セ・ス・を・制・御・す・る・こ・と・は・，・よ・り・多・く・の・デ・ー・タ・を・ア・ク・セ・ス・可・能・に・す・る・こ・と・に・つ・な・が・る・，という直観に反する観察に基づいている」（強調は原文通り）と主張する。よりよい透明性が担保され，データの共有によって累積的に利点が増え，さらには論文中で参加者の発言を引用するためのスペースを制限する必要がなくなるため，筆者は ATI の潜在的可能性に関心を持っている。とはいえ，もし生(なま)データ自体が容易にリンクされ，読むことができるとすれば，ATI のような実践が，分析にとって，また解釈や視覚表現(ビジュアリゼーション)の構築にとって，さらには研究者たちの労力や，今日の査読(ピアレビュー)制度，終身雇用(テニュア)制度の構造との相容れなさにとってどのような意味を持つのか，という点が気がかりである。

　最後に，デジタル地理学の「意味」の部分に話を移し，ある種の「指標種 (indicator species)」としてのデジタルな若者の地理学に立ち戻ると，10 代の若者の「インターネット中毒」への懸念が浮上していることは注目に値する。インターネット中毒について研究したキャッシュら (Cash et al., 2012; 292) によると，「化学的であれ行動的であれ，すべての中毒は顕著性，強迫観念にとらわれた使用（制御不能状態），気分の修正と苦痛の緩和，我慢と離脱，ネガティブな結果を無視した継続など，特定の特徴を共有している」。メンタルヘルス研究のコミュニティは，そのような症状はインターネット自体によるものなのか，それとも関連する行動的中毒（ゲームなど），鬱病，不安障害などの疾患によるものなのか，といったことについて議論するかもしれないが，大手のインターネット企業がわれわれの注・意・を引くために競い合っている——そしてそれゆえ，注意を保持するための新しい方法を見つけることに必死になっている——ことは明白である。注意は目だけでなく知力，クレジットカード，コミュニティにも依存する厄介なものである。ウィルソン (Wilson, 2015: 188) は，われわれは最も新しい世代が注意を払う（払わない）形式に不満を持つよりも，「新たな，共有的な注意実践を育む方法の覚醒」について考えるべきだろうと指摘している。本章で触れた新しい（デジタルな）世界への質的なアプローチは，確かにこの問題に寄与するだろう。

文献

Aitken, S. and Valentine, G. (eds) (2006) *Approaches to Human Geography*. London: Sage.

Ash, J., Kitchin, R. and Leszczynski, A. (2018) 'Digital turn, digital geographies?', *Progress in Human Geography*, 42(1): 25–43.

Bodenhamer, D., Corrigan, J. and Harris, T. (eds) (2015) *Deep Maps and Spatial Narratives*. Bloomington: Indiana University Press.

Bunge, W. (2011) [1971] *Fitzgerald: Geography of a Revolution*. Athens: University of Georgia Press.

Cash, H., Rae, C.D., Steel, A.H. and Winkler, A. (2012) 'Internet addiction: A brief summary of research and practice', *Current Psychiatry Reviews*, 8(4): 292–298.

Cope, M. (2008) 'Patchwork neighborhood: Children's real and imagined geographies in Buffalo, NY', *Environment and Planning, A*, 40(12): 2845–2863.

Cope, M. and Lee, H.Y. (2016) 'Mobility, communication, and place: Navigating the landscapes of suburban U.S. teens', *Annals of the Association of American Geographers*, 106(2): 311–320.

Corrigan, J. (2015) 'Genealogies of emplacement', in D. Bodenhamer, J. Corrigan and T. Harris (eds), *Deep Maps and Spatial Narratives*. Bloomington: Indiana University Press. pp. 54–71.

Crang, M. (2015) 'The promises and perils of a digital geohumanities', *Cultural Geographies*, 22(3): 351–360.

Cresswell, T. (2014) 'Space, place, and the geohumanities'. Available online: www.northeastern.edu/cssh/humanities/2014/11/space-place-geohumanities (accessed 1 February 2018).

Cresswell, T. (2016) 'Space, place, and geographic thinking in the humanities', Lecture at Center for Geographic Analysis Symposium, Harvard University, Cambridge, MA, 28–29 April. Available online: https://rjcresswell.com/2016/07/27/space-place-andgeographic-thinking-in-the-humanities-video (accessed 1 February 2018).

Dear, M., Ketchum, J., Luria, S. and Richardson, D. (eds) (2011) *GeoHumanities: Art, History, Text at the Edge of Place*. New York: Routledge.

DeLyser, D. and Sui, D. (2014) 'Crossing the qualitative-quantitative chasm III: Enduring methods, open geography, participatory research, and the fourth paradigm', *Progress in Human Geography*, 38(2): 294–307.

DeLyser, D., Herbert, S., Aitken, S., Crang, M. and McDowell, L. (eds) (2010) *The SAGE Handbook of Qualitative Research in Human Geography*. London: Sage.

Elman, C. and Kapiszewski, D. (2017) 'Annotating qualitative social science', *Parameters: Knowledge under Digital Conditions* (SSRC). Available online: http://parameters.ssrc.org/2017/04/annotating-qualitative-social-science (accessed 1 February 2018).

Foley, R. and Murphy, R. (2015) 'Visualizing a spatial archive: GIS, digital humanities, and relational space', *Breac: A Digital Journal of Irish Studies*. Available online: https://breac.nd.edu/articles/visualizing-a-spatial-archive-gis-digital-hunianities-and-relational-space (accessed 1 February 2018).

Gold, M.K. (ed.) (2012) *Debates in the Digital Humanities*. Minneapolis: University of Minnesota

Press.
Gomez, B. and Jones, J.P. (eds) (2010) *Research Methods in Geography: A Critical Introduction*. Chichester: Wiley-Blackwell.
Gregory, I. and Geddes, A. (eds) (2014) *Toward Spatial Humanities: Historical GIS & Spatial History*. Bloomington: Indiana University Press.
Hawkins, H., Cabeen, L., Callard, F., Castree, N., Daniels, S., DeLyser, D., Munro Neely, H. and Mitchell, P. (2015) 'What might GeoHumanities do? Possibilities, practices, publics, and politics', *GeoHumanities*, 1(2): 211–232.
Jung, J.-K. (2009) 'Computer-aided qualitative GIS: A software-level integration of qualitative research and GIS', in M. Cope and S. Elwood (eds), *Qualitative GIS: A Mixed Methods Approach*. London: Sage. pp. 115–135.
Jung, J.-K. (2015) 'Code clouds: Qualitative geovisualization of geotweets', *The Canadian Geographer/Le Géographe Canadien*, 59(1): 52–68.
Kitchin, R. and Dodge, M. (2011) *Code/Space: Software and Everyday Life*. Cambridge, MA: MIT Press.
Knigge, L. and Cope, M. (2006) 'Grounded visualization: Integrating the analysis of qualitative and quantitative data through grounded theory and geo-visualization', *Environment and Planning A*, 38(11): 2021–2037.
Knowles, A., Westerveld, L. and Strom, L. (2015) 'Inductive visualization: A humanistic alternative to GIS', *GeoHumanities*, 1(2): 233–265.
Leszczynski, A. (2017) 'Digital methods I: Wicked tensions', *Progress in Human Geography*, 42(3): 473–481.
Leszczynski, A. and Elwood, S. (2014) Feminist geographies of new spatial media, *The Canadian Geographer/Le Géographe Canadien*, 59(1): 12–28.
Mullen, L. (2010) 'Digital humanities is a spectrum, or we're all digital humanists now', *The Backward Glance*. Available online: https://lincolmnullen.com/blog/digital-humanitiesis-a-spectrum-or-we8217re-all-digital-humanists-now (accessed 1 February 2018).
Pain, R., Grundy, S., Gill, S., Towner, E., Sparks, G. and Hughes, K. (2005) " So long as I take my mobile": Mobile phones, urban life and geographies of young people's safety', *International Journal of Urban and Regional Research*, 29(4): 814–830.
Pickles, J. (ed.) (1995) *Ground Truth: The Social Implications of Geographic Information Systems*. New York: Guilford Press.
Poorthuis, A., Zook, M., Shelton, T., Graham, M. and Stephens, M. (2016) 'Using geotagged digital social data in geographic research', in N. Clifford, M. Cope, T. Gillespie and S. French (eds), *Key Methods in Geography*, 3rd ed. London: Sage. pp. 248–269.
Rose, G. (2017) 'Posthuman agency in the digitally mediated city: Exteriorization, individuation, reinvention', *Annals of the American Association of Geographers*, 107 (4): 779–793.
Rutherford, S. and Bose, P. (2013) 'Biopower and play: Bodies, spaces, and nature in digital

games', *Aether: The Journal of Media Geography*, 12: 1–29.

Schuurman, N. (2004) *GIS: A Short Introduction*. Oxford: Blackwell.

Stephens, M. (2013) 'Gender and the Geo Web: Divisions in the production of user-generated cartographic information', *GeoJournal*, 78(6): 981–996.

Sui, D., Elwood, S. and Goodchild, M. (2013) *Crowdsourcing Geographic Knowledge: Volunteered Geographic Information (VGI) in Theory and Practice*. Dordrecht: Springer.

Watson, A. and Till, K. (2010) 'Ethnography and participant observation', in D. DeLyser, S. Herbert, S. Aitken, M. Crang and L. McDowell (eds), *The SAGE Handbook of Qualitative Research in Human Geography*. London: Sage. pp. 121–137.

Wilson, M.W. (2015) 'Paying attention, digital media, and community-based critical GIS', *Cultural Geographies*, 22(1): 177–191.

Wilson, M.W. (2017) *New Lines: Critical GIS and the Trouble of the Map*. Minneapolis: University of Minnesota Press.

Wridt, P. (2004) 'Block politics', *Children's Geographies*, 2: 199–218.

Zook, M. (2005) *The Geography of the Internet Industry: Venture Capital, Dot-coms, and Local Knowledge*. Malden, MA: Blackwell.

第10章　参加型手法と市民科学

ヒラリー・ジョーイーガン

はじめに

　デジタル技術は，学術的集団と非学術的集団が世界を探り，知り，表象する方法を変えている。多様な人々が，たとえば政治的緊張を暴くためにソーシャルメディアを使用し（Korson, 2015），社会的不公正に立ち向かうためにローカルな近隣地域をマッピングし（Jerrett et al., 2001），クラウドソーシングや市民科学の実践を通じて専門的な調査プロジェクトに自らの時間と計算処理能力(コンピューティングパワー)を自発的に提供している（Haklay, 2013a）。地理学は参加論的転回とデジタル論的転回の両方を経験してきたのだが，その一方で，いまだに両者のつながりは持続的な注目を集めていない。そこで本章では，参加論的転回とデジタル論的転回の対話を喚起し，それらがどこで収束・分岐するかを探る。筆者は，地理情報科学，Web 2.0，市民科学の参加論的転回を通じてデジタルな参加型手法へと向かっていく歴史的展開を議論する。また，デジタル技術を用いる研究が直面するいくつかの主要課題を浮かび上がらせるとともに，参加に対する技術の特権化，デジタルな格差と不平等，量的・質的アプローチ，参加に対する批判といった似たような議論に，参加的な研究者たちがどのように取り組んできたかを強調する。最後に，反省的実践，倫理的関与(コミットメント)としての参加型手法，デジタル手法の下位分野への拡大，それらをめぐる今後の展開を議論して締めくくる。

参加論的転回とデジタル論的転回

　参加型研究とは，協力して知識を共同生産するために，学術的な研究者が非学術的なコミュニティと共に調査を行うものである。地理学者は1970年代からこの種の研究に取り組んでおり，ビル・バンギが，グローバルな問題がど

れほど人々の日常生活に影響を及ぼすかを自分の目で確かめるために，デトロイトのローカルコミュニティで行った探検（Bunge, 1971）から始まる。1990年代後半までに参加型研究は，「研究者と対象者の境界を崩す」（Kitchin and Hubbard, 1999: 195）手法や，「研究参加者を解放し，エンパワーする学術的実践」（Fuller and Kitchin, 2004: 3）として認識されるようになった。このアプローチの中核を成すのは，研究課題を決定したり，調査方法を確定したり，データを分析・解釈したりすることから，調査結果の伝達・利用に至るまで，参加者が研究に関与することである（Pain, 2009）。参加型研究は，効果的かつ倫理的に，「人々の生活に影響を与えるプロセス，構造，空間，決定に人々を関与させ，人々が自分自身の言葉で公平かつ持続可能な結果を達成するためにかれらと協力する」（Kindon, 2010: 518）ことに焦点を当てる。それゆえ参加型手法は「政治的であり，かつ政治化される」（Askins, 2017: 1）ものである。また，取組みの増加，それの影響力，参加計画（アジェンダ）の拡大を背景として，そうした手法に対する学術的関心が高まっている（Harney et al., 2016）。参加型手法の高い評判とその成果が参加者または研究者によってかたちばかりのものとはみなされていないのだとすれば（Newton et al., 2012），研究者は参加型研究の基礎となる原則を評価しなければならないし，その原則に深く関わらなければならない。

　「参加論的転回」とそこから登場した方法論は，脱植民地化，〔社会の片隅への〕周縁化，内省性，表象の危機との関連で人文地理学が直面した批判に由来する（Fuller and Kitchin, 2004）。批判地理学者，フェミニスト地理学者，ポストコロニアル地理学者は，研究は決して価値自由ではなく，状況に置かれ，偶有的（コンティンジェント）だということ（England, 1994; Kindon, 1995）そしてデータ収集に対する新しいアプローチが必要だということ（Fuller and Kitchin, 2004を参照）を主張した。かれらが求めたのは，抽出的・搾取的でないようにすること，伝統的なヒエラルキーや専門知識と権力の分配を暴き出すこと，誰が研究に取り組み，誰のどのような形式の知識が重視されるかを問うことであった。今日の参加型研究は，コミュニティと協力する学術的な研究者だけでなく，ローカルな問題に自分たちが関わり，〔それに関する〕データを集め，自らの日常生活や他者とのオンラインでのやり取りに基づいてデジタルデータを生成する人々にも関係している（Purdam, 2014）。現在，人文地理学者はさまざまな参加型アプローチ

に取り組んでおり（Pain and Francis, 2003 を参照），そこには，参加型アクションリサーチ（Participatory Action Research: PAR）（mrs kinpaisby, 2008; Kindon, 2010），市民／参加型地理情報システム（Participatory and Public Participation GIS: P/PGIS），より最近では市民科学（Haklay, 2013b）などが含まれている。後ろ二つのアプローチはデジタル論的転回と密接に結びついている。

過去60年間の技術的発展と1990年代初頭のインターネットの登場は，地理学者が地理学に取り組む方法を変えた（Sui and Morrill, 2004）。〔地理学者が扱う〕デジタル技術としては，インターネット，デバイス（デスクトップPC，ノートPC，スマートフォン，デジタルカメラ，ボイスレコーダー，電子書籍リーダーなど），ソーシャルメディアプラットフォーム，さまざまな形式の位置情報メディアや空間メディア（対話型マッピング，GIS，GPS対応デバイスなど），データを収集・分析・可視化するためのソフトウェア，幅広いプロジェクトのために展開されうる「オープンソース」のソフトウェア，が挙げられる。これらのようなツールやこれらと関連する方法論的革新は学術的環境の内外（たとえば非政府組織（NGO）や政府部門）において，地理学における参加型手法のより幅広い利用だけでなく，コミュニティが提言活動（アドボカシー）と積極行動（アクティヴィズム）のために学術調査を利用して独自の証拠基盤（エビデンスベース）を開発することももたらした。

レシュチンスキ（Leszczynski, 2017: 1）によれば，「『デジタル手法』とは，デジタルコンピューティング技術の増大と関連する物質性，社会的実践，社会技術的変化の含意を，特定・捕捉・管理・分析・理論化するための発見手法（ヒューリスティクス）および技法である」。地理学者が利用するこうした手法は，データ供給のモデルを変更し（Haklay et al., 2008），オンラインデータの収集・提供を通じて（Catlin-Groves, 2012）〔データの〕対象範囲（カバレッジ）と量を増やし（Elwood, 2008），専門知識を再構築し，新しい知識生産の様式を提示する（DeLyser and Sui, 2014）とともに，地理的・言語的境界を越えて参加者や関心のある人々の潜在的なたまり場を拡大する可能性を加えることで，今までにない追加的な研究課題を与えている（Brown and Tucker, 2017）。

デジタルな参加型手法に関しては，P/PGIS（Elwood, 2008），自発的な（ボランタリー）地理情報（Volunteered Geographic Information: VGI）（Goodchild, 2007），クラウドソーシング（Capineri, 2016），市民科学（Haklay, 2013a），「オープン」イニシアティブ

130　　　第Ⅱ部　デジタル手法

(DeLyser and Sui, 2014）など，多くの革新があった。これらのアプローチは，人文地理学に参加論的転回を促した批判や発想と並行して登場した。

デジタルな参加型手法

P/PGIS へと向かう GIS

1960 年代の空間科学と関連して，初期の地理情報システム（GIS）――すなわち，デスクトップコンピュータ上のソフトウェアツール――は利用者がデータを空間的に保存・表示・分析できるようにした。1990 年代には，1970〜80 年代以降に人文地理学の他分野で発展したフェミニストの批判を多数引用しつつ，「クリティカル GIS」が登場した。この批判は，主流の GIS においてより理論的なアプローチをもたらし，地理情報科学を創り出すことにつながった。エルウッド（Elwood, 2008: 177–178）に従えば，

> クリティカル GIS 研究は，デジタル環境における空間的オブジェクト，それらの特性，それらの関係性を表示・分析するという〔GIS の〕中心的課題と，社会的な知識・表象・権力に対するこれらの実践の帰結に，一定程度注目する（Schuurman, 1999; O'Sullivan, 2006）。またクリティカル GIS は，社会的かつ技術的に媒介されるかたちの排除および力の剝奪（ディスエンパワーメント）を打ち破るために空間的技術に関わる，という明確に解放的な課題（アジェンダ）を備えた GIS 研究・実践も含んでいる（Harvey et al., 2006）。

空間的技術が解放，排除，（ディス）エンパワーメントをもたらす潜在的可能性は，参加型地理学の中心を占める〔社会や政治などへの〕関与（コミットメント）と共鳴している。空間を核とする一連の新しい参加型手法，すなわち市民参加型 GIS（PPGIS）が登場したのである。それは参加型 GIS（PGIS）とも呼ばれる。参加型マッピング，コミュニティベース型マッピング，コミュニティ統合型マッピングなど，似たような実践を表すさまざまな用語が多数存在することに注意することが重要である（定義に関する有用な要約については Mukherjee, 2015 を参照）。しかしそれでも，これらの異なる呼び方は次の三つの点で一致している。すな

わち，(i)「一連の望ましい目標を達成するために参加型の方法で地理情報技術を利用すること」(Corbett et al., 2016: 355)。(ii)「研究対象地における参加者の知識や経験に基づく客観的な位置（活動，用途，行動など）から，場所への愛着の構築のような場所に対する主観的な知覚に至るまで，広範な場所の属性を特定すること」(Brown et al., 2017: 154)。(iii) 特権のない人々を見えるようにし，それによって新しい空間的な問いを投げかかること（Pavlovskaya, 2009），である。

1990年代に登場したP/PGISは，地域または非政府の利害関係者とコミュニティメンバーが，GISを利用して行政のデータを処理・分析できるようにし，政府の意思決定に取り込むことに注意を向けている（Forrester and Cinderby, n.d.）。P/PGISは，フォーカスグループやインタビューなどの手法と，研究参加者が空間情報を把握できる紙地図を組み合わせてデータを集めることを含んでいる。これらの資料はGISソフトウェアを利用することでデジタル化され，分析される。主たる成果物はデジタルに作られた地図である。ウェブベースのP/PGISを行うこともできるが，多くの実践者が主張するように，それは現地での参加型手法〔の実践〕に取って代わるものであってはならない（Dunn, 2007）。なぜなら，それはP/PGISが避けようとしている表象と真正性の問題を強める潜在的可能性を持っているからである。P/PGISの利用は，参加者が通常は利用できないデータへのアクセスを促す，あるいは参加者からデータを集める，さらにはコミュニティ団体，NGO，その他の参加者が証拠基盤(エビデンススペース)を生み出したり，それらの目標を達成したりすることを支援して，政策形成への市民参加を可能にするのである。

Web 2.0，VGI，ネオ地理学

インターネットのより最近の進化と関連してWeb 2.0が発展している。キャトリン＝グローブス（Catlin-Groves, 2012: 5）はそれを次のように定義する。

> 参加型のデータ共有を促進し，ユーザー生成コンテンツを推進する，社会的に接続された対話型のインターネット。このメディアは，ブログ，ポッドキャスト，ソーシャルネットワーキングサイト，ウィキ，クラウドソー

シングツール，「クラウドベース」のグループワーキング環境から構成される。Web 2.0 は，スマートフォン，ノート PC，タブレットコンピュータのような新しい技術の増大に伴い，モバイルコンピューティング〔ネットワークに接続された携帯端末によるコンピュータの使用〕の文脈へと拡大された。

Web 2.0 の機能拡張とユーザーによるコンテンツ生成実践の地理的領域への拡大は，地理空間ウェブ（ジオウェブ）と「ネオ地理学」の観点で枠づけられてきた（Haklay et al. 2008）。ジオウェブは，地理学，GIS，地図学の知識がない人々でも利用できる市民マッピング実践のプラットフォームを提供するが，必要とされる技能や専門知識のレベルはさまざまである（Goodchild, 2007; Sui and DeLyser, 2012）。ネオ地理学的実践は，Google Earth Engine，Wikimapia，OpenStreetMap に対する市民の貢献から，Twitter，Instagram，Flickr，Snapchat などのプラットフォームを通じたソーシャルメディアへの投稿に対するジオタグ付けに至るまで，幅広いかたちの VGI の生産を含んでいる。ジオウェブは，デジタルマッピングを非専門家に向けて開くという点でまさに参加的なものの前触れであるとされてきたが，個人が自分自身について生成した，また生成してきた位置データの多くが，知らず知らずのうちに生成されたものであることを踏まえると，VGI がどの程度本当に「自発的（ボランタリー）」であるかは疑問である（Sieber and Haklay, 2015）。

当初，参加型手法は「政治的であり，かつ政治化された」ものとみなされた。P/PGIS と VGI への参加も，行政と市民，市場と市民，研究者と市民，そして市民たち自身の間での力関係の移り変わりを伴うという点で違いはない。参加性が後から追加されるツールとしての GIS（Kar et al., 2016）とは異なり，ジオウェブはもともと参加型であると考える人もいる（Sieber et al., 2016）。もちろんそのような参加は，コンピュータ／スマートフォンとインターネットへアクセスできるかどうかに依存する。さらに，ジェンダーバイアスがかかった公共空間の表象をもたらす OpenStreetMap のようなプラットフォーム（バー，売春宿，ストリップクラブは地図に追加される場所の種類として正当なカテゴリーとみなされるが，保育施設はそうではない（Stephens, 2013 を参照））への参加者層が圧倒

的に男性と白人で占められていることを示す人々によって，ジオウェブの包摂性が疑問視されている (Haklay, 2013b)。

市民科学とクラウドソーシング

市民科学とは，非専門的なボランティアが専門的な科学プロジェクトに参加することである (Wiggins and Crowston, 2011)。市民科学のルーツは18世紀のジェントルマン・アマチュア〔経済的利益を目的とせず趣味でスポーツを楽しむジェントルマン〕にまで遡るが，インターネット，安価なネットワークデジタルデバイス，ネットワークセンサーの開発によって，現場でのデータ生成，膨大な数の記録のオンラインでの提出 (Catlin-Groves, 2012)，協同コミュニティを作ることができるソーシャルネットワーキングサイト〔の開設・運営〕が可能となった (Haklay et al., 2008)。時間や有資格者への資金が最低限にしかない場合，市民科学やクラウドソーシング——参加者はそこで，研究者によって設計され，目標を定められた活動を行う (Capineri, 2016)——は大規模なデータセットを集める機会を提供する。人文地理学の取組み（イニシアティブ）よりも，季節学 (phenology)，太陽嵐，洪水のような自然地理学の諸相と関連する自然科学のプロジェクトの方がこの分野で先を行っているが，その一方で市民社会科学調査が登場している (Purdam, 2014)。

パーダム (Purdam, 2014: 375) はホームレスを観察するプロジェクトでボランティアに対して，「かれらが普段の日常生活の中で見ている身の回りのもの」のデータを集めるように依頼した。「ボランティアは簡単な情報と調査の手続きを説明されたが，正式に訓練された社会科学者ではなかった」。ウィギンスとクラウストン (Wiggins and Crowston, 2011) は，「市民科学は新しいタイプのオープン運動を示しており，多様なボランティア集団の科学研究への貢献を歓迎している」と説明している。グローバルサウスにおいてスマートフォンが，投票，作物の価格の共有，遠隔医療操作の実施に使われるなど，ますますデジタル技術が利用されるようになってきているにもかかわらず，市民科学は大抵の場合グローバルノースで行われるし，それへの参加のほとんどは，関与に関する以下の三つのカテゴリー (Bonney et al., 2009: 11) の一つ目に分類される。

- 「貢献型プロジェクト：一般的に科学者がデザインし，市民メンバーは主にデータを提供する」
- 「共同型プロジェクト：一般的に科学者がデザインし，市民メンバーはデータを提供するだけでなく，プロジェクトデザイン，データ分析，研究結果の普及に協力することもある」
- 「共同創造型プロジェクト：科学者と市民メンバーが共同でデザインし，少なくとも何人かの市民参加者が科学的手続きの大部分またはすべてに積極的に関与する」

今のところ共同創造型プロジェクトはあまり実施されていないが，地理学者とそのようなプロジェクトの開発者のチームによって，オープンデータとオープンソースソフトウェアのかたちをとる新たな「オープン文化」(Sui, 2014) が推奨されている。ユニヴァーシティ・カレッジ・ロンドンの学際的な最高度の市民科学（Extreme Citizen Science: ExCiteS）研究グループは，人々が意味のある方法でデータを収集して利用できるようにするために，デジタル技術と参加型アプローチを使用してかれらを力づけ(エンパワー)ている。コンゴなどの場所で活動するExCiteS チームは，「先住民などの周縁化されたグループと」協力し，「かれらが，森林破壊，生物多様性の喪失，食の安全のような差し迫った問題に関連する意思決定過程へより効果的に参加できるようにするために，科学的に妥当な手法とローカルな知識を組み合わせる支援を行っている」(Stevens et al., 2014: 20)。

主要課題

デジタル技術は地理学の思考と実践を強化し，拡大してきた。しかし，参加型手法とデジタル技術の組み合わせが直面する主要課題はいまだに解決されておらず，技術の進歩に伴い今後も続くと思われる。参加型調査に取り組む研究者たちが直面した問題から学んだ教訓を活かし，四つの主要課題について順番に議論していこう。

第1に，データの利用可能性が向上するという利点はデータに飢えている一

部の研究者を満足させるが，その一方で多くの人々は，機密性や同意，データの品質，技術の維持コスト，資料の不正流用，虚偽表示などに関連する問題に気づかぬままでいる（Haklay et al., 2008）。デジタル技術は社会的な真空の中で作られたり使われたりするものではないし（Dunn, 2007），そのように扱うこともできない。スティーブンズら（Stevens et al., 2014: 20）は周縁化された集団と共に行った研究において，「文化的な誤解，不適切な技術，取組みの目的の誤った解釈，権力の動態の読み違い，効果のないまたは争いの元になるインセンティブ，さまざまな組織的問題」など，いくつかの共通した問題を明らかにしている。参加型手法においてデジタル技術を利用することの社会的・文化的帰結に対して細心の注意を払わないと，プロジェクトや〔参加者間の〕関係性は失敗に終わるかもしれない。

　第2に，最近の調査でアメリカ人の95％が携帯電話を所持していることが明らかになったこと（Pew, 2017）を踏まえると，グローバルノースでは「デジタルディバイド」があまり意味を持たなくなってきていることが示唆される（Sieber et al., 2016）。その代わりに研究者たちは，「デジタル不平等」（Sieber et al., 2016）の広まりを指摘している。それによって参加は，不均等または排他的（Haklay et al., 2008），場合によっては排除的（Elwood, 2008）とみなされるかもしれない。しかし，スマートフォンの普及率が低く，識字率も低いグローバルサウスでは，いまだに大きなデジタルディバイドが存在している（Graham et al., 2014）。参加型手法は，本当に参加型なのか，またデジタル技術〔を利用した手法〕の場合，階級，性別，人種，宗教の区別を超えられるのか，という点で同じような課題に直面してきた（Radil and Jiao, 2016）。デジタル論的転回は，潜在的参加者の地理的コミュニティを拡大しているかもしれないが，必ずしもそれによって人々が参加するわけではない（Kar et al., 2016）。これは，デジタルリテラシーやデジタルアクセス，技術に対する恐れ，さらにはジェンダー／世代の諸相と関係しているだろう。PGISや一部の市民科学は，権力の不平等に立ち向かおうとしているが，誰が研究を行っているかを考慮する必要性が高まっている。研究者はローカルなコミュニティ組織と共同で研究することにより，技術的能力，年齢，技術へのアクセスなどの点で，複数のコミュニティで見られる分断を特定することができ，デジタルディバイドやデジタル不平等の

強化を避けることができるかもしれない。

　第 3 に，GIS に関する一般的な誤解は，GIS は純粋に定量的なアプローチだというものである。パブロフスカヤ（Pavlovskaya, 2009）が強く主張するように，デジタルな空間表象は必ずしも定量的分析と同じではない。むしろ，それは提供される位置情報と空間情報に関するものである。PGIS，市民科学，その他のアプローチへの人々の参加の程度も定量的に把握されがちであり，参加は参加者の数や地図に入力されたデータポイントの数に還元される（Sieber et al., 2016）。そのような〔GIS＝定量的アプローチという〕誤った呼び方や手っ取り早い指標は，デジタルな参加型手法の潜在的可能性を十分に引き出すことができない。シーバー（Sieber et al., 2016）は，クリティカル GIS，質的 GIS，PGIS，フェミニスト GIS の分野で定着した議論や論拠に基づき，研究者に対して，ジオウェブへ参加することの深い意味や，デジタル技術を用いた，またそれを通じた参加を取り巻く社会的問題（Elwood, 2008）を理解するよう呼びかけている。

　最後に，デジタルな「参加」を構成するものの性質や意味そのものに批判が向けられている（Kitchin and Hubbard, 1999; Cooke and Kothari, 2001; Dunn, 2007）。クックとコサリ（Cooke and Kothari, 2001: 32）によれば，「大半のプロジェクトにおいて『参加』は政治的価値観であり，さまざまな理由で各機関はそれを採用する。しかし，それは物事を行う方法ではなく，物事について語る方法であることに変わりはない」。デジタル技術は，市民と国家の間に（機能しない可能性もあるが）コミュニケーションのチャンネルを創り出すことで，あるいは，まさにデータ利用のために独自の課題（アジェンダ）をもたらす企業によって技術が開発される際に，この問題をさらに複雑にする。カー（Kar et al., 2016: 297）が指摘するもう一つの問題は，デジタル技術の利用を通じて現れる「受動的な，あるいは周囲を取り巻くような参加」の形態である。たとえば，

　　今や「参加者」は，匿名で時空間を移動しながら携帯電話のアプリを起動し続けることができる。……たとえば Twitter から得たデータは，元の投稿者の意図ではなく開発者自身のニーズに従って別の目的で使うことができる……ジオウェブによって受動的に与えられるものは，市民と国家の両方のコミュニティのメンバーにとってより大きな利便性を提供する。

このことは，参加の意味に関するさらなる研究を求めるシーバーらとエルウッドの呼びかけにわれわれを引き戻すことになる。

今後の展開

デジタルな参加型手法と市民科学は，地理学全体に波及する刺激的な新しい研究の世界を切り開いているが，それでもなお多くの課題をもたらしている。第1に，研究者は自らの参加型実践について反省的であり続けなければならないだろう。参加型地理学から学び，「研究者と被研究者の間にある力関係の不均衡」(Fuller and Kitchin 2004) に注意を向けることで，研究者は，誰が，どのように，なぜ参加しているのか，それらの個人やコミュニティにとって参加することの意味は何か，そして学術界の内外で生み出された知識を使って何をすべきか（また，それに基づいてどのように行動すべきか）を容易に特定することができるようになるだろう。

第2に，参加は単なる普及手段としてだけでなく，現地で行うかデジタル技術を通じて行うかにかかわらず，適用される包摂性への長期的な倫理的関 与（コミットメント）としても理解されなければならない (Shaw, 2017)。デジタルな技術と市民科学，そしてクラウドソーシングの実践は，膨大な量のデータを素早く集めること可能にするが，プロジェクトを成功させるには，信頼を築いて互いの利益を確保するために，プロジェクトの発展に時間をかける必要がある (Askins, 2017; Brown and Tucker, 2017)。これらの活動，特に同一のボランティアによる継続的な参加が必要となるプロジェクトは，参加型アプローチの根底にある価値観を理解することで，より包摂的で参加型のものになりうる。このことはまた，デジタル技術が市民科学を真にすべての人に利用できるものにするという考えに疑問を突きつけることになるだろう (Silvertown, 2009)。実際，市民科学は依然として少数の特権的な人々の道楽である (Geoghegan et al. 2016)。

第3に，デジタルな地理は地理学の下位分野の枠を越えて研究されており，そのことがハードウェア，ソフトウェア，参加，意味，経験，表象をめぐる議論をまとめることを可能にしている。デライザー (DeLyser, 2014: 98) は「進歩的で解放的な研究の取組みの一部」として参加型歴史地理学を提案してお

り、P/PGIS と市民科学はここで多大な貢献を果たすと考えられる（Geoghegan, 2014）。たとえばブラウンとタッカー（Brown and Tucker, 2017）のキープ・プロジェクト（Quipu Project）〔キープは古代ペルー（インカ帝国）で使用された数の記述法であり、縄の結び目を用いて言葉を紡ぐ「結縄」の一種〕はデジタル技術と参加型ストーリーテリングを利用して、ペルーにおける同意のない不妊治療をめぐる記憶と対抗記憶(カウンターメモリー)をとらえた。さらに、デジタルアーカイブや「デジタル化された書籍、新聞、写真、絵画、未発表原稿、音楽、音声記録、ウェブ検索のような取引型(トランザクショナル)データ〔ユーザーの意図が明確な検索クエリ〕、センサーデータ、携帯電話記録、ソーシャルメディア（Facebook や Twitter など）への投稿、等々を含むデータベース」を前面に出すデジタル人文学のアプローチ〔第 9 章参照〕が少しずつ検討されており、参加型手法や、よりデジタルを意識した分野から学ぶことは多い。

　まとめると、デジタルな手法を通じた自然世界の理解は、より社会的・文化的な次元よりも先を行っているのだが、デジタル技術は批判的人文地理学の問いを投げかけることを可能にするし、解放的かつ力を与える(エンパワー)方法や、包摂性や参加に関する問題に取り組む方法によって、そうした問いを提起することを可能にする。

謝辞

　フィードバックをくれた編者ら（特にロブ・キッチン（Rob Kitchin））、グローバルサウスと地理情報科学についてコメントをくれたサリー・ロイド＝エヴァンス（Sally Lloyd-Evans）とタラ・ウッディア（Tara Woodyer）に、それぞれ感謝の意を示したい。本章で示した資料は、経済社会研究会議（ESRC）の「フューチャー・リサーチ・リーダーズ賞」（ES/K001426/2）の一環として筆者が取り組んだ活動の成果である。

文献

Askins, K. (2017) 'Participatory geographies', in D. Richardson, N. Castree M.F. Goodchild, A. Kobayashi, W. Liu and R.A. Marston (eds), *The International Encyclopedia of Geography: People, the Earth, Environment, and Technology*. Chichester: John Wiley and Sons.

Bonney, R., Ballard, H., Jordan, R., McCallie, E., Phillips, T., Shirk, J. and Wilderman, C.C. (2009) *Public Participation in Scientific Research: Defining the Field and Assessing Its Potential for Informal Science Education*. CAISE Inquiry Group Report. Center for Advancement of Informal Science Education, Washington, DC. Available online: www.birds.cornell.edu/citscitoolkit/publications/CAISE-PPSR-report-2009.pdf (accessed 1 February 2018).

Brown, G., Strickland-Munro, J., Kobryn, H. and Moore, S.A. (2017) 'Mixed methods participatory GIS: An evaluation of the validity of qualitative and quantitative mapping methods', *Applied Geography*, 79: 153–166.

Brown, M. and Tucker, K. (2017) 'Unconsented sterilisation, participatory story-telling, and digital counter-memory in Peru', *Antipode*, 49(5): 1186–1203.

Bunge, W. (1971) *Fitzgerald: Geography of a Revolution*. Cambridge, MA: Schenkman Pub. Co.

Capineri, C. (2016) 'The nature of volunteered geographic information', in C. Capineri, M. Haklay, H. Huang, V. Antoniou, J. Kettunen, F. Ostermann and R. Purves (eds), *European Handbook of Crowdsourced Geographic Information*. London: Ubiquity Press. pp. 15–33.

Catlin-Groves, C.L. (2012) 'The citizen science landscape: From volunteers to citizen sensors and beyond', *International Journal of Zoology*, 2012: 349630.

Cooke, B. and Kothari, U. (eds) (2001) *Participation: The New Tyranny?* London: Zed Books.

Corbett, J., Cochrane, L. and Gill, M. (2016) 'Powering up: Revisiting participatory GIS and empowerment', *Cartographic Journal*, 53(4): 335–340.

DeLyser, D. (2014) 'Towards a participatory historical geography: Archival interventions, volunteer service, and public outreach in research on early women pilots', *Journal of Historical Geography*, 46: 93–98.

DeLyser, D. and Sui, D. (2013) 'Crossing the qualitative–quantitative divide II: Inventive approaches to big data, mobile methods, and rhythmanalysis', *Progress in Human Geography*, 37(2): 293–305.

DeLyser, D. and Sui, D. (2014) 'Crossing the qualitative–quantitative chasm III: Enduring methods, open geography, participatory research, and the fourth paradigm', *Progress in Human Geography*, 38(2): 294–307.

Dunn, C.E. (2007) 'Participatory GIS — a people's GIS?', *Progress in Human Geography*, 31(5): 616–637.

Elwood, S. (2008) 'Volunteered geographic information: Future research directions motivated by critical, participatory, and feminist GIS', *GeoJournal*, 72(3–4): 173–183.

England, K.V. (1994) 'Getting personal: Reflexivity, positionality, and feminist research', *Professional Geographer*, 46(1): 80–89.

Forrester, J. and Cinderby, S. (n.d.) 'A guide to using community mapping and participatory-GIS'. Available online: www.tweedforum.org/research/borderlands_community_mapping_guide_.pdf (accessed 1 February 2018).〔2024年2月20日時点リンク切れ〕

Fuller, D. and Kitchin, R. (2004) 'Radical theory/ critical praxis: Academic geography beyond the academy?', in D. Fuller and R. Kitchin (eds), *Radical Theory/Critical Praxis: Making a Difference Beyond the Academy?* Vernon and Victoria, BC: Praxis(e)Press. pp. 1–20.

Geoghegan, H. (2014) 'A new pattern for historical geography: Working with enthusiast communities and public history', *Journal of Historical Geography*, 46: 105–107.

Geoghegan, H., Dyke, A., Pateman, R., West, S. and Everett, G. (2016) 'Understanding motivations for citizen science'. Available online: www.ukeof.org.uk/resources/citizen-science-resources/MotivationsforCSREPORTFINALMay2016.pdf (accessed 1 February 2018).

Goodchild, M.F. (2007) 'Citizens as sensors: The world of volunteered geography', *GeoJournal*, 69(4): 211–221.

Graham, M., Hogan, B., Straumann, R.K. and Medhat, A. (2014) 'Uneven geographies of user-generated information: Patterns of increasing informational poverty', *Annals of the Association of American Geographers*, 104(4): 746–764.

Haklay, M. (2013a) 'Citizen science and volunteered geographic information: Overview and typology of participation', in D.Z. Sui, S. Elwood and M. Goodchild (eds), *Crowdsourcing Geographic Knowledge: Volunteered Geographic Information (VGI) in Theory and Practice*. Dordrecht: Springer. pp. 105–122.

Haklay, M. (2013b) 'Neogeography and the delusion of democratization', *Environment and Planning A*, 45(1): 55–69.

Haklay, M., Singleton, A. and Parker, C. (2008) 'Web mapping 2.0: The neogeography of the GeoWeb', *Geography Compass*, 2(6): 2011–2039.

Harney, L., McCurry, J., Scott, J. and Wills, J. (2016) 'Developing "process pragmatism" to underpin engaged research in human geography', *Progress in Human Geography*, 40(3): 316–333.

Jerrett, M., Burnett, R.T., Kanaroglou, P., Eyles, J., Finkelstein, N., Giovis, C. and Brook, J.R. (2001) 'A GIS-environmental justice analysis of particulate air pollution in Hamilton, Canada', *Environment and Planning A*, 33(6): 955–973.

Kar, B., Sieber, R., Haklay, M. and Ghose, R. (2016) 'Public participation GIS and participatory GIS in the era of GeoWeb', *Cartographic Journal*, 53(4): 296–299.

Kindon, S. (1995) 'Dynamics of difference', *New Zealand Geographer*, 51 (1): 10–12.

Kindon, S. (2010) 'Participation', in S. Smith, R. Pain, S.A. Marston and J.P. Jones (eds), *The SAGE Handbook of Social Geographies*. London: Sage. pp. 517–545.

Kitchin, R.M. and Hubbard, P.J. (1999) 'Research, action and "critical" geographies', *Area*, 31(3): 195–198.

Korson, C. (2015) 'Political agency and citizen journalism: Twitter as a tool of evaluation', *Professional Geographer*, 67(3): 364–373.

Leszczynski, A. (2018) 'Digital methods I: Wicked tensions', *Progress in Human Geography*, 42(3): 473–481.

mrs kinpaisby (2008) 'Taking stock of participatory geographies: Envisioning the

communiversity', *Transactions of the Institute of British Geographers*, 33(3): 292-299.
Mukherjee, F. (2015) 'Public participatory GIS', *Geography Compass*, 9(7): 384-394.
Newton, J., Franklin, A., Middleton, J. and Marsden, T. (2012) '(Re-)negotiating access: The politics of researching skills and knowledge for "sustainable communities"', *Geoforum*, 43(3): 585-594.
Pain, R. (2009) 'Introduction: Doing social geographies', in S. Smith, R. Pain, S.A. Marston and J.P. Jones (eds), *The SAGE Handbook of Social Geographies*. London: Sage. pp. 507-515.
Pain, R. and Francis, P. (2003) 'Reflections on participatory research', *Area*, 35(1): 46-54.
Pavlovskaya, M. (2009) 'Non-quantitative GIS', in M. Cop and S. Elwood (eds), *Qualitative GIS: A Mixed Methods Approach*. London: Sage. pp. 13-37.
Pew (2017) 'Mobile fact sheet'. Available at: www.pewinternet.org/fact-sheet/mobile (accessed 1 February 2018).
Purdam, K. (2014) 'Citizen social science and citizen data? Methodological and ethical challenges for social research', *Current Sociology*, 62(3): 374-392.
Radil, S.M. and Jiao, J. (2016) 'Public participatory GIS and the geography of inclusion', *Professional Geographer*, 68(2): 202-210.
Shaw, J.A. (2017) 'Where does the research knowledge lie in participatory visual processes?', *Visual Methodologies*, 5(1): 51-58.
Sieber, R.E. and Haklay, M. (2015) 'The epistemology(s) of volunteered geographic information: A critique', *Geo: Geography and Environment*, 2(2): 122-136.
Sieber, R.E., Robinson, P.J., Johnson, P.A. and Corbett, J.M. (2016) 'Doing public participation on the geospatial web', *Annals of the American Association of Geographers*, 106(5): 1030-1046.
Silvertown, J. (2009) 'A new dawn for citizen science', *Trends in Ecology & Evolution*, 24(9): 467-471.
Stephens, M. (2013) 'Gender and the GeoWeb: Divisions in the production of user-generated cartographic information', *GeoJournal*, 78(6): 981-996.
Stevens, M., Vitos, M., Altenbuchner, J., Conquest, G., Lewis, J. and Haklay, M. (2014) 'Taking participatory citizen science to extremes', *IEEE Pervasive Computing*, 13(2): 20-29.
Sui, D. (2014) 'Opportunities and impediments for open GIS', *Transactions in GIS*, 18(1): 1-24.
Sui, D. and DeLyser, D. (2012) 'Crossing the qualitative-quantitative chasm I: Hybrid geographies, the spatial turn, and volunteered geographic information (VGI)', *Progress in Human Geography*, 36(1): 111-124.
Sui, D. and Morrill, R. (2004) 'Computers and geography: From automated geography to digital earth', in S.D. Brunn, S.L. Cutter and J.W. Harrington (eds), *Geography and Technology*. New York: Springer. pp. 81-108.
Wiggins, A. and Crowston, K. (2011) 'From conservation to crowdsourcing: A typology of citizen science', in *HICS '11: Proceedings of the 2011 44th Hawaii International Conference on System Sciences*. Washington, DC: IEEE Computer Society.

第11章　カルトグラフィーとGIS

デヴィッド・オーサリヴァン

はじめに

　今日の地図の形式はウェブ地図であり，携帯電話やその他のインターネット対応デバイスで閲覧され，閲覧者の位置や動きに反応し，多くの場合特定のユーザーに合わせた情報が重ね合わせ(オーバーレイ)表示される。このような地図の生産を支えているのは，デジタルカルトグラフィーと地理情報システム（GIS）である。前者は，あらゆる種類の地図（今日の紙地図もデジタル製品である）を作成するために組み合わされる理論，実践，制度と考えることができ，後者は地理空間データの保存，操作，管理，分析を支える計算処理(コンピュテーショナル)インフラである。従来のGISはデスクトップソフトウェアプラットフォーム上に存在していたが，現在ではクライアントサーバー型，ピアツーピア型，クラウド型のいずれのアーキテクチャーであっても，分散型コンピューティングシステム上に存在することが一般化している。デジタルカルトグラフィーとGISは，1950年代後半から1960年代初頭の空間科学に共通の祖先を持っている。プログラムの学習やコンピュータパンチカード，限られた計算資源に苛立った経験は，この時期の説明において大きな位置を占めており（Stimson, 2008に掲載されている多数の回想を参照），地理学がコンピュテーションとデジタルなもの（the digital）に向けて第一歩を踏み出した時期だったことを示している。

　多くの人にとって，デジタルカルトグラフィーとGISは同義である。確かにそれらは関連しているが，第二次世界大戦以降，研究分野や実践分野として両者が平行して進化していく様は複雑であり，しばしば想定される以上に別個のものである。これらの相互に関連してはいるが異なる歴史は，GISがより自覚的に学問の道を歩んできた——とりわけ，地理情報科学（GIScience）として再発明された後は，実践的な応用よりも理論的な裏づけを重視することを明確に求める

ようになった（Goodchild, 1992）——のに対して，カルトグラフィーが長年にわたって科学かつ職人技という二重のアイデンティティを有してきたこと（たとえば Brewer, 1994 を参照）に由来するかもしれない。この区別を維持することは，特に社会理論からの持続的な批判（Pickles, 1995）の下で，不可能であることが判明した（Wright et al., 1997）。そして，GIS はカルトグラフィーと同様に教育と実践のコミュニティに組み込まれている，という認識は，クリティカル GIS の基礎となっている（Schuurman, 2000）。それに合わせるように，実践の研究コミュニティ，特にフェミニスト地理学者（McLafferty, 2002; Schuurman, 2002; Warren, 2004）と参加型 GIS の支持者は，クリティカル GIS の取組みを進める上で一際目立つ存在であった。これらの発展が，デジタルカルトグラフィーと地理情報科学の間の溝を狭めるのと同時に，カルトグラフィーは姿かたちを変え，可視化手法（ビジュアリゼーション）と融合し，デジタルなツールやインフラへの依存度を高めている。デジタルカルトグラフィーと GIS そのものが新たに出現しつつあるデジタル地理学の柱となってきているため，このような社会理論とラディカルな批評からの継承を理解することは重要である（Ash et al., 2018）。

　本章では，特にデジタルカルトグラフィーと GIS の接点とそれらの相互の影響に注意を向けながら，上記の平行的な進化をもう少したどりたい。とりわけ興味深いのは，「GIS を実践する」ことの中心となる対話型地図探索の経験の影響が，現代のデジタル地図の空間メディア，位置情報メディア，位置情報サービスへの進化と，それに伴うインターネットベースのマッピングや位置情報アプリケーション／サービスとそれらに関連する空間的技術（ジオウェブと総称される（Leszczynski and Wilson, 2013 参照））の成長，さらにはネオ地理学〔地理学の専門家ではない人々が地理的技術を利用して地理空間情報を生み出す取組み〕と自発的な地理情報（VGI）〔地理情報の専門家ではない人々がジオウェブ上で自発的に作成・提供する地理情報〕（Elwood, 2008 参照）を通したそのユーザーたちによるジオウェブの共同構築にまで，広範囲にわたって及んでいることである。このような進化はまた，個人の自律性や，国家と企業の両方による監視についておびただしい数の疑問を提起する（Elwood and Leszczynski, 2011）。

歴史的文脈 —— 編み込まれた流れ

　地図学史は確立された下位分野であるが，GIS の出現，広範囲への普及，導入についての説得力のある総合的な説明は部分的にしか書かれていない。カルトグラフィーと資本主義的近代性，国家権力の行使，植民地主義との密接な絡み合いは広く認められている。これらのテーマは，何巻にもわたる *History of Cartography* プロジェクト（Harley et al., 1987–[2022]）でかなり深く，ニュアンス豊かに探究されている。カルトグラフィーの研究における批判の伝統は，ハーリー（Harley, 1989）とウッド（Wood, 1992）によって開始され，自称「科学的」なカルトグラファーの中立性の主張に対して，マッピングは決定的に権力関係と絡み合っていると主張した。これらの洞察が長期にわたって影響を及ぼしていることは，それらが後にクリティカル GIS（Crampton and Wilson, 2015）に影響を与えたこと，そして歴史学者などの貢献によって地理学以外の分野にも批判地図学研究が及んでいること（たとえば Schulten, 2012）によって証明されている。その結果，マッピングや測量技術の発展と植民地時代の関心 —— 土地の細分化と搾取，軍事作戦，そして人口の官僚的管理 —— の結びつきが，深く探究されてきた（たとえば Carroll, 2006 参照）。

　対照的に，GIS と権力の中心軸との関係は十分に解明されていない。スミス（Smith, 1992）は 1990〜1991 年の湾岸戦争を最初の「GIS 戦争」と言い切ったが，GIS の背後に存在する軍事史に対するこの振る舞いはほとんど探究されておらず，「既存の内在主義的な扱いを超え，批判的で文脈的な GIS 史の機が熟している」というスミス（Smith, 1992: 258）の主張は四半世紀後も残されている。GIS の歴史の短さ（数十年）とカルトグラフィーの歴史の長さ（数千年）を比較することは不公平かもしれないが，それでも，GIS の軍事的ルーツはクラウド（Cloud, 2002）や，クラークとクラウド（Clarke and Cloud, 2000）による総説以外ではほとんど注目されていない。ビル・ランキン（Rankin, 2016）の *After the Map* は，軍事技術であった全地球測位システム（GPS）の誕生からその数年後の実用化までの歴史を描いている（Propen, 2005 も参照）。しかし，ランキン（Rankin, 2016: 18）は，自身が示した物語を GIS の説明に関連づけることをはっきり否定している。「電子的なマッピングと GIS の台頭……は私が示した物語

のほんの一部でしかない。他の歴史家たちが示しているように，これらは深刻な政治的（および領土的）意味を持つ非常に重要な発展である」。しかし，ランキンは「他の歴史家」に言及しておらず，「電子的なマッピングと GIS」を同義のものとしてひとまとめにする彼の大雑把な見解は典型的〔な解釈違い〕である。

国家権力から GIS へのつながりは，1970 年にアメリカ国勢調査のコンピュータ化のために開発された二重独立地図エンコード（Dual Independent Map Encoded: DIME）ファイル形式の開発に関する説明の中で，（もう少しだけ）詳しく記述されている（Chrisman, 2006: 13; Weiss, 1988）。別の方面からは，マカフィー（McHaffie, 2002）が，20 世紀半ばのアメリカ地質調査所（USGS）での地図作成の自動化（オートメーション）に関する研究の中で洞察を提供している。マカフィーの説明は，スミスの「内在主義的」という説明が示唆する以上に，制度的利害と噛み合ったより大きな社会政治的かつ経済的な力が働いていたことを明らかにしている。他にも，特定の大学の研究室での革新的な研究を強調する説明もある。クリスマン（Chrisman, 2006）が示したハーバード大学コンピュータグラフィックス研究所の歴史は，コンピュータ上での地図データの表現に対する現在では一般的なアプローチが，行き当たりばったりで何度もつまずきながら出現した経緯を魅力的に垣間見せてくれる。公表された文献に現れるイノベーションは多くなく，個人の重要な貢献は過小評価されたままである。たとえばクリスマン（Chrisman, 2006: 22）は，ベティー・ベンソン（Betty Benson），マリオン・マノス（Marion Manos），キャスリーン・レーヌ（Kathleen Reine）といった，SYMAP ソフトウェアに関する女性プログラマーの仕事を認めているが，今日の地理情報科学者にはおそらく彼女らの名前はなじみがないだろう（イギリスの「マップ・ガールズ」たちの忘れられた仕事との間に類似性があることは明らかである（Maddrell, 2008 を参照））。このような説明で興味深いのは，ソフトウェアとそれに関連する研究実践やデータ形式などが，どのようにしてロジックを迅速に取得し，最適な解決策やアプローチに関する仮定を埋め込み，GIS に強い経路依存性を生み出すかである（Sheppard, 1995 を参照）。スミスが嫌うもう一つの説明は，〔次のような〕地図作成の自動化（オートメーション）と GIS 開発の分離を強調するものである。「一般に，初期の自動地図作成システムは地理的な分析を円滑にするために作られたのではなく，多くの場合，そのような分析を

著しく阻害した」(Tomlinson, 1988: 252)。それにもかかわらず，トムリンソン (Tomlinson, 1988: 252) は「地図に含まれる情報の分析こそが本質である」と考え，地図作成に関する多くの慣習がGISの初期段階から効果的に組み込まれていたと認識している。

　これらの説明には限界があるが，従来型の世界の地図学的表現（つまり地図）を操作し，分析し，可視化することの重要性を，最初からGISの背後にある原動力として明確化したことは有益である。空間とその定量的な表現と分析に関する他の新しい考え方の潮流は優先されなかった。「これら〔定量的な地理的手法〕の開発は，自動地図作成システムあるいは地理情報システム〔GIS〕の初期の開発にほとんど影響を与えなかった」(Tomlinson, 1988: 252)。

　では，デジタルカルトグラフィーとGISの絡み合った関係を，われわれはどのようにとらえればよいのだろうか？　四つの側面を強調したい。第1に，すでに指摘されているように，現在のGISの形態の多くは，世界の地図学的モデルの採用に由来している。第2に，GISがカルトグラフィーにもたらした重要なことは，最終的な成果物としてではなく，対話的なマッピングのプロセスにおける一瞬の出来事として生産されるという，一時的な生成物としての地図の出現である。第3に，より現在に目を向け，マッピングとGISのプラットフォーム，すなわちデジタル地図とGISの区別をあいまいにするプラットフォームとしてのインターネットの出現である。第4に，今のところ知名度が高く，将来的にも重要な影響を及ぼす可能性のある発展は，地図とGISの「可動部分（moving parts）」としてのコードの重要性の高まりである。各項目については，以降の節で詳しく説明する。

世界の地図学的モデル

　GISは，その初期の段階から，世界の地図学的モデルを具現化してきた。伝統的な地図の構成要素，特にさまざまな種類の線画（点，線，面）は，GISデータの構成要素である。1970年代から1980年代にかけて，これらの要素をコンピュータのファイル形式やGISプラットフォーム内のデータ構造に符号化したり，標準化したりすることに多くの工夫が凝らされた。それらはオープン地理

空間コンソーシアム (Open Geospatial Consortium, 2011) の地理マークアップ言語における地理オブジェクトモデルのような標準を通じて，空間データのインフ̇ラ̇として影響力を持ち続けている (Easterling, 2014)。地図オブジェクトアプローチからの脱却の一つはラスターモデルであり，おそらくリモートセンシング画像が最も一般的だと思われる。そこでは世界が連続的にセンシングされた計測場（セルのグリッドとして）として理解される。ラスターデータモデルとベクターデータモデルの関係は，その相対的なメリットについての議論が落ち着いてきたとはいえ，難しい問題であり続けている (Couclelis, 1992)。ほとんどの GIS はそれぞれのタイプのデータセットを，さまざまな空間操作によって互いに関連づけることができる別個のレイヤーとして扱う —— そうした関連づけがなければ別個のまま扱うことになる —— ため，アプローチの統合はいまだに限られている。

1990年代における GIS の大躍進の半分は，地図データ構造とリレーショナルデータベースの結合であった（もう一つは，強力なコンピュータグラフィックスの出現である。次節を参照されたい）。リレーショナルデータベースとの統合は，長年業界をリードしてきた製品 Arc/INFO に明確に表れている。この技術革新が生じる頃には，それは商業的に必要なものと広く考えられていた (Dangermond and Lowell, 1988)。リレーショナルデータベースは，データセットの保存と管理を合理化してレコード間の不一致を防ぐことに中心的な関心事があり，企業データベースの所有者にとって重要な考慮事項である。リレーショナルデータベースは，テーブル〔表〕の組み合わせで構成されており，各テーブルはそれ自体がレコードの集合であり，各レコードはある特定のオブジェクトを表している。テーブル内の各レコードは，保存された値を持つ一連のフィールドまたは属性から構成されており，それらの値が一体となって表現されるオブジェクトを記述する。リレーショナルな側面とは，異なるテーブルのレコードをキーまたはインデックスフィールドを介して互いに関連づける方法を指す。この枠組みに地図オブジェクトを追加すると，ポリゴンオーバーレイやポイントインポリゴン検索，空間オブジェクトのバッファリング，GIS分析の中心となる空間結合の関連レパートリーなど，今ではおなじみの空間検索のメニューが得られる。GIS プラットフォームで1990年代末までに広く標準化された，幾何学的オブジェクト＋リレーショナルデータベースモデルとラス

ターレイヤーモデルという二分化したモデルは，世界について説得力のある絵を描くことができるが，欠けているものも多い。最も明らかに欠けているのは時間性と変化であり，その結果として〔GISが扱う〕時間は，長年にわたってかなりの研究が行われてきたにもかかわらず，地理情報科学の課題として残っている（Langran, 1992; Peuquet, 2003; Yuan et al., 2014）。また，標準的な枠組みでは不確実性，あいまいさ，意味，現象のより質的な側面を満足に扱うことが難しく，これらの側面は地理情報科学研究の中心的な関心事である。これらの表現上の限界は，場所，近隣，地域などの重要な概念に与える影響の程度を考えれば，理論地理学の観点からは残念なことである。広く見れば，これらの限界は，GISの初期の開発と地図表現との結びつきの直接的な結果である。

高度に対話的なプロセスとしてのマッピング

どれほど明らかに表現上の限界があるにせよ，デンジャモンドとローウェル（Dangermond and Lowell, 1988: 310）が指摘しているように，「GIS技術とカルトグラフィーは，現実ではなく〔現実の〕抽象化を扱うことを可能とするため，強力なツールである」。この力は，入手しやすいデスクトップコンピュータのグラフィック機能によって，研究者が地図化されたデータの対話的探索を行えるようになった1990年代を通して，より明らかになった。この経験は，アラン・マッキーチレンの「カルトグラフィーの立方体（cartography cubed）」（MacEachren, 1994）という概念の中で，地図とマッピングを考える新しい方法へと発展した。マッキーチレンは，「未知を明らかにすること／既知を提示すること」，「私的なもの／公的なもの」，そしてこの文脈で最も重要な「低い対話性／高い対話性」という，地図利用の三次元空間（立方体）を想定している。マッキーチレンによれば，最終的な「最良の」地図は存在せず，地図利用者が画面に表示されるものを頻繁に変更したり，異なる地図を重ね合わせたり，地図のシンボルや配色を変更したりするなど，より対話的な状況で地図は利用されることが多くなった（今も多くなり続けている）。その後の発展により，高度に対話的な地図利用のインサイダー的実践のような，以前は研究者に限られていたものが，デジタル地図が広く普及したことで日常的なものになった。マッ

キーチレンの視点は，批判地理学者の主張の中でも取り上げられてきた。すなわち，あらゆる時代のあらゆる地図に言えるかもしれないが，特に今日のデジタル地図を適切に理解するためには，それを最終的な成果物としてではなく，使用を通じて常に生まれてくるプロセス的実体としてとらえる必要がある，という主張である（Kitchin and Dodge, 2007）。今日の典型的な地図といえば，スマートフォンのナビゲーションアプリや位置情報サービスアプリである。それらは，携帯電話のユーザーの変化する要求および位置情報と，それほど明瞭ではないものの重要でないとも言えない，アルゴリズムによってエンコードされたアプリ開発者の意図の両方に対応して常に更新されている。

マッピングプラットフォームとしてのインターネット

　もちろん，対話的なプロセスとしてのデジタル地図に欠かせないのは World Wide Web の出現であり，より最近では，マッピングプラットフォームとしてのモバイルジオウェブの出現である（Leszczynski, 2012）。ウェブ上の地図は 1990 年代半ばから一般的になっていたが，地図利用と地図デザインへのインターネットの影響は，ゆっくりと認識されてきているにすぎなかった（Peterson, 2003 参照）。これは，初期のウェブ地図がサーバで生成され，低解像度の画像としてクライアントアプリケーション（通常はウェブブラウザ）に配信されることで，速度が遅かったからかもしれない。また，個別に操作可能な GIS レイヤーをエミュレートする他のアプローチは，どちらかといえば，より低速になる傾向があったかもしれない。何もかもを変えた突破口は，2005 年に Google が導入した「スリッピーマップ」〔スクロールしたり，拡大・縮小したりすることができる地図〕であり，バーチャル地球儀の Google Earth とともに，とてつもない興奮を生み出した（Crampton, 2009）。スリッピーマップ・インターフェースの可能性は，2007 年に Apple の iPhone が発売され，位置情報サービスと組み合わさった今日の対話的で没入感のあるデジタル地図の重要な要素が現れたときに，より明らかになった。包括的な仮想の「鏡の世界」（ミラーワールド）（Google Earth やその競合技術）とユビキタスコンピューティング（スマートフォンとモノのインターネット〔IoT〕）の二つが並び立って発展していることは，大枠では予

想されていたが（Gelernter, 1991; Weiser, 1991 を参照），それらがどのようにして出現するか，そしてどの程度位置情報とデジタルマッピングがそれらの進化の中心となっているかについての詳細は，ほとんど予想されていなかった。

　現代のデジタル地図のフロントエンド（携帯電話上のスリッピーマップ）は一目瞭然であり，非常に対話的でその場限りの地図利用というマッキーチレンの世界を明確に想起させる。毎秒無数の地図が作られ，使われ，そして捨てられている。注意しなければならないのは，この環境においては，マッキーチレンがいうところの熟練利用者に比べて，地図のエンドユーザーによるコントロールが著しく損なわれていることである。より広いスケールで見れば，マッキーチレンがいうところの熟練利用者は，自分自身が選択したわけではないプロジェクトや時間スケールの上で地図を利用している可能性が高いため，自律性があまりないかもしれない。しかし，間近で見れば，地図を利用する瞬間においては，（パンやズーム以外の方法で）地図を探索したり変更したりする自由度は，スマートフォンの地図を利用する人の通常の経験よりも高い。〔ただし〕利用者と地図の対話性は，地図提供者の必ずしも明確ではない意図にも影響される。

　ジオウェブは，デジタル地図作成の全段階において，このようなコントロールと所有権に関する問題を前面に押し出している。スリッピーマップであるほど目に見えづらいことは，地図作成の裏側がどのように変化してきたか，また地図作成の手段の所有権がどのように移り変わってきたかということである。ほとんどのデジタル地図は，公開されているデータや利用可能な画像をローカルな知識と組み合わせて利用・拡張するかたちで，営利企業が作成している。多くの場合，これらのデータソースは，プラットフォームの利用者が「自発的ボランタリーに」提供したデータによってさらに拡張されている（Elwood, 2008）。並行して，オルタナティブなデジタル地図の生態系エコシステムは，OpenStreetMap（Haklay, 2010）のようなかたちで，完全にこうした自発的ボランタリーでクラウドソーシング的な手法に基づいて開発されており，自社で地図を作れない企業による営利目的の地図作成と非営利プロジェクトの双方の基礎を形成している。これらの開発により，デジタルマッピングへのアクセスの民主化について楽観的でユートピア的な主張がなされてきたが，アクセスとコントロールに関する問題が多く残っていることは明らかである（Stephens, 2013）。これらの試みがどれ一つとして，GIS に組み

込まれた支配的な地図オブジェクトモデルに挑戦していないことは，注目すべきことである．

コードの重要性の高まり

オンラインプラットフォームにおけるデジタル地図と GIS の融合は，デジタルな生成物としての性質をさらに前面に押し出している．地図と地理空間データは，ますますデジタルインフラの文脈の中でのみ存在する — その中でしか存在することができない — ものになってきており，それ自体がますますそのインフラの重要な構成要素の一部となり，インフラを構成し，その中に組み込まれるようになってきている．この発展が何を意味するのかはまだ明らかではない．ここでは，いずれもそれ自体では目新しくもなく，クリティカル GIS における息の長い関心事であるが，結果としてデジタル地理学の教授法にとって重要さを増した可能性のある二つの側面について簡単に述べておく．

第1の側面は，地図学／地理学の教育がプログラミングやソフトウェア工学，あるいはこれらの略語となっている「コード」とどの程度関わるべきか，という問題である．ウェブ地図はコードを学ばなくても作ることができるが，その構築における流暢性はプログラミングのスキルを身につけて初めて達成されうる．これは，「マッピング101」〔マッピングの入門クラス〕の担当者の誰もが，学生に何を求めるかという困難に直面するということであり，その他の技術的問題をも上回る問題である．筆者が担当する入門クラスでいつも提起する問いは，「もしデジタル地図作成がコンピュータプログラミングの一分野になったとしたら，地理学者はそのプロセスにどう貢献できるだろうか？」というものである．これはコードの教育にどのようにアプローチするかという狭い技術的課題（これも難しい問題ではあるが）よりも喫緊の課題である．地理学者は，空間や場所について考えるためのさまざまな概念的ツールを開発してきた．これらの概念的ツールが，デジタルマッピングで利用可能なツールとどのように噛み合う／合わないのか，あるいはそれをどのように拡張するのかを批判的に検討することは，重要事項の中心である．ここでは，マッピングと GIS の歴史的なつながりと，世界の地図学的モデルの限界が重要な出発点となる．

これと密接に関連している第 2 の側面は，エルウッドとウィルソン（Elwood and Wilson, 2017）による最近の論文でうまく議論されている。それは，マッピングと空間分析の倫理に関するものであり，どうすればこのテーマを技術に焦点を当てたシラバスの追加事項として扱うのではなく，最初から学生のマッピング経験に埋め込むことができるか，という問題に触れている。ここでの一番の関心事は，具体化され，社会的に埋め込まれたプロセスとしてマッピングを理解することである。デジタル地図がますますユビキタスなメディアとなっているため，この考えを伝えることは，作成者の手を離れた完成品としての権威ある紙地図がより目立っていた頃に比べてある意味では容易になったのだが，デジタル地図が何もないところから作り出されて魔法のように「ただそこにある」かのように立ち現れてもいるため難しくもなっている。

ありえる未来

　デジタルマッピングの変化の速さを考慮すると，近い将来の発展についてすら推測することは不毛な試みである。現在の観点から考えて，最近の主要なトレンドがすぐにも逆転するとは考えにくい。ウェブ検索エンジンを通じてインターネットを検索するのと同様に，個人最適化された「現実世界の」消費機会の風景を通してユーザーを導く，（通常は）市場を媒介とした世界の窓としてのデジタル地図は，その新規性にもかかわらず，すでに定着している。デジタル地図がどの程度地理的な「フィルターバブル」（Pariser, 2011）なのか，またどの程度拡張現実やこれらすべてを包含する「コード／空間」（Kitchin and Dodge, 2011）の先駆けであるかを判断するのは困難である。プライバシーなどの概念をめぐる社会的規範（たとえば Elwood and Leszczynski, 2011 を参照），そして自律性や選択の自由のような，おそらくより根本的な概念への挑戦，またそれらの発展が生じる可能性は非常に高いと思われる。これらの発展がより解放的な目的のために抵抗あるいは転覆されうるか，またどうすれば抵抗や転覆が可能かは，新興の監視資本主義（Zuboff, 2015）に大きな変化がない限り，不確実なままである。このような変化は，ユーザー自身の言葉で，ユーザーの意識的コントロールの下で世界を探索し，理解するための手段として，デジタル地

図を想像し直すことを必然的に伴う。地理情報科学における現在の研究の多くは，地図オブジェクトモデルの限界と，時間，不確実性，あいまいさ，意味，その他の人間的な概念を適用することの難しさから生まれてきており，上記のようなデジタル地図に活路を見出すことができるかもしれない。もしそうであるならば，クリティカル GIS と同様に，デジタル地理学は批評を超えて，批判的に関与する実践の探求・発展へと拡大しなければならない。

文献

Ash, J., Kitchin, R. and Leszczynski, A. (2018) 'Digital turn, digital geographies?', *Progress in Human Geography*, 42(1): 25–43

Brewer, C.A. (1994) 'Color use guidelines for mapping and visualization', in A.M. MacEachren and D.R.F. Taylor (eds), *Visualization in Modern Cartography*. Oxford: Pergamon Press. pp. 123–147.

Carroll, P. (2006) *Science, Culture, and Modern State Formation*. Berkeley: University of California Press.

Chrisman, N.R. (2006) *Charting the Unknown: How Computer Mapping at Harvard Became GIS*. Redlands, CA: Esri Press.

Clarke, K.C. and Cloud, J.G. (2000) 'On the origins of analytical cartography', *Cartography and Geographic Information Science*, 27(3): 195–204.

Cloud, J.G. (2002) 'American cartographic transformations during the Cold War', *Cartography and Geographic Information Science*, 29(3): 261–282.

Couclelis, H. (1992) 'People manipulate objects (but cultivate fields): Beyond the raster-vector debate in GIS', in A. Frank, I. Campari and U. Formentini (eds), *Theories and Methods of Spatio-temporal Reasoning in Geographic Space*. Berlin: Springer. pp. 65–77.

Crampton, J.W. (2009) 'Cartography: Maps 2.0', *Progress in Human Geography*, 33(1): 91–100.

Crampton, J.W. and Wilson, M.W. (2015) 'Harley and Friday Harbor: A conversation with John Pickles', *Cartographica: The International Journal for Geographic Information and Geovisualization*, 50(1): 28–36.

Dangermond, J. and Lowell, K.S. (1988) 'Geographic information systems and the revolution in cartography: The nature of the role played by a commercial organization', *Cartography and Geographic Information Science*, 15(3): 301–310.

Easterling, K. (2014) *Extrastatecraft: The Power of Infrastructure Space*. London: Verso.

Elwood, S. (2008) 'Volunteered geographic information: Key questions, concepts and methods to guide emerging research and practice', *GeoJournal*, 72(3–4): 133–135.

Elwood, S. and Leszczynski, A. (2011) 'Privacy, reconsidered: New representations, data practices, and the geoweb', *Geoforum*, 42(1): 6–15.
Elwood, S. and Wilson, M.W. (2017) 'Critical GIS pedagogies beyond "Week 10: Ethics"' *International Journal of Geographical Information Science*, 31(10): 2098–2116.
Gelernter, D.H. (1991) *Mirror Worlds, or, The Day Software Puts the Universe in a Shoebox: How It Will Happen and What It Will Mean*. New York: Oxford University Press.
Goodchild, M.F. (1992) 'Geographical information science', *International Journal of Geographical Information Systems*, 6(1): 31–45.
Haklay, M. (2010) 'How good is volunteered geographical information? A comparative study of OpenStreetMap and Ordnance Survey datasets', *Environment and Planning B: Planning and Design*, 37(4): 682–703.
Harley, J.B. (1989) 'Deconstructing the map', *Cartographica: The International Journal for Geographic Information and Geovisualization*, 26(2): 1–20. ハーリー, J.B. 著, 田中雅大訳 (2020)「地図を脱構築する」『空間・社会・地理思想』23: 123–148.
Harley, J.B., Woodward, D., Malcolm Lewis, G., Edney, M.H., Pedley, M.S., Kain, R.J.P. and Monmonier, M. (eds) (1987–[2022]) *The History of Cartography*. Chicago: University of Chicago Press.
Kitchin, R. and Dodge, M. (2007) 'Rethinking maps', *Progress in Human Geography*, 31(3): 331–344.
Kitchin, R. and Dodge, M. (2011) *Code/Space: Software and Everyday Life*. Cambridge, MA: MIT Press.
Langran, G. (1992) *Time in Geographic Information Systems*. London: Taylor & Francis.
Leszczynski, A. (2012) 'Situating the geoweb in political economy', *Progress in Human Geography*, 36(1): 72–89.
Leszczynski, A. and Wilson, M.W. (2013) 'Guest editorial: Theorizing the geoweb', *GeoJournal*, 78(6): 915–919.
MacEachren, A.M. (1994) 'Visualization in modern cartography: Setting the agenda', in A.M. MacEachren and D.R.F. Taylor (eds), *Visualization in Modern Cartography*. Oxford: Pergamon Press. pp. 1–12.
Maddrell, A. (2008) 'The "Map Girls": British women geographers' war work, shifting gender boundaries and reflections on the history of geography', *Transactions of the Institute of British Geographers*, 33(1): 127–148.
McHaffie, P. (2002) 'Towards the automated map factory: Early automation at the U.S. Geological Survey', *Cartography and Geographic Information Science*, 29(3): 193–206.
McLafferty, S.L. (2002) 'Mapping women's worlds: Knowledge, power and the bounds of GIS', *Gender, Place and Culture: A Journal of Feminist Geography*, 9(3): 263–269.
Open Geospatial Consortium (2011) 'OpenGIS implementation specification for geographic information — Simple feature access — Part 1: Common architecture'. Available at: www.

opengeospatial.org/standards/sfa (accessed 14 August 2018).

Pariser, E. (2011) *The Filter Bubble: What the Internet Is Hiding from You*. New York: Penguin Press.

Peterson, M.P. (ed.) (2003) *Maps and the Internet*. London: Elsevier.

Peuquet, D.J. (2003) *Representations of Space and Time*. New York: Guilford Press.

Pickles, J. (ed.) (1995) *Ground Truth: The Social Implications of Geographic Information Systems*. New York: Guilford Press.

Propen, A.D. (2005) 'Critical GPS: Toward a new politics of location', *ACME: An International E-journal for Critical Geographies*, 4(1): 131–144.

Rankin, W. (2016) *After the Map: Cartography, Navigation, and the Transformation of Territory in the Twentieth Century*. Chicago: University of Chicago Press.

Schulten, S. (2012) *Mapping the Nation: History and Cartography in Nineteenth-Century America*. Chicago: University of Chicago Press.

Schuurman, N. (2000) 'Trouble in the heartland: GIS and its critics in the 1990s', *Progress in Human Geography*, 24(4): 569–590.

Schuurman, N. (2002) 'Women and technology in geography: A cyborg manifesto for GIS', *The Canadian Geographer/Le Géographe Canadien*, 46(3): 258–265.

Sheppard, E.S. (1995) 'GIS and society: Towards a research agenda', *Cartography and Geographic Information Systems*, 22(1): 5–16.

Smith, N. (1992) 'History and philosophy of geography: Real wars, theory wars', *Progress in Human Geography*, 16(2): 257–271.

Stephens, M. (2013) 'Gender and the geoweb: Divisions in the production of usergenerated cartographic information', *GeoJournal*, 78(6): 981–996.

Stimson, R.J. (2008) 'A personal perspective from being a student of the quantitative revolution', *Geographical Analysis*, 40(3): 222–225.

Tomlinson, R.E. (1988) 'The impact of the transition from analogue to digital cartographic representation', *Cartography and Geographic Information Science*, 15(3): 249–262.

Warren, S. (2004) 'The utopian potential of GIS', *Cartographica: The International Journal for Geographic Information and Geovisualization*, 39(1): 5–16.

Weiser, M. (1991) 'The computer for the 21st century', *Scientific American*, 265(3): 94–104.

Weiss, M.J. (1988) *The Clustering of America*. New York: Harper & Row.

Wood, D. (1992) *The Power of Maps*. New York: Guilford Press.

Wright, D.J., Goodchild, M.E. and Proctor, J.D. (1997) 'Demystifying the persistent ambiguity of GIS as "tool" versus "science"', *Annals of the Association of American. Geographers*, 87(2): 346–362.

Yuan, M., Atsushi, N. and Bothwell, J. (2014) 'Space–time representation and analytics', *Annals of GIS*, 20(1): 1–9.

Zuboff, S. (2015) 'Big other: Surveillance capitalism and the prospects of an information civilization', *Journal of Information Technology*, 30(1): 75–89.

第12章　統計学, モデリング, データサイエンス

ダニ・アリバス゠ベル

はじめに

　われわれはエキサイティングな時代に生きている。データ革命が展開するにつれて，その帰結の多くがよりはっきりしたものになってきている。自動運転車から言語翻訳，よりスマートな都市に至るまで，人間の活動に関するデータセットの自動生成の効果は，われわれの日常生活に明白な影響を与えている。その影響にはポジティブな面――ビジネス，政府，市民生活を向上させる洞察と効率を生み出す（たとえば Mayer-Schönberger and Cukier, 2013 参照）――と，不平等を悪化させ，監視を強化し，プライバシーを侵害し，規制と管理を強化するという，それほどポジティブではない面がある（たとえば O'Neil, 2016）。データ革命は，われわれがどのように世界を知り，理解するようになるのかについても，深刻な影響を与えている。キッチン（Kitchin, 2014）が指摘するように，「ビッグデータと新しいデータ分析法は，多くの場合，研究の行い方を再構成する破壊的なイノベーションである」。本章の文脈で言えば，この引用と関連する部分は，新しいデータ分析法である。データ化の時代（Schutt and O'Neil, 2013）は，われわれが世界を理解するために開発し，展開する定量的分析のタイプに大きな意味を持ち始めている。この変化はすでに動き始めており，社会科学系雑誌の熱心な読者は，「データサイエンス」や「機械学習」のような用語のかたちで，そのヒントやそれへの言及を目にし始めているだろう。データや新しいツールがこれまで以上に普及するにつれて，この変化はより一層大きくなり，地理学者のツールボックスにまで広がり，埋め込まれる段階にまで到達することで，おそらくあらゆる独自性が失われていくだろう。

　本章では，地理学の文脈におけるこの広範な認識論的傾向，特に地理学に着想を得た定量的手法について検討する。地理学は，現在「デジタル論的転回」

(Ash et al., 2018) の渦中にあると主張されている。それがもたらしうる帰結の一つは,「デジタル」なもの (the 'digital') の中で起こることは, 地理学の領域でより容易に伝播し, 共鳴するだろうということである。本章では, 空間データをモデル化する技法に関してもそれが当てはまるだろうと主張する。本章が伝える特に重要なメッセージは, その多くが地理参照（ジオリファレンス）された豊富なデータの世界にわれわれ自身がますます深く浸るようになるにつれ, 空間モデリングの技法や統計学に興味をもつコミュニティは, 妥当性を保つために従来のアプローチを焼き直す必要がある, ということである。この進化の一端は, 地理情報科学とジオコンピュテーションの文献によって過去数十年間にわたってなされてきた貢献をビッグデータ時代に向けて再利用することを含んでいる。このプロセスの重要な側面として, 計量地理学の安全地帯から外に踏み出し, コンピュータサイエンス, 機械学習／人工知能, データサイエンスの分野へと橋渡しすることも含まれるだろう。

　もちろん, 地理学や, 統計学のような数学に着想を得た分野との相互交流は, 目新しいものではない (たとえば, Bunge, 1962; Fotheringham, 1998; Miller and Goodchild, 2015 を参照)。筆者の主張の一端は, それらの分野がより集中的に取り組む必要がある領域が, より統計学的志向の強い分野から, 本質的により計算処理的（コンピュテーショナル）志向の強い分野へと移行していくというものである。この文脈で有用な用語は「データサイエンス」である。それは, 統計学, コンピュータサイエンス, ソフトウェア工学の交点にある, あいまいではあるが急速に成長している領域である。本章は, この移行のいくつかの側面を探る。次節では, 従来の空間モデリングとデータサイエンスの両方について, 近年の状況をレビューする。続く節では, 二つの視点を統合するケースを示し, 例を挙げて説明する。最後に, 地理学におけるモデリングの近未来がどのようなものになるかについての三つの予測で本章を締めくくる。

歴史的文脈

　統計学とモデリングが今日の地理学のどこにあるのかを理解するためには, この分野のどこで多くの貢献が生じているのか, また, 近い将来に効果

を与えそうな（あるいは，実際にすでに効果を及ぼしている）外部からの影響が何であるのかを特定することが有用である。これから確認するように，「デジタル」なものは，あらゆる場所で重要な要素となっている。実際に，計量地理学と，地理学における統計学やモデリングの本場であるジオコンピュテーション（Fotheringham, 1998; Longley et al., 1998）や地理情報科学（Goodchild, 1991, 1992）のような関連する下位分野は，アッシュら（Ash et al., 2018）が示した「デジタル論的転回」を駆り立てる上で重要な役割を果たしてきたと言える。かなりの程度，このような盛り上がりは，コンピュータやデジタル表現に関するこれらの下位分野に当初から完全に依存していたことによって説明される。実際，「デジタル」なものなしではジオコンピュテーションのようなものはありえないし，定量的分析は信じられないほど時間がかかるか不可能である。コンピュータに単に依存することを超えて，地理学的な統計学とモデリングは，この依存を，アナログ世界では得られない結果を生み出す手法を開発する機会に変えてきた。たとえば，より最新の地理的加重法の中には，標準的な「アナログ」技法のデジタル版を超えて，最新の計算処理能力（コンピューティングパワー）なしには考えつくことができない手法にまで達しているものもある。このプロセスにおいて，新しい技法はそのような特徴を中核に据え，事実上「もともとデジタル」なアプローチを生み出している。

　統計学的観点から言えば，現在，地理学の主流で教えられ，使われている標準的な定量的手法は，大部分が伝統的な統計学と頻度論的確率論に由来していると言ってよいだろう（たとえば Harris, 2016; Rogerson, 2014）。これを基礎として，計量地理学者，地理情報科学者，ジオコンピュテーションの実践者は，空間と場所を中心に据えた統計学的技法の全体を構築するために，空間統計学者と協力してきた（たとえば Cressie, 2015; Ripley, 2005）。これは，統計学的な枠組みの中で，位置と空間的に媒介される相互作用を形式的に表現することで可能になる。その結果，研究の単位はどこかに位置しているという事実を説明できるだけでなく，それを利用することもでき，そもそもそのような相互作用を引き起こす根本的なメカニズムに関する洞察を引き出すことができる，一連の手法が生まれた。

　強調すべき重要なことは，これらの手法の多くは，その基礎となっている多

くの従来の統計学のように，計算効率の高い方法で意味のある結論に到達できるよう，確率論の特性を利用した非常に洗練された数学的装置に依存している，ということである。また，データが乏しく，計算処理(コンピューティング)に限界がある時代に生まれた者として，これらの手法は，モデリングアプローチに前提を設けることと，外生的な構造を課すことに依存しており，通常，それらは両方とも理論的モデルから生み出されるものである，ということを強調するのも重要である。より計算量が多く，制限の少ない手法を取り入れるために，この視点を広げることが求められてきたが（先見の明のある視点については Openshaw, 1983 を，後の考察については Fotheringham, 1998 を参照），今日に至るまでそれらの影響は限定的である。

　これまでとは全く異なる視点から見ると，ここ数年は，確立された分野としてデータサイエンス（DS）が台頭してきている（Peng and Matsui, 2015; Schutt and O'Neil, 2013）。その起源をピンポイントで特定することは難しいが，DS という用語は 2000 年代初頭のインターネット企業の台頭（Weinberger, 2011）と，サーバーログを通して生成されるデータが，生(なま)のかたちではないが，潜在的に利益を生む可能性があるという認識から始まった。それに対する業界の反応は，コンピュータを利用した統計学とコンピュータサイエンスの融合（特に，自動化された仕方で予測を行うために，データから構造を柔軟に抽出し，それを使うことができる手法に焦点を当てた機械学習），ソフトウェア／データベースエンジニアリング，そして生(なま)のログを実用的な洞察に変えるためのいくつかの可視化手法(ビジュアリゼーション)とストーリーテリングであった。ユーザーのクリック率から，顧客の類型化，サーバーの負荷分散まで，DS はデータをよりよいビジネス上の意思決定に変換するための答えとして描かれている。それ以来，産業，政策，科学のいくつかの分野でデータが爆発的に増大するのに伴い，データへの DS アプローチも広がってきた。社会科学においてこれは，より集中的に浸透し始め，下位分野に分岐してきている計算社会科学(コンピュテーショナル・ソーシャルサイエンス)（CSS）（Lazer et al., 2009）というかたちで行われてきた。地理学において CSS は，DS からの影響も相まって，ジオデータサイエンスと呼ぶこともできる新しいアプローチを生み出しつつある地理情報科学とジオコンピュテーションを中心に形成されたコミュニティによって取り上げられている。本章の目的のためには，主に標準的な統計学によって

支持されてきたデータ分析法へのより従来的なアプローチと DS がどのような点で異なるかを強調することが重要である．これらを区別する方法はいくつかあり，そのどれもが何らかのかたちで誤解を招く可能性があるが，有用な側面もとらえている．次の二点は，地理情報科学とジオコンピュテーションのコミュニティが推進する手法との比較を詳しく説明することと特に関係していると考えられる．第 1 に，数学的な「ごまかし」とコンピュータによる力ずくの計算とのトレードオフという点でいえば，DS は明らかに後者に傾いている．第 2 に，データもコンピュータの能力も豊富であるため，DS は一般的に，展開されるモデルで推定されたデータと関数形の両方の構造に対してそれほど前提を設けない．他にも重要な違いがあり，それらのうちで最も重要なのは，おそらく推論から予測への焦点の移行（Mullainathan and Spiess, 2017 で β 対 $\hat{y}$ として見事にまとめられている）だと思われるが，以下では議論の便宜上，最初の二つに焦点を絞る．

現在の議論

　前述した二つの視点はますます激しく相互作用するようになり，DS が地理学における統計学とモデリングの新たな展開に対して与える影響はますます大きくなる可能性が高い．前述したように，ただし常にそのように言えるわけではないが，計量地理学と GIS は，常に本質的にデジタルであり，1950 年代以降のデジタルコンピュータの発展によって促進されてきた．この光景に DS が新たにもたらしたものは，この領域における「デジタル」なものの性質を変化させている最新の計算処理アプローチと，もともとデジタルなデータの注入である．一方で，DS が考慮するようになってきた問題には明確な空間的次元が含まれていることが多く，データサイエンティストは，地理情報科学者とジオコンピュテーション研究者の双方にとって非常になじみのあるツールや概念を試し始めている．この例として，ここ数年で非常に人気が出てきた Carto 社は，自らをロケーションインテリジェンスサービスとしてブランド化しており，より標準的な DS ツールと相互作用させるために従来の GIS のツールをオンラインに移行させている．その一方で，通常のデータサイエンティストにとって非

常になじみのある要素が計量地理学に入り込み始めている。

　地理学と DS における統計学とモデリングとの間のこうした相互作用がもたらす利点と課題のいくつかを説明するために，筆者の経験的な事例を示そう。「話し言葉の郵便番号区（The Spoken Postcodes）」という論文の中で筆者（Arribas-Bel, 2015）は，計量地理学者にとっての二つの長年の問題，すなわち，近隣（neighborhood）という概念と可変単位地区問題（modifiable areal unit problem: MAUP）（Openshaw and Taylor, 1979）について考察している。MAUP とは，二つの構成要素（スケールの問題とゾーニングの問題）を持つ，空間版の生態学的誤謬であり，データが地理的にどのように集計されるかによってその場所について誤った推論がなされる可能性があるという問題である。機械学習アルゴリズムと地理参照（ジオリファレンス）されたツイートのデータセットの組み合わせを用いることで，このプログラム〔Arribas-Bel（2015）で示されているデータ集計プログラム〕は，各地区のツイートの言語の混在状況に基づいて，アムステルダム市における意味のある近隣を再描画することができる。この取組みは，近隣という概念がいかに流動的でありうるか，そして最新の計算能力（コンピューティングパワー）と新しい形式のデータの組み合わせによって，どれほどの柔軟性が与えられるのかを強調している。

　分析結果に入る前に，従来直面していた状況について考えてみよう。小地域の都市研究は，通常，対象都市内のデータポイントを取得するために，行政的な地域を〔空間単位として〕使う必要がある。オランダの場合，最も一般的な行政単位は，アムステルダム市を示した巻頭図12.1で確認できる郵便番号区である。この地図で明らかなように，郵便番号区は規則正しく整然とした方法で空間を区切っている。アムステルダムのような古い都市にありがちな不規則性を考慮して，郵便番号区はすべて似たような面積を占め，可能な限りグリッドに近い並び方をしている。所得の不平等，民族の多様性，汚染の社会的影響などに関心を持つ研究であろうなかろうと，多くの場合，これらの行政的境界に縛られる。しかし，行政的境界が関心事の根底にあるプロセスと一致しており，潜在的に MAUP を生み出す可能性があるということに同意する研究者はほとんどいないだろう。

　それでは，Twitter 上の言語に基づく近隣の区分けを示している巻頭図12.2について考えてみたい。違いを掘り下げる前に，この地図がどのように構築

されたのかを説明しよう。より小さな地区単位（より一般的な 4 桁レベルではなく，5 桁の郵便番号区）を使って，データセット内の各主要言語のツイートの割合を得ることで，言語プロファイルが導き出される。たとえば，都心部のある場所では，オランダ語と英語の割合はほぼ同等であり，トルコ語がやや少なく，ドイツ語やフランス語のような他の言語が通常の割合よりも高い。このプロファイルは，観光客のハブとしての都心の役割を反映しているだろう。対照的に，トルコ系住民が多い西部の小さな郵便番号区では，ツイートのほとんどがオランダ語とトルコ語に分かれて示されるかもしれない。まとめれば，非常に詳細なスケールで言語の割合を得ることで，より意味のある近隣，つまり均質的なプロファイル ── この場合は言語プロファイル ── を持つ地域の構成要素を得ることができる。しかし，それら自体は近隣ではない。近隣とは，同じ「本質」，あるいはこの場合では言語プロファイルを共有するより大きな（連続した）地域を意味する。これは，類似し，連続した地域を結合するように 5 桁の郵便番号区をグループ化することで得られる。この集約のプロセスは地域区分と呼ばれ（Duque et al., 2007），MAUP の最も頑健(ロバスト)な解決策の一つであるため，計量地理学では長い伝統がある。自動化されたゾーニング手順（Openshaw, 1977）を用いると，約 1,100 の小さな郵便番号区は，巻頭図 12.1 に示された公式の 4 桁の郵便番号区とおおよそ同じ数の 81 の地域に集約される。その結果は巻頭図 12.2 に示されている。規則正しく整然とした行政的境界の代わりに，この結果は，非常に大きい地域もあれば（たとえば，南東部のビイルマー地区），より大きく，より均一な地域の中央にある小さな外れ値のように見える地域もある（たとえば都心部の西側の緑色の小さな部分），非常に混沌としたレイアウトになっている。

　話し言葉の郵便番号区の例を取り上げたことの要点は，DS が地理的モデリングにすでにどの程度組み込まれているか，また，その統合にどの程度の利点があると同時に大きな課題もあるのかを強調することである。まずは，ポジティブな面から見てみよう。DS の特徴的な要素の一つである，新しい形式のデータ（この例では Twitter のデータ）の使用は，近隣とは何か，われわれはそれをどのように定義することができるかという，長年の疑問に対して全く新しい視点を提供することを可能にする。その答えが決定的なものであったり，完

全に正しいものであったりするわけではないが，これまで不可能であった新しい方法について考えるためのツールを提供してくれる。第二に，ツイート自体が近隣を作るのではない。線引きを可能にするのは，データと明確に空間的な技法との組み合わせである。この文脈において指摘しておくべき重要なことは，その手法自体は新しいものではないが，多くの機械学習と同様に，豊富なデータとコンピュータの力を原動力とするルネッサンスを経験しており，それらによってこうした技法は，提案された当初には生み出せなかった結果を生み出せるようになった，ということである。

　最後に注意すべき点を示しておきたい。DSとそれに関連する進歩はわれわれに新たな可能性を与えてくれるが，それらを具体化する主な課題のいくつかを強調することは重要である。これらについては，他の場所でより広く，詳細に示されているので（たとえば，Arribas-Bel, 2014; Kitchin, 2014），ここでは簡単に議論するにとどめる。分析を行うために必要なコンピュータのスキル（従来のような熟達した地理学者が持っていないスキル）の他に，自己選択バイアスや使用サンプルの代表性について考慮すべき重要な問題がある。誰もがツイートするわけではなく，スマートフォンを持っているわけでもない。このことは，これらのデータセットに基づいてわれわれが構築している都市の表現にとってどのような意味を持つのだろうか？　データ収集の段階で存在する分断や不平等は，必然的に分析の最終成果物に引き継がれることになる。

実現可能な未来

　前の二つの節は，地理学における統計学とモデリングの現状は静的なものとはほど遠く，大きな変化を遂げつつあるという印象を与えるだろう。つまり，数年もすれば，この分野は現在と比べて異なる様相を呈しているかもしれないのである。ここでは，われわれが地理学において統計学とモデリングをどのように行うのかをかたちづくる，今後数年のうちに関連性が増すと筆者が考える，三つの主なトレンドについて検討する（そのうちのいくつかはすでに進行中である）。

データ，データ，データ

　一つ目のトレンドは，新しい手法の開発の基礎となる重要な要因として，データがいたるところに存在し，影響を及ぼしていることと関連するものである。この点を理解するためには，1990 年代における安価なコンピュータの性能の向上が空間統計学における「ローカル革命」(Fotheringham, 1997; Haining, 2014) —— 空間的異質性を分析するために特別に設計された統計手法の激増と大域的な傾向からの脱却 —— とみなせるものを引き起こしたのかどうかを検討することが重要である。同様に，空間，時間，あるいはその両方において並外れた粒度の豊富なデータは，データが少なく粗い時代に作られた従来の手法では得られなかった洞察を可能にするため，これらの特徴を明示的に活用できる手法の開発に拍車をかけるだろう。これには，たとえば（前節の例のように）事前に空間構造を仮定する必要がない手法や，リアルタイムのデータポイントに対応する手法（ストリーミング技術など），新しいデータ群が利用できるようになったときに漸進的な更新を可能にする手法（オンライン学習アプローチなど）が含まれる。

方程式 vs コンピュータ

　エフロンとハスティ（Efron and Hastie, 2016）がレビューしているように，21 世紀における統計学の歴史の大部分は，より厳密な仮定とより効率的な計算に依存するアプローチから，より柔軟で自動化された推論装置を生み出す，最新のコンピュータの力に依存するアプローチへの移行として解釈されうる。同様の変化は，ある程度，空間統計学の下位分野にも影響を与えており，筆者の見解では，今後数年間でそれがさらに強まると思われる。DS は，コンピュータサイエンスと機械学習の原理から大きな影響を受けているため，DS と地理学との間の相互作用がより大きくなれば，フォザリンガム（Fotherringham, 1998）が言うところの「コンピュータが中枢的な役割を果たす」，より（ジオ）コンピュテーション的な統計学が実現するだろう。筆者がさらなる検討が必要と考える点は，このような移行を地理学のカリキュラムの変更にどのように反映させるかについてである。筆者の考えでは，他の分野が提案していることと同じく（統計学については Hardin et al., 2015 を参照），これは，純粋な数学の腕前より

もコンピュータのリテラシーに重点を置くことで，期待される学習成果も同じように〔コンピュータを重視するものへと〕移行させるはずである。

思考する機械

　筆者の最後の予測は，これまでの二つと関連するが，それらの結論をさらに一歩進めたものである。われわれは，かつてないほど安価なコンピュータの性能のおかげで計算することができる極めて柔軟なモデルを可能にする，データが非常に豊富な世界に踏み込むにつれて，人間ではなくアルゴリズムが洞察を提案するような例を目にし始めるかもしれない。確かに，われわれが研究の問いを示すとコンピュータが望ましい分析結果を返してくれる日は，まだSFの領域に属している。しかし，筆者が想像しているのは，研究者がコンピュータにデータ一式と非常にゆるい仮定および／または予想だけを示せば，コンピュータが研究者に対して検討すべきさまざまな「提案」を返すという状況である。このアプローチは，キッチン（Kitchin, 2014）が経験主義的アプローチと呼ぶ，ビッグデータそれ自体が科学に完全に取って代わる可能性があるという見解に陥るものでは決してない。むしろ，これは，探索的データ分析（Tukey, 1977）を次の段階に進めたものであり，それゆえ同書が提唱する「データ駆動型科学」により近いものである。

　このアプローチの優れた例は，Alphabet社（Googleの持ち株会社）の子会社であるDeepMindが作成したコンピュータプログラムのAlphaGo（Silver et al., 2016）である。2016年にAlphaGoは，中国古来のボードゲームである囲碁の最強の棋士として広く知られていたイ・セドル（李世乭）を打ち負かした。この偉業は，複数の人間が打った過去の対局の大規模なデータセットの組み合わせと，極めて重要なこととして，対局の本質を抽出し，最終的に勝利をもたらす新しい手を生成するためにそれを使うことができる，ニューラルネットワークアルゴリズムの適応によって可能になった。本章の文脈でこの例が有用であるのは，プログラムが一度学習済みの状態になると，生成され始めた戦略の組み合わせは，必ずしも元のデータセットにおけるそれらの繰り返しや組み合わせではなく，経験豊かな棋士でさえも驚かされるようなアプローチを含んでいたことである。それらの新しい戦略が研究され，理解されれば，囲碁が非

常に上手な，新しい世代の棋士に拍車がかかるだろうと言われてきた。それでは，古いボードゲームの代わりに，たとえば衛星画像（ちなみに，これまでにない頻度と質で生成されている）から所得の不平等を識別することをコンピュータに「教えた」場合，どのようになるかを考えてみよう。われわれは，画像のピクセルに刻み込まれた特徴に基づいて，異なるレベルの所得を検出するアルゴリズムを訓練することができる。その出力結果は，衛星画像や回帰〔分析〕のようなより従来的なアプローチから得られるもの（たとえば，Arriibas-Bel et al., 2017）と比べて，正確な推定値を生み出すだけでなく，人類がこれまでに探究できなかった要因に光を当て，新しい理論の種となる可能性もある。

おわりに

　結論として，地理学における統計学とモデリングは，「デジタル」なもの，特にデータサイエンスの広範な発展との相互作用が強まった結果，重要な変化を遂げ，大きな転換を経験している。その結果，この分野はよりデータ駆動的になり，数学的ではなくなり，より計算処理的（コンピュテーショナル）になり，ジオデータサイエンスというハイブリッドへと進化していくことが期待されている。このプロセスは，すでに進行中のデータ革命の可能性と恩恵を最大限に活用することを可能にするだろう。これらのトレンドをまとめると，数年後にはこの分野は，歴史的にほとんど交流のなかった他のコンピュータ関連の分野と方法論的により一層統合され，かなり異なった様相を呈すると思われる。これは交流の空間を生み出し，手法，ツール，実践の面で協力や相互交流を可能にする，喜ばしいことである。また，この転換は，統計的かつ計算処理的（コンピュテーショナル）な地理学者であることの意味を再定義し，それをデータサイエンティストの姿により近づける可能性がある。この文脈では，現在の地理学におけるモデリング研究者のコミュニティは，この分野における重要性を維持するために適応し，進化していくことが重要である。そうしなければ，コンピュータのスキルはあっても，地理学の専門知識が乏しい他の分野に追い越されてしまう危険を冒すことになる。これは，主に次の二つの理由から非常に望ましくない。第一に，地理学者の仕事が二次的な役割に追いやられてしまう可能性が高い。しかし，第二に，そしてより重要なこ

ととして、おなじみの問題に対処するために地理学コミュニティが長年かけて開発してきた進歩の多くが、かなり非効率で不公平なプロセスの中で再発見され、再発明されることになってしまうだろう。それゆえ、われわれはエキサイティングな時代に生きているのである。

文献

Arribas-Bel, D. (2014) 'Accidental, open and everywhere: Emerging data sources for the understanding of cities', *Applied Geography*, 49: 45–53.

Arribas-Bel, D. (2015) 'The spoken postcodes', *Regional Studies, Regional Science*, 2(1): 458–461.

Arribas-Bel, D., Patino, J.E. and Duque, J.C. (2017) 'Remote sensing-based measurement of Living Environment Deprivation: Improving classical approaches with machine learning', *PLoS ONE*, 12(5): e0176684. DOI: 10.1371/journal.pone.0176684

Ash, J., Kitchin, R. and Leszczynski, A. (2018) 'Digital turn, digital geographies?', *Progress in Human Geography*, 42(1): 25–43.

Bunge, W. (1962) *Theoretical Geography*. Lund Studies in Geography Series C: General and Mathematical Geography, No. 1. Lund: Gleerup.

Cressie, N. (2015) *Statistics for Spatial Data*. Hoboken, NJ: John Wiley & Sons.

Duque, J.C., Ramos, R. and Surinach, J. (2007) 'Supervised regionalization methods: A survey', *International Regional Science Review*, 30(3): 195–220.

Efron, B. and Hastie, T. (2016) *Computer Age Statistical Inference*. Cambridge: Cambridge University Press.

Fotheringham, A.S. (1997) 'Trends in quantitative methods I: Stressing the local', *Progress in Human Geography*, 21(1): 88–96.

Fotheringham, A.S. (1998) 'Trends in quantitative methods II: Stressing the computational', *Progress in Human Geography*, 22(2): 283–292.

Goodchild, M.F. (1991) 'Geographic information systems', *Progress in Human Geography*, 15(2): 194–200.

Goodchild, M.F. (1992) 'Geographical information science', *International Journal of Geographical Information Systems*, 6(1): 31–45.

Haining, R. (2014) 'Spatial data and statistical methods: A chronological overview', in M. Fischer and P. Nijkamp (eds), *Handbook of Regional Science*. Berlin: Springer. pp. 1277–1294.

Hardin, J., Hoerl, R., Horton, N.J., Nolan, D., Baumer, B., Hall-Holt, O., Murrell, P., Peng, R., Roback, P., Temple Lang, D. and Ward, M.D. (2015) 'Data science in statistics curricula: Preparing students to "think with data"', *American Statistician*, 69 (4): 343–353.

Harris, R. (2016) *Quantitative Geography: The Basics*. London: Sage.

Kitchin, R. (2014) 'Big data, new epistemologies and paradigm shifts', *Big Data & Society*, 1(1). DOI: 2053951714528481.

Lazer, D., Pentland, A., Adannc, L., Aral, S., Barabasi, A.L., Brewer, D., et al. (2009) 'Life in the network: The coming age of computational social science', *Science*, 323(5915): 721–723.

Longley, P.A., Brooks, S., Macmillan, W. and McDonnell, R. (1998) *Geocomputation: A Primer*. Chichester: Wiley.

Mayer-Schönberger, V. and Cukier, K. (2013) *Big Data: A Revolution that Will Transform How We Live, Work, and Think*. London: John Murray.

Miller, H.J. and Goodchild, M.F. (2015) 'Data-driven geography', *GeoJournal*, 80(4): 449–461.

Mullainathan, S. and Spiess, J. (2017) 'Machine learning: An applied econometric approach', *Journal of Economic Perspectives*, 31(2): 87–106.

Openshaw, S. (1977) 'A geographical solution to scale and aggregation problems in region-building, partitioning and spatial modelling', *Transactions of the Institute of British Geographers*, 2(4): 459–472.

Openshaw, S. (1983) 'From data crunching to model crunching: The dawn of a new era', *Environment and Planning A*, 15(8): 1011–1013.

Openshaw, S. and Taylor, P.J. (1979) 'A million or so correlation coefficients: Three experiments on the modifiable areal unit problem', *Statistical Applications in the Spatial Sciences*, 21: 127–144.

O'Neil, C. (2016) *Weapons of Math Destruction: How Big Data Increases Inequality and Threatens Democracy*. New York: Crown Publishing Group.

Peng, R.D. and Matsui, E. (2015) *The Art of Data Science: A Guide for Anyone Who Work with Data*. Victoria, BC: Leanpub.

Ripley, B.D. (2005) *Spatial Statistics*. Hoboken, NJ: John Wiley & Sons.

Rogerson, P.A. (2014) *Statistical Methods for Geography: A Student's Guide*. London: Sage.

Schutt, R. and O'Neil, C. (2013) *Doing Data Science: Straight Talk from the Frontline*. Sebastopol, CA: O'Reilly Media.

Silver, D., Huang, A., Maddison, C.J., Guez, A., Sifre, L., Van Den Driessche, G., et al. (2016) 'Mastering the game of Go with deep neural networks and tree search', *Nature*, 529(7587): 484–489.

Tukey, J. (1977) *Exploratory Data Analysis*. Reading, MA: Addison-Wesley.

Weinberger, D. (2011) *Too Big to Know*. New York: Basic Books.

第III部
デジタル文化

第13章　メディアと大衆文化

ジェームズ・アッシュ

はじめに

　メディアと大衆文化は，デジタル地理学にとって重要な関心事となってきた。もちろん，地理学者はメディアや大衆文化がデジタル形式で表現される以前からそれらに関心を持っていた。映画（Cresswell and Dixon, 2002; Aitken and Dixon, 2006），テレビ（Hay, 1993; Christophers, 2009），写真（Kinsman, 1995; Larsen, 2005），ラジオ（Pinkerton, 2008; Pinkerton and Dodds, 2009），漫画（Dittmer, 2010; Gallacher, 2011）など，さまざまなアナログメディアに関する一連の研究が存在する（概要は Dittmer et al., 2014 を参照）。これらのアナログメディアと並んで，地理学者は，ビデオゲーム（Ash and Gallacher, 2011），デジタルカメラ（Jackman, 2015），イメージミーム〔ある特定の画像がインターネット上で模倣やパロディを通じて拡散されること〕（Rose, 2016），短いアニメーションを作ってループ再生することができるグラフィックス・インターチェンジ・フォーマット（GIF）画像（Ash, 2015）など，生まれながらにしてデジタルなメディアや大衆文化についても研究してきた。

　これらの異なる形式のメディアを統合しているものは，今やほとんどの場合，それらが別々のデジタルプラットフォームを介してアクセスされているということである。これらのプラットフォームとしては，Instagram のような画像を共有するアプリやサイト，YouTube のような動画共有プラットフォーム，Steam のようなビデオゲームのデジタル配信サイトが挙げられる。これらのプラットフォームは，ミームや GIF のような新しい形式のコンテンツの制作だけでなく，上述した多数のアナログ形式のメディアや大衆文化の修復にも関わっている。たとえば，漫画やグラフィックノベルのようなアナログ形式のメディアは，現在では，Marvel Unlimited のようなアプリベースのプラットフォームを介して，デジタルなポータブル・ドキュメント・フォーマット（PDF）ファイルとし

て販売されており、セルロイドに記録された映画は、Netflix のようなプラットフォームで、デジタルな H.264/AVC ファイルとして配信されている。本章では、アナログコンテンツのデジタルフォーマットへの修復と、新しいデジタルフォーマットの出現を念頭に置きつつ、現在のメディアと大衆文化を、特定の媒体に縛られた別々のオブジェクトの集まりとしてではなく、重なり合い、かつ相互に接続された、多様なデバイスからアクセスできるプラットフォームやサービスとしてとらえる。たとえば Netflix のような動画配信サービスが提供する映画は、タブレット、PC、スマートフォン、スマートテレビ、ゲーム機などで再生できる。同様に、Instagram のような画像共有サービスは専用のスマートフォンアプリ、あるいはそのサイトのレスポンシブウェブページ〔利用しているデバイスの画面サイズやウェブブラウザに応じて、異なるデザインで表示されるウェブページ〕を通じてアクセスでき、サイト内の画像は Facebook や Twitter などのソーシャルメディアサイトに埋め込むことができる。

　デジタルプラットフォームが台頭し、いたるところに存在しているにもかかわらず、メディアについて研究している地理学者のうち、プラットフォームが大衆文化の生産と消費をどのように形成しているかを検討している者はほとんどいない。本章の内容からすれば、大衆文化は、「『大衆』と呼ばれる人々——富と権力の地位を占めていない社会の大多数——の日常的な実践、経験、信念」(Burgess and Gold, 2016: 3) として理解することができる。しかし、当然ながら、裕福で権力のある人々も大衆文化を楽しむことができる。この観点で考えれば、メディアは大衆文化の鍵を握っている。なぜなら、人々は多くの時間をメディアと関わることに費やしており、その結果、メディアはかれらの日常的な行動や身の回りの世界に関する信念に影響を与えるからである。

　本章では、地理学者によるデジタルプラットフォームに関する研究が不足していることを踏まえ、メディアや大衆文化の変化する地理を理解したいのであれば、研究者はこれらのプラットフォームの物質的な特異性や論理に注目する必要がある、と主張する。この主張を実現するために、本章の残りの部分では、デジタルなプラットフォーム、サービス、デバイスが、どのように新しい形式の大衆文化を生み出し、既存の形式の大衆文化を再形成しているかを示す。具体的には、デジタルプラットフォームが大衆文化の輪郭をどのように変化させ

ているかを検討する。変化のさせ方は三つある。第1に，デジタル技術は新しいタイプのコンテンツを生産し，共有することを可能にしている。第2に，これらのプラットフォームやサービスは，これらのコンテンツに関連した新しいミクロ文化を創り出している。第3に，そして最後に，これらのミクロ文化は，異なる集団の人々，個人，オブジェクトの間に激しい情動をもたらす潜在的可能性を創り出す。情動は，デジタルメディアが大衆文化に与える影響と，その反対に大衆文化がデジタルメディアに与える影響の中心をなす新しい種類の通貨として機能する。

デジタルプラットフォームの台頭

　デジタルプラットフォームは，制作されるコンテンツのタイプと，コンテンツを制作する人をかたちづくる。制作されるコンテンツはプラットフォームのビジネスモデルに基づいており，そこでは，「程度の差はあるが，さまざまなタイプのプラットフォームが，参加者を『消費者』としてではなく『共に価値を作るユーザー』として巻き込もうとしている」(Langley and Leyshon, 2017: 17; Srnicel, 2017 も参照)。ラングレーとレイション (Langley and Leyshon, 2017: 13) は，これらのタイプのサービスをプラットフォーム資本主義の一形態と呼んでいる。そこではプラットフォームは，「社会 - 技術的で資本主義的なビジネス実践の特定の組み合わせによって決定される離散的かつ動態的な配置」と定義されている。ラングレーとレイションは五つの異なるタイプのプラットフォームを概説しており，そのうちの三つが本章におけるデジタルメディアと大衆文化に関する議論に関係している。その三つとは，① Amazon, Apple, Spotify, Ebay などの「物理的な配布，ダウンロード，ストリーミング」を通じて製品とサービスを販売するオンライン取引市場，② Facebook や YouTube などの「ユーザーコミュニティがコンテンツを投稿するためのホスト」として機能するソーシャルメディアとユーザー生成コンテンツ，③ Kickstarter や Indiegogo などの「金銭の寄附，担保，貸付，投資のためのマーケットプレイス」として機能するクラウドファンディング，である (Langley and Leyshon, 2017: 16)。

　これらのプラットフォームの技術的側面は，制作されるコンテンツのタイプ，

ひいてはプラットフォーム全体の成功と人気にとって重要である。たとえば，ラングレーとレイション（Langley and Leyshon, 2017: 21）はYouTubeに関して次のように主張している。

2005年後半にYouTubeが動画コンテンツのホスティングプラットフォームとして急成長し，同時期に開始されたGoogle Videoをすぐさま追い抜いた。YouTubeは，デジタルコンテンツをほぼすべての形式でアップロードできるインターフェースを備えていたため，ユーザーから非常に高い人気を得ていた。一方，Google Videoでは，ユーザーは最初にアップロードの形式を標準化するためのソフトウェアをダウンロードしなければならなかった。アップロード作業の容易さと柔軟性によって，YouTubeというプラットフォームはコンテンツで満たされ，それが視聴者，さらには広告主を惹きつけることになった。〔これを受けて〕Googleは，2006年10月に16億5,000万ドルの費用をかけてYouTubeを買収した。

デジタルプラットフォームとコンテンツ制作の論理

プラットフォームのビジネスモデルにおいては，作者やメーカーは，テレビ，ラジオ，映画，ビデオゲームのように中央のスタジオや出版社で直接働く傾向はなく，自営業の「コンテンツクリエーター」となり，自らが生成するコンテンツと自動的にリンクされる広告から，あるいはプラットフォームの媒体を通じてユーザーに商品を販売することによって，直接収入を得ている（Kim, 2012; Smith et al., 2012; Burgess and Green, 2013）。

このようなビジネスモデルは，各プラットフォームの内部のルールやダイナミクスとともに，制作されるコンテンツのタイプやスタイルを形成し，さらには新しいジャンルのメディアの開発を促している。YouTubeの場合，アップロード者が動画に動画広告やバナー広告を自動的に割り当て，これらの広告を見た人の数に応じて収益を受け取ることができることがこれの例として挙げられる。広告の割り当てには制限がない。つまり，ユーザーは好きな時に好きなだけ動画をアップロードし，それによって広告収入を増やすことができる。そ

の結果，デイリービデオロギング（vlogging: Vlog）〔video と blog を組み合わせた言葉〕というジャンルが台頭してきている。デイリー Vlogger は，Vlog を撮影・編集し，自分の YouTube チャンネルにアップロードしている。一般的な日常生活の Vlog を中心としたチャンネルもあれば（ケイシー・ナイスタット（Casey Neistat）），スケートボード（ジョン・ヒル（John Hill）など）や旅行（ルイス・コール（Louis Cole）など）といった特定のテーマ，活動，実践に焦点を当てたチャンネルもある。忠実な視聴者を創り出すために必要な，魅力的なコンテンツを毎日撮影，編集，アップロードすることの必要性は，新しい形式のデジタル技術を利用して，撮影，編集，合成の革新的な技法を創造することの原動力となっている（Longhurst, 2009; Laurier, 2015）。たとえば，人気 Vlogger のキャシー・ナイスタットは，電動スケートボードでニューヨークの街路を走り回る自分自身の様子を，ドローンを使って撮影している。そうすることで，彼は目的地まで移動すると同時に，ドローンを操作して，最終的に Vlog に編集されるショットをフレーミングしている。

　動画の量や頻度だけでなく，プラットフォームの論理も Vlogger の動画の長さを規定している。たとえば，10 分以上の動画を作ることで YouTube がより多くの広告を動画に追加でき，コンテンツ制作者がより多くの広告収入を得られるということに YouTuber は気づいた。これにより，10 分強の動画が Vlogger の標準となり，文化表現の一形態としての Vlogging というメディアが形成された（Snickars and Vonderau, 2009）。YouTube の単純な例が示すように，プラットフォームの論理は，あらゆるレベルで作られるコンテンツの種類を規定しており，そうすることで，大衆文化が共有・拡散される環境を一変させる。

　メディアの新しいジャンルやスタイルの創造と並行して，Kickstarter や Indiegogo のようなクラウドファンディングサイトは，これらのプラットフォームがなければ存在しえなかったような既存の形式のメディアの制作を可能にしている。たとえば，ビデオゲーム『シェンムー3』をめぐるクラウドファンディングキャンペーンを見てみよう。2001 年〔日本版 1999 年〕にセガ・ドリームキャストで発売された『シェンムー』シリーズは，当初は全 11 章で構成されており，全章がドリームキャストで発売される予定だった。しかし，最初の二作がそれなりの商業的成功を収めた後，セガがゲーム機市場から撤退したため，シ

リーズは未完のままとなってしまった。それから何年もの間，shenmuedojo.net のようなウェブフォーラムや shenmuedojo のような YouTube チャンネルによってゲームの詳細な分析が行われたり，ゲームのウォークスルー動画やサウンドトラックの音楽プレイリストが公開されたりするなど，『シェンムー』はカルト的な支持者を得た。それに続いて，change.org〔オンラインの署名サイト〕では，ゲームの三作目を求める嘆願書がいくつも提出された。こうしたファンの継続的な声は『シェンムー』の生みの親である鈴木裕氏を勇気づけ，ゲーム開発のための Kickstarter キャンペーンを開始させた。Kickstarter は，支援者に 200 万ドルの開発資金を募り，それ以上の資金が集まった場合には，最終的に配信されるゲームに機能を追加する，という一連のストレッチゴールを可能にした。

　Kickstarter でのキャンペーンは成功し，2015 年 7 月に 69,320 人の支援者が 600 万ドル以上の資金を提供して終了した。『シェンムー 3』の開発におけるクラウドファンディングの性質は，大手パブリッシャーが投資をしない中でのゲーム開発を可能にしただけでなく，製品自体の構造にも直接注ぎ込まれ，影響を与えた。鈴木裕氏は Kickstarter キャンペーン終了後のインタビューで次のように語っている。「Kickstarter を利用したことで，ゲームのアーキテクチャーは，予算の変更に対応できるようなスケーラブルな構造が基本となっていました。プロセス全体を通じて支援者からのフィードバックを継続的に受け取ることができますし，それによって開発の焦点を絞ることに役立っています」（Sillis, 2016）。『シェンムー 3』の場合，ストレッチゴールの達成数に応じて，完成したゲームにどのセクションが存在し，どのセクションが存在しないかが決まることになっていた。ここでは，ゲームの開発は，ゲームの開発資金を調達したデジタルプラットフォームと密接に結びついている。『シェンムー 3』以外にも，Patreon や Prosper のようなさまざまなプラットフォームでクラウドファンディングされた音楽アルバム，ボードゲーム，グラフィックノベルなど，さまざまなメディアとの関連で，大衆文化の生産が同様に変容していることを検証することができるだろう。これらの例のいずれにおいても，プラットフォームのデジタルな性質が，どのような種類の大衆文化が生産されるか，またどのように大衆文化が生産されるか，それら両方を根本的に変えてきたことが明らかである。

デジタルプラットフォームとミクロ文化

　プラットフォームが，制作されるメディアコンテンツの種類とそれを制作する人の変化をもたらすことで，非常に多様でありながら特異なミクロ文化の集まりが生まれている。これらの文化は，特有の製品，趣味，政治的志向，熟練した技術に関連した特定のチャンネル，フィード，アカウント，クリエイターを中心に組織化されうる。ミクロ文化を独特なものにしているのは，それらが同じクリエイター，フィード，アカウント，チャンネルをフォローしている数百人から数百万人程度の人々によって構成される可能性があり，かつ，それらの人々が対面で会うことが決してないかもしれない，という事実である。それにもかかわらず，これらのミクロ文化は，その文化に特有の永続的な慣習を創り出しており，たとえばあるユーザーのアカウントのコメント欄で特有のスラングが生み出されたり，そのユーザーに関連するハッシュタグが使われたりすることで，さまざまなプラットフォームを横断してそうした慣習が採用されている（Marwick, 2013）。デジタルメディアと大衆文化に関心のある地理学者にとっては，プラットフォームのユーザーがどのようにこれらのミクロ文化に関わり，それを形成しているのかを理解することは重要な研究トピックである。なぜなら，他者が制作したコンテンツに対するユーザーのコメントや「いいね！」やレスポンスは，大衆文化に流入するコンテンツの形成，流通，規制の鍵となるからである。

デジタルプラットフォーム，ミクロ文化，情動

　プラットフォームが可能にするミクロ文化の発展は，プラットフォームのユーザーとデジタルコンテンツとの間に，新しいタイプと強度の情動的な愛着を創造することにつながる可能性がある（Balance, 2012; Kuntsman, 2012）。情動とは，さまざまなオブジェクトや物質との出会いによって現働化（actualize）される感覚，気分，感性を意味する。これらの情動の強さは，インターネット上での荒らし行為からミーム文化やGIFの作成と普及に至るまで，さまざまな方法で表現されている。これらの実践はメディアや大衆文化の地理に関心のあ

る人々にとって重要である。なぜなら，それらは世界の出来事がどのように経験され，理解されるかにますます影響を与えるようになってきているからである（Meek, 2012）。

　ペドウェル（Pedwell, 2017: 160）が主張するように，ソーシャルメディアで共有される画像や画像的なミームは情動的な力を生成することができ，それは「増幅と参加の連動的な力学によって可能になる」。ペドウェル（Pedwell, 2017: 160）によれば，これらの情動は，「既存の視覚的な投稿作品に，わずかではあるが顕著な修正を加えるという点で……その性質上，増殖性がある」。たとえばわれわれは，Twitter などのソーシャルメディアプラットフォームが『カエルのペペ』のミームを，いかにして 4chan 掲示板での登場からアメリカのオルタナ右翼運動の国際的なシンボルへと昇華・普及させることを可能にしたか，を考えることができる。

　『カエルのペペ』は，マット・フューリー（Matt Furie）が 2005 年に Myspace というソーシャルネットワーキングのプラットフォームにアップロードしたインターネットコミックのキャラクターとして誕生した。4chan 掲示板のユーザーは，この漫画のユーモアを高く評価し，ペペの画像は 4chan のミームやアバターに定期的に使用された。同時期に，偶然にも，4chan サイトのいくつかのサブ掲示板が，オルタナ右翼の新たな集会所となった。マルムグレン（Malmgren, 2017: 12）が説明しているように，

> カエルのペペと「オルタナ右翼」のつながりは……2016 年初頭の late-night/pol スレッドにまで遡る。ある投稿者が，共和党コンサルタントのシェリー・ヤコブズ（Cheri Jacobus）が「緑色のカエルのシンボルは白人至上主義者がプロパガンダに使うものだ」とツイートしていることに気づいたとき，スレッド上の人々は，そんなことを考えている人なんているのかと茶化していた。このミームがいかにして「普通の人」に乗っ取られたかについて少々話し合った（あるユーザーはケイティ・ペリー（Katy Perry）が最近ペペをツイートしたことを指摘した）後，このスレッドは，4chan の知的財産を取り戻し，誰も憂鬱な緑色のカエルと関わりたくないということを確かなものとするために，ヤコブズの見解を真実にすることを決めた。

マルムグレン（Malmgren, 2017: 12）によれば，ミームとしてのペペの使用は，オルタナ右翼運動そのものについて多くのことを語っている。彼が指摘しているように，

> 「オルタナ右翼」支持層の大部分にとって，抑圧的で暴力的な政治を容認することは，人々を怒らせて楽しむための別の方法にすぎなかった……「オルタナ右翼」支持層のかなりの部分は，MSNBC〔アメリカのニュース専門放送局〕に対して人種差別的なミームを番組の1コマで流すことを要求したり，名誉棄損防止同盟に4chanのスラングをヘイトシンボルのデータベースに追加するように働きかけたりすることで，単に盛り上がっているだけである。

言い換えれば，オルタナ右翼には特定のイデオロギー的目標を持つ献身的な指導者がいるかもしれないが，これらのミームを流通させている人々の多くは，実際の政治運動を展開することには関心がない。むしろ，かれらの目標は，報復や結果をほとんど恐れずに緊張を煽り，かき立てるための情動そのものの増殖なのである（『カエルのペペ』については Applegate and Cohen, 2017 も参照）。

かなり異なる文脈ではあるが，われわれは，映画や動画のような大衆文化の既存のコンテンツをユーザーがどのようにリミックス／リメイクし，別の目的のためにさまざまなプラットフォームを通じて流通させるかについても考えることができる。たとえば，Twitter, Facebook, Instagram に埋め込むことができるループする GIF アニメーションは，ユーザーが特定の投稿や画像についてどのように感じているかを表示して，視聴者から何らかの感覚や情動を引き出すための面白い視覚的手段を提供するためによく使用されている。アッシュ（Ash, 2015: 16）が主張するように，「［GIF］を編集することそれ自体が，新たな感覚の共鳴とリズムを創り出し，それが新たな情動を生成する可能性がある」。アッシュは，芝生の上であくびをする猫などのコマ撮り GIF を，写真を使って作成しているミカエル・レノー（Micaël Reynaud）というデザイナーについて論じている。また，オーブンの中でパンが膨らむ GIF に関連して，「これらの GIF は，生地が厚くなって膨らんでいき，密度，形状，質感を変化させて

いく過程で，視聴者の身体に粘り気や温かさを感じさせる自己受容性感覚を呼び起こすかもしれない」(Ash, 2015: 130) と述べている。さらに，これらの GIF の連続したループは，「絶え間なく繰り返される画像の組織化された感覚を視聴者が調べ，把握し，視覚的に静止させようとすることで，筋肉に握る，摑む……そして抱えるという情動を誘発することができる」(Ash, 2015: 130)。

　あくびをする猫の GIF の例でアッシュは，GIF は「不随意記憶のレベル」でもユーザーを触発し，「過去と現在の感覚を結びつけて新しい組み合わせにする」可能性があると説明している。「動物の毛皮に触れた過去の経験や，芝生に触れた特定の経験が結びつき，視聴者は猫が芝生の上に座っている間にあくびをするのを見て，疲労感という新たな情動を生成するかもしれない」(Ash, 2015: 130)。イメージミームと GIF の例は両方とも，情動がどのように生成され，流通され，経験されるかという点で，これらの情動と結びついたコンテンツが作り出された理由に関係なく，今やさまざまなデジタルプラットフォーム上で情動がミクロ文化の重要な通貨となっていることを示唆している。それゆえメディアに関心のある地理学者は，これらの情動と，情動がいかにしてプラットフォーム上で流通するようになったかに注目することが賢明であろう。なぜなら，これらの情動は，身の回りの世界に関する多くの人々の経験，行動，信念の基礎を形成する可能性があるからである。

デジタルプラットフォームと大衆文化を研究する

　本章では，デジタル化によってメディアと大衆文化の関係が変化していることをいくつか指摘してきた。少なくとも西洋では，メディアと大衆文化の多くが，Facebook, YouTube, Twitter, Instagram などのプラットフォームの物質性と論理を介して生産・消費されているということを論じた。これらのプラットフォームは，制作されるメディアコンテンツのタイプとその流通方法を変えている。さらに，これらのプラットフォームは，ミクロ文化の生成を通じて，メディアがどのように大衆文化に入り込むかを規定している。具体的には，プラットフォームは情動の強さを中心に組織されるミクロ文化を生成しており，情動は，コンテンツが人々を動かし，巻き込み，刺激する力を得るための重要

な通貨となる。

　メディアと大衆文化に関するこれまでの地理学の研究は，テレビ，ラジオ，映画といった特定の媒体(メディウム)と，それらの媒体(メディウム)が生み出す別々のタイプのコンテンツに焦点を当てていた。しかし，デジタルプラットフォームの台頭は，媒体(メディウム)とメディアは切っても切れない関係にあるという考えに疑問を投げかけている。本章では，メディアと大衆文化に関心のあるデジタル地理学者は，メディアを特定のフォーマットに結びついた別々のタイプのコンテンツとして区別するのではなく，特定のプラットフォームやサービスの論理と物質性の特異性に注目すべきであると提案した。制作されるコンテンツのタイプ，それが共有される方法，このコンテンツを可能にするミクロ文化のタイプ，そしてこのコンテンツが人々を触発する方法をそれぞれ特定することで，地理学者は，デジタル技術がいかにしてメディアと大衆文化と日常生活の地理の関係を変容させているかを分析し始めることができるのである。

文献

Aitken, S. C. and Dixon, D. (2006) 'Imagining geographies of film', *Erdkunde*, 60(4): 326–336.

Applegate, M. and Cohen, J. (2017) 'Communicating graphically mimesis, visual language, and commodification as culture', *Cultural Politics*, 13(1): 81–100.

Ash, J. (2015) 'Sensation, networks, and the GIF: Toward an allotropic account of affect', in K. Hillis, S. Paasonen and M. Petit (eds), *Networked Affect*. Cambridge, MA: MIT Press. pp. 119–135.

Ash, J. and Gallacher, L.A. (2011) 'Cultural geography and videogames', *Geography Compass*, 5(6): 351–368.

Balance, C.B. (2012) 'How it feels to be viral me: Affective labor and Asian American YouTube performance', *WSQ: Women's Studies Quarterly*, 40(1–2): 138–152.

Burgess, J. and Gold, J. (2016) 'Place, the media and popular culture', in J. Burgess and J. Gold (eds), *Geography, the Media and Popular Culture*. London: Routledge. pp. 1–33.

Burgess, J. and Green, J. (2013) *YouTube: Online Video and Participatory Culture*. Oxford: John Wiley & Sons.

Christophes, B. (2009) *Envisioning Media Power: On Capital and Geographies of Television*. Lanham, MD: Lexington Books.

Cresswell, T. and Dixon, D. (2002) *Engaging Film: Geographies of Mobility and Identity*. Lanham,

MD: Rowman & Littlefield Publishers.

Dittmer, J. (2010) 'Comic book visualities: A methodological manifesto on geography, montage and narration', *Transactions of the Institute of British Geographers*, 35(2): 222–236.

Dittmer, J., Craine, J. and Adams, P.C. (2014) *The Ashgate Research Companion to Media Geography*. Farnham: Ashgate.

Gallacher, L.A. (2011) '(Fullmetal) alchemy: The monstrosity of reading words and pictures in shonen manga', *Cultural Geographies*, 18(4): 457–473.

Hay, J. (1993) 'Invisible cities/visible geographies: Toward a cultural geography of Italian television in the 90s', *Quarterly Review of Film & Video*, 14(3): 35–47.

Jackman, A. (2015) '3-D cinema: Immersive media technology', *GeoJournal*, 80(6): 853–866.

Kim, J. (2012) 'The institutionalization of YouTube: From user-generated content to professionally generated content', *Media, Culture & Society*, 34(1): 53–67.

Kinsman, P. (1995) 'Landscape, race and national identity: The photography of Ingrid Pollard', *Area*, 27(4): 300–310.

Kuntsman, A. (2012) 'Introduction: Affective fabrics of digital cultures', in A. Karatzogianni and A. Kuntsman (eds), *Digital Cultures and the Politics of Emotion*. London: Springer. pp. 1–17.

Langley, P. and Leyshon, A. (2017) 'Platform capitalism: The intermediation and capitalization of digital economic circulation', *Finance and Society*, 3(1): 11–31.

Larsen, J. (2005) 'Families seen sightseeing: Performativity of tourist photography', *Space and Culture*, 8(4): 416–434.

Laurier, E. (2015) 'YouTube: Fragments of a video-tropic atlas', *Area*, 48(4): 488–495.

Longhurst, R. (2009) 'YouTube: A new space for birth?', *Feminist Review*, 93(1): 46–63.

Malmgren, E. (2017) 'Don't Feed the Trolls', *Dissent*, 64(2): 9–12.

Marwick, A. (2013) *Status Update: Celebrity, Publicity, and Branding in the Social Media Age*. New Haven, CT: Yale University Press.

Meek, D. (2012) 'YouTube and social movements: A phenomenological analysis of participation, events and cyberplace', *Antipode*, 44(4): 1429–1448.

Pedwell, C. (2017) 'Mediated habits: Images, networked affect and social change', *Subjectivity*, 10(2): 147–169.

Pinkerton, A. (2008) 'A new kind of imperialism? The BBC, Cold War broadcasting and the contested geopolitics of South Asia', *Historical Journal of Film, Radio and Television*, 28(4): 537–555.

Pinkerton, A. and Dodds, K. (2009) 'Radio geopolitics: Broadcasting, listening and the struggle for acoustic spaces', *Progress in Human Geography*, 33(1): 10–27.

Rose, G. (2016) 'Rethinking the geographies of cultural "objects" through digital technologies: Interface, network and friction', *Progress in Human Geography*, 40(3): 334–351.

Sillis, B. (2016) 'Kickstarting Shenmue 3 and the return of Ryo', *Redbull.com*. Available at: www.redbull.com/en/games/stories/1331775510544/shenmue-3-yu-suzuki-interview (accessed

1 February 2018).

Smith, A.N., Fischer, E. and Yongjian, C. (2012) 'How does brand-related user-generated content differ across YouTube, Facebook, and Twitter?', *Journal of Interactive Marketing*, 26(2): 102–113.

Snickars, P. and Vonderau, P. (eds) (2009) *The YouTube Reader*. Stockholm: National Library of Sweden.

Srnicek, N. (2017) *Platform Capitalism*. Cambridge: Polity Press.

第14章　主体／主体性

サム・キンズリー

はじめに

　本章ではデジタル地理学に関連する主体／主体性について検討する。筆者は，デジタル特有の「主体」や「主体性」なるものは存在しないという前提から始める。むしろ，「デジタル」として研究される主体や主体性の形態は，それらの概念のより広い理解と同質であり，それらに結びついている。抽象的で包括的な形象としての「主体」は行為主体性(エージェンシー)に起因するものであり，異なる多様な個人のアイデンティティ，個性，経験の受け皿としてしばしば特徴づけられる。実際，（ビッグ）データ駆動型の「個人最適化(パーソナライゼーション)」と監視の発展に関して表明された主要な懸念は，それが一枚岩のデータに基づく主体性を広めることにある（Amoore, 2013; Lupton, 2016; Thrift 2011）。その意味で，「主体」の「存在論的な」実体は，多面的で雑然としたかたちの主体的経験に取って代わるように見える。そして，両者は行為主体性(エージェンシー)に関する大きな議論を置き去りにしてしまうか遠ざけてしまうかもしれない（Barnett, 2005; Jones, 2008 を参照）。もちろん，デジタルメディア，デジタルネットワーク，そしてデジタル技術は主体性を生産し，浮き彫りにする役割を果たすかもしれない。しかし，それらを他の，おそらく「デジタルでない」主体性とは本質的に異なるものと考えることは有用でないと筆者は主張する。むしろ，感情的，法的，そして政治的な個性や，さまざまな形態の主体の経験を検証するためのレンズとして，われわれは「デジタルなもの（the digital）」を生産的にとらえることができるのである。

　「デジタル」地理学を研究するために，「主体」と主体性を理解するのに有効な方法は三つある。第1に，「主体」と呼ばれるものは概念的な形象であり，デジタルに離散化され，法的に識別または監視される個人の抽象的な形象に関する議論にその典型的な例が見られる。第2に，特定の種類の役割と責任が

「主体の位置(ポジション)」として理解されうる。これらはデータによって代表される特定の「統計的複製(ダブル)」〔ある人物の定量的データを統計的に処理することで作られるその人物の生き写し〕(Rouvroy and Berns, 2013)によって特徴づけられ，企業や政府がわれわれを扱うさまざまな方法をしばしば支配している。第3に，「主体」という用語は経験の様式を「主体性」として指すために使われることがあり，ソーシャルメディアの「ミーム」(Wilson, 2015a)やフィットネストラッカー(Pink and Fors, 2017)のような，デジタル技術とともに生活する際の感覚や感情として扱われることが多い。強調すべきは，これらは静的なカテゴリーではないということである。さまざまな地理学研究において，これらはすべて進行中のプロセスとみなされる (Pile, 2008)。

　上述の三つの形態での主体性はデジタル技術と密接に結びついている。政府が発行する個人IDコードからWhatsAppのメッセージまで，われわれは媒介の状態を通して自分たちのアイデンティティのパフォーマンスに折り合いをつける。そしてわれわれは，ソーシャルメディアからスマートシティの展望まで，デジタルメディアを通して，誰・何が属し，誰が「他者」であるのかを理解するようになる──われわれが「何者」であるかは，しばしば媒介を通して交渉される。われわれは特定のかたちの地位を仮定したり，責任を被ったりし，企業から「知的エージェント」〔人工知能の機能を持つソフトウェア〕まで，自律的に行動する可能性のある組織にそのような性質を与える。これらの問題はすべて，「主体」の形象の観点から，もしくは「主体性」という意味での（多かれ少なかれ「人間的な」）経験の質の観点から議論されるかもしれない。デジタルメディアの地理学において主体性は，多かれ少なかれ対照的ではあるが時には重なり合う説明の中で姿を現す。これらは，一方では「アルゴリズム」によってデータとして計算される被監視的個人の（人間的な）経験として，他方では媒介されるが，それでもなお「情動的な」，おそらく人間を超えた空間的経験の表現として要約されるかもしれない。

　「デジタル地理学」と主体性の関係を解き明かすため，本章は二つのパートから構成される。第1に，抽象化とデータ化のプロセスを通してどのようにデジタル技術が特定の形態のデジタルな主体を生成するかを，多くの地理学研究が探究していることを指摘する。最も一般的なのはデータに基づく主体であ

り，集団を通して（政府あるいは企業の監視を通して）主体化されるものであるが，同様に「断片化された主体」（Amoore, 2013: 8）として自分自身の内部が細分化されるものでもある。第2に，筆者は，さまざまなデジタルシステムやデジタルプロセスの中で何が主体とみなされるようになってきたか，そしてこの研究をどのようにさらに発展させることができるのかについてデジタル地理学者が探究する方法を検討する。

データと監視下の主体

　「デジタルな」現象に関する地理学研究は，デジタルに離散的な形象の変種を利用することが多く，それらは「デジタルな」主体や「デジタルな」様式の主体性を暗に明に分節化する。そのような主体もしくは主体性の様式は，データにおける（個人の）アイデンティティや活動のコード化としばしば関連づけられ，多くの場合，非常に膨大な量になる。このようなデータの取得，処理，そして利用は，たとえば「アルゴリズム」で実行されるなど，自動化されることが多い。このような説明において，個人は時に「主体化」（Rose, 1998）のプロセスの帰結として表され，それは多かれ少なかれ強制的であり，統治の技法に由来している（Lemke, 2002）。データ「派生」の主体性については，大きく分けて二つの理解の仕方が使われることが多い。第1に，ある個人のデータ表象はデータ由来の主体性に類似しており，データ派生物（デリバティブ）との関連で繰り広げられる行為はその「人物」の上に写像される。たとえば，空港を介して旅行する個人は，さまざまな形態の監視によってプロファイリングされ，その結果，何らかの行為を引き起こすリスクの点数が保安検査場で導き出される（たとえばAmoore, 2013を参照）。それゆえ，主体の経験を細かく調べるこうしたデータ指向的な方法は，多くの場合，何らかのかたちで「個人化」される——それは特定の人物（主体）に注目するものである。第2に，データ表象はより自由に浮遊しており，集計データを行き来し，人々のカテゴリーやタイプを形成する——われわれはそれらを「主体の位置づけ（ポジショニング）」とみなすことができるだろう。たとえば，ショッピングサイトのユーザーは自分たちの購買歴に応じてカテゴリー化され，それに基づいて〔商品やサービスが〕推薦される。また，「個人と

集団の態度や動機の安定的なイメージを生成するために使われる」（Barnett and Mahony, 2016: 367）市場細分化には数多くの形態がある。もちろん，ルーブロイとバーンズ（Roubroy and Berns, 2013）が述べているように，個人の形象化とより広範なタイプのプロファイリングの両方が同時に起きている。

　データ駆動型の主体の位置づけ(ポジショニング)が目に見えて起きている特定の地理が検証されてきた。国境，もしくは出入国の管理が行われる場所は重要な研究対象地である。アモア（Amoore, 2006, 2013）は人々が計算可能なリスク要因に細分化される方法を検討している。そこでは，われわれは主体の位置(ポジション)を「学生」，「ムスリム」，「女性」などと呼び，そのような「分割の実践」を通して「主体を物として見るようになる」（Amoore, 2006: 339）。生体認証データに基づく個人と集団の記録，振り分け(ソーティング)，プロファイリングはアイデンティティを身体的特徴に固定し，それがさまざまな生体認証機能によって定義された主体の位置(ポジション)のモビリティを統治するために使われる（Amoore, 2006）。アディ（Adey, 2003）とアモア（Amoore, 2006）の両者が強調するように，モビリティは，プロファイリングから出現する主体の位置(ポジション)を識別することと，そのような形態の監視とともに，あるいはそれに関連して実行されるようになる空間的経験の種類や主体性の種類を識別することの両方において，決定的な要因となる。実際，このようなかたちで主体の位置(ポジション)をプロファイリングしたり，振り分け(ソーティング)たりすること，つまりそれを統治下に置くことは，公共空間のより広い再構成の原型であったとアディ（Adey, 2004）は主張している（強調点は異なるが，この点はGraham, 2010も同調している）。このような議論の中で，またモビリティの経験と能力がどのように監視され統治されているかを理解する方法として，「移民」の形象がしばしば使用される（Amoore, 2006; Bhabha, 1994も参照）。国境を行き来する身体は，US VISITプログラムのように情報技術が主導するシステムを通じて断片化され，「これまで以上に限定された生命のカテゴリーとなる——それは安全か危険か，脆弱か耐久性があるか，可動性があるか制限的か，識別可能か正体不明か，検証可能か検証不可能か，などの度合いで示される」（Amoore 2013: 12）。その結果，「剥き出しの生」（Agamben, 1998）としての主体は影響力のある枠組みとなり，そこでは「生きていることが計算可能性へと縮減される」（Amoore, 2006: 348）。そうすることで，個々の「主体」は，データに表象される一連の統計的自己や

主体の位置(ポジション)として区別されるのである。「移民」の場合，これらは「その人自身の内面においても（たとえば「学生」，「ムスリム」，「女性」），他者との必然的な関係性においても（たとえば「外国人」，「移住者」，「不法移民」），主体が計算可能なリスク要因として分けられる分割実践」（Amoore 2006: 339）である。ルーブロイとバーンズ（Rouvroy and Berns, 2013）が理論化した「アルゴリズム的統治性(ガバメンタリティ)」は，このような「統計的複製(ダブル)」を詮索する有力な手段であることが証明されている。コンピュータによる振り分け(ソーティング)を通して，「主体と『現実』の両方の，ある種の統計的な『複製(ダブル)』が形成される範囲内で，個々の主体は実際には回避される」と，彼らは主張する（Rouvroy and Berns, 2013: 167）。銀行のカードからバスチケットまで，日常にあるモノはこのような「複製作り(ダブリング)」において通貨を握っている（Dodge and Kitchin, 2005）。銀行のカードや公共交通のカード（たとえばロンドンの Oyster やソウルの Upass）はどちらも特定の形式の決済を独自に指標化しており，それらは特定の人の旅行や金銭のやり取りにおいて，かれらの代理となる。移動の追跡だけでなく，このような活動の記録は信用スコアリング(クレジット)などの他の測定に絡めることもできる。レシュチンスキ（Leszczynski, 2015）は二重の「恐怖」を明らかにしている。すなわち，データに表象されないことで，（彼女の考えでは）生活機会をますます構造化しつつあるコンピュータによる振り分け(ソーティング)（たとえば信用スコア）から何らかのかたちで取り残されてしまうことへの恐怖と，過度に暴露的で親密な方法によってデータに表象されてしまうことへの恐怖である（Leszczynski and Crampton, 2016 も参照）。

　デジタルに離散化された主体の位置(ポジション)への個人の写像は，「空間ビッグデータ」の形態を生産するものであるとともに，空間ビッグデータに由来するものでもある，と地理学者は主張してきた。それは GPS を利用したソーシャルメディアコンテンツの「ジオタグ付け」だけでなく，位置情報のより広い自発的・受動的な公開も含むものである（Leszczynski, 2015）。実際，データ収集実践の「主体」は〔データの〕表象と代表性について関心を寄せてきたが，地理学の研究者も同じようにそれに関心を持つようになってきている。レシュチンスキ（Leszczynski, 2018: 477）はデータソースのトライアンギュレーションをめぐる議論と，「分析することで情報が得られると言われている……データの軌跡が社会空間的現象を代表する程度，また，データフローに抽象化される集

団と主体性の代表性」をめぐる議論を節合している。大まかにいえば，生活の個人的な詳細の監視に関する懸念は，新しいかたちの主体の経験を構成するものとして長らく論じられてきた。地理情報システム〔GIS〕という「技術群(technological family)」は，その発展の比較的早い段階から，間違いなく，上述の主体の位置(ポジション)へのある種の「統計的な複製作り(ダブリング)」を実行するために導入されてきた（Curry, 1997）。監視システムを結合して，より詳細な「複製(ダブル)」を生産することは，「監視集合体(サーベイラント・アッセンブリッジ)」として分析されてきた（Haggerty and Ericson, 2000）。この研究に立脚して，地理学者たちは監視的な「データ複製作り(ダブリング)」システムがどのように規範化されてきたか（Wood, 2017），そしてわれわれの日常的な技術使用の経験がいかにして監視システムを基盤とするようになったか（Evans and Perng, 2017）について，豊かな描写を発展させていった。たとえば，運動用のFitBitのような自己追跡デバイスの使用を通して，またおそらくそれへの依存を通して，われわれは商業的なかたちの監視に慣らされる可能性がある（Pink and Fors, 2017）。それらは手ごろな健康管理や雇用機会へのアクセスにもつながるかもしれない（Lupton, 2016）。同時に，キッチン（Kitchin, 2017）などの論者は，より〔日常への〕侵入性が弱い代替案がどのように開発されているかを指摘している（Kitchin et al. 2017の第3部も参照）。

　データ駆動型の主体の位置づけ(ポジショニング)の帰結は，ネガティブなものとして規範的にかたちづくられ，明らかに，プライバシーの減少，個人選択の減少，異なる視座との接触の減少などの経験につながっている。主体の位置づけ(ポジショニング)と主体の経験の両方にとって，「注意（attention）」は興味深い診断法である。「注意経済（attention economy）」（Crogan and Kinsley, 2012）と関連する主体性は，「データ化」と「データ監視」（Graham and Wood, 2003; van Dijck, 2014）の重要な結果として探究されている。われわれは何に注意を払うかによってカテゴリー化され，それと同時にわれわれの注意はそのカテゴリーに従って求められたり，「フィルタリング」されたりしている。われわれの注意やより広いメディア利用の実践は，媒介された主体の経験について言及する二つの重要な方法で理論化されている。第1に，注意は「労働」の一形態であると考える者がいる（Smythe, 1981と同じ考えである）。われわれのメディア利用に関するデータは広告主にとって価値がある。マルクス主義的な分析に従えば，われわれは注意

労働（attention work）から疎外され，その価値を収奪され，一見すると無償に思える労働の生産物が広告主に売られているかもしれない。これが「注意経済」に関するいくつかの分析の主眼であり，そこでは「労働自体が注意の部分集合，つまり潜在的に価値を生産しうる多くの種類のありうる注意の一つとなる」（Clough 2003 における Beller, 1998 の引用）。たとえば，ウィルソン（Wilson, 2015b）は食の安全保障(フードセキュリティ)のような社会正義の問題への対応を促進するために非営利組織のコミュニティマッピングの実践を分析し，それに貢献している。コミュニティの組織者が生産するデータや，かれらが可能にする種々の行為は，相当量の「注意労働」を利用し，かつ生み出しているとウィルソン（Wilson, 2015b）は主張する。そこでは，Facebook や YouTube などのソーシャルメディアと付き合う必要があり，ボランティアやコミュニティ組織者が採用しなければならない種々の主体の位置づけ(ポジショニング)を再構成している。第 2 に，脳や神経の活動自体を政治の対象や現場として認識し，神経的な注意概念が重要な問題になってきていると指摘する者もいる。ピケット（Pykett, 2015）は心理的ガバナンスの実践と論拠に関する研究において，特定の神経科学的知識——「神経的アーキテクチャー」（2015: 87）を通してますます媒介されるようになってきている建造環境——が，特にスマートシティのアジェンダとの関連で（2015: 95）幅広い規範的な主体の位置づけ(ポジショニング)を構築することで政策の発展に影響する，ということを強調している。「注意経済」に関するこれら二つの概念化は，いずれもなじみ深い主体の位置(ポジション)と主体の経験の様式を発展させている。一方では，労働としての注意はわれわれ全員をプロレタリアートの立場に置く（Stiegler, 2012）。われわれは余暇の時でさえも「働いている」のである（Marazzi, 2008; Terranova, 2012）。実際，アッシュ（Ash, 2012）はビデオゲームで遊ぶような余暇活動が，商業的成功ための戦略としてどのようにプレイヤーの注意をとらえ，「情動を調節する」よう設計されているかを説明している。他方で，神経の状態としての注意は規律や制御に開かれており，国家だけでなく Facebook や Google などの巨大多国籍企業が実行する統治性(ガバメンタリティ)の対象としてわれわれを位置づけている（たとえば Amoore, 2006; Bucher, 2012 を参照）。もし，「アルゴリズム的統治性(ガバメンタリティ)」の主体の経験が「カテゴリーに対する疑念」のかたちによるものだとすれば，注意経済における主体の経験は「カテゴリーの誘惑」と等しい（Bauman and

Lyon, 2013)。「デジタルな」主体の位置(ポジション)の包括的な特徴は，どのように個人が振り分け(ソーティング)をされ，集計されるかということであり，それゆえ「デジタルな」主体性の重要な諸相は，誰が主体とみなされるかであるに違いない。

誰が（デジタルな）主体とみなされるのか？

　デジタル地理学の研究者にとって現在進行形の課題は，誰が「主体」とみなされるのか，誰が主体の位置(ポジション)に含まれるのか，そしてどのような形式の主体の経験をわれわれは研究すべきかを見極めることである。筆者はデジタルな主体／主体性を研究する地理学者が取り組むべき三つの主要な課題を明らかにしたい。媒介される主体の経験の，おそらく新たな形態への変形と，さまざまな領域における主体の位置(ポジション)の規範的交渉，そして誰が「主体」の位置(ポジション)を与えられるかについての法的および社会技術的理解における認識の転換である。第1に，安定したデジタルな現象，およびそれらを通じて遂行されうる主体の経験の特定は難しいだろう。われわれ地理学者は，おそらくは学術的定量化を通じて行っている「統計的複製(ダブリング)作り」のせいで過度な一般化をし，Facebookの経験またはTwitterの経験といった具合に，「デジタルな」経験の包括的記述を試みることがある。しかしながら，特定のソーシャルメディアプラットフォームやメッセージアプリの経験には顕著な多様性があるかもしれない。たとえば，Twitterにおける人種差別的なハッシュタグの使用は，「反／人種主義的なユーモア，感傷，社会的評論」を促進し，「オンライン上で人種差別を受ける可能性を増幅する能力を持つネットワーク化した主体を生産するのに役立つ」ようになってきている (Sharma, 2013: 46)。デジタルメディアによる／を通じた差異の経験と振る舞いは複雑であり (Maragh, 2016; McLean and Maalsen, 2013 を参照)，それにはさらなる注目が必要である。特に，自動化されたシステムが差異の延長線に沿って長年の不平等をいかに広めるか（たとえばNARMIC and American Friends Service Committee, 1982）は，より詳細な地理学的精査を必要とする。それゆえ，「デジタルな地理」に関する主体の経験についての説明は，そのような差異をより可視化することができるかもしれない。デジタル地理学はより「交差的(インターセクショナル)」になれるだろうし，そうなるべきである (Noble and Tynes,

2016)。

　第2に，われわれが社会の中で前提とする役割や主体の位置(ポジション)の種類も進化し，消滅し，また置き換えられる。すでに論じられている重要な分野は労働である。「デジタル経済」における労働は，主体の経験と主体の位置づけ(ポジショニング)の形態に影響する。デジタルな媒介は職場を拡大し，労働経験に一層の強度と親密性をもたらし，「労働者」であることが何を意味するのか，その労働がどのように価値づけられるか（価値づけられないか）に関する条件をあいまいにするとともに，その役割をあいまいにしている（Richardson, 2018 を参照）。たとえば，Airbnb の「ホスト」は家事とホスピタリティの振る舞いを通して位置づけられるようになり，慣習として認められるようになったが，それは必ずしもかれらの報酬の一部とはならない。こうすることで，「ホストの」親密な領域（かれらの家）は職場となる（Molz, 2012）。学術的にも世間的にも自動化(オートメーション)との関連で労働について議論されてきた。われわれは「ロボットがやってくるぞ」と言われ（Horton, 2015），その結果，「抽象的労働の危機」が生じる，もしくは最悪の場合，大規模な失業が生じると言われてきた。とはいえ，調査によれば，自動化(オートメーション)の日常の地理は，一連の差異に沿った長年の労働問題を示しており，この問題は一層の精査が必要である（Bear and Holloway, 2015）。さらに，われわれが「自動化されている」と考えているものは，実際には Amazon のメカニカルタークのようなプラットフォームを通して手配される「単調な」デジタル労働の作業であることが多く，熟練した「革新的な」労働とは対照的なものかもしれない（Irani, 2015）。ネットワークインフラによって労働の不安定性が増す中，「デジタルな」労働の主体の位置づけ(ポジショニング)は懸念すべき課題である（第16章を参照）。

　第3に，自動化(オートメーション)とデジタルな媒介に照らして，「誰」が「主体」の地位を与えられるかが，より集中的に研究されるべき問いとなってきている。現実でもフィクションでも，自動化(オートメーション)と「人工知能」の台頭は，行為主体性(エージェンシー)と所有権について疑問を投げかけている。もし「ロボット」が介護者，使用人，あるいはセックス「ワーカー」としての役割を担い，われわれが「かれら」に行為主体性(エージェンシー)を与えたり，割り当てたりして，なおかつ「かれら」を所有するのであれば，これらの「ロボット」の法的・道徳的地位に関する疑問が生まれる

第14章　主体／主体性　　193

（たとえば Bryson, 2010; Danaher, 2016）。同様に，完全に自動化された兵器システムが命を奪うために配備された場合の責任の所在についても，依然として深い論争がある（Bhuta et al. 2016）。デルカシノ（Del Casino, 2016）が指摘するように，自動化(オートメーション)に関連したケアの倫理には大きな疑問がある。さらに，シミュレーションの技術的能力の向上を受けて，死後に「自分そっくり」に自動的にシミュレートされたものの地位についても疑問が投げかけられている。それらの表象の文化的・法的地位はすでに争点となっている（D'Rozario, 2016）。「デジタル地理学」は，（多かれ少なかれ）推論的な主体の位置(ポジション)の状態に関する空想的に思える議論から退くよりも，それに付随する地理的想像力と関わりを持つべきかもしれない。自動化(オートメーション)が持つ情動的なアフォーダンスや，自動化(オートメーション)における技術と身体の関係，さらに自動化(オートメーション)に対するイメージの検討を求める現在の呼びかけの大きな見落としは（〔それを呼びかけている〕Bisell and Del Casino, 2017 には申し訳ないが），計画されている，あるいは導入されようとしている自動人形(オートマタ)，つまり「ロボット」の行為主体的(エージェンシャル)な地位と倫理的・道徳的な地位である。現在進行中の課題は，自動化(オートメーション)と，それがどのように語られ予測されるかについて批判的に分析することと，技術決定論を（不用意に）肯定することの間にある，微妙な境界線を踏み固めることである。

おわりに

　本章では，「主体」，「主体の位置(ポジション)」，そして主体の経験の形象の概念化が，「デジタル」地理学において，またそれを通じて，どのように効果的に探究されるかを検討してきた。筆者は，デジタル特有の「主体」や「主体性」なるものは存在しないという前提から始めた。その代わりに，感情的，法的，政治的な個性とさまざまな形態の主体の経験が，「デジタル」地理学においていかに不可欠でありながらも本質的に区別されるものではないか，ということを明らかにしようと努めた。特に，デジタル技術を通して生産され，振る舞われる主体の位置(ポジション)が，計算や統計の理解を通してどのように地理学研究において枠づけられてきたかを強調した。われわれ個人に関する複数の，監視的で，データ派生の表象が，われわれを個人やカテゴリー化された集団として分類し，統治し，

販売するために使用されている。それゆえ，特定の主体の位置(ポジション)はそのようなデータ実践から出現するのだが，それは既存の政治経済的不公正を永続させるかもしれないし，そうでない可能性も秘めている。われわれの注意は「注意経済」の中で測定され，モデル化され，商品化されると言われている。自動化(オートメーション)やデジタルメディアに関する主体の経験などについて現在取り組まれている研究は，「誰が」デジタルな主体とみなされるかをとらえることが喫緊の課題となっている。この観点からは「デジタル」なものをディストピア的なものとみなしたくなるが，それは一種の〔「デジタルなもの」を〕「正当化する」もしくは「方法論的な」技術決定論となる危険性がある（Wyatt, 2008: 174–175）。本質的に「デジタルな」主体性はないかもしれないが，デジタル地理学を通して主体の位置(ポジション)と主体性を切り開くための有意義な探究の道は依然として存在する，と筆者は主張する。本章では，「デジタル」地理学者が交渉すべき三つの主要な課題を明らかにした。すなわち，第1に，媒介される主体の経験のかたちは（時に急速に）変わりやすく，生産と使用の複雑な社会-技術的システムに左右されるということである。第2に，さまざまな領域で主体の位置(ポジション)の規範が交渉されているということである。そして第3に，「誰」が「主体」の地位を与えられるかに関する法的理解と社会-技術的理解が現在進行形で変化しているということである。

文献

Adey, P. (2003) 'Secured and sorted mobilities: Examples from the airport', *Surveillance and Society*, 1(4): 500–519.

Adey, P. (2004) 'Surveillance at the airport: Surveilling mobility/mobilising surveillance', *Environment and Planning A*, 36(8): 1365–1380.

Agamben, G. (1998) *Homo Sacer: Sovereign Power and Bare Life*. Palo Alto, CA: Stanford University Press. アガンベン, G. 著, 高桑和巳訳. (2007)『ホモ・サケル――主権権力と剥き出しの生』以文社.

Amoore, L. (2006) 'Biometric borders: Governing mobilities in the war on terror', *Political Geography*, 25(3): 336–351.

Amoore, L. (2013) *The Politics of Possibility: Risk and Security beyond Probability*. Durham, NC: Duke University Press.

Ash, J. (2012) 'Attention, videogames and the retentional economies of affective amplification', *Theory, Culture & Society*, 29(6): 3-26.

Barnett, C. (2005) 'Ways of relating: Hospitality and the acknowledgement of otherness', *Progress in Human Geography*, 29(1): 5-21.

Barnett, C. and Mahony, N. (2016) 'Marketing practices and the reconfiguration of public action', *Policy & Politics*, 44(3): 367-382.

Bauman, Z. and Lyon, D. (2013) *Liquid Surveillance: A Conversation*. Cambridge: Polity Press. バウマン，Z．・ライアン，D．著，伊藤　茂訳 (2013)『私たちが，すすんで監視し，監視される，この世界について —— リキッド・サーベイランスをめぐる7章』青土社．

Bear, C. and Holloway, L. (2015) 'Country life: Agricultural technologies and the emergence of new rural subjectivities', *Geography Compass*, 9(6): 303-315.

Beller, J. (1998) 'Capital/cinema', in E. Kaufman and K.J. Heller (eds), *Deleuze and Guattari: New Mappings in Politics, Philosophy and Culture*. Minneapolis: University of Minnesota Press. pp. 77-95.

Bhabha, H. (1994) 'Frontlines/borderposts', in A. Bammer (ed.), *Displacements: Cultural Identities in Question*. Indianapolis: Indiana University Press. pp. 269-272.

Bhuta, N., Beck, S., Geiß, R., Hin-Yan, L. and Kreß, C. (eds) (2016) *Autonomous Weapons Systems: Law, Ethics, Policy*. Cambridge: Cambridge University Press.

Bissell, D. and Del Casino, V.J. Jr. (2017) 'Whither labor geography and the rise of the robots?' *Social & Cultural Geography*, 18(3): 435-442.

Bryson, J.J. (2010) 'Robots should be slaves', in Y. Wilks (ed.), *Close Engagements with Artificial Companions: Key Social, Psychological, Ethical and Design Issues*. Amsterdam: John Benjamins Publishing. pp. 63-74.

Bucher, T. (2012) 'A technicity of attention: How software "makes sense"', *Culture Machine*, 13: 1-23.

Clough, P.T. (2003) 'Affect and control: Rethinking the body "beyond sex and gender"', *Feminist Theory*, 4(3): 359-364.

Crogan, P. and Kinsley, S. (2012) 'Paying attention: Towards a critique of the attention economy', *Culture Machine*, 13: 1-29.

Curry, M.R. (1997) 'The digital individual and the private realm', *Annals of the Association of American Geographers*, 87(4): 681-699.

D'Rozario, D. (2016) 'Dead celebrity (deleb) use in marketing: An initial theoretical exposition', *Psychology & Marketing*, 33(7): 486-504.

Danaher, J. (2016) 'Human enhancement, social solidarity and the distribution of responsibility', *Ethical Theory and Moral Practice*, 19: 359-378.

Del Casino, V.J. Jr. (2016) 'Social geographies II: Robots', *Progress in Human Geography*, 40(6): 846-855.

Dodge, M. and Kitchin, R. (2005) 'Codes of life: Identification codes and the machine readable world', *Environment and Planning D: Society & Space*, 23(6): 851–881.

Evans, L. and Perng, S.-Y. (2017) 'Spatial knowledge and behaviour', in R. Kitchin, T. Lauriault and M.W. Wilson (eds), *Understanding Spatial Media*. London: Sage. pp. 169–177.

Graham, S. (2010) *Cities Under Seige: The New Military Urbanism*. London: Verso.

Graham, S. and Wood, D.M. (2003) 'Digitizing surveillance: Categorization, space, inequality', *Critical Social Policy*, 23(2): 227–248.

Haggerty, K. and Ericson, R. (2000) 'The surveillant assemblage', *British Journal of Sociology*, 51(4): 605–622.

Holloway, J. (2010) 'Cracks and the crisis of abstract labour', *Antipode,* 42(4): 909–923.

Horton, R. (2015) 'The robots are coming'. A Deloitte Insight report. London: Deloitte LLP.

Irani, L. (2015) 'The cultural work of microwork', *New Media & Society*, 17(5): 720–739.

Jones, O. (2008) 'Stepping from the wreckage: Geography, pragmatism and anti-representational theory', *Geoforum*, 39(4): 1600–1612.

Kitchin, R. (2017) 'Leveraging finance and producing capital', in R. Kitchin, T. Lauriault and M.W. Wilson (eds), *Understanding Spatial Media*. London: Sage. pp. 178–187.

Kitchin, R., Lauriault, T. and Wilson, M.W. (2017) *Understanding Spatial Media*. London: Sage.

Lemke, T. (2002) 'Foucault, governmentality, and critique', *Rethinking Marxism*, 14(3): 49–64.

Leszczynski, A. (2015) 'Spatial big data and anxieties of control', *Environment and Planning D: Society and Space*, 33(6): 965–984.

Leszczynski, A. (2018) 'Digital methods I: Wicked tensions', *Progress in Human Geography*, 42(3): 473–481.

Leszczynski, A. and Crampton, J. (2016) 'Introduction: Spatial Big Data and everyday life', *Big Data & Society*, 3(2). DOI: 10.1177/2053951716661366.

Lupton, D. (2016) *The Quantified Self*. Cambridge: Polity.

Maragh, R.S. (2016) '"Our struggles are unequal": Black women's affective labor between television and twitter', *Journal of Communication Inquiry*, 40(4): 351–369.

Marazzi, C. (2008) *Capital and Language: From the New Economy to the War Economy*. Cambridge, MA: MIT Press.

McLean, J. and Maalsen, S. (2013) 'Destroying the joint and dying of shame? A geography of revitalised feminism in social media and beyond', *Geographical Research*, 51(3): 243–256.

Molz, J. (2012) 'CouchSurfing and network hospitality: "It's not just about the furniture"', *Hospitality & Society*, 1(3): 215–225.

NARMIC and American Friends Service Committee (1982) *Automating Apartheid: US. Computer Exports to South Africa and the Arms Embargo*. Philadelphia: National Action/Research on the Military-Industrial Complex/American Friends Service Committee.

Noble, S.U. and Tynes, B.M. (2016) *The Intersectional Internet: Race, Sex, Class, and Culture Online*. New York: Peter Lang.

Pile, S. (2008) 'Where is the subject? Geographical imaginations and spatializing subjectivity',

Subjectivity, 23: 206–218.
Pink, S. and Fors, V. (2017) 'Being in a mediated world: Self-tracking and the mind-body-environment', *Cultural Geographies*, 24(3): 375–388.
Pykett, J. (2015) *Brain Culture: Shaping Policy through Neuroscience*. Bristol: Policy Press.
Richardson, L. (2018) 'Feminist geographies of digital work', *Progress in Human Geography*, 42(2): 244–263.
Rose, N. (1998) *Inventing Ourselves: Psychology, Power and Personhood*. Cambridge: Cambridge University Press.
Rouvroy, A. and Berns, T. (2013) 'Algorithmic governmentality and prospects of emancipation: Disparateness as a precondition for individuation through relationships?', *Réseaux*, 177(1): 163–196.
Sharma, S. (2013) 'Black Twitter? Racial hashtags, networks and contagion', *New Formations*, 78: 44–64.
Smythe, D.W. (1981) 'On the audience commodity and its work', in D.W. Smythe (ed.), *Dependency Road: Communications, Capitalism, Consciousness and Canada*. Norwood, NJ: Ablex. pp. 22–51.
Stiegler, B. (2012) 'Relational ecology and the digital pharmakon', *Culture Machine*, 13.
Terranova, T. (2012) 'Attention, economy and the brain', *Culture Machine*, 13.
Thrift, N. (2011) 'Lifeworld Inc. and what to do about it', *Environment and Planning D: Society & Space*, 29(1): 5–26.
van Dijck, J. (2014) 'Datafication, dataism and dataveillance: Big data between scientific paradigm and ideology', *Surveillance and Society*, 12(2): 197–208.
Wilson, M.W. (2015a) 'Morgan Freeman is dead and other big data stories', *Cultural Geographies*, 22(2): 345–349.
Wilson, M.W. (2015b) 'Paying attention, digital media, and community-based critical GIS', *Cultural Geographies*, 22(1): 177–191.
Wood, D.M. (2017) 'Spatial profiling, sorting and prediction', in R. Kitchin, T. Lauriault and M.W. Wilson (eds), *Understanding Spatial Media*. London: Sage. pp. 225–235.
Wyatt, S. (2008) 'Technological determinism is dead; long live technological determinism', in E.J. Hackett, O. Amsterdamska, M. Lynch, J. Wajcman and W.E. Bijker (eds), *The Handbook of Science and Technology Studies*. Cambridge, MA: MIT Press. pp. 165–180.

第 15 章　表象と媒介

ジリアン・ローズ

はじめに

　表象という概念は，1980年代後半に「新しい文化地理学」の一環として，地理学分野で初めて重要な足場を築いた。地理学者が社会科学全体で生じていた「文化論的転回」に関わり始めると，イギリスのマルクス主義思想の特定の伝統に依拠する何人かの文化地理学者によって，表象概念が詳しく説明されるようになった（Burgess, 1990; Cosgrove, 1984; Cosgrove and Daniels, 1989; Jackson, 1989）。この概念は地理学分野全体に広がり，文化的テクストやその他の種類のテクストの解釈的読解を通じて操作可能なものにされることで，社会的現実の文化的構築を探究するための重要な言葉となった（Barnes and Duncan, 1992）。そして表象は，デジタル地理学に新たな種類の関心が寄せられるようになった1990年代後半の知的文脈の一部であった。地理学者は，地理情報システム〔GIS〕や統計分析パッケージなどのデジタル技術を何十年も前から研究ツールとして使用してきたのだが，当時サイバースペースや仮想空間と呼ばれていたものについて地理学者が初めて継続的に議論したのは1990年代後半になってからであり，そこでは情報通信技術（ICT）のデジタルな形態に焦点が当てられた（Bingham et al., 1999, 2001; Crang et al., 1999; Graham and Marvin, 2001; Holloway et al., 2000; Kitchin, 1998）。

　本章の次節では，それらのデジタル地理学の一部がどのように表象概念を展開したかを探る。しかし，表象とそれに付随する理論は，デジタル技術を通じて規定される変化の全容を把握するには決して十分ではなかった。1990年代にICT——スマートフォンやソーシャルメディアプラットフォームから，ビッグデータやユビキタスコンピューティングに至るまで——が急速に進化するにつれて，表象は分析ツールとして一際目立つようになった（実際，文化地理学は表象の分

析に適した下位分野であったと言えるだろう（Rose, 2016））。デジタル技術とデジタル地理に関する研究分野の両方が拡大するにつれて、これらの技術の効果を理解する方法として、媒介という別の言葉がより頻繁に利用されるようになった。本章の第3節では、デジタルな媒介に関するいくつかの主要な議論を検討し、媒介と表象の関係について考察する。第4節では今後の展開について考えてみたい。

表象とデジタル地理学

「表象」はプロセスでもあり、オブジェクトでもある。プロセスとしての表象は、人間が自らの世界の経験に意味を与えることでそれを解釈する方法を指す。「われわれの概念、イメージ、感情は、世界の中で『そこ』にある、あるいはあるかもしれないものを、われわれの精神生活の中で『代理する』または表象する」(Hall, 2013: xx)。それゆえプロセスとしての表象は、実在物 (entities) の間の仲介者として、より具体的に言えば意味のある記号化、あるいは意味づけのプロセスとして特徴づけられるかもしれない。そして概念としての表象は、表象されるものとその表象を理論的に区別する〔ことを指す〕。また、表象は、オブジェクトを記述することもできる。コスグローヴの *Social Formation and Symbolic Landscape* (Cosgrove, 1984) やダンカンの *The City as Text* (Duncan, 1990) といった著作において地理学者は、風景画、地図、建造物などのオブジェクトを、特定の方法で世界を解釈する表象として取り上げた。文化地理学者は特に、物質的な場所（都市、景観、国家）に与えられた意味を解釈することだけでなく、小説、映画、旅行案内書などの文化的テクストにおけるそれらの地理の表象を解釈することにも関心を寄せた。このような物質的なオブジェクトは、意味、価値、観念、感情が込められたものとして理解されており、それらの意味を理解するためには、特にそれらが前提とする、あるいはそれらが争う社会的アイデンティティや社会関係の観点から、注意深く解釈する必要があるとされた。新しい文化地理学者にとっては、誰が、どこが、何が表象されるのか、〔表象は〕どのように、どのような影響を及ぼすのか、といったことが主要な問題であった。

ICTに関心を寄せる地理学者たちは，どちらの表象の理解——プロセスとしての表象とオブジェクトとしての表象——も使用した。ビンガム（Bingham, 1999）やキッチン（Kitchin, 1998）が指摘するように，1990年代後半には「サイバースペース」という概念が雑誌，回想録，マニュアル，映画，テレビ番組などで広く議論されていた。コンピュータが媒介する新しいコミュニケーションの空間性に関心のある地理学者の何人かは，こうした世間一般での議論がいかにして特定の種類の方法でサイバースペースを表象しているかを検討した。このような世間一般での議論の多くは，デジタルコミュニケーション技術によって生み出されるサイバースペースと，人間の日常的経験の「現実」空間とを明確に区別していたが，多くの地理学者がこうした二元論的な表象に異議を唱えた（Crang et al., 1999; Madge and O'Connor, 2005）。ビンガム（Bingham, 1999）は，この区別を技術的崇高さ（technological sublime）の最新版と表現した。これは，技術的な物神崇拝（フェティシズム）と技術決定論に基づいた，新技術に対する長年にわたる全体論的解釈であり，新技術のすべてが知識と権力の，あるいは権力としての知識の男性主義的立場を実現する，という考え方である。ニール（Kneale, 1999）はウィリアム・ギブソン（William Gibson）の著名な小説，特に *Neuromancer*（Gibson, 1984）について議論し，それらを「作者と読者が［サイバー］スペースを理解するために使用するツール」（Kneale, 1999: 206）と表現した。ニールによれば，この結果，サイバースペースは，たとえば運動的で共感覚的なものとして表象されることになり，この特定の表象は，新しい領域に対する強力な男性主義的・植民地主義的まなざしを実現するために機能し，そのようなまなざしを反復する傾向のある読者には「ある種の保守主義」が見出されるという（Kneale, 1999: 219）。それから10年後，新しいデジタル技術——今度はユビキタスコンピューティング，ビッグデータ，スマートシティなどである——に魅了された別の波の最前線においてキンズリー（Kinsley, 2010）は，大手のデジタル企業が制作した将来像（ビジョンビデオ）の動画について議論し，同様の批判を行った。彼は動画を部分的に「表象的な人工物」として扱いながら，それは非常に特殊な未来を予測しており，それゆえに特定の予測政治を演出している，と主張した（Kinsley, 2011; Rose, 2017bも参照）。
　表象概念は，デジタル技術の表象に関する議論だけでなく，デジタル技術そのものが表象を作るために利用される方法にも影響を与えてきた（Kitchin and

Dodge, 2011: 111–134)。これらのデジタルな人工物は，旧来の視覚技術製品を模倣することもある。たとえば，新しい都市開発プロジェクトを宣伝する屋外広告のコンピュータ生成画像が注目されているが，これは広告，建築写真，航空写真の慣習を利用したものであり，「徹底的に企業的で，私有化された製品を通じて囲い込まれた場所のイメージ」を描いている (Jackson and della Dora, 2011: 308; Degen et al., 2017 も参照)。また地理学者は，YouTube のような過去 10 年ほどの間に確立された，いくつかのソーシャルメディアプラットフォームについても研究し始めている。いくつかの研究によると，多くの YouTube 動画は既存の社会関係を再現している。たとえばロングハースト (Longhurst, 2009: 48) は，〔YouTube で公開されている〕出産現場の動画に関する研究において，「サイバー／スペースにおける力関係は『現実』の空間における力関係を反映し，強化する。……YouTube は，『許容できる』出産の表象を構成するものは何か，という規範的な期待の外側にあるのではなく，むしろこうした期待を反映し，強化するために機能している」(Longhurst, 2009: 48) と結論づけ，ほとんどの動画が「良い」出産に関する従来の理解を描き出しているとしている (Casino and Brroks, 2015: 475 も参照)。他のデジタルメディアプラットフォームに関する研究も同様の見解を示している。Google Earth を用いた参加型マッピングが既存の人種差別的な都市景観を再現する可能性があること (Crutcher and Zook, 2009) や，Flickr 上の写真が西洋の世界像を表象していること (Lambio and Lakes, 2017) が論じられている一方，Wikipedia に関する研究では，Wikipedia のページの対象範囲とその執筆者の両方が不均等に分布していることが指摘されている (Graham et al., 2015)。

　現在では，空間や場所の新しい形式のデジタルな可視化手法(ビジュアリゼーション)に埋め込まれた表象にも注目が集まっている。未来の都市のデジタルアニメーション (Rose, 2017b)，ハリケーン〔のコンピュータグラフィックス〕(Woodward et al., 2015)，コンピュータゲーム (Ash, 2009; Moran and Etchegoyan, 2017)，スマートフォンアプリケーション (Leszczynski and Elwood, 2015)，空間メディア運動(アクティヴィズム) (Elwood and Leszczynski, 2013; Hawkins and Silver, 2017) などはすべて，特定の世界観を創造する特定のアクターによって取り組まれる実践としての表象，という観点から議論されている。このような研究の多くは，デジタルな表象がどのようにして「制作者が暮らすオフライン世界の輪郭や区分を反映し続けている」(Crutcher and Zook, 2009: 524）かを強調しているが，その一方で，支配的な解釈に異議を唱える場所表象を創造するために，多くのデジタル技術の参加的な性質を活かすことができるということを示唆する研究もある。たとえば，デジタルマッピングツール（Crampton, 2013），拡張現実アプリ（Koeck and Warnaby, 2015; Liao and Humphrey, 2014 などを参照），デジタル映画の制作と共有（Dickens and Butcher, 2016），ｉ-ドキュメンタリー（Harris, 2017）はすべて，さまざまな空間や場所の主流の表象に対抗できるものとして解釈されている。

デジタル地理学と媒介

　表象概念には，人間という存在に特有のものに関する特定の理解が埋め込まれている。表象は人間の生物学的特徴と文化の区別を前提とする文化理論から登場した。ホール（Hall, 2013: xix）が指摘するように，意味づけの実践は「単に生物学的に駆り立てられるもの」とは異なる。言い換えれば，たとえ人間が意味づけするために技術を創造したり使用したりするとしても，ホールにとって，意味づけする者と意味を解釈する者は徹底的に人間である。このような明確な人間主義（ヒューマニズム）の副産物として，表象に関する説明は，意味が人間によってどのように争われうるかということにも焦点を当てた——実際バーネット（Barnett, 2004）は，文化地理学は常に覇権的な表象への「抵抗」を見出そうとしていると批判した。このように表象を実践として駆り立てる人間の行為主体性（エージェンシー）に焦点を当てることは，多くのデジタル地理学研究へと波及している。たとえば，特定の技術が利用者によってどのように意味を与えられるかを議論する際には，空想，想像，欲望の働きが繰り返し言及されている（Boulton and Zook, 2013; Kinsley, 2010）。

　しかし，デジタル地理学者による他の研究は，明らかに，表象実践において人間の行為主体性（エージェンシー）が存在しないことに特に関心を寄せている。これは特に，デジタルデータの検索プロセスに関心を持つ地理学者の間で顕著である（Graham et al., 2013; Shelton, 2017）。この一連の研究では，データが現実世界を選択的に表すことを指すために「表象」という言葉を使用している。ここでは権力は，どのような形態の社会的アイデンティティや社会関係が再生産されるかという

よりも，誰が表象を生み出すアルゴリズム的手段をコントロールするか，という観点から理解されている（Kinsley, 2015; Leszczynski, 2012; Thatcher et al., 2016）。

こうした非人間的なかたちの行為主体性(エージェンシー)——コードとアルゴリズムの行為主体性(エージェンシー)——に対する関心の一部は，文化地理学者が好む人間主義的(ヒューマニスティック)なマルクス主義とは全く異なる哲学的伝統に負うところが大きい（Rose, 2017a）。たとえば「感覚を持つ都市（sentient city）」についての説明は，ドゥルーズ（Deleuze）流の情動に関する説明を利用して，ソフトウェアの行為主体性(エージェンシー)とそれによる「空間の自動生産」を強調している（Thrift and French, 2002）。センサー，アルゴリズム，プロトコル，データベースが密に張り巡らされた網は，「日常空間が計算処理能力(コンピュテーショナル)で飽和し，それによってますます多くの空間が，それぞれの範囲内で互いにコミュニケーションをとることができる計算処理的(コンピュテーショナリー)に活動的な環境へと変容する『ローカルな知性』の世界」（Thrift and French, 2002: 315）を生み出すもの，として表現されている。この研究では，人間は「もはや個々の精神をかたどったものではなく，集団の間を瞬時に……通過することができる感情の模倣的な波でモデル化されている」（Thrift, 2009: 122）。このような説明は明らかに非表象的であり，おそらくはそうした表象への関心の欠如の一つの帰結として，さまざまな種類の人間がデジタル技術によって，またデジタル技術と共に構成されることへの関心が欠如している，という批判を受けてきた（Rose, 2017a）。

また，デジタル地理を構成するオブジェクトが，固定されたスクリーンやコンピュータから，スマートデバイスや環境埋込型センサーへと移行していることも（Crampton, 2009; Leszczynski, 2015），「表象」概念からの脱却を促している。空間メディアが遍在していることを受けて，多くの地理学者は，空間メディアが社会生活を表象するだけではありえず，むしろ社会生活が空間メディアを通じて生じるに違いない，と主張している。空間メディアは人間と世界の関係を（世界を表象することで）仲介するのではなく，人間自体と世界の両方を積極的に構成するのである。人間はデジタル技術の表象を通じてデジタル技術と関わるのではないし，デジタル技術は人間と世界の間の表象的な中間項として人間と関わるのではない。むしろ，この観点からすれば，デジタル技術は社会生活の構成条件として現れるのである。

こうしたデジタル技術の経験的な変化の結果として，デジタル地理学研究の多くの分野では，「表象」概念よりも「媒介」概念が，また「意味」よりも「情動」が好まれるようになった。レシュチンスキは2015年の論文において，プロセスとしての媒介と〔特定のオブジェクトを指す〕名詞としてのデジタル空間メディアの両方について検討した。プロセスとしての媒介は，現実とその表象の区別をきっぱりと拒絶する（Kember and Zylinska, 2012）。意味の問題に注意を向ける限り，媒介は，世界はもはや文化的オブジェクトによって表象されるのではなく，ハードウェア，ソフトウェア，人間の間の複数の場で生産される，という前提に立つ。それゆえ，意味づけは抵抗の問題というよりも，組み換え（recombination）（Rose, 2017a），生産性（Hartley, 2012），あるいは「分散型フィードバック」（McQuire, 2016: 45）による再発明の問題である。

　名詞としての媒介は，特定のメディアの物質性を意味しており，レシュチンスキもこの意味で，デジタル空間メディアの特異性を表現するために，媒介という言葉を使用した。その特異性とはすなわち，「それらの修正可能性（あるいは可塑性），具体的な技術の例示からのコンテンツの独立性，ハイブリッド性，双方向性，携帯性，親密性，そしてそれらがネットワーク（との関連）において存在〔プレゼンス〕，人，実践を組織し，包摂し，位置づけるということ」（Leszczynski, 2015: 738）である。デジタル空間メディアに関する他の説明は，やや異なる側面を強調しているが（たとえばMcQuire, 2016を参照），デジタル空間メディアに関するこれらの議論には，意味は拡張されるし，広げることが可能であるし（Jenkins et al., 2013），複数ある，という感覚がある。意味は特定の場で遂行され，物質化される。それは，さまざまなかたちの働きによってつなぎ合わされた不均等で，多様で，摩擦のあるネットワークにおいて，アクセスされ，移動させられ，探索され，修正され，つぎはぎされ，苦心して作り出される。

　このような媒介に関するデジタル地理学研究は，プロセスとしての表象を退ける。しかし表象は，ある種のオブジェクトを指す名詞としてこの研究の一部に残っている。とはいえ，今ではかなり違った見方をする必要がある。媒介的なオブジェクトとしての表象は，もはや安定した文化的テクストとしてではなく，そのデジタル性の痕跡を携えているものとして理解される必要がある（Rose, 2016）。たとえば，母親と子どものデジタルに媒介されたコミュニ

第15章　表象と媒介

ケーションに関するロングハースト（Longhurst, 2016）の説明は，異なる種類のメッセージを伝えるために異なる技術が使用されると指摘している。それゆえ，デジタルデバイスやデジタルメディアの特異性によって，送られたテクストや画像の意味は変化を加えられる。ローズら（Rose et al., 2014）も，都市デザインプロジェクトの一環としてのコンピュータ生成画像の制作に関する研究において，デジタルなもの（the digital）の特性をその画像の理解に組み込んでいる。彼女らはその上で，デジタル画像は，異なるアクターによって異なる場所で生成される要素の不安定で技巧的な集合体（アッセンブリッジ）として理解される必要がある，と主張している（November et al., 2010; Rose et al., 2015 も参照）。したがって，デジタル空間メディアにおいては，テクストや画像の意味は「それ自体であり，かつそれ以上である」（Dean, 2010: 115）し，その意味づけと，そのデジタル性の特質の両方に宿っている，と結論づけることができるかもしれない。

今後の方向性

表象，媒介，デジタル地理に関するこのような説明は，デジタルなかたちのコミュニケーションに関心を寄せるデジタル地理学分野が，理論と技術の両方の移行に応じて研究対象を枠づけていることを示唆している。こうした類の移行が今後も続くことは間違いない。確かに，意味を作り出すデジタル技術の多くは――表象的なものであれ，そうでないものであれ――それによる媒介が地理学者によってほとんど扱われてこなかった。このことは特に，ソーシャルメディアプラットフォームとその生産，出会い，流通の広大で複雑な地理に当てはまる。場所に関する画像，音，テクストは，高度に差異化されたネットワークの中で作られ，ネットワークを通じて移動し，また多くの異なる人々によって，多くの異なる方法で見られ，聞かれ，読まれる。その他のこうした技術――拡張現実，仮想現実，対話型現実を約束するものを含む――は主流になりつつある。これらの技術は多くの日常生活を媒介しているため，地理学者はそれらにより深く関わっていく必要がある。最後に注意しておきたいのは，地理学者は，新旧の社会的差異や権力がデジタル技術によってどのように表象され，媒介されるかを検討することも決して怠ってはならないということである。社会的差異と権

力について説明することは，新しい文化地理学の主要な関心であったし，表象に焦点を当てることは，それに関する文化政治学をかたちづくった。この文化政治学が戯画化されてしまう可能性があるとしても，権力が常に抵抗に直面することを踏まえれば，社会的な差異化とその影響を説明することは，今後のデジタル地理学研究において絶対的な中心であり続けなければならないだろう。

文献

Ash, J. (2009) 'Emerging spatialities of the screen: Video games and the reconfiguration of spatial awareness', *Environment and Planning A*, 41(9): 2105–2124.

Barnes, T.J. and Duncan, J.S. (eds) (1992) *Writing Worlds: Discourse, Text and Metaphor in the Representation of Landscape.* London: Routledge.

Barnett, C. (2004) 'A critique of the cultural turn', in J.S. Duncan, N.C. Johnson and R.H. Schein (eds), *A Companion to Cultural Geography.* Oxford: Blackwell. pp. 38–48.

Bingham, N. (1999) 'Unthinkable complexity? Cyberspace otherwise', in M. Crang, P. Crang and J. May (eds), *Virtual Geographies: Bodies, Space and Relations.* London: Routledge. pp. 244–260.

Bingham, N., Valentine, G. and Holloway, S. (1999) 'Where do you want to go tomorrow? Connecting children and the Internet', *Environment and Planning D: Society and Space*, 17(6): 655–672.

Bingham, N., Valentine, G. and Holloway, S. (2001) 'Life around the screen: Re-framing young people's use of the internet', in N. Watson and S. Cunningham-Burley (eds), *Reframing Bodies.* London: Palgrave Macmillan. pp. 228–243.

Boulton, A. and Zook, M. (2013) 'Landscape, locative media, and the duplicity of code', in N.C. Johnson, R.H. Schein and J. Winders (eds), *The Wiley-Blackwell Companion to Cultural Geography.* Chichester: Wiley. pp. 437–451.

Burgess, J. (1990) 'The production and consumption of environmental meanings in the mass media: A research agenda for the 1990s', *Transactions of the Institute of British Geographers*, 15(2): 139–161.

Casino, V.J.D. and Brooks, C.F. (2015) 'Talking about bodies online: Viagra, You Tube, and the politics of public(ized) sexualities', *Gender, Place & Culture*, 22(4): 474–493.

Cosgrove, D.E. (1984) *Social Formation and Symbolic Landscape.* London: Croom Helm.

Cosgrove, D.E. and Daniels, S.G.H. (eds) (1989) *The Iconography of Landscape: Essays on the Symbolic Representation, Design and Use of Past Environments.* Cambridge: Cambridge University Press. ダニエルス，S・コスグローヴ，D．共編，千田　稔・内田忠賢監訳 (2001)『風景の図像学』地人書房．

Crampton, J. (2009) 'Cartography: Maps 2.0', *Progress in Human Geography*, 33(1): 91–100.

Crampton, J. (2013) 'Mappings', in N.C. Johnson, R.H. Schein and J. Winders (eds), *The Wiley-Blackwell Companion to Cultural Geography*. Chichester: Wiley. pp. 423–436.

Crang, M., Crang, P. and May, J. (eds) (1999) *Virtual Geographies: Bodies, Spaces, Relations*. London: Routledge.

Crutcher, M. and Zook, M. (2009) 'Placemarks and waterlines: Racialized cyberscapes in post-Katrina Google Earth', *Geoforum*, 40(4): 523–534.

Dean, J. (2010) *Blog Theory: Feedback and Capture in the Circuits of Drive*. Cambridge: Polity.

Degen, M., Melhuish, C. and Rose, G. (2017) 'Producing place atmospheres digitally: Architecture, digital visualisation practices and the experience economy', *Journal of Consumer Culture*, 17 (1): 3–24.

Dickens, L. and Butcher, M. (2016) 'Going public? Re-thinking visibility, ethics and recognition through participatory research praxis', *Transactions of the Institute of British Geographers*, 41(4): 528–540.

Duncan, J.S. (1990) *The City as Text: The Politics of Landscape Interpretation in the Kandyan Kingdom*. Cambridge: Cambridge University Press.

Elwood, S. and Leszczynski, A. (2013) 'New spatial media, new knowledge politics', *Transactions of the Institute of British Geographers*, 38(4): 544–559.

Gibson, W. (1984) *Neuromancer*. London: Gollancz. ギブソン，W. 著，黒丸　尚訳 (1986) 『ニューロマンサー』早川書房.

Graham, M., De Sabbata, S. and Zook, M.A. (2015) 'Towards a study of information geographies: (Im)mutable augmentations and a mapping of the geographies of information', *Geo: Geography and Environment*, 2(1): 88–105.

Graham, M., Hogan, B., Straumann, R.K. and Medhat, A. (2014) 'Uneven geographies of user-generated information: Patterns of increasing informational poverty', *Annals of the Association of American Geographers*, 104(4): 746–764.

Graham, M., Zook, M. and Boulton, A. (2013) 'Augmented reality in urban places: Contested content and the duplicity of code', *Transactions of the Institute of British Geographers*, 38(3): 464–479.

Graham, S. and Marvin, S. (2001) *Splintering Urbanism: Networked Infrastructures, Technological Mobilities and the Urban Condition*. London: Routledge.

Hall, S. (2013) 'Introduction', in S. Hall, J. Evans and S. Nixon (eds), *Representation*. London: Sage. pp. xvii–xxvi.

Harris, E. (2017) 'Introducing i-docs to geography: Exploring interactive documentary's nonlinear imaginaries', *Area*, 49(1): 25–34.

Hartley, J. (2012) *Digital Futures for Cultural and Media Studies*. Chichester: John Wiley.

Hawkins, R. and Silver, J.J. (2017) 'From selfie to #sealfie: Nature 2.0 and the digital cultural politics of an internationally contested resource', *Geoforum*, 79: 114–123.

Holloway, S.L., Valentine, G. and Bingham, N. (2000) 'Institutionalising technologies: Masculinities, femininities, and the heterosexual economy of the IT classroom', *Environment and Planning A*, 32(4): 617–633.

Jackson, M.S. and della Dora, V. (2011) 'Spectacular enclosures of hope: Artificial islands in the Gulf and the urban present', in R. Shields, O. Park and T. Davidson (eds), *Ecologies of Affect: Placing Nostalgia, Desire and Hope*. Waterloo, Ontario: Wilfrid Laurier University Press. pp. 293–316.

Jackson, P. (1989) *Maps of Meaning: An Introduction to Cultural Geography*. London: Unwin Hyman.

Jenkins, H., Ford, S. and Green, J. (2013) *Spreadable Media*. New York: New York University Press.

Kember, S. and Zylinska, J. (2012) *Life after New Media: Mediation as a Vital Process*. Cambridge, MA: MIT Press.

Kinsley, S. (2010) 'Representing "things to come": Feeling the visions of future technologies', *Environment and Planning A*, 42(11): 2771–2790.

Kinsley, S. (2011) 'Anticipating ubiquitous computing: Logics to forecast technological futures', *Geoforum*, 42(2): 231–240.

Kinsley, S. (2015) 'Memory programmes: The industrial retention of collective life', *Cultural Geographies*, 22(1): 155–175.

Kitchin, R. (1998) *Cyberspace: The World in the Wires*. Chichester: Wiley.

Kitchin, R. and Dodge, M. (2011) *Code/Space: Software and Everyday Life*. Cambridge, MA: MIT Press.

Kneale, J. (1999) 'The virtual realities of technology and fiction: Reading William Gibson's cyberspace', in M. Crang, P. Crang and J. May (eds), *Virtual Geographies: Bodies, Space and Relations*. London: Routledge. pp. 205–221.

Koeck, R. and Warnaby, G. (2015) 'Digital chorographies: Conceptualising experiential representation and marketing of urban/architectural geographies', *Architectural Research Quarterly*, 19(2): 183–192.

Lambio, C. and Lakes, T. (2017) 'Placing of photos on the internet: Critical analysis of biases on the depictions of France and Afghanistan on FLICKR', *Geoforum*, 82: 21–25.

Leszczynski, A. (2012) 'Situating the geoweb in political economy', *Progress in Human Geography*, 36(1): 72–89.

Leszczynski, A. (2015) 'Spatial media/tion', *Progress in Human Geography*, 39(6): 729–751.

Leszczynski, A. and Elwood, S. (2015) 'Feminist geographies of new spatial media', *The Canadian Geographer/Le Geographe canadien*, 59(1): 12–28.

Liao, T. and Humphreys, L. (2014) 'Layar-ed places: Using mobile augmented reality to tactically reengage, reproduce, and reappropriate public space', *New Media & Society*, 17(9): 1418–1435.

Longhurst, R. (2009) 'YouTube: A new space for birth?', *Feminist Review*, 93(1): 46–63.

Longhurst, R. (2016) 'Mothering, digital media and emotional geographies in Hamilton, Aotearoa New Zealand', *Social & Cultural Geography*, 17(1): 120–139.

Madge, C. and O'Connor, H. (2005) 'Mothers in the making? Exploring liminality in cyber/space', *Transactions of the Institute of British Geographers*, 30(1): 83–97.

McQuire, S. (2016) *Geomedia: Networked Cities and the Future of Public Space*. Cambridge: Polity Press.

Moran, D. and Etchegoyen, L. (2017) 'The virtual prison as a digital cultural object: Digital mediation of political opinion in simulation gaming', *Environment and Planning A*, 49(2): 448–466.

November, V., Camacho-Hubner, E. and Latour, B. (2010) 'Entering a risky territory: Space in the age of digital navigation', *Environment and Planning D: Society and Space*, 28(4): 581–599.

Rose, G. (2016) 'Rethinking the geographies of cultural "objects" through digital technologies: Interface, network and friction', *Progress in Human Geography*, 40(3): 334–351.

Rose, G. (2017a) 'Posthuman agency in the digitally mediated city: Exteriorization, individuation, reinvention', *Annals of the American Association of Geographers*, 107(4): 779–793.

Rose, G. (2017b) 'Screening smart cities: Managing data, views and vertigo', in P. Hesselberth and M. Poulaki (eds), *Compact Cinematics: The Moving Image in the Age of Bit-Sized Media*. London: Bloormsbury Academic. pp. 177–184.

Rose, G., Degen, M. and Melhuish, C. (2014) 'Networks, interfaces, and computer-generated images: Learning from digital visualisations of urban redevelopment projects', *Environment and Planning D: Society and Space*, 32(3): 386–403.

Rose, G., Degen, M. and Melhuish, C. (2015) 'Looking at digital visualisations of urban redevelopment projects: Dimming the scintillating glow of unwork', in S. Jordan and C. Lindner (eds), *Cities Interrupted: Visual Culture, Globalisation and Urban Space*. London: Bloomsbury. pp. 105–120.

Shelton, T. (2017) 'The urban geographical imagination in the age of Big Data', *Big Data & Society*, 4(1): DOI: 2053951716665129.

Thatcher, J., O'Sullivan, D. and Mahmoudi, D. (2016) 'Data colonialism through accumulation by dispossession: New metaphors for daily data', *Environment and Planning D: Society and Space*, 34(6): 990–1006.

Thrift, N. (2009) 'Different atmospheres: of Sloterdijk, China, and site', *Environment and Planning D: Society and Space*, 27 (1): 119–138.

Thrift, N. and French, S. (2002) 'The automatic production of space', *Transactions of the Institute of British Geographers*, 27(3): 309–335.

Woodward, K., Jones, J.P, Vigdor, L., Marston, S.A., Hawkins, H. and Dixon, D. (2015) 'One sinister hurricane: Simondon and collaborative visualization', *Annals of the Association of American Geographers*, 105(3): 496–511.

第IV部
デジタル経済

第16章　労働

マーク・グラハム
モハメド・アミール・アンワル

はじめに

　かつてデヴィッド・ハーヴェイ（David Harvey）は，資本と対照的に「労働力は毎晩家へ帰らねばならない」ため，仕事は本質的に場所に根づいたものである，と名言を述べた（Harvey 1989: 19）。伝統的に仕事は場所に縛られてきた。それは，農業者が野を耕したり，狩猟者が獲物を追ったり，工場労働者が機械を操作したり，家事労働者が家で料理や掃除をしたりすることからも明らかである。これらの活動はすべて，労働者が物理的に労働の対象や労働の生産物の近くにいることを必要とした。

　人々が働く時に用いる原材料が情報――遠隔操作可能なもの――になったことで，労働者と場所のこのような関係はより複雑なものとなった。道具は，もはや鋤や工場の機械ではなく，情報を保存し，瞬時に送信することができるデバイスとなった。労働者は常に自分が居住する時間と場所で仕事を行うが，ある日突然，かれらの仕事は同時にどこか別の場所でも行われるようになったのである。

　このことは，労働者とかれらの労働の対象との間の重要なつながりが切断されたことを意味する。もし，労働者が全世界へ素早く送信することが可能な情報ベースの仕事をすることができるなら，理論上，その仕事はどこからでも，また適切な機械と接続性にアクセスできる人であれば誰にでもできるものとなる。電車が遅れたことについて苦情を申し立てたり，搭乗便での特別機内食を航空会社に要求したりするとき，その要求を処理する労働者は道路の向かい側にいるかもしれないし，地球の反対側にいるかもしれない。労働者が移動することなく大量の労働が移動しているのである（Standing, 2016）。

これはデジタルワークにとって，もはや地理は重要でないことを意味しているのだろうか？　そういうわけではない。本章では，デジタルワークに関する筆者らの過去の経験的研究をもとに，ますますデジタル化する仕事の世界において，地理がいかに重要であるか，また誰にとってそれが重要であるかを概説する。今日のデジタルワークの地理は労働者を搾取するために使われるかもしれない。しかし筆者らは，それはデジタルワーカーが自分たちの仕事の世界を作り直すための，明確な可能性を切り開くものであると主張する。

歴史的な文脈づけ ── 新旧のシルクロード

　最近の研究において，「デジタル労働」という語は膨大な種類の活動を表すために使われている。それはたとえば，人々の家で行われるクリックワーク〔オンラインで記事を書いたり校正したりデータ分析を行うフリーランス労働〕，大きなオフィスでのコールセンターの仕事，Wikipedia の記事の編集，さらにはスマートフォンで写真をソーシャルメディアにアップロードすることなどが挙げられる（Graham, 2012; Fuchs, 2013; Scholz, 2013）。本章では，収入を生み，かつデジタルに集約的なデジタル労働（単にデジタルネットワークを通じて提供されるだけではない仕事)[1] について検討する。デジタル労働の性質について適切に議論するためには，まずデジタルな仕事の何が新しく，何が新しくないかを説明することが有益であろう。

　交易が始まって以来，長く複雑なグローバル生産ネットワークが存在しており，地球の片側にいる労働者は消費者と接触することなく，もう片側で販売され，使用されるものを作るために働いていた。たとえば，2000 年前，シルクロードはローマのガラス製品を中国で売ることを可能にし，同時に中国の絹製品をローマ帝国で売ることを可能にした。そして今日，現代技術の出現はこれらの関係の時間性を変貌させた。月曜日にナイバシャ湖の湖岸で花を摘み梱包するケニアのバラ栽培農家の生産物は，その週の終わりにはローマの家で購入し，飾ることができるのである。

　生産様式と生産時点の両方において，そしてその間にあるすべてのものにおいて，空間的分業が行なわれている（Massey 1998）。言い換えれば，世界のさ

まざまな地域の間で機能的分業が行われている。いくつかの例外を除き，輸送技術の地理的不均等が大きいため，グローバルな生産ネットワークにおいて最終消費者が生産地からより遠くなればなるほど，財の配達に時間がかかる。これが意味するのは，腐敗しない財は消費地から遠く離れたところで生産することができるが（石炭や自動車など），腐敗しやすい財は自宅に近いところで生産される（酪農製品など）ということである。他にも多くの要因が関与することは間違いないが（規制環境，地域的特化，財の商品化など），何が生産されるかということと，どこでそれが生産され，消費されるかということとの間に，古くから重要な関係があったという点については，今も変わっていない。

　生産と消費の両方の面で加えて注目すべき点は，生産現場（そしてそれに関連する労働）が地球上の各地に広がっている可能性がある一方で，ある種のサービス業務は今なお，それが利用あるいは消費される場所に比較的地理的に縛られたままだということである。中国の絹織工もケニアのバラ栽培農家も，ローマの消費者から何千マイルも離れた場所で仕事を行うことができるが，それらの財を売るためには，依然として（ローマに拠点を置く）店員が必要である。別の言い方をすれば，仕事の中には本質的に地理的な粘性を伴うものがあるということである。

　デジタルワークの台頭はこれら二つの共通点を変貌させた。第1に，デジタルワークにとって，距離と時間の結びつきはほぼ完全に断ち切られている。どれだけ早くデジタルな製品やサービスが配達されるかということに対して，雇用主，労働者，そして顧客の近接性はほとんど影響を与えなくなった。第2に，多くの種類のサービス業務において，地理は厄介なものではなくなってきた。作業のモジュール化，商品化，標準化（Scott, 2001），デジタルワークの市場の創出，そして自動化（オートメーション）の進展などはすべて，サービス業務と特定の場所とのつながりを断ち切る方法を示している。

　これら二つの変化は，デジタルワークの歴史における二つの最も重要な転機に現れている。デジタルワークの第一波は1980年代に生じた。西洋諸国の企業は，主力でない事業機能を低賃金の地域へ外部委託（アウトソーシング）し始めたのである（Taylor and Bain, 2008）。1990年代までに，インドやフィリピンのような国は，主に西洋諸国の顧客のためにサービス業務を営む数百万人もの労働者の拠点と

なった。しかしながら，これらの労働者はほとんど常に，物理的にそこに所在する外部委託会社によって地域労働市場の中で雇用されていた。

　デジタル労働の第二波は「クラウドワーク」というかたちで，より最近になって登場した（Graham et al. 2017a）。安価なコンピュータと接続性は，生産手段のいくつかのコストを劇的に下げ，巨大な潜在的労働力プールを創出した。異なる企業や組織間の外部委託を伴う第一波と異なり，今日のデジタルワークのプラットフォーム（Upwork.com や Freelancer.com など）は大企業，中小企業，個人顧客と，労働者や小規模企業をどこでも直接マッチングさせることが可能である。たとえば，ロンドンの中小企業は自分たちのウェブサイトを作るためにケニアの労働者を直接雇用することができる。仕事は常に本質的に労働者の物理的な所在地において行われるが，クラウドワークは地球上でつながっているあらゆる場所で同時に行ったり，提供したりすることが可能であるため，労働者は自分が属する地域労働市場の制約のいくつかから逃れることができる。農業従事者や工場労働者とは異なり，今日のデジタルワーカーは自分たちの労働の対象と物理的に近接する必要性がはるかに低いのである。

デジタル労働

　今日，取引額が 40 億ドルを超える市場にプラットフォームを置く，デジタルワークに登録している人々は 5,000 万人にのぼる（Kuek et al., 2015）。当然ながら，それらすべての潜在的労働者は毎晩帰宅しなくてはならない。かれらは依然として物理的な機械と向かい合い，どこかの物理的な壁に ── ある時点で ── プラグを差し込む必要がある。しかし，他の場所で瞬時に仕事を送信し，媒介し，あるいは共に仕事を行う能力は，何かが変わったことを意味している。住んでいる場所に縛られているにもかかわらず，今日の労働者はあらゆる場所に由来するデジタルワークを行うことができるのである。

　このことは，地域労働市場で生み出されることがなかったかもしれない雇用を，何百万もの人々にもたらしたが，筆者らの研究グループのこれまでの研究の中には，労働者にとって深刻な問題（交渉力の低さや欠如，差別，不安定性，貧弱な技能開発）が発生していることを浮き彫りにしているものもある（Graham et al., 2017a)。明らかになった課題の多くは，労働力の大幅な過剰供給に関連している。グラハムら（Graham et al., 2017b）は，世界最大のプラットフォームには就職に成功した労働者の 10 倍ものオンライン求職者が存在することを示している（いくつかのアフリカの国では，この値はさらに大きくなる）。このような労働力の過剰供給は人件費を引き下げ，労働者がより良い労働条件を得るために交渉する能力を制限する効果がある。さらに，プラットフォームの設計方法によって，労働者間の協働よりも競争が奨励されている。労働者は従業員や自営業者として分類され，あるいは主要な共通点を共有し，従業員としてふさわしい権利を有し，集団組織や団体交渉からの恩恵を受ける可能性がある労働者ではなく，グローバル市場の中で単発的な仕事を得るために競う，相対的に孤立した起業家であるかのように感じさせられている。労働者は自分たちがしばしばグローバル市場の中で相対的に孤立した競争者であることを認識しており，提示された金額と条件で仕事を引き受けなければ，他の誰かがそれをすることになるということに気づいているのである（Graham et al., 2017a）。

今まで以上に低所得国の人々がインターネットに加わる中[(2)]，こうしたことは深刻な問題を生み出している。主に高所得の国々に所在する顧客は，世界中（豊かな国々も貧しい国々も）の労働者を巨大な労働市場で互いを競わせることが可能である。デジタルワークのプラットフォームにおける雇用の供給が労働力の供給を上回らない限り，新たな労働者は互いに競争するというますます困難なサイクルに閉じ込められていることに気づくであろう。つまり，デジタルワークとデジタルワーカーの空間編成は，結果的に底辺への競争へ導くかもしれないのである。

空間の生産

デジタル労働の今日的な形態について考える方法の一つは，それを現代資本の計画的な構築としてとらえることである。資本主義は本質的に危機に瀕しており，この危機を乗り越えて生き延びるために，資本は物理的景観を創造するか（Harvey, 1978），自らのイメージに沿った空間を生産する（Smith, 1984; Lefebvre, 1991）。デヴィッド・ハーヴェイ（Harvey, 2003）はこのようなプロセスを「空間的 - 時間的フィックス」と呼んでいる。ここでの「フィックス」

には二つの意味がある。第1に，資本を物理的な形態（工場や交通インフラ）で場所に固定するという文字通りの意味であり，第2に，資本の空間的再編成と，資本主義の危機に対処するための具体的な戦略を通じて，その危機を解決する，という隠喩的な意味である。言い換えれば，フィックスは，たとえ一時的であっても利潤を生み出すために景観を創造する（結局はある程度の時間が経過した後に破壊されるのだが）資本主義の能力を表している。フィックスは新たな矛盾につながり，それが空間的-時間的フィックスの新たなラウンドを導く（Harvey, 2014）。それゆえ，フィックスは「地理的な拡大と地理的な再編成」（Harvey, 2001: 24）を通した，資本主義の内的変容と外的変容の両方のための決して終わることがない〔投資先の〕探索として理解することができるのである。

　具体的にいえば，資本や労働の余剰は，このような危機に対処するために移出され，動かされる。たとえば，労働コストの削減を求めるアメリカの企業は，メキシコのような低賃金の地域に工場を立地する。このようなフィックスの多くは，非常に特有の方法で空間が生産されることを可能にし，世界中の労働者を互いに競争させる。これは労働者を元々いた場所から相対的に動けなくし，より良い労働条件を得るための交渉力がほとんどない状態にする。

　労働力の予備軍（低・中所得国の学生，退職者，失業者など）を生み出すという点で，デジタル労働は確かに新しい種類のフィックスを示している。しかしながら，これは，相互に接続された世界経済において，これまでのものとは根本的に性質が異なるフィックスなのだろうか？

　世界のネットワーク化は，固定された生産力（フィックス）（たとえば海底の光ファイバーケーブルのグローバルネットワーク）に依存している。ひとたびこのようなインフラが整備されると，それまで不可能であったスケールでフィックスが生じるようになる。もし資本がそのイメージのまま空間を生産するとすれば，またそれが連続したフィックスの波を積み重ねることによって行われるとすれば，完全に相互接続された世界においてもなお，空間は作り直されうるのだろうか？　これまでのフィックスとは異なり，このフィックスが持つグローバルな性質は，おそらく地理的拡大がもはや不可能であることを意味しているのだろう。もしかしたら，われわれは究極的にはあらゆる人，あらゆるモノが相互接

続された地点に到達するのかもしれない。

　これは労働にとって最後の固定(フィックス)となるかもしれない。すなわち，それは労働者をつなぎとめ，細分化し，一つの巨大な市場[(3)]で互いに対立させるシステムであり，そこでは労働力が商品として売買され，仕事を外部委託する企業はつなぎとめられた労働者の莫大な労働力プールを利用することができる[(4)]。それは，資本がもはや場所に制限される必要がなく，労働者を移出せずに余剰労働力を移出することができる仮想的な固定(フィックス)であり（Green and Joseph, 2015），それゆえそこでは労働者はわずかな声とわずかな力しか与えられない。われわれはこれを避けるにはどうすればよいだろうか？　われわれはこれの代わりに，労働者が共に創造する世界をどのように構築すればよいのだろうか？

デジタル空間？　誰のデジタル空間？

　ここでは，アンドリュー・ヘロッド（Herod, 2001）の *Labor Geographies* を参照するのが有益である。彼はこの本で，労働力の地理（つまり労働力の分布という，労働者を受動的に表現する傾向にあるもの）と，労働の地理学（労働者を自分たちの利益のために空間を創造し，操作することのできる能動的な行為者(エージェント)として表現するもの）を区別している。ヘロッドは，労働者が自らを再生産するために必要な空間的フィックスが整うのを単に確実なものとする過程において，かれらも資本主義の地理を形成していると指摘している。それゆえ，彼は労働者の行為主体性(エージェンシー)を奪う上述のような説明〔労働力の地理〕に異議を唱える。資本が空間を生産できることは真実だが，資本は労働も生産することができるのである。

　たとえばヘロッド（Herod, 2001）はニューヨーク市の衣料品製造労働者組合が雇用を守るためにどのように都市計画法をうまく方向づけたか，また貨物取扱産業を組合組織化された沿岸部から安価な内陸部へ移転させることに対して，北アメリカの港湾労働者組合がいかにして抵抗することができたかを示した。これら二つの戦略はいずれも，グローバルな資本が自分たちのイメージに沿った世界を創造するという単純な話以上のものであり，むしろ組織化された労働者の大規模な連合が，自分たちの利益に資する経済地理をもたらすために，共に建造環境を形成することを伴うものであった。

　しかしながら，もし資本や労働が新たな経済空間を生産するのであれば，ま

たもし反対にその空間が，可能なことと不可能なことを制約したり，実現したりするのであれば，われわれは新たに出現しつつある仕事のデジタル空間についてより理解するよう努めるべきである。現代のデジタル労働のグローバルネットワークは本質的に地理学的な研究課題である。それゆえ，ヘロッドの指摘に従えば，われわれはデジタル地理を再創造しうる新たな方法を構想するために，今日のデジタル地理がどのように創造されているかだけでなく，労働者自身が新しい種類のデジタル労働の地理を実際どのように生産することができるかについても理解する必要がある。

筆者らはデジタル労働の空間に関する二つの考え方を提案する。第1に，デジタル技術は全く新しい実在的空間を生み出すことができるという見方がある。それは「どこにでもあると同時に，どこにもないところであるが，身体が生きる場所ではない世界」（Barlow, 1996）である。言い換えると，デジタルツールやデジタル技術は新たな存在の平面——「明確にデジタルな位置に固定されていると同時にどこからでもアクセスできる」（Graham, 2015: 870）デジタルに明確な空間——を創造するのである。

労働のデジタル空間を構想する第2の方法は，すでに存在する空間関係を拡張するものとしてとらえることである。ここでは，デジタルに拡張された空間はすでに存在するものではなく，むしろ「物質的経験と仮想的経験の時間と空間の中での主観的な一体化を通してもたらされる，不確定で，不安定で，文脈に依存した複数の現実」（Graham et al., 2013: 465）である。ここでは，デジタルツールは何らかの存在論的に明確な空間を創造するのではなく，われわれの経験を拡張するのである。このような拡張は，空間的・時間的摩擦の変化による相対的な位置性の再構成を伴うこともあるが，決して物質世界を完全に超越することはない。

デジタル労働の空間を再考する

筆者らは，どちらか一方のアプローチが他方よりも有用であることを主張するのではなく，両者がデジタル労働の地理を別の方法で再考する上でどのように有用であるかを提示したい。労働者による自らのデジタルな空間的固定は，

両方の世界観によってもたらされうる。

　もしデジタル空間をデジタルに明確なものであると考えるならば，われわれはまずその空間の性質がどのようなものであるかを問わなくてはならない。プラットフォームが創造する市場そのものがデジタル空間であり，このような空間は本質的に非公開であるだけでなく，必ずしも労働者の利益を最優先しないアクターによってそのすべてが創造されてもいる。「労働者の空間的固定(フィックス)」が可能であるとするヘロッド（Herod, 2001）の見方とは対照的に，これらの空間のあらゆる側面は資本によってボトムアップで設計されている。労働者が空間を創造する余地は，文字通り全くないのである。

　しかしながら，ここにおいても，労働者が自らを固定(フィックス)する方法はある。一つ目は，ピケラインの歴史に目を向けることである。ピケラインとは，一般的には職場に人が入ることを阻止するために，職場の外で行われる抗議行動である。これは生産手段を停止させる方法である。デジタル労働の文脈でいえば，ほとんどの労働者は実際に生産手段（自分のコンピュータ）を支配していると言える。しかし，労働者がどうすることもできないように見えるのは，むしろ流通の手段と消費の場所である。それゆえ，われわれはピケの戦術に注目することで，流通と消費の場所をどのように封鎖できるかを考えることができる。物理的に店舗やオフィスを封鎖する代わりに，戦術的なメディアアプローチを用いることで，企業のデジタルな存在(プレゼンス)にピケを張ることができるだろう（Lovink, 2002）。たとえば，政治活動家がどのように「Google 爆撃」を用いるかを考えてみよう。それは検索エンジンを操作して，特定のクエリに対して望ましい回答を表示させるというものである（これの最も有名な例は，「悲劇的な失敗」というクエリに対してブッシュ米大統領に関連する結果が返ってくるようになった出来事である）。もしデジタル企業がそのデジタルな存在(プレゼンス)であるならば，デジタル空間がどのように支配されているかにかかわらず，戦術的なメディアアプローチは，どのように空間を封鎖し，バリケードで塞ぎ，固定し直す(リフィックス)かを提案するだろう。このようなアプローチは企業を閉鎖することはないが，最小限のコストで最大の仕事を引き出そうとする顧客／企業の戦術の実行可能性をより弱めるのに十分な量の妨害をもたらすかもしれない。

　また，デジタルに明確な空間という見方は，デジタルワーカーが細分化され

て疎外された競争者であるという考え方から脱却する機会も提供する。もしデジタルワーカーがデジタル空間に集まることができるのだとすれば，それによって労働者同士の純粋な競争ではなく，水平的な協働の機会がもたらされるだろう。デジタルワーカーはすでに，職を見つけ，互いを支え合い，顧客や管理者とやり合う戦略を共有するために協働している。労働者は地理的に孤立しているかもしれないが，かれらはデジタルツールを使用して共同会議を開き，デジタルに集まっている。今後の労働者の効率的な抵抗は，いかなるものであれ，このようなことを労働者が実行する能力にかかっているだろう。しかしながら，多くの労働者は，最終的には自分たちの散在的で物質的な地理を常に思い出すこととなる。つまり，仲間の労働者と共に存在する空間に没入する代わりに，広大な距離がかれらを隔てているため，労働者たちは仲間を切り捨てることができるのである。

それゆえ，デジタルに明確な〔空間〕という見方から脱して，デジタル労働を，デジタルに拡張された空間の中で起きるものと枠づけることが有用である。ここでのデジタル労働とは，ある抽象的な空間で生じるものではなく，自宅，オフィス，公的・私的空間など，労働が行われる非常に多様な空間の中で生じるものである。労働を拡張的なものとしてとらえる見方は，自らの労働の地理を創造したいと願う労働者にどのような機会をもたらすだろうか？

世界をデジタルに拡張されたものとして見ることは，まず地理的に貼りついた仕事（運転など）と地理的に貼りついていない仕事（データ入力など）を区別することに役立つ。地理的に貼りついた仕事をする労働者は，集団行動を築こうとする際に固有の利点を持つ（たとえば，イギリスではストライキを起こしたデリバリーワーカーが，同僚の労働者と連絡を取るために，アプリを使用して食べ物を注文した）。

地理的に貼りついていないデジタル労働に従事する労働者は，このような利点を持っていない。本章で先述したように，一部の労働者はデジタルツールを，ほぼ無限の労働供給プールを相互接続し，それを作り上げるツールととらえているため，自分たちには交渉力がないと感じている。しかしながら，グラハムら（Graham et al., 2017b）は，デジタルワークはどこでも行えることは事実であるが，必ずしもそうなるとは限らない，ということを示している。さま

ざまな種類のデジタルワークが，特定の場所に集中している。同様に，顧客も地理的に集中している。一握りの国にその大半が集中している。たとえば，英語圏の五大プラットフォームに投稿される求人情報の 50％以上は，アメリカに拠点を置く雇用者もしくは顧客から来るものであるが（Kässi and Lehdonvirta, 2016)，他方で Upwork という世界最大のオンラインフリーランスプラットフォームで1ドル以上を稼いだ労働者の約半分は，アメリカ，インド，そしてフィリピン出身のフリーランサーである。

　労働者と顧客が生み出すデジタルに拡張された景観の経済的なトポロジーと地理を理解することで，そのボトルネックと弱点を明らかにすることができる。たとえば，世界の仕事の3分の1がフィリピンで行われていることを，もしオンラインパーソナルアシスタントたちが知っているとすれば，かれらは地理的に貼りついた仕事の文脈で存在するのと同様の優位性を持つ。これは，このような労働者の構造的経済力の弱さを否定するものではなく，むしろ，これらの労働者が本当に世界中に散らばっていたら存在しないであろう協働の機会を示している。大量のグローバルな労働力供給プールが存在するということは事実であるが，いまだにほとんどの職種において，労働力は多くの買い手が望むほど商品化されておらず，「ジャストインタイム」の時間に基づいて動いているため，世界のある地域から別の地域へグローバルバリューチェーンの大部分を迅速に移行させることは困難である（同類の議論については Silver, 2003 を参照)。

　労働者のローカルな連帯の潜在的可能性を実現することは，経済景観のボトルネックや隘路を浮き彫りにする一つの方法である。それは労働者の連帯が「労働力から撤退させる」と脅す可能性を開き，顧客が空間的に仕事を切り替える能力を制限する。

　デジタル労働の物質的地理を理解することは，それをより良く規制する方法を考案することにも役立つ。おそらくその超国家的な性質のおかげであるが，今日のデジタル労働の多くは規制に縛られていない。顧客は労働者の出身国の規則に注意を払うことは滅多にない。このような環境のもとで成功する労働者もいるが，このことはより立場の弱い労働者 ── 本来規制を設けて守られるべき人々 ── を傷つける可能性もある。もしデジタル労働がグローバルなデジタル市場で行われているものとみなされるならば，それがほとんど規制されていな

い理由はそれが規制できないからだと主張する人もいるかもしれない。

このような考え方に対抗するためにわれわれは，デジタルワークはグローバルなものではないと認識することができるだろう。むしろ，デジタルワークは国家間で行われるものである。デジタルワークは明確に〔空間的に〕集中するものであり，常に／本質的に少なくとも1カ所の場所の管轄下に置かれる。このことは，労働者とその連帯が特定の管轄下で行動を起こし，それがデジタルワークの経済地理を再形成することに帰結する可能性を開くのである。

おわりに

世界のネットワーク化は，地理を重要でないものとしたわけではない——むしろその逆である。今日の顧客は，自宅に縛られたまま，世界中に分散した労働力プールへアクセスできる。この現状は，デジタルワーカーにとって憂慮すべき不安定な状態を示している。本章で筆者らは，労働者の力を弱体化させるかたちで労働者を互いに競争させることで，デジタル労働がグローバルなスケールで商品として取引される空間的分業が構築されていることを論じてきた。

しかしながら，われわれが目にするデジタル労働の地理的景観は，世界各地へデジタル技術が広がったことによる必然的な結果ではない。本章はさらに，ヘロッド（Herod, 2001）が「労働の地理学」と呼ぶものの可能性が存在することについても論じてきた。それは，労働者によって，また労働者のために作られた空間的固定は，「細分化された競争は必然的なものである」という考えに異議を唱えるものである。二つの大きく異なる存在論——「デジタルに明確な空間」と「デジタルに拡張された空間」——は，そのような戦略を築くために利用することができる。

これは単なる解釈をめぐる議論ではない。労働者，労働組合，そして規制者たちは皆，現代の仕事の世界について理解するために，時代遅れの概念を使っているのである。より公正な仕事の世界を築こうとするのであれば，ストライキ，ピケ，そして労働者の連帯と連携のためにデジタル労働のネットワーク，プロセス，組織に関する新しい言語と新しい概念が必要である。これらの概念は，われわれがデジタル労働を理解し，「可能性への道」を描く方法をかたち

づくるだろう。

　これらの空間存在論を戦略的に展開することで，労働者の積極的な地理的実践が労働者の地理を再形成することができる場所が明らかになる。労働者は必ずしもプラットフォームや顧客の世界規模のリーチに見合う世界規模のキャンペーンを行う必要はない――むしろ，ローカルなものがローカルでないものに影響を与えることができる結節点を理解する必要がある。労働者は，仕事の細分化と商品化によって労働者には行為主体性（エージェンシー）がなく，最終的に訪れる覇権的な空間的フィックスをデジタル労働が表している，という考えを退ける力を有している。デジタル労働力の地理とデジタル労働の地理学を再概念化することで，集団行動，労働者自身の空間的固定（フィックス），そしてデジタルワークの景観それ自体を作り直すための残された可能性が明らかになるのである。

謝辞

　草稿にフィードバックをくれたアレックス・ウッドとキャット・ブレイブルークに感謝したい。本研究は国際開発研究センター（助成金番号107384-001）と，第7次欧州研究・技術開発フレームワーク計画の下で，欧州研究評議会の研究助成（FP/2007–2013, ERC Grant Agreement no. 335716）を受けている。

注

1　具体的に言えば，大部分がデジタルベースで（何らかのかたちでデジタルデータの操作に基づいている仕事），デジタルに集約的で（主にデジタルデータの操作によって価値が生み出される），潜在的に地理的に近接しておらず（理論的にはどこでも行える仕事），収益が得られる（ソーシャルメディアのプロフィールを更新するような行為ではない）労働に着目する。

2　本稿執筆時点において，地球上にはインターネット利用者が35億人おり，2017年は世界の人口の半分以上がグローバルネットワークにつながる最初の年となる。高所得国では飽和状態にあるため，インターネット利用の新しい成長のほとんどは低・中所得国の人々からもたらされるだろう。

3　特筆すべきは，成功を収めたデジタル労働プラットフォームのほとんどが営利企業（通常はベンチャー資本の支援を受けている）によって所有・運営されていることである。

4　いくつかの生産手段のコストが劇的に削減されたにもかかわらず，ごくわずかな企業だけが流通手段（生産手段の不可分な一部であることは確かだが）を掌握しており，このことはそれらの企業に強大な力を与える状況をもたらしている。

文献

Barlow, J.P. (1996) 'A declaration of the independence of cyberspace', Electronic Frontier Foundation. Available at: https://www.eff.org/cyberspace-independence (accessed 1 February 2018).

Fuchs, C. (2013) 'Theorising and analysing digital labour', *Political Economy of Communication*, 1(2): 3–27.

Graham, M. (2012) 'The knowledge based economy and digital divisions of labour', in V. Desai and R.B. Potter (eds), *Companion to Development Studies,* 3rd ed. Abingdon: Routledge. pp. 189–194.

Graham, M. (2015) 'Contradictory connectivity: Spatial imaginaries and technomediated positionalities in Kenya's outsourcing sector', *Environment and Planning A*, 47(4): 867–883.

Graham, M., Hjorth, I. and Lehdonvirta, V. (2017a) 'Digital labour and development', *Transfer: European Review of Labour and Research*, 23(2): 135–162.

Graham, M., Lehdonvirta, V, Wood, A., Barnard, H., Hjorth, I. and Simon, D.P. (2017b) *The Risks and Rewards of Online Gig Work at the Global Margins*. Oxford: Oxford Internet Institute. Available at: https://www.oii.ox.ac.uk/wp-content/uploads/2017/06/gigwork.pdf (accessed 30 January 2018).

Graham, M., Zook, M. and Boulton, M. (2013) 'Augmented reality in the urban environment', *Transactions of the Institute of British Geographers*, 38(3): 464–479.

Green, D.M. and Joseph, D. (2015) 'The digital spatial fix', *tripleC*, 13(2): 223–247.

Harvey, D. (1978) 'The urban process under capitalism: A framework for analysis', *International Journal of Urban and Regional Research*, 2(1–3): 101–131.

Harvey, D. (1989) *The Condition of Postmodernity*. Oxford: Blackwell. ハーヴェイ，D. 著，吉原直樹監訳 (1999)『ポストモダニティの条件』青木書店.

Harvey, D. (2001) 'Globalization and the "spatial fix"', *Geographische Revue*, 2: 23–30.

Harvey, D. (2003) *The New Imperialism*. Oxford: Oxford University Press. ハーヴェイ，D. 著，本橋哲也訳 (2005)『ニュー・インペリアリズム』青木書店.

Harvey, D. (2014) *Seventeen Contradictions and the End of Capitalism*. London: Profile Books. ハーヴェイ，D. 著，大屋定晴・中村好孝・新井田智幸・色摩泰匡訳 (2017)『資本主義の終焉——資本の17の矛盾とグローバル経済の未来』作品社.

Herod, A. (2001) *Labor Geographies*. New York: Guilford.

Kässi, O. and Lehdonvirta, V. (2016) 'Building the Online Labour Index: A tool for policy and research', paper presented at the 19th ACM Conference on Computer Supported and Collaborative Work (CSCW 2016) workshop on The Future of Platforms as Sites of Work, Collaboration and Trust, San Francisco.

Kuek, C., Paradi-Guilford, C., Fayomi, T., Imaizumi, S. and Ipeirotis, P. (2015) *The Global Opportunity in Online Outsourcing*. Washington, DC: World Bank Group.

Lefebvre, H. (1991) *The Production of Space*, trans. D.N. Smith. Oxford: Blackwell. ルフェーブ

ル, A. 著, 斎藤日出治訳 (2000)『空間の生産』青木書店.
Lovink, G. (2002). *Dark Fiber*. Cambridge, MA: MIT Press.
Massey, D. (1998) *Spatial Divisions of Labor*. New York: Routledge. マッシィ, D. 著, 富樫幸一・松橋公治監訳 (2000)『空間的分業——イギリス経済社会のリストラクチャリング』古今書院.
Scholz, T. (2013) *Digital Labor*. New York: Routledge.
Scott, A.J. (2001) 'Capitalism, cities, and the production of symbolic forms', *Transactions of the Institute of British Geographers*, 26(1): 11–23.
Silver, B. (2003) *Forces of Labor*. Cambridge: Cambridge University Press.
Smith, N. (1984) *Uneven Development: Nature, Capital and the Production of Space*. Oxford: Blackwell.
Standing, G. (2016) *The Corruption of Capitalism: Why Rentiers Thrive and Work Does Not Pay*. London: Biteback.
Taylor, P. and Bain, P. (2008) 'United by a common language? Trade union responses in the UK and India to call centre offshoring', *Antipode*, 40(1): 131–154.

第17章　産業

マシュー・ズック

はじめに

　デジタル産業は日々の生活の空間と実践に深く埋め込まれている。われわれはショートメッセージを送受信するたびにそれと関わりを持ち，人と交流するためにそれに依存し，回答や道順を探すためにそれを利用する。サイバースペース，情報スーパーハイウェイ，仮想世界など，デジタル技術を説明する用語の多くは地理的な隠喩を使っている。しかしながら，毎日の活動を支えるデジタル産業の主要な地理は，研究者や一般市民にはしばしば見逃されている。

　デジタル産業はインターネットをはじめとする情報ネットワークや，その発展・生産・流通に不可欠な社会的・経済的ネットワークを構成する，またそれらのネットワークが利用する，ハードウェア，インフラ，ソフトウェアアプリケーションの集合体(アッセンブリッジ)である。デジタル産業はさまざまなかたちで現れている。エンドユーザーにとって最も身近なものは，われわれが日々の生活を管理するために使用するソーシャルメディア，検索，マッピング，その他のサービスのアプリケーションである。これらのユーティリティは，デスクトップPCとノートPC，スマートシティのインフラ，携帯電話など，さまざまなデジタルプラットフォーム上で動いている。そして，これらのデバイスは有線，Wi-Fi，あるいはモバイルシステムを通じてデータパケットを生成し，インターネットサービスプロバイダ（ISP），民間／国家ネットワーク，通信事業者のルーターやスイッチに転送する。これらのパケットは，ネットワーク交換点，光ファイバーケーブル，人工衛星接続などの複雑なインフラを介してローカル，グローバルにルーティングされ，TCP/IP[(1)]やDNS[(2)]などのソフトウェアプロトコルに依拠しながら，ネットワークをうまく通過する。人間の観察とデジタルな機能の時間スケールの違いは，われわれがショートメッセージを送信したり，

電子メールを受信したりするたびに瞬間的に生まれる，これらの複雑で分散した集合体(アッセンブリッジ)を隠す役割を果たしている。われわれがリンクをクリックしたり，アプリを起動したりする際に目にする，シンプルでスムーズな結果は，われわれが始動させる一連のめまぐるしいプロセス，関係性，地理を偽って伝えているのである。

　われわれが作り出すより人間中心的なつながり――友人や家族との直接的なコミュニケーション――でさえも，しばしば予期せぬかたちでデジタルに媒介された地理を伴う。電子メール，ショートメッセージ，あるいはビデオチャットは自身のローカルデバイスで見ることもできるが，それは何百マイルも離れたサーバファームに存在しており，最終的にはさらに別のサーバファームの長期保管用ストレージにアーカイブされる。ファイアウォールやパスワードで保護された私的なネットワーク，暗号化された世界中に広がる匿名ネットワーク（たとえばTOR(トーア)）などの構成も，こうしたデジタル地理の一部分である。つまり，デジタル産業は社会と経済において創造され，使用される情報の規模，範囲，種類を大幅に広げることを可能にするとともに，それに直接関わっているのである (Castells, 1996)。しかし，その中心的な存在であるにもかかわらず，これらの産業の認知度は低い。その理由は，特にわれわれのデジタル技術の使用が物理的に固定された接続――デスクトップマシンを備えた計算機センター――から，われわれがポケットに入れて持ち歩くモバイル接続へと移行しているためである。

　このようなデジタル産業のわかりにくさや覆い隠された状況と闘うことは重要である。なぜなら，個人レベルからグローバル経済の地理のレベルまで，空間性を形成するデジタル産業の能力は，われわれの現在の世界における場所づくりの中核を成しているからである。われわれは日常的にデジタル技術を使用することで――何百キロメートルも離れたeBayの出品者からのオンライン購入や，地球の反対側にいるカスタマーサポート窓口とのインスタントメッセージのやり取りなど――自宅，職場，近隣といった物質的な場所を超越した複雑な地理を作り上げている。そうすることで，われわれは「グローバルな場所感覚」(Massey, 1991) を構築する。それは単に近接性によって定義されるのではなく，われわれのつながり，つまり日常のデジタルな実践を通して作られる，時空間におけ

る全く異なる関係や場面の束によって定義される。さらに，テクノパワーを投影する分化した能力は，生活が営まれ，場所(ロケール)がグローバルなシステムに巻き込まれる条件をかたちづくる（Sheppard, 2002）。たとえば，スマートフォンユーザーはサービスの利用規約に合意しなくてはならないが，それは個人情報の管理と所有権をメディア企業に移行させることとなり，メディア企業はこのデータを第三者に転売したり，国家の安全保障部門と共有したりする。本章では，まずデジタル産業の歴史的起源を明らかにすることから始める。続いて，デジタル産業の地理を見やすくするよう，デジタル産業の位置づけ，デジタル産業の利用の民主化，デジタル産業と空間の生産という三つのレンズを用いる。

デジタル産業の成り立ち

　言語，洞窟壁画，そして最古の文字が証明するように，情報と情報共有は長らく人間社会の一部となってきた。これらの技術は社会活動，組織，空間を形成してきた。しかしながら，これらの形式のコミュニケーションは，当初は人間の身体性を具現化したものであり（叫び声やモノを叩く音がどれだけ遠くまで伝わるか），最終的にはある場所から別の場所への輸送を必要とする粘土板や手紙のような物理的な物に落ち着いた。19世紀の電信(テレグラフ)（そして後の電話(テレフォン)）の出現によって，情報伝達は初めて物質性から分離された（Standage, 1998）。物理的なインフラは依然として必要不可欠であった —— モールス信号のドットとダッシュが長距離を横断するためには銅線とそれを支える木柱が必要だった —— が，情報の移動に対する物理的な（そして地理的な）制約は，こうした技術的変化によって根本的に様変わりしたのである。

　これら19世紀の情報通信システムの統合と利用は，今の時代のデジタル地理との重要な類似点を示している。フィッシャー（Fischer, 1994）による電話の社会史は，19世紀後半のアメリカの電話に対する社会の期待について豊富な説明を提供している。電話は当初事業用の道具とみなされていた（そして販売されていた）が，まるで自宅の一部などの特定の空間に侵入してくるかのようなものとしても認識されていた。電話が導入された当時は，それがいかにプライバシーの感覚を変えてしまうか，また個人生活や家族生活に対する外部か

らの影響や干渉をいかに許してしまうか，といった疑念が持たれた。人との交流にとっての電話の価値はその導入から何十年も経った後に確立した――それは少なからず電話会社の押し売り的なマーケティングによるものであった――ものの，当初はそのようなつまらない技術を使うための空間はほとんど想定されていなかった。また，この時代は地理的差異もあり，農家が独自の協同電話システムを立ち上げた一方で，都市部は農村部に比べて遠隔通信サービス(テレコミュニケーション)の利用機会に恵まれていた。このような都市と農村の分断は今日のデジタル産業でも見られるものである。

電話と同様に，インターネットもまた，日々の生活の構造に統合される以前は，特定の用途のために開発された数十年にわたるプロジェクトであった。インターネットの前身であるARPANETは，ソビエト連邦の技術的達成への対応としてアメリカ合衆国の政府と軍から生まれたものであった。それが初めて運用可能になったのは1971年であり，通信システムの生存性を確保するために開発されたパケット交換設計を使用したものであった。ARPANETの初期の四つのノード（多くがカリフォルニア州に集中していた）は，メインフレームコンピュータの限られたリソースへのリモートアクセスを増やすために，アメリカ合衆国全土にわたる計算機科学(コンピュータサイエンス)センターの小さなネットワークへとゆっくり拡大していった。空間とプラットフォームを横断するこの相互接続は，多くの異なるマシンとOSによって構成されたシステムを統合するという，大きな課題を生み出した (Abbate, 2000)。この問題はTCPとIPというプロトコルの開発によって解決され，ARPANETの背後にある技術的基盤（ネットワークをネットワーク化する能力）を確立し，最終的にそれがインターネットとなったのである。その後のネットワーク――たとえばCSNET, BITNET, NSFNET――はTCP/IPを使用してネットワークのネットワークに接続し，1980年代のパーソナルコンピュータとローカルエリアネットワークの提供開始によってさらに勢いが増した。

1990年までには，インターネットは学術界や政府の出資によるシステムから民間の運用へと移行し，一般市民がますます利用するようになっていった。このようなインフラの変容と並行して，新しいソフトウェア――Veronica, Gopher, Archie――がコマンドラインインターフェイスをより直感的に使いや

すいものにした。これらのソフトウェアは，やがて World Wide Web とグラフィックブラウザに取って代わられた。このような変化によってより多くの人々がインターネットに引き寄せられていくことで，人と交流するためのプラットフォームとして〔インターネットの〕の役割は重要性を増し，電話の普及における初期の展開をそのまま繰り返すようになったのである。

デジタル産業の地理

　この簡潔な歴史は，デジタル産業の地理とその影響を明らかにするための三つのレンズを特定するための基盤となる。第1に，電話の普及が都市 - 農村間の差異を生み出したように，デジタル産業にはそれらが活動する社会と空間をかたちづくる特有かつ複数の地理がある。第2に，デジタルに媒介された社交活動から地図作成まで，デジタル産業の独特な空間性は，人々のさまざまな活動に参加する能力に影響を与える。第3に，デジタル産業の地理はわれわれの社会的・経済的空間の生産において，ある種の権力と行為主体性(エージェンシー)を実現する役割を果たしている。

デジタル産業の立地

　総じて，デジタル産業のすべての要素——ソフトウェアアプリケーションから，モバイルデバイス，光ファイバーネットワーク，サーバファームまで——は独特の物質性と空間性を有している。本章で用いるデジタル産業の広範な定義を踏まえると，デジタル産業を位置づけることはデジタルインフラの地理的な足跡と物理的な広がりを突き止めることを伴う。これは光ファイバーケーブルの経路，Wi-Fi 接続のクラウド，コンテンツの生産，サーバファーム，そしてユーザーの位置や移動のデータを必要とする。しかしながら，デジタル産業に関する指標は国勢調査やその他の国家情報源の一部として定期的に把握されているわけではない。

　デジタル産業が「距離の死」や地理の終焉をもたらすといった一般的な比喩表現（Cairncross, 1997）に対応するため，デジタル産業の物理的な位置や範囲，生産能力，そして利用に関する信頼できるデータの収集は，1990 年代前半に

おいて特に重要であった。この比喩の背後にあったのは，より容易でより速いコミュニケーションは労働条件を根本的に変え，企業が立地をほとんど気にすることなく再編することを可能にするのと同時に，労働者がどこにでも移動できるようにするという考えであった。この単純化された説明図式はすぐに批判された（Graham, 1998 を参照）。空間と距離は，グローバル経済やローカル経済を構造化し，社会を組織し，政治的権力を行使するために技術が展開される方法に組み入れられ，その方法に影響を与えるため重要である。

　研究者たちにとっての課題は，このような新しい技術の空間的・社会的効果を示し，理解することである。デジタル産業の仮想の景観を測定し，可視化する分析方法には長く豊富な歴史があり（Dodge and Kitchin, 2001 を参照），その多くは地図作成法〔カルトグラフィー〕の規範を展開して「インターネットを地図化する」ものであった。こうした地図化の実践はインフラを強調するものであり，さまざまな色と太さ[3]の線によるケーブルルートの表現や，点，陰影のあるポリゴン，あるいは六角形の枠によるドメイン名登録（Zook, 2000）やツイートなどのデジタル活動〔の位置〕の表現を含んでいる（Poorthuis et al., 2017）。

　しかしながら，物質的なデジタルインフラの表現は，従来の地図作成法〔カルトグラフィー〕に限定される必要はない（〔実際のところ〕限定されてこなかった）。特に，ユークリッド空間に帰着することを求めないネットワークのトポロジー的表現は，Facebook の友人やインターネット上を移動するデータパケットの経路など，ノード間の接続性を表すのに有用である。このタイプの地図の最も初期の例はインターネットマッピングプロジェクトであり（Burch and Cheswick, 1999），それはネットワーク全体を可視化するためにトレースルート経路——インターネット上のコンピュータ間の接続経路——を用いていた。その結果としてもたらされる視覚表現〔ビジュアリゼーション〕はインターネットの相互接続を示す密なネットワークグラフであり，より効率的なルーティングの設計からグラフ理論まで，さまざまなトピックに使用することが可能であった。さらに，コードダイアグラム，バブルチャート，三次元のレンダリングなど，他のタイプの視覚表現〔ビジュアリゼーション〕の慣習は，デジタル産業の物質性の重要な「マッピング」を提供することが可能である。たとえば，CAIDA[4]による IP トポロジーのコードダイアグラム[5]は，インターネットトラフィックのスムーズな流れを確保するために不可欠な，地理を横断

する主要 ISP 間の接続関係(ピアリング)を示している。これらの視覚表現(ビジュアリゼーション)は素人には解釈が難しいが，ネットワークエンジニアがインターネットのインフラ内の構造的関係をより理解するのに役立っている。

　デジタル産業の空間的物質性を突き止めるこれらの視覚表現(ビジュアリゼーション)の多くは，個人や小企業によって作成されている。すなわち，単一の機関によって作成されたインターネットの公式地図は存在しないのである。複数の小規模なアクターが地図などのデータ駆動型の視覚表現(ビジュアリゼーション)を通してデジタル産業の位置を示すことは，スクリプトや API [6] を通して利用可能なソーシャルメディアプラットフォームなど，歴史的に従来とは異なるデータソースへの前例のないアクセスによって可能になっている。しかしながら，まさにこれらの視覚表現(ビジュアリゼーション)がデータアクセスに条件づけられているため，それらを実行する能力はファイアウォール，パスワード保護，Facebook などの民間プラットフォームの所有を通した，データストアの囲い込みによって，しばしば制限されている。これらの地図の作成を促す多様な動機は，地図が多くの基準で構築されることを意味しており，時には新たな技術の普及をマーケティングしたり，規範化したりする，明白なプロパガンダ的目的を伴うこともある。たとえば，Twitter などのソーシャルメディア〔のデータ〕を利用した文化的・政治的現象に関する地図 [7] が良い評判を得ることは，そのプラットフォームを開発・管理する企業の利益のために，その評判をさらに高めることとなる。

　多様な動機は別にして，これらマッピングはすべて，デジタル産業にとって地理と距離が非常に重要であることをはっきり示す上で有用である。それゆえ，デジタル産業内の企業がユビキタスで均一な接続性というレトリックを宣伝している（たとえば，携帯電話会社は 200 カ国以上において利用できることを大げさに宣伝している）一方で，このような接続性の物質的な要素の地理がはるかに複雑であることは容易にわかる。しばしば距離の死が予期されるが，それが訪れることは決してない。新しい技術——最初の電話から最新のスマートフォンまで——は，接続と切断，コスト，インフラ，そして権力の既存のパターンを重ね合わせ，グローバルな接続と周縁化の地理をかたちづくっている。たとえば，歴史上最初の海底電信ケーブルは 1850 年代にイギリスとヨーロッパとの間，そして後に北アメリカとの間に敷設された。特にサブサハラアフリカなど，

接続性が弱い地域と比較すると，このような〔一部の地域間において見られる〕強い接続性のパターンは今日の光ファイバーケーブルネットワークにも顕著に残っており，それらの多くは初期の大洋横断型電信ルートをたどりなおしている（そしてそれによってさらに〔接続性を〕強固なものにしている）のである。

デジタル産業の民主化

　デジタル産業の物質性を空間的に位置づけることに加えて，これらの産業がどのように社会において採用されるかを理解することも重要である。インターネットの前進である ARPANET はコンピュータに遠隔でアクセスするために設計されたものであったにもかかわらず，当初予期していなかった他の用途を生み出した。電子メールは比較的早い段階から存在したアプリケーションであったが，ARPANET システムは初期のコンピュータゲーム（たとえば *Oregon Trail* や *Star Trek*）のいくつかや，最初の分散型コンピュータ掲示板である Usenet を格納していた（Abbate, 2000）。初期の ARPANET のユーザーオペレーターは，デジタル産業内における技術的変化（TCP/IP プロトコルの導入など）を交渉するための斬新なプロセスも開発していた。ARPANET を開発した人々の多くは大学院生であり，かれらは慎重を期して，最終的な結論であるかのように思わせることなく，また議論を打ち切ることなく，技術革新の提案を導入するためのコメントリクエスト（RFC）システムを開発した（Abbate, 2000）。この一般市民が意見を提供するためのシステムは大きな成功を収め，インターネット上で使用される運用プロトコルを策定するインターネット技術特別調査委員会（IETF）によって，RFC は今も新しい技術基準を導入したり議論したりするための手段となっている。

　RFC システムのようなインターネットの起源は，現代のデジタル産業におけるオープン性の精神(エートス)に貢献してきたが（たとえば，オープンデータ運動やフリーでオープンソースのソフトウェア），デジタル産業は一様ではなく，すべての人が等しくアクセスできるものではない。接続性，ブロードバンドアクセス，言語表現，そしてデジタル参加に対する文化的態度において，デジタルディバイドは今も続いている。さらに，知識や技能の多様性——「開発者格差(デベロッパーディバイド)」とも呼べるもの——は，単にデジタル産業の技術を利用するにすぎない人々と，深

い技術的ハッキング，すなわち技術と産業の再構成（Haklay, 2013）に携わることができる人々の間に差異を生み出している。

　たとえば，2000年代中盤に自発的な地理情報（VGI）とネオ地理学[(8)]が初めて登場したとき，ターナー（Turner, 2006）などの一部の人々はマッピングのためのオープンソース技術の民主的な力を喧伝した。確かに，ネオ地理学とVGIは既存の専門的な地図学的実践に挑戦するものであるが（Goodchild, 2007），民主化に関するあらゆる単純な語りを複雑にする他の問題があることも明らかであった（Elwood, 2010; Haklay, 2013）。ハクレイ（Haklay, 2013）は，マッピングとのより公平な関わりが期待されているにもかかわらず，ネオ地理学は実際のところ社会の中の権力を再分配するものではないと主張している。これらの技術にアクセスし，影響を与えることができる人々は，依然として明確なパターンがある。ハクレイ（Haklay, 2013）はクラウドソーシング型のマッピングプロジェクト〔OpenStreetMap〕に貢献する者の大多数が，英語を話す白人の男性であることを発見した。別のところでスティーブンズ（Stephens, 2013）は，〔Hakley（2013）が対象としたプロジェクトと〕同じプロジェクトの階層的な組織構造にはジェンダー格差があり，実際に地図化される場所の種類にジェンダーバイアスをもたらしていることを実証している。それと似たようなこととして，デジタル技術の利用に数多くの人々（全員ではない）が参加することは，場所の空間的表象の民主化と単純に同義ではない。たとえば，ある場所に関する情報の標準的なGoogle Maps検索は，Googleの不明瞭なアルゴリズムによって順位づけされており，ある場所が検索結果一覧の上位に置かれ，他の場所は知られないまま埋もれてしまうという状態を確実に作り出す。ズックとグラハム（Zook and Graham, 2007）は，Google Mapsにおけるキーワード検索が，いかにして特定の関心を他の関心よりも強調するかを実証している。たとえば，ケンタッキー州レキシントンで「ピザ」を検索すると，地元の店舗よりもチェーンレストランの方が顕著に表示される。また，同じような単純化された期待（そして批判）の数々が，ビッグデータの登場を中心に一つに集まってきている（Anderson, 2008; boyd and Crawford, 2012）。

　民主化の問題――マッピング技術の設計やジオコード化されたコンテンツに対して，より多くの参加はあるが，より大きな影響を与えていないという問題――は，国

家がマッピング事業から部分的に後退し，デジタル産業がしばしば無償の労働を前提とするコンテンツ生成へのクラウドソーシングアプローチを活用することによって，深刻化している（Leszczynski, 2012）。実際，民間アクター――中でも注目すべきは企業――は，新しい技術の利用方法をかたちづくり，利益の動機に資する既に決められた特定の目的に向かってその用途を誘導する上で，先導的かつ強力な役割を担っており，そのプロセスをズックとグラハム（Zook and Graham, 2007）は「Google ガバナンス」[9]と名づけている。その結果，個人が参加を選択する条件は高度に構造化される。たとえば，多くのアプリやほとんどのソーシャルメディアの利用許諾は，サービス提供者によるしばしば不透明な方法でのユーザーデータの記録と再利用をユーザーが許可することを要求する。それを受けてレシュチンスキとエルウッド（Leszczynski and Elwood, 2015）は，データは自発的(ボランタリー)に提供されたものではなく抜き取られたものとみなした方がよいと主張している。

　デジタル産業がどのように社会関係を再構成しているかに関するもう一つの例は，労働と資本の相互作用の仕方が現在進行形で変化していることである。新たな仕事――ウェブデザイン，検索エンジン最適化，ソーシャルメディアマーケティング――が登場しただけでなく，Amazon のメカニカルタークプラットフォームに代表されるように，場所に縛られない新たな形式の労働の登場にとって，デジタル産業が不可欠なものであることが証明されている。このようなシステムは，企業が短期間の情報処理の仕事を宣伝し，世界中の労働者がそれに入札し，結果として非常に低い賃金で雇われることを可能にした（Graham et al., 2017）。デジタル産業から登場した他のプラットフォームもこれに関係しており，それはいわゆるシェアリングエコノミーを介して仕事を再編成している〔第18章参照〕。そこでは労働者が正規雇用職員の地位からフリーランスや独立契約者の地位へ移される（Cockayne, 2016）。これらの仕事関係を促進する業界のレトリックの多くは，このような仕事の再編成の「自由」と「機会」の側面を強調するが，こうしたデジタル技術の利用は，多くの既存の規制を回避するという（資本の視点からすれば）思いがけない効果も有している。このような〔デジタル技術の〕新しい利用の正味の影響は，これまで企業が負っていたリスクとコストが労働者に転嫁され，労働者の多くが新しい場所に位置するように

なったことである。マッピングを民主化するというネオ地理学の期待のように，〔デジタル産業の〕社会的・空間的効果は決して単純で均一なものではなく，既にグローバル経済の中で幸運な立場にある人々だけにこのような利益がもたらされるのではないかという大きな懸念が生じている。

デジタル産業が生産する空間

　デジタル産業の地理に関わる最後の主要なテーマは，空間の生産におけるデジタル産業の役割と権力である。グラハム（Graham, 1998: 174）が指摘するように，「空間への権力と遠隔通信ネットワークへの権力は密接に関連している」。デジタル産業の物質性（前述）から始まり，より最近では，特定の方法で空間を生産するソフトウェア（あるいはコード）の力に注目が集まっている。たとえば，スリフトとフレンチ（Thrift and French, 2002: 309）は建造物，自動車，そして個人用のデジタルデバイスに組み込まれているソフトウェアが，どのように「新しく複雑なかたちの自動化された空間性を提供する手段として作用し」，日常の場所の生産に貢献しているかを論じている。スリフトとフレンチはさらに，ソフトウェアが経済全体を再形成する力も指摘している。彼らはビジネスなどの状況における表計算ソフトウェアの普及を事例に，デジタル産業の生産物は既存の技術――前の世代の会計士が使っていた紙の表――の単なる改良を越えて，絶え間なく繰り返されるシナリオテストに焦点を当てた，全く新しいマインドセットをもたらした，と主張している。これは，企業（そして高等教育など他の機関）が以前よりもリソースの最適化と収益の最大化に目を向けることを促すスタイルのガバナンスの台頭に寄与している。

　空間の生産に対するデジタル産業の貢献は，グラハム（Graham, 2005）の議論からも明らかである。彼によれば，誰がさまざまな商品やサービス，さらには特定の空間にアクセスすることが可能かを決定する点で，「ソフトウェアによる振り分け（ソーティング）」は空間（およびそこに住む人々）の秩序化の基本となっている。こうした空間をかたちづくるコードの役割は，キッチンとドッジ（Kitchin and Dodge, 2011）によるコード／空間の定式化によってさらに拡張された。キッチンとドッジはソフトウェア決定論を慎重に回避しながら，日々の生活でコードが果たす強力な役割について詳細調査を行い，特に日々の空間のコントロー

ルがどのように交渉され，抵抗されているかに注意を払っている。

　一般的に懸念されているのは，デジタル産業のこれらの生産物がどのように権力を移行させ，おそらく集中させるかであり，これは先に述べた自由化あるいは民主化というレトリックとは全く異なる見通しである。たとえば，悪い信用スコアが個人の経済機会を妨げるように，既存の社会 - 空間的な分断と分類はデジタルによって弱められるのではなく，むしろ強固なものになる可能性があるとグラハム（Graham, 2005）は指摘する。またシェパード（Sheppard, 2002: 139）は，情報技術によって生じる変化を取り巻く「驚くべき持続性と経路依存性」についても述べている。19世紀に初めてアメリカ合衆国とイギリスの情報交換を可能にした海底電信ケーブルの経済的優位性は今日まで続いているが，その一方で他の地域（たとえばサブサハラアフリカ）が享受する接続性ははるかに弱い。デジタル産業は新しく破壊的な技術（たとえば表計算ソフトウェア）を定期的に生み出すが，こうした変化の力は，特定のアクターが新たに出現した空間をコントロールすることを可能にする標準的な特権の軌跡に沿って，しばしば展開する。たとえば，ソフトウェアがツールや機材（トラクターなど）にこれまで以上に統合されるにつれて，自己修理，いじくりまわし（tinkering），日曜大工（DIY）などの長年続いてきた慣習は，パスワード保護やデジタル著作権と衝突するようになる。これは新しいグローバルな抵抗の地理を生み出している。たとえば，アメリカ合衆国の農家は，より高額で対応の悪いディーラーの担当者に頼るのではなく，東ヨーロッパで開発されたソフトウェアハッキングを利用し，メーカーが自社のトラクターに施したソフトウェアロックを解除して，トラクターを修理している（Koebler, 2017）。

　このような懸念はトラクターの修理をはるかに上回るものであり，日々の人との交流や経済行動がどのように監視され，かたちづけられるかについて深刻な意味合いを持つ。デジタル産業が日常生活の中心を占めていることを踏まえると，こうした強力な技術との関わりや，それが空間の生産に与える影響を避けることはほぼ不可能である。しかしながら，この力は絶対的なものではなく，個人や集団は回避，ハッキング，ブロッキング，マスキングなどの戦術や，その他の技法（Kitchin and Dodge, 2011を参照）によって抵抗することが可能である。これには国家的アクターを監視する取組みも含まれるかもしれない。たとえば，

アメリカ合衆国において警察によって殺害された一般市民を記録したり，さまざまな雇用者によって提供された仕事の質に関する情報を臨時雇用の労働者たちがオンラインで共有したりすることが挙げられる[10]。このような種類の逸脱行為や破壊行為の効果は複雑であり，多くの場合，普遍的に利用できるものではなく，特定の個人によってのみ，また特定の状況でのみ生じるものである。それゆえ，「コード／空間のハッキング」は日々の生活に対するコードの力を混乱させる働きをする可能性があるが，デジタル産業の相互接続性は，結果として生じる影響がしばしば広範かつ不公平に分散されることも意味するのである（Zook and Graham, 2018）。

デジタル産業の次なる一歩

　結論として，デジタル産業の地理は多くのスケール——ローカルからグローバルまで——で，個人，企業，国家，そして社会全般によってかたちづくられている。これは19世紀における電話の提供開始にも当てはまるものであり，それどころか，これらのパターンはより一層深化してきている。モノのインターネット〔IoT〕が展開され，国家的アクターや企業アクターが個人の移動，意見，そして行動に関するより巨大なデータベースに〔データを〕蓄積するにつれて，2000年代に地理空間ウェブがもたらした，あらゆるタイプのデジタルな人工物（デバイス，ハードウェア，ソフトウェア）の中への位置情報（アフォーダンス）の埋め込みは，より一層深まっていくだろう。

　デジタル地理学における主要な争点は，地理，空間，場所，スケールといった伝統的な関心事にこれらの技術を取り込むことである。新たに登場したデジタル技術は，どのようにこれらの概念を理論と日常生活経験の両方の点で変えていくだろうか？　われわれはどのようにこれらの概念を用いて，新しい現象やその影響を理解していけるだろうか？

注

1 トランスミッションコントロールプロトコル（TCP）とインターネットプロトコル（IP）は，インターネット上でデータがどのようにパッケージ化され送達されるかの規格である。
2 ドメインネームシステム（DNS）は，インターネット上でコンピュータの数値的識別子〔IPアドレスなど〕を，Google.comのような，より覚えやすいドメイン名に変換する。
3 TeleGeographyはこれらのタイプの地図の（決して唯一ではないが）良い例である。最も新しいバージョンはwww.submarinecablemap.comで入手可能である。
4 Center for Applied Internet Analysis, www.caida.org
5 www.caida.org/research/topology/as_core_networkを参照。
6 アプリケーションプログラミングインターフェース（API）は，プロバイダーが定めたルールに従ってデータ（ツイートや投稿など）への自動アクセスを可能にするものである。
7 www.floatingsheep.orgを参照。
8 VGIとは，多くの場合，必ずしも専門家ではない個人が空間データを作成することであり，(Goodchild, 2007を参照)，ネオ地理学とは，従来とは違う地図作成者が個人的なプロジェクトやコミュニティのプロジェクトのためにマッピングツール(マッパー)を利用することである(Turner, 2006)。
9 Googleガバナンスとは，ユーザーによって何が見られるか，実行されうるかを，支配的なプラットフォーム――オペレーションシステム，アプリケーション，あるいはハードウェアデバイス――が制御する能力を指す。
10 www.mappingpoliceviolence.orgとhttps://turkopticon.infoを参照。

文献

Abbate, J. (2000) *Inventing the Internet.* Cambridge, MA: MIT Press. アバテ，J. 著，大森義行・吉田晴代訳(2002)『インターネットをつくる――柔らかな技術の社会史』北海道大学図書刊行会.

Anderson, C. (2008) 'The end of theory: The data deluge makes the scientific method obsolete', *Wired,* 23 June. Available at: https://www.wired.com/2008/06/pb-theory/ (accessed 1 February 2018).

boyd, d. and Crawford, K. (2012) 'Critical questions for big data', *Information, Communication and Society,* 15(5): 662–679.

Burch, H. and Cheswick, B. (1999) 'Mapping the internet', *Computer,* 32(4): 97–98.

Cairncross, F. (1997) *The Death of Distance: How the Communications Revolution Will Change Our Lives.* Boston: Harvard Business School Press. ケアンクロス，F. 著，藤田美砂子訳(1998)『国境なき世界――コミュニケーション革命で変わる経済活動のシナリオ』トッパン.

Castells, M. (1996) *The Rise of the Network Society: The Information Age—Economy, Society and Culture,* Volume I. Oxford: Blackwell.

Cockayne, D.G. (2016) 'Sharing and neoliberal discourse: The economic function of sharing in the digital on-demand economy', *Geoforum*, 77: 73–82.

Dodge, M. and Kitchin, R. (2001) *Atlas of Cyberspace*. Harlow: Addison-Wesley.

Elwood, S. (2010) 'Geographic information science: Emerging research on the societal implications of the geospatial web', *Progress in Human Geography*, 34(3): 349–357.

Fischer, C.S. (1994) *America Calling: A Social History of the Telephone to 1940*. Berkeley: University of California Press. フィッシャー, C. S. 著, 吉見俊哉・松田美佐・片岡みい子訳 (2000)『電話するアメリカ――テレフォンネットワークの社会史』NTT 出版.

Goodchild, M. (2007) 'Citizens as sensors: The world of volunteered geography', *GeoJournal*, 6(4): 211–221.

Graham, M., Hjorth, I. and Lehdonvirta, V. (2017) 'Digital labour and development: Impacts of global digital labour platforms and the gig economy on worker livelihoods', *Transfer: European Review of Labour and Research*, 23(2): 135–162.

Graham, S. (1998) 'The end of geography or the explosion of place? Conceptualising space, place and information technology', *Progress in Human Geography*, 22(2): 165–185.

Graham, S. (2005) 'Software-sorted geographies', *Progress in Human Geography*, 29(5): 562–580.

Haklay, M. (2013) 'Neogeography and the delusion of democratisation', *Environment and Planning A*, 45(1): 55–69.

Kitchin, R. and Dodge, M. (2011) *Code/Space: Software and Everyday Life*. Cambridge, MA: MIT Press.

Koebler, J. (2017) 'Why American farmers are hacking their tractors with Ukrainian firmware', *Motherboard*, 22 March. Available at: https://motherboard.vice.com/en_us/article/xykkkd/why-american-farmers-are-hacking-their-tractors-with-ukrainian-firmware (accessed 1 February 2018).

Leszczynski, A. (2012) 'Situating the geoweb in political economy', *Progress in Human Geography*, 36(1): 72–89.

Leszczynski, A. and Elwood, S. (2015) 'Feminist geographies of new spatial media', *The Canadian Geographer/Le Géographe canadien*, 59(1): 12–28.

Massey, D. (1991) 'A global sense of place', *Marxism Today*, 35(6): 24–29.

Poorthuis, A., Zook, M., Shelton, T., Graham, M. and Stephens, M. (2017) 'Using geotagged digital social data in geographic research', in N. Clifford, M. Cope, T. Gillespie and S. French (eds), *Key Methods in Geography*, 3rd ed. London: Sage. pp. 248–268.

Sheppard, E. (2002) 'The spaces and times of globalization: Place, scale, networks, and positionality', *Economic Geography*, 78(3): 307–330.

Standage, T. (1998) *The Victorian Internet: The Remarkable Story of the Telegraph and the Nineteenth Century's On-line Pioneers*. London: Weidenfeld & Nicolson. スタンデージ, T. 著, 服部桂訳 (2011)『ヴィクトリア朝時代のインターネット』NTT 出版.

Stephens, M. (2013) 'Gender and the GeoWeb: Divisions in the production of user-generated

cartographic information', *GeoJournal*, 78(6): 981–996.
Thrift, N. and French, S. (2002) 'The automatic production of space', *Transactions of the Institute of British Geographers*, 27(3): 309–335.
Turner, A. (2006) *Introduction to Neogeography*. Sebastopol, CA: O'Reilly Media.
Zook, M. (2000) 'The web of production: The economic geography of commercial internet content production in the United States', *Environment and Planning A*, 32(3): 411–426.
Zook, M. and Graham, M. (2007) 'The creative reconstruction of the Internet: Google and the privatization of cyberspace and DigiPlace', *Geoforum*, 38(6): 1322–1343.
Zook, M. and Graham, M. (2018) 'Hacking code/space: Confounding the code of global capitalism', *Transactions of the Institute of British Geographers*, 43(3): 390–404.

第18章　シェアリングエコノミー

リジー・リチャードソン

はじめに

　デジタル技術とサービス提供を前提としている Uber や Airbnb のような新しい市場主体は，グローバルノースに限ったことではないが，大部分はグローバルノースにおいて登場し，部門や業界の枠を越えて既存の経済的関係を変えている。シェアリングエコノミーは，これらの主体によって促進される経済活動の二つの特徴的な側面を説明するものである。第1に，これらの主体は，従来の企業と消費者（B to C）の関係を迂回できる，効率的で多面的なユーザー間交換を可能にするデジタルプラットフォームを介して活動している。シェアリングエコノミーのプラットフォームは地理的に近接している，または離れているかもしれない「見知らぬ人」としてのユーザー（顧客とサービス提供者の両方）間の経済的交換のための接続を生成し，確保し，調整する仲介者である。こうした多面的な交換のための技術の例は，「ライダー」（顧客）とドライバー（サービス提供者）を結びつけ，ライダーを送迎する，地上交通仲介サービスの Uber である。第2に，プラットフォームを通じて促進される水平的な交換の容易さと即時性は，輸送，空間，スキルなど，以前は十分に活用されていなかった資源への短期的なアクセスを提供することを目的としている。したがって，これらのデジタル市場主体は，消費行動を〔モノの〕所有から転換すると同時に新しい形態のサービス提供の機会を切り開く。このアクセスベースのモデルの例は，「ホスト」（個人宅の居住者）が「旅行者」に宿泊スペースを貸し出すことを可能にする短期宿泊プラットフォームの Airbnb である。多面的な交換とアクセスベースの消費のこうした側面は，それが階層的な交換構造や消費の所有モデルからの転換を示す限り，「共有」を構成するものとみなされる。
　しかしながら，これらの新しい市場主体に起因する変化がどの程度のもので

あるか，またどのように生じるか，ひいては「共有」がそれらを表すための適切な総称であるかどうかについては，議論の余地がある。これらの幅広い疑問に取り組むことは，この分野において生まれつつある地理学研究の多くを構成している。この取組みの概要を示す本章では，最初に「シェアリングエコノミー」という用語とそれが包含するデジタル経済活動の両方の歴史的文脈を示す。次に，シェアリングエコノミーとこれらの新しい市場主体に関する地理学研究の三つの新たな関心領域，すなわち，シェアリングの言説，デジタルプラットフォームの役割，そして流通を中心としたシェアリング指向の政治の可能性について概説する。最後に今後の展望を指摘して締めくくる。

歴史的文脈におけるシェアリングエコノミー

「シェアリングエコノミー」という用語は，単に一つの出所に帰することはできない。その出現は，デジタル技術を通して可能になる消費と交換の規範の変化を説明するための関連語彙の出現と関連して理解されるべきである。これらは，レイチェル・ボッツマン（Rachel Botsman）が 2010 年の TED トーク[1]で使用した「共同消費」や，「アクセスベースの経済」（Bardhi and Eckhardt, 2012）という造語を含む。特に（デジタル）「シェアリング」と（デジタル）「エコノミー」の間のつながりを示す一つの起源の物語は，ベンクラー（Benkler, 2004: 330-331）の「共有可能な商品」という概念と，彼が「経済的生産様式としての共有」と呼んだものまで遡ることができる。彼は，所有者の要求に比べて体系的な「過剰生産能力」を持つ特定の種類の財があることを概説した。たとえば，車の所有者はほとんどの時間，自分の車を使用する必要がないかもしれない。つまり，潜在的な使用量が実際の使用量を上回っている。ベンクラーは，この過剰生産能力——この十分に活用されていない運転時間——は，「ソーシャルシェアリング」を通して最もよく分配されるということを示唆している。ソーシャルシェアリングとは，市場で決定された価格以外の理由によって動機づけられる，分散化・ネットワーク化された参加の形態で特徴づけられるものである。重要なことに，ソーシャルシェアリングは，つながりの弱い参加者や全く見知らぬ人でさえも追求でき，ベンクラーにとって，この可能性こそがデ

ジタルにネットワーク化された環境における最大の経済的期待である。

　「共有可能な商品」としての車の例に戻ると，デジタル技術は，カークラブやライドシェアリングなどの車の共有利用モデルの再構成と拡張を可能にした。ZipCar は前者の実例であり，利用者が個人のモバイルデバイスを使って近くにある短期のレンタカーを見つけ，料金を支払うことができるようにしている。カープーリングプラットフォームである BlaBlaCar は後者の例であり，同じ目的地に行く旅行者を自分の車の座席が空いているドライバーと結びつける。デジタルなもの（the digital）に関する特定の考え方に限定されるものではないが，ベンクラー（Benkler, 2004）の主張は，共有の相対的な経済的役割は技術とともに変化するというものである。どのような種類の技術も，共有の有効性に閾値的な制約を課すが，共有の量を決定するわけではない。こうした技術に依存した消費様式の変化は，地理学者が検証した現代のデジタル共有活動の二つの前例を通して説明されうる。

　一つ目の例は，世紀の変わり目における「e コマース」の台頭であり，これは小売業の地理の変化を予期させるものだと言われた。e コマースとは，インターネットを通した電子的な無店舗小売と，それを支える物理的な倉庫と流通に付随する地理を指す（Currah, 2002; Murphy, 2007）。地理学者は，二つの主要な e コマースビジネスモデルを特定した。一つは，「破壊的技術」を使用して「新しいビジネスモデルを創造する」革新的な企業で構成される「ピュアプレイ」〔特定の製品やサービスに特化した企業〕の e テイラー〔インターネットを利用して商売を行う小売業者〕であり，それは既存の小売業者への脅威としてとらえられている（Wrigley et al., 2002: 182）。このモデルの例は，小売店のネットワークを避けて倉庫を利用する Amazon.com である。これらのビジネスは，現代のシェアリングエコノミープラットフォームの仲介機能によって，より最近反響を呼んでいる方法で，従来の小売業者のバリューチェーンを回避したり，解体したりする可能性がある。もう一つは，既存の店舗ネットワークを持ち，消費者がオンラインで商品を購入できるようにするシステムを開発している「クリックアンドモルタル型」の小売業者〔実店舗とオンライン店舗の両方を持つ小売業者〕である（Murphy, 2003）。イギリスの食料品小売業者である Tesco は，このモデルの初期の例であり，既存の店舗ネットワークを基に，オンライン注文

システムを通して宅配を行っていた。どちらのモデルにとっても重要な課題は，商品の保管，取り出し，配送の十分に洗練された物流システムを通して，オンライン注文で要求される迅速な対応をどのように提供するかであった（Wrigley and Currah, 2006）。これらの「空間と時間の問題」（Murphy, 2003: 1176）は，オンラインフードデリバリープラットフォームであるUberやDeliverooのような，都市におけるラストワンマイルの物流を提供する「オンデマンド」の消費に関連する新しい市場主体の焦点であり続けている。

　二つ目の先行事例であり，地理学の分野ではあまりはっきりと注目されてこなかったのは，ピアツーピア交換の形態におけるインターネットの役割である。これは主に，音楽の制作と消費の空間の変化に関するレイション（Leyshon, 2003, 2009）の考察のように，ピアツーピアネットワークが従来の流通の地理をどのように変えたのかに焦点を当てている。NapsterなどのユーザーフレンドリーなMP3ファイル交換システムを通した音楽の流通は，当初は「著作権資本主義」（Leyshon, 2003）を回避するものであり，その後は，デジタル録音・録画機器がより手頃な価格になっていくにつれて，MySpaceとYouTubeにおける音楽や動画の共有は，「家庭用」録画・録音コンテンツの流通チャンネルになった。市場を媒介とする取引が生じるが所有権の移転は起こらない，シェアリングエコノミープラットフォームを通したアクセスベースの使用に関するいくつかの現代的な議論には，このような生産の民主化と消費様式としての贈与の民主化の可能性が存在する。現代のデジタル技術によって可能になる新しい市場主体は，「共有」という用語で示される消費の規範の変化という文脈の中で，またインターネットを通した小売と流通の地理の変化に関するこのさらに長い歴史の中で理解されなければならない。次節では，共有がこれらのデジタル市場主体に対する適切なラベルであるかどうかを地理学者がどのように問うてきたかを検討する。

共有についての言説

　シェアリングエコノミーの言説や語法と，新しいデジタル市場主体の実践との関係については疑問がある。核となる問題は，「共有」という用語が含意す

る経済活動への転換の性質を定義することにある．これに関連して，学術的な議論はもちろん，世間一般での議論でも二つの疑問が生じる．一つ目は，新規性の特定に関係する疑問である．これらの疑問は，共有が新しいかどうか，言い換えれば，デジタルなものが経済的交換の独特な様式としての共有の出現にどのような違いをもたらすかを問うものである．この一連の問いの出発点は，共有は常に，市場主導の価格システムの外にある贈与，物々交換，非金銭的交換のかたちで存在してきたということである（Waite and Lewis, 2017）．これは，さまざまなかたちの共有交換を区別するための類型を作成する試みにつながってきた．例として食品の共有を取り上げると，デイヴィスら（Davies et al., 2017）は，共有のさまざまな実践（贈与，販売（営利目的と非営利目的），収集，物々交換など）と組み合わさるかもしれない，共有のためのさまざまな組織形態（営利，社会的企業，協同組合，慈善団体など）を概観することで，交換活動の複雑性を示している．

二つ目の一連の疑問は真実性に関するものである．これらは，デジタル技術が仲介する経済活動のラベルとしての共有の真実性あるいは現実性を問うものである．このような疑問は，デジタル技術が代替的または非資本主義的な形態の経済活動を生み出すことができるという主張の正確性に異議を唱える．シェアリングエコノミーは「ステロイド状態の新自由主義」であるというモロゾフ（Morozov, 2013）の非難を受け，たとえばマーティン（Martin, 2016）は，シェアリングエコノミーは資本主義の悪夢のような形態であると同時に，資源消費の削減を通した持続可能性への道（Frenken and Schor, 2017）としても考えられやすいかもしれないと主張している．同様に，ベルク（Belk, 2014: 11）は，彼が「共有」と呼ぶものと「疑似共有」と呼ぶものを区別しており，後者が共同共有を装ったビジネス関係であることを示唆している．彼は，そのような疑似共有のモデルの四つの例を示している．すなわち，長期的なレンタルやリース，短期的なレンタル，人々のデータを「共有」するオンラインサイト，オンラインで促進される物々交換経済である．ベルク（Belk, 2014: 14）は，それでもなお，彼がカウチサーフィング〔旅行先で他人の家に宿泊させてもらう行為〕（Molz, 2012参照）を例として挙げている「オンラインで促進されるホスピタリティ」を含む，Web 2.0 を介して出現してきたいくつかの「真の共有形態」があるこ

とを示唆している。

　一部の地理学者は，シェアリングエコノミーの新規性と真実性に関するこれらの疑問から焦点を移すために，ポスト構造主義的アプローチを採用している。かれらの介入は，経済は「本質的な」アイデンティティを持たず，代わりに「仮想」（経済）世界とその対象を生み出す一連の言説と実践によって構成されるという立場から始まる（Thrift, 2005）。言い換えれば，経済は，シミュレーションやモデルとそれらが参照する活動の組み合わせの複数の配置で構成されている（Mitchell, 2008）。ここでの関心は，デジタル市場主体がどの程度変革的または本物であるかを評価しようとすることではなく，経済がどのように，またどのような意味で共有されるものとして構築されるかにある。このような観点から，コケイン（Cockayne, 2016）は，労働と社会的実践の特定の組み合わせを奨励したり，思いとどまらせたりするために，サンフランシスコのデジタルメディア部門の起業家やソフトウェア開発者が，どのように共有という比喩表現を使っているかを示している。彼の主張は，共有の言説はこれらのデジタル経済実践に付随するものではなく，むしろそれらと一緒に共同生産されるものであり，デジタル資本主義の下で労働の価値を下げる活動の常態化にとって重要な意味を持っているというものである。これは，資本主義経済の一部として，またその代替として機能するパフォーマンスとしてのシェアリングエコノミーについてのリチャードソン（Richardson, 2015）の枠組みの中でさらに特別な意味合いを持っている。彼女は経済的多様性に関する理解に基づき，代替的かつ潜在的により社会的に公正な経済実践をもたらすかもしれない「シェアリングエコノミー」の展開にパフォーマティブな約束がある〔既存の経済活動を再編する可能性がある〕ことを示唆している。これに直接異を唱えるわけではないが，コケイン（Cockayne, 2016）は，既存の経済実践を変えるかもしれない方法を評価するために，デジタルプラットフォームの／を通した多様な活動を理解するにあたり，共有の差異化された展開に注目する必要性を指摘している。したがって，次節で検討するように，これらのデジタルプラットフォームの運用は地理学者からより多くの注目を集め始めている。

デジタルプラットフォームの役割

　シェアリングエコノミーのデジタルプラットフォームは，一見すると，リソースやサービスのさまざまな利害関係者（すなわち，顧客や〔サービス〕提供者）をつなぐものとして単純に理解されうる。しかし，ガレスピー（Gillespie, 2010: 349）が指摘するように，「プラットフォーム」という用語は，何かを意味するのに十分具体的であると同時に，複数のオーディエンスにまたがって機能するにはあいまいすぎであり，「自分のオンラインサービスをプラットフォームと呼ぶことは，意味のない主張ではなく，また単純な主張でもない」のである。プラットフォームは，その運営に関して，市場交換における調整問題を解決するためにインターネットの距離縮減能力を利用した，上述の1990年代のeコマース開発の仲介論理を拡張したものである。しかし，ラングレーとレイション（Langley and Leyshon, 2017: 19）は，〔プラットフォームが〕中立的なインフラや導管として理解されるのではなく，プラットフォームの運営が「積極的に流通を誘発し，生産し，プログラムする」と主張している。それゆえ彼らは，プラットフォームの新規性は，すでに存在する経済的交換における関係者間の接続を仲介する役割にあるのではなく，むしろ新しい形態の価値生成を生み出すように接続性を積極的にキュレートする能力にあることを示唆している。これは，ユーザーの共創によるネットワーク効果から生まれる価値，すなわち，プラットフォームが提供する「ピアツーピア」またはマルチサイド市場の可能性をターゲットにすることを意味している。

　このプラットフォームモデルの収益創出の重要な基礎は，「仲間」とチェイス（Chase, 2015）が「株式会社」と呼ぶ企業との間の民主的で協調的な経済変革の考え方を排除する，新しい形式の分類と排除を通じたものである。言い換えれば，Airbnbのようなプラットフォーム事業者は，包括的で参加型の文化を装って利用を促し，実質的なユーザー基盤を引きつけ，成長させることに関心がある。なぜなら，かれらはそのような利用の調整と規制を通じて価値を生み出すからである。カテゴライズの最も顕著な形態は，ネットワークにおける分散したユーザー間の流通を標準化する手段として成長した評判経済（reputational economy）であり，Airbnbはその有用な例を示している。ユーザー

認証プログラム（身分証明書の提供を含む）を通じてユーザー——ゲストであれホストであれ——を登録した後，Airbnbはユーザーが作成したプロフィールとレビューに基づいた取引を可能にする。これらのプロフィールは，「受け取ったレビューの量と質」の両方に反映される「追跡可能で検証可能な記録」を提供するという点で，評判の「通貨」を持っている（Stabrowski, 2017: 332）。その論理は，群衆の知恵が抑制と均衡を提供するというものであり，レビュアーは，自分自身が悪いレビューを受けたくないので，正直であることを期待されている。Airbnbの場合，同社は，ユーザーが「お互いを審査し，それらの取引中により安全で透明な環境を作り出す」ことができるため，この評判経済は既存の（非公式な）ホスピタリティ実践を改善する，と主張している（Stabrowski, 2017: 332におけるHantman, 2015の引用）。

ラングレーとレイション（Langley and Leyshon, 2017: 20）が示唆するように，これらの評判装置は，「参加者が他の関係者に関するほぼ完全に開示された情報にアクセスできる」，ほぼ完璧な市場であるかのようにシェアリングエコノミーが見えることに寄与している。しかし，このような経済への参加と，このような評判の透明性の定義条件は，Airbnbプラットフォームによって決定されており，したがって，〔Airbnbプラットフォームは〕ユーザーが評判を築こうとする際に生じるさらなる取引からも利益を得ることになる。それゆえ，こうしたデジタルプラットフォームの接続性のキュレーションは，全く新しい収益源ではなく，両面市場での交換を仲介することによる収益のための追加チャネルを提供するにすぎないeコマースサイトやモバイルアプリとは異なる。「プラットフォーム資本主義」（Lobo, 2014）という新語が生じたのは，付加価値を生み出すこの能力のためである。この用語は，多様で再分配的というシェアリングエコノミーの物語(ナラティブ)に異議を唱え，代わりに，プラットフォームが，「ポスト資本主義」の未来に向けたあらゆる動きを妨げる，資本主義内の集中的な蓄積の新しい傾向を指し示していると示唆している（Srnicek, 2017）。このようなプラットフォーム所有者の手中へのデータと利益の集中は，プラットフォーム協同組合主義，すなわち，企業のクラウドに依存せずに，人々が互いにデータを共有することを可能にする新しい分散型のネットワーク（たとえばScholz, 2016）の実験につながっている。このような協同組合主義への関心は，後述するシェアリ

ングエコノミーにおける提供者の労働条件によっても刺激されている。

分配としての共有？

　共有が名目上，交換の一形態として理解されるなら，このことは分配の政治を強調するデジタル経済への批判的アプローチを招く。このような政治は，富の生産を通じてというよりも，富が分配される方法の周囲で社会生活が構成されていることを前景化している。この後者の生産の政治は，歴史的に，女性の無報酬の再生産労働に支えられた健常な男性の有給労働を中心に政治経済を展開してきた。対照的に，分配型の政治経済は，社会を維持し，それゆえ再生産する社会関係を通じて，既存の富を分割し，移転する無数の方法に焦点を当てるだろう (Ferguson, 2015)。しかし，このような政治的アプローチの方向転換の可能性があるにもかかわらず，シェアリングエコノミーに関する一般的・学術的な批判的議論の多くは，生産の政治に向けられてきた。それは，労働のカテゴリーと，労働者（または「提供者」）の主体性と搾取の問題に焦点を当ててきた。このような仕事の二枚舌的な性質を考えると，こうした焦点の当て方には確かに正当な理由がある。Uber のようなデジタルプラットフォームに関連する労働の形態は，労働者がいつ働くかを選択する可能性があることを意味し，柔軟なものとして枠づけられている。しかし，これはまた，労働者が望むときにそこに仕事（すなわち収入）があるとは限らないことを意味する (Scholz, 2016)。

　この問題は，デジタルプラットフォームを通して仕事が仲介されている人々の雇用形態によって，いっそうひどくなっている。大手プラットフォーム企業は，自社の技術を通してサービスを提供する者は自営業の請負業者であると主張してきた。つまり，Uber の運転手は，従業員としての地位を持つ労働者に与えられる保障の恩恵を受けられないということである。自営業という分類は，柔軟性と独立性という約束された利点がしばしば実現されないため，より問題視されている。たとえば，ラヴェネル (Ravenelle, 2017) は，シェアリングエコノミーの労働者が，仕事にアクセスする企業によって設定された一定の行動要件と応答要件にどのように拘束されるかを詳述している。Uber のドライ

バーは，最低水準の「星」評価（五つ星のうち 4.6）を維持し，乗車リクエストの 80％ を受け入れることが求められている。これを怠ると，かれらのアカウントが停止され，その結果，プラットフォームを通して仕事を確保することが難しくなる可能性がある。顧客がさまざまなサービス提供者から選ぶことができるプラットフォームについて，ラヴェネル（Ravenelle, 2017）は，どの提供者を顧客（消費者）に見せるかを決定する企業のプラットフォームデザインの権力と，この可視性がどのように提供者の利用可能性のパラメータをも支配しているかを強調している。これを説明するために，彼女は，「タスカー」（断片的な仕事，つまり「タスク」を喜んで行う労働者）が，顧客のために雑用や「ギグ」〔一時的な仕事〕を行うサービスを提供するプラットフォームである TaskRabbit を例に挙げている。最近このプラットフォームが変更され，タスクの入札が廃止され，代わりに，タスクワーカー（「タスクラビット」）は，4 時間単位で空き時間を提示し，30 分以内にタスクの割り当てに応答することが要求されるようになった。

　Uber の場合も TaskRabbit の場合も，プラットフォームの所有者は，仕事の量とそのような仕事の分配方法を決定する上で重要な役割を担っている。名目上は自営業であるものの，提供者を労働者と定める活動条件は，従業員のカテゴリーを定義する条件の多くに類似している。しかし，この自営業の地位に関連する収入の不安定性は，プラットフォームを通して働く人々の全体的な低収入と必ずしも相関していない。実際，ショア（Schor, 2017）は，まさに多くのシェアリングエコノミー提供者が他の収入源から収入を得ているために，そのような仕事をすることができると主張している。彼女の研究は，このことが，これらのより特権的な提供者が現在行っている手作業の多くを伝統的に行ってきた低学歴の労働者の「押し出し」をもたらすことを示唆している。このことを念頭に置くと，分配の政治を通してシェアリングエコノミーにアプローチすることが何を意味するのかという問いに立ち戻ることには価値がある。生み出されるものが十分な賃金を得られない労働であるにせよ，十分に働いていない労働であるにせよ，シェアリングエコノミーのプラットフォームは，せいぜい所得の不均等な分配にしかならない傾向がある。しかし，そうした仕事──歴史的に不安定であったり，十分に賃金が得られなかったり，単に労働として認

識されていなかったりする仕事——を視野に入れることで，シェアリングエコノミーは，フェミニスト研究が長年示してきたように（Richardson, 2018参照），社会生活の生産におけるそうした活動の重要な役割をさらけ出す。したがって，「シェアリングエコノミー」は，「ギグ」の機会が多種多様であるにもかかわらず，そのような活動のみでは生活するのに十分な収入が得られない場合，生産が政治的な明瞭化のための主要な場所であり続けるべきかどうか，という問題を提示している。それゆえ，「シェアリングエコノミー」は，利益志向のデジタルプラットフォームの現在の運用に限定されるのではなく，「変化の可能性を常に開いておく必要がある」（Massey, 1995: 286）ことを思い出させるものとして役立つかもしれない。

今後の展開

　地理学の枠を越えた一般的・学術的な議論において，シェアリングエコノミーに関連する新しいデジタル市場主体の問題点と可能性は今後も続くと思われる。問題点についていえば，UberやAirbnbのようなプラットフォームの企業が，特定の（都市の）市場の特殊性に合わせてビジネスモデルを調整しているため，地理的に特異な方法でプラットフォームの活動を規制しようとする試みがさらに生じるだろう。したがって，これらのプラットフォーム企業が，（現在／将来の）事業の別個の市場を横断して，さまざまな規制レジームを弱体化させる多様な実践を理解することは，継続的な研究テーマになりうる。可能性についていえば，このような新しい市場主体を通して提供される資源への共有アクセスの機会を，さらに収入を得る機会と一緒に「活用する」試みも続くだろう。地理学研究は，共有の実践がどのように行われるかについてより特別な意味合いを持つ説明を提供することを通して，このような場所特有の政策議論に貢献するだろう（Kent and Dowling, 2013）。

注

1　www.ted.com/talks/rachel_botsman_the_case_for_collaborative_consumption

文献

Bardhi, F. and Eckhardt, G. M. (2012) 'Access-based consumption: The case of car sharing', *Journal of Consumer Research*, 39(4): 881–898.

Belk, R. (2014) 'Sharing versus pseudo-sharing in Web 2.0', *Anthropologist*, 18(1): 7–23.

Benkler, Y. (2004) 'Sharing nicely: On shareable goods and emergence of sharing as a modality of economic production', *Yale Law Journal*, 114(2): 273–358.

Chase, R. (2015) *Peers Inc: How People and Platforms Are Inventing the Collaborative Economy and Reinventing Capitalism*. New York: Public Affairs.

Cockayne, D.G. (2016) 'Sharing and neoliberal discourse: The economic function of sharing in the digital on-demand economy', *Geoforum*, 77: 73–82.

Currah, A. (2002) 'Behind the web store: The organisational and spatial evolution of multichannel retailing in Toronto', *Environment and Planning A*, 34(8): 1411–1441.

Davies, A.R., Donald, B., Gray, M. and Knox-Hayes, J. (2017) 'Sharing economies: Moving beyond binaries in a digital age', *Cambridge Journal of Regions, Economy and Society*, 10(2): 209–230.

Ferguson, J. (2015) *Give a Man a Fish: Reflections on the New Politics of Distribution*. Durham, NC: Duke University Press.

Frenken, K. and Schor, J. (2017) 'Putting the sharing economy into perspective', *Environmental Innovation and Societal Transitions*, 23(June): 3–10.

Gillespie, T. (2010) 'The politics of "platforms"', *New Media & Society*, 12(3): 347–364.

Kent, J.L. and Dowling, R. (2013) 'Puncturing automobility? Carsharing practices', *Journal of Transport Geography*, 32: 86–92.

Langley, P. and Leyshon, A. (2017) 'Platform capitalism: The intermediation and capitalization of digital economic circulation', *Finance and Society*, 3(1): 11–31.

Leyshon, A. (2003) 'Scary monsters? Software formats, peer-to-peer networks, and the spectre of the gift', *Environment and Planning D: Society and Space*, 21(5): 533–558.

Leyshon, A. (2009) 'The software slump?: Digital music, the democratisation of technology, and the decline of the recording studio sector within the musical economy', *Environment and Planning A*, 41(6): 1309–1331.

Lobo, S. (2014) 'Auf dem Weg in die Dumpinghölle', *Spiegel Online*, 3 September. Available at: www.spiegel.de/netzwelt/netzpolitik/sascha-lobo-sharing-economy-wie-bei-uber-ist-plattform-kapitalismus-a-989584.html (accessed 17 July 2017).

Martin, C.J. (2016) 'The sharing economy: A pathway to sustainability or a nightmarish form of neoliberal capitalism?', *Ecological Economics*, 121: 149–159.

Massey, D. (1995) 'Thinking radical democracy spatially', *Environment and Planning D: Society and Space*, 13(3): 283–288.

Mitchell, T. (2008) 'Rethinking economy', *Geoforum*, 39(3): 1116–1121.

Molz, J.G. (2012) 'CouchSurfing and network hospitality: "It's not just about the furniture"',

Hospitality & Society, 1(3): 215–225.
Morozov, E. (2013) 'The "sharing economy" undermines workers' rights', *Financial Times*, 14 October. Available at: www.ft.com/content/92c3021c-34c2-11e3-8148-00144feab7de (accessed 2 February 2018).
Murphy, A.J. (2003) '(Re)solving space and time: Fulfilment issues in online grocery retailing', *Environment and Planning A*, 35(7): 1173–1200.
Murphy, A.J. (2007) 'Grounding the virtual: The material effects of electronic grocery shopping', *Geoforum*, 38: 941–953.
Ravenelle, A.J. (2017) 'Sharing economy workers: Selling, not sharing', *Cambridge Journal of Regions, Economy and Society*, 10(2): 281–295.
Richardson, L. (2015) 'Performing the sharing economy', *Geoforum*, 67: 121–129.
Richardson, L. (2018) 'Feminist geographies of digital work', *Progress in Human Geography*, 42(2): 244–263.
Scholz, T. (2016) *Uberworked and Underpaid: How Workers Are Disrupting the Digital Economy*. Cambridge: Polity Press.
Schor, J.B. (2017) 'Does the sharing economy increase inequality within the eighty percent? Findings from a qualitative study of platform providers', *Cambridge Journal of Regions, Economy and Society*, 10(2): 263–279.
Srnicek, N. (2017) *Platform Capitalism*. Cambridge: Polity Press. スルネック，N. 著，大橋完太郎・居村　匠訳 (2022)『プラットフォーム資本主義』人文書院.
Stabrowski, F. (2017) '"People as businesses": Airbnb and urban micro-entrepreneurialism in New York City', *Cambridge Journal of Regions, Economy and Society*, 10(2): 327–347.
Thrift, N. (2005) *Knowing Capitalism*. London: Sage.
Waite, L. and Lewis, H. (2017) 'Precarious irregular migrants and their sharing economies: A spectrum of transactional laboring experiences', *Annals of the American Association of Geographers*, 107(4): 964–978.
Wrigley, N. and Currah, A. (2006) 'Globalizing retail and the "new e-conomy": The organizational challenge of e-commerce for the retail TNCs', *Geoforum*, 37(3): 340–351.
Wrigley, N., Lowe, M. and Currah, A. (2002) 'Retailing and e-tailing', *Urban Geography*, 23(2): 180–197.

第 19 章　既存の産業

ブリュノ・モリセ

はじめに

　小売業，金融業，製造業のような，何世紀も続いている業界が，デジタル化によって「破壊」されつつある。デジタル化とは，中核的なサービスやプロセス，実践が，部分的に，または根こそぎコンピューティング技術に取って代わられるプロセスを意味する。情報技術（IT）やその他の「もともとデジタルな」産業だけでなく，経済全体がデジタル化によって変革されつつあり，既存の業界間の境界線をあいまいにし，バリューチェーンのグローバル化を促進し，産業と企業の地理を形成している。電子商取引（eコマース）やクラウドコンピューティングは，商品化されてきた。ビッグデータ，付加製造技術〔3Dプリンタなど〕，仮想現実，モノのインターネット〔IoT〕，機械学習，人工知能〔AI〕は，グローバルな変革への扉を開いており，それは同時に，数百万人の雇用がロボットやアルゴリズムに取って代わられて消滅する可能性に対する恐れを刺激している（Frey and Osborne, 2017）。新しく登場したビジネスモデル，商品，サービスは，何十年も市場や部門を支配してきたビジネスアクターや事業体を置き換えるだけでなく，積極的に追い出し，進出先の部門の性質そのものを変革し，競合他社を立ち退かせたり，競合他社に挑んだりしている。

　本章では，まず，デジタル化が既存の産業を変革し，それに影響を与える三つの方法を明らかにする。それは，経済の業界間の境界をあいまいにすること，「汎用技術」として機能すること，バリューチェーンのグローバル化を推進することである。本章の後半では，何世紀も続いてきた三つの特定の産業——小売業，金融業，製造業——が，デジタル化によってどのように破壊されているかを検証する。最後に，デジタル化の地理的含意をまとめ，デジタル化は高付加価値ビジネス，技能職，投資資本，富，これらの空間的分極化という一般

的傾向を必ずしも弱めるものではないということを示し，本章を締めくくる。

既存産業とデジタルなものの変革的な性質

デジタル経済と産業間の境界の不明瞭さ

　デジタル経済の普遍的な定義は存在しない（Malecki and Moriset, 2008）。しかし，デジタル経済の台頭を特徴づけるもののひとつとして，経済部門間の境界が不明瞭になっていることが挙げられる。その例は数多い。オンライン小売業者である Amazon は，クラウドコンピューティングサービスやドローンによる配送のリーダーであり，最近では食料品チェーンの Whole Foods を買収した。フランスの Orange やポーランドの T-Mobile のような通信会社は銀行サービスを提供している。Alphabet[1]，Uber，Apple は自律走行車エンジニアリングへの取組みを通して，自動車メーカーになろうとしている。

　世界では，2017年の情報技術（IT）支出[2]が3.5兆ドル（Gartner, Inc. 2017），つまり世界全体の国内総生産の約5％に相当すると予測されている。しかし，もともとデジタルな産業やデジタル中心の産業以外のバリューチェーンのデジタル化を考慮すると，デジタル経済の実際の広がりはより大きくなる。マッキンゼー・グローバル・インスティテュート（McKinsey Global Institute, 2015）は，営業コストに占める IT 支出の割合や企業の資産に占める IT の比重，コンピュータ化された業務の割合に基づいて，産業を「デジタル化指数」（表19.1）によってランクづけした。金融やメディア，先端製造業は高度にデジタル化された業界である。全体としてデジタル化が中程度の業界——小売，運輸，ホス

表19.1　アメリカにおける業種別デジタル化レベル

デジタル化レベル	業　界
1	情報通信技術
2	メディア，専門サービス，金融，保険
3	卸売，先端産業，石油・ガス，インフラ産業
4	不動産，教育，小売，個人向けサービス，政府・行政機関
5	化学・医薬品，生活必需品製造，運輸・倉庫，医療
6	鉱業，建設，エンターテイメント・レクリエーション，ホスピタリティ，農業

出典：McKinsey Global Institute（2015: 5）

ピタリティ産業など——には，Amazon，Uber，Airbnb などの「デジタル推進派」も含まれている。しかし，デジタル化の順位が最も低い業界でも，ある程度はデジタル化されている。途上国の農民や漁師は，先進国の経済で一般的なGPSガイドつきのトラクターやボートを装備していないかもしれないが，より効率的に産物を販売したり，天気予報や農業レポートを受信したりするために，携帯電話を利用している（Jensen, 2007）。

　既存の産業へのITの普及によって引き起こされる経済的変革の性質は，ディスラプションやウーバリゼーションという用語で議論されてきた。ディスラプションとは，経営資源の乏しい小規模な企業が，既に確立された既存のビジネスにうまく挑戦できるプロセスを表す（Christensen et al., 2015）。2008年に創業し，宿泊産業のあり方を一変させてきた Airbnb の台頭は，ディスラプションの教科書的な例である。「ウーバリゼーション」という用語は，広告代理店 Publicis の前 CEO であるモーリス・レヴィ（Maurice Lévy）氏による造語である[3]。これは，Uber やその競合他社のような配車型モバイルアプリケーションによって生み出されたタクシー業界の激変に代表されるように，経済の既存の業界間を横断してデジタルプラットフォームが展開されることを意味している。デジタル技術はディスラプションを促進するだけでなく，あらゆる産業のイノベーションに不可欠な「汎用」技術となっている。

「汎用技術」とデジタルコンバージェンス

　半導体のような主要なデジタル技術は，かつて蒸気機関や電気がそうであったように，「汎用技術」（GPT）と見なされている。それらが GPT と呼ばれるのは，（ムーアの法則が示唆するような）継続的な改善の可能性，幅広い分野での有用性（半導体は自動車から家電製品まであらゆるところにある），他の業界との間でのイノベーションの強い補完性（たとえば，バイオテクノロジーとゲノミクスの隆盛はビッグデータと高速演算に依存している（Marx, 2013 参照））を有しているためである（Bresnahan and Trajtenberg, 1995）。半導体の継続的な性能向上と小型化は，デジタル社会の象徴的なデバイスであると同時にデジタルコンバージェンス〔複数のデジタル技術が一つに収斂すること〕の典型でもあるスマートフォンの出現に貢献した（Yoffie, 1996）。スマートフォンは，電話，時計，予定表／カ

レンダー，地図，新聞，レコードプレーヤー，カメラ，テレビなど，かつては別個だったアナログデバイスを統合した。今やスマートフォンは，郵便，通信，小売，メディア，ゲーム，銀行などの産業が融合するプラットフォームである。ITが可能としたこのような補完と融合は，新しい市場やビジネスの生態系〔エコシステム〕を生み出した。たとえば，GoProが普及させたアクションカメラは，ソーシャル〔メディア〕需要（Facebookでの自己宣伝），デジタルメディア（YouTube, Snapchat），技術改良（ポリカーボネート，光学，データストレージ），観光やアウトドア活動の成長といったものの交点で繁栄し，数十億ドル規模の市場を形成している。

IT駆動型のバリューチェーンのグローバル化
──アウトソーシングとオフショアリング

膨大な計算処理能力〔コンピューティングパワー〕とデータストレージ容量，そして安価なブロードバンド接続が，バリューチェーンの組織的・地理的な分散をさらに促した（Ge et al., 2004）。バリューチェーンは，最終消費者が財やサービスに対して支払いを惜しまない額という観点からの価値創造を目的とした一連の結びついた行動（たとえば，研究開発（R&D），原料採取，製造，マーケティング，配送）からなる（Porter, 1985）。デジタルなもの（the digital）の調整力は，企業，その関連会社，請負業者の立地に関するポートフォリオの複雑さと範囲を拡大した。サプライチェーンや物流におけるデジタル技術（在庫管理ソフト，バーコードスキャン，配送のためのGPS追跡など）は，不確実性や遅延を減らす。これは，きめ細かな分業体制の拡大にとって都合がよい。コストの考慮と規模の経済の追求は，生産工程の一部を新興国や発展途上国，特に製造業では中国，サービス業ではインドでオフショアリングすることを加速させている。この現象は，メディアの目を引き，政治的な論争を巻き起こし，地理学者の関心を集めている（Peck, 2017）。高度な遠隔通信により，世界中の複数の拠点にまたがる事業部，本社，顧客に対して，幅広いITサービスをリアルタイムで提供することが可能になった。オフショアリングに開かれたビジネスプロセスアウトソーシング（BPO）[4]サービスの範囲は広い。それはたとえば，R&D，検査，デザイン，建築，金融・法務サービス，会計，マーケティング・顧客対応，教育，医

療サービスなどである。この「時間と空間の崩壊」によってこれらのサービスは海外から遠隔で提供される可能性があり，インド，フィリピン，イスラエルなどさまざまな国で数十億ドル規模の産業が生み出されている。

デジタル化によって破壊された三つの産業 ── 小売業，金融業，製造業

e コマースと「実店舗型」小売の危機

　　eMarketer[5]によると，世界の e コマースは 2016 年には 1 兆 9,000 億ドルに達し，小売支出全体の 8.7％を占めている。最大の市場は中国で，2015 年のオンライン売上は 5,820 億ドルに相当する（Deloitte, 2016）。2001 年から 2015 年にかけて，アメリカにおける e コマースの売上高は 10 倍に増え，3,404 億ドル，市場シェア 7.2％に達した（US Census Bureau, 2017）。一方，特にアメリカでは，実店舗での購買は生き残りに苦戦しており，新聞は実店舗の衰退について最大限の表現で対抗している[6]。14 万人の従業員を抱える象徴的な百貨店チェーン Sears は，それまでの 5 年間で 73 億ドルの赤字を出し，2017 年には倒産の危機に瀕した[7]。Macy's 社は 2017 年に 68 店舗の閉鎖と約 1 万人の従業員の解雇を発表した[8]。特にアメリカではショッピングモールの衰退が深刻である。Wikipedia には「デッドモール」の項目があり，デッドショッピングモール専門のウェブサイト（www.deadmalls.com）もある。

　　デジタルディスラプションだけが，小売業界全体が経験する困難の原因ではない。アメリカでは，富の二極化が激化し，中流家庭の所得が搾取されていることも考慮されなければならない。しかし，e コマースは，それにもかかわらず，伝統的な小売業者が直面している最大かつ当面の課題であり，「実店舗型」（「クリック・アンド・コレクト」としても知られる）〔オンラインで商品を注文し，実店舗で商品を受け取ること〕で，マルチチャネルのショッピングへの変革は，生き残りをかけた問題である（Wrigley and Currah, 2006）。従業員数と売上高で世界最大の企業である Walmart（2016 年の収益は 4,810 億ドル）は，「消費者はますますオンラインでのショッピングや，モバイルアプリを通じたショッピングを受け入れるようになってきている」こと，そして「実店舗とデジタルの小売チャネルにまたがるシームレスなショッピング体験を構

築・提供」しなければならないことを認めている[9]。小売業のデジタル変革は、WalmartとAmazonの「壮絶な戦い」（Heller, 2016）によってとらえられている。両社は「衝突に向かっている」。2016年にWalmartはオンライン小売業のJetComを買収し、2017年6月16日にはAmazonがアメリカの高級食料品店チェーンWhole Foodsを買収すると発表した（Bose and Dastin, 2017）。株主へのリターンが少ないにもかかわらず、Amazonの市場評価額はWalmartの2倍である（2017年6月30日現在、4,620億ドル対2,280億ドル）[10]。こうした少ないリターンは、Amazonが事業から得られる純現金収支の多くをインフラやテクノロジーに投資し、成長を優先させていることで説明できる[11]。

フルフィルメント〔受注から配送までの一連の業務〕と物流は、eコマースの基礎となるものである（Murphy, 2003）。洗練されたウェブプラットフォームと信頼できる決済システムは、顧客にリーチし、カスタマイズされたショッピング体験を提供し、顧客のロイヤルティを確保するために必要である。しかし、在庫をできるだけ少なくしながらも商品を迅速に届けるためには、倉庫、航空機（そしてまもなくドローンも）、トラック、バン、渋滞のない道路が必要である。2016年末までにAmazonは世界中で約1億6,000万平方フィート（約1,500万平方メートル）のフルフィルメント施設（データセンターと倉庫）を運営している。これは、Walmartの超大型店840店舗分に相当する。Amazonは創業以来、配送時間を短縮することを戦略の基本としてきた。プライム会員には、2日以内での無料配送と、アメリカの5,000都市での当日配送の特典がある[12]。このeコマースに関する議論では、地理が依然として重要であることが強調されている。物理的なインフラが貧弱で、都市が混雑しているインドのような国では、「ラストマイル」（顧客への配送の最後の行程）は、電子小売業者にとって悪夢と化している。Amazonが最近Whole Foodsを買収したことは、小売のマルチチャネルモデルへの収束が、流通センターや倉庫として使われる実店舗、スーパーマーケット、超大型店の立地価値を高めているものの、その立地場所は流通ネットワークにアクセスしやすく、かつ戦略的な分布となる場所に限られる。

デジタル金融 —— パラドックス的な地理

　為替手形が発明されて以来，貨幣取引は資本主義の「時間 - 空間圧縮」（Harvey, 1999）の先頭に立ってきた。無形の物質を扱う現代の金融は，表面的には神話的な「地理の終焉」（O'Brien, 1992）を体現している。社会はキャッシュレス化の途上にある。スウェーデンでは 2015 年に決済の 98 ％がクレジットカードと Swish[13]などのモバイルアプリを通じて行われた（Henley, 2016）。インドでは，政府がキャッシュレス・インディア・プログラムを通じて，デジタル決済を精力的に推進している[14]。

　デスクトップ PC やスマートフォン経由の銀行サービスへのリモートアクセスの提供により，リテールバンキングの崩壊を予想する声も聞かれる（Kessler, 2016）。欧米諸国の銀行では支店の閉鎖が進んでいる。オンラインでサービスを利用する 2,100 万人の顧客を持つ Bank of America は，2007 年以降，6,000 店舗のうち 1,400 店舗を閉鎖してきた（Wadhwa, 2016）。この統合プロセスは，既存の銀行が直面しているテクノロジー系スタートアップ（または「フィンテック」）や，Apple, Alphabet, Facebook（アメリカ），あるいは Tencent, Alibaba（中国）などの巨大 IT 企業との競争に後押しされており，これらの企業は，自社のプラットフォームの 10 億人のユーザーから得る収入を増やすために金融サービスに目を向けている。Citigroup（2016）の報告によると，フィンテックは 2023 年までにアメリカとヨーロッパの銀行収益の 17 ％を握る可能性がある。中国ではフィンテックが「ティッピングポイント」を通過し，顧客数で既存の銀行を上回っている。

　しかし，オンラインバンキングやフィンテックの台頭が金融業界の雇用の空洞化をもたらすとは考えにくい。むしろ，これらは現在の定型的な仕事から，より専門的で高度な技術を要する仕事への転換を強める可能性が高い。アメリカでは，金融業は縮小するどころか，2014 年から 2024 年の間に 50 万人の雇用を増やすと予測されている（US Bureau of Labor Statistics, 2017）。とはいえ，これらの雇用予測では支店の閉鎖が目立つ。銀行窓口の従業員は 7.7 ％減少すると予測されている。これはおそらく，アナリスト（11.7 ％），クレジットカウンセラー（15.5 ％），個人金融アドバイザー（29.6 ％）など，高いスキルや顧客との対面接触を必要とする職種の増加によって補われるであろう。

金融業界は，デジタル経済の地理を特徴づける中心的なパラドックスをとらえている（Moriset and Malecki, 2009）。コンピュータやモバイル端末を介した取引はほぼユビキタスになっているが，ハイエンドのサービスはロンドン，ニューヨーク，東京，香港といった主要な金融センターに集中している。ITは資本の所在に関係なく海外からサービスを提供することを可能にするため，完全にデジタルな業界が空間的に集中するということは直感に反している。高度な金融サービス（為替・証券取引，資産運用）の地理は，いくつかの点で市場主導型というより生産主導型である。第1に，人材の獲得競争である。クラーク（Clark, 2015）は，資産運用サービスにおけるロンドンの隆盛に，いかに「スター」プロフェッショナルの存在が不可欠であるかを説明している。高給取りのプロフェッショナルが求める都市の快適性に加え，ロンドンとその地域には世界トップクラスの大学と金融志向のカリキュラムが存在する（Hall and Appleyard, 2009）。大手金融機関の存在が競争力の高い労働市場を刺激し，その結果，海外から優秀なスペシャリストを呼び込むのである。第2に，「都市の賑わい」（Storper and Venables, 2004）から生じる「情報の非対称性」[15]の追求があり，これにより不確実性が低下し，事業からの収益が増加する。第3に，デジタル技術そのもの（アルゴリズム，データセンター，光ネットワーク）が，高頻度取引における規模の経済と低遅延[16]を追求する上で，集積を必要としている（Wójcik et al., 2017）。しかし，こうした集積の外部性は，1986年にイギリスで起こった金融市場の規制緩和——あるいは「ビッグバン」——から生じるような有利な法的環境によって活用される場合にのみ，その効果を最大限に発揮する。

製造業と産業のインターネット
　デジタル技術の最新の進歩は，工業生産の歴史，特に航空宇宙，自動車，エネルギー，医療機器，機械といった「先端製造業」の歴史における大きな転換の起点となるかもしれない。「産業のインターネット」（General Electric and Accenture, 2015），「サイバー製造業」（Lee et al., 2016），「インダストリー4.0」（Germany Trade and Invest, 2014）など，重複する意味を持ついくつかの新語が産業の未来を表現している。

これまで，研究開発，サプライチェーン，生産ラインにおけるコンピュータ支援業務は，時間と空間の点で分離されていた。現在では，バリューチェーンのブロックが製品のライフサイクルに統合され，「製品の最初のアイディアから，それが役目を終えて廃棄されるまで」(Stark, 2015: 1) システム的なループのように管理される傾向にある。最終顧客からのフィードバックやアフターサービスからの情報はリアルタイムで分析され，設計や量産段階での継続的な改善を促進する。さらに大きな変化は，「モノのインターネット」(IoT) の台頭によってもたらされる可能性があり，それは「産業のインターネット」への道を切り開くものである。IoT では，自動車，閉回路テレビ〔CCTV〕カメラ，家電製品，暖房・換気・空調システム，タービンの羽根など，さまざまなものから取得され，伝達され，保存され，分析されるデータの流れが発生する。マシンツーマシン〔M2M〕の接続数は，2013 年の 33 億から 2019 年には 105 億に拡大する見込みである（Cisco Systems, 2015）。General Electric and Accenture (2015) が作成した報告書がとらえられているように，「産業のインターネット」は，企業がセンサー，ソフトウェア，マシンツーマシン学習，その他の技術を使用して，物理オブジェクトやその他の大きなデータストリームから得たデータを統合・分析し，それらの分析を用いて業務を管理し，場合によっては新しい付加価値のあるサービスを提供することを可能にする」のである。

　2013 年に General Electric 社はサイバー製造業のためのプラットフォーム Predix を発表した。これは「機械のための Facebook」になりうるものとして理解できるかもしれない。Predix は，AT&T（無線通信），Cisco（共同作業ツール），Amazon（クラウド基盤），Accenture（開発・商業化）などの IT 企業と共有する生態系（Agarwal and Brem, 2015）の産物である。古い工業コングロマリットが，約 13,000 人のソフトウェアエンジニアを雇用するデータ中心の企業やソフトウェア中心の企業へと変貌したこと（Agarwal and Brem, 2015）は，製造業とサービス業の境界のあいまい化，すなわち製造業の「サービス化」(Rymaszewska et al, 2017) を示している。

　イギリスのジェットエンジンメーカーである Rolls-Royce 社の例は，IoT の予測能力が製造業のサービス化をどのように推進するかを示している。同社の年次報告書（Rolls-Royce Holdings plc, 2016）によると，2015 年の民間航空宇宙部

門の収益の52％は，エンジンのリアルタイムモニタリング（「エンジンヘルス管理」）などのサービスによるものである。飛行中のエンジンのセンサーが取得したデータは，モニタリングと診断のために，ブリストルにあるRolls-Royce社のオペレーションセンターに送信される。このデータの分析からのフィードバックは，その後，より信頼性が高く燃費の良いエンジンの設計，メンテナンススケジュールの合理化，不必要で予期しない検査や修理の排除など，バリューチェーン全体への利益をもたらす（Marr, 2015）。

サイバー製造，ロボット工学，IoTは，「インダストリー4.0」イニシアティブの発祥地であるドイツで注目されている。それは「先進的な製造ソリューションの主導的市場および提供者としてドイツを確立すること」を目的とした「戦略的イニシアティブ」である[17]。ドイツは先進国の中で最も強力な産業基盤を誇っているが，労働力は高齢化し，熟練労働者の不足が構造的問題となっている（ロボット工学先進国の日本が同様の困難に直面しているのは注目すべきことである）。このような状況の中，ドイツの産業が革新的であり続け，競合他社に対する優位性を保つためには，アップグレードとデジタル化の導入が必要である。インダストリー4.0の導入は，地理的に大きな影響を与える可能性がある。これは，かつてアジア新興国に移転した生産を西ヨーロッパやアメリカに戻す「リショアリング」のプロセスを推進する可能性がある。付加製造技術（3Dプリント）は，部品の遠隔調達の必要性を減らす可能性がある（Gress and Kalafsky, 2015）。柔軟性，カスタマイズ，迅速な納品に対する需要は，主要市場の中心部に立地する「スマート工場」の出現を後押しする可能性がある。2017年半ばにアンスバッハ（バイエルン州）で稼働を開始したAdidasの「スピードファクトリー」は，その好例である。そこでは，ロボットと3Dプリンターが年間50万足のスニーカーを生産し，短い納期で顧客に製品を届けるとともに，サイズ，形，色，生地についてこれまでにないほど多数の選択肢を提供する（*The Economist*, 2017）。

おわりに ── 地理は有効である

既存の産業のデジタル変革の含意をすべて把握することは困難である。IT

の導入は，教育，健康・医療，運輸など，いくつかの分野を挙げるだけでも，膨大な「破壊的」可能性を秘めている。しかし，新興産業と既存産業の両方における破壊的イノベーションとその影響の軌跡がどのようなものであれ，地理がこうした発展とその影響の理解の中心であることに変わりはない。

　第1に，立地の重要性は低下していない。あらゆる産業における局地的なクラスターの存在（Delgado et al., 2014）は，それほど深刻に脅かされてはいない。自動車産業において今日最も「破壊的」なベンチャー企業の一つであるTesla社が，シリコンバレーの中心地であるカリフォルニア州パロアルトに本社を構えていることは注目に値する[18]。業界をまたいだIT主導の収斂と補完，そしてテクノロジーベンチャーキャピタルの「固着性」は，大都市の産業・研究の生態系(エコシステム)に有利に働く。そこでは，新興企業からGeneral Electric，Amazon，Citigroupなどの巨大企業まで，開発段階にあるさまざまな企業が開発資金を調達し，ハイエンドサービスプロバイダーと接触し，エンジニアや科学者を容易に採用することができる。

　第2に，デジタル化は，分散よりも大都市での二極化，あるいは「メトロポライゼーション（metropolization）」に有利に働く。コミュニティモール〔周辺住民向けの小規模な商業施設〕は，eコマースとWalmartの超大型店の間で圧迫されている。銀行業界では，支店の閉鎖の多くは，家計所得や収益性が低い中小都市や周辺地域で起こっている。金融サービスの高度化や人材獲得競争により，事業の地理的な集中が進んでいる。インドでは，ITを利用したサービス ―― 真の意味で距離を縮めるサービス ―― が成長し，バンガロール，ノイダ，グルグラムなどの「テックシティ」に有利に働き，農村地域は取り残されている。先進国，そして今日の中国では，さびれた田舎町や農村地域で似たようなことが語られている。

　結局のところ，当面の間，デジタル経済におけるクリエイティブハブやテクノロジークラスターの存在理由である対面接触の重要性（Leamer and Storper, 2001）が，情報技術によって低下すると考える理由はほとんどないのである。

注

1 Google の親会社。
2 データセンター，企業向けソフトウェア，デジタルデバイス（スマートフォン，PC），IT サービス，通信サービスなどを含む。
3 *Financial Times*（2014 年 12 月 14 日）。
4 ビジネスプロセスアウトソーシング（BPO）とは，生産工程における有形・無形の業務（部品製造，機械保守，コンピュータシステム管理など）を第三者企業に外注すること。アウトソーシングは法的な概念であり，地理的な意味を持たない。ある作業が発注企業の所在する国以外の国で処理される場合，それは「オフショア」であると言われる。
5 www.emarketer.com/Article/Worldwide-Retail-Ecommerce-Sales-WillReach-1915-Trillion-This-Year/1014369
6 www.nbcnews.com/business/consumer/retail-wreck-over-1-000-storesclose-single-week-n767556
7 Sears Holdings Corporation (2017) Form 10-K Annual Report for the fiscal year ended January 28, 2017. US Securities and Exchange Commission, Washington, DC. Available at: www.sec.gov/Archives/edgar/data/1310067/000131006717000005/shld201610k.htm（最終閲覧日 2018 年 2 月 3 日）
8 Macy's, Inc. (2017) Press release, 4 January. Available at: http://phx.corporateir.net/phoenix.zhtml?c=84477&p=irol-newsArticle&ID=2234057（最終閲覧日 2018 年 5 月 16 日）
9 Wal-Mart Stores,Inc. (2017) Form 10-K Annual Report for the fiscal year ended January 31, 2017. US Securities and Exchange Commission, Washington, DC. Available at: www.sec.gov/Archives/edgar/data/104169/000010416917000021/wmtform10-kx1312017.htm（最終閲覧日 2018 年 5 月 16 日）
10 https://finance.yahoo.com/quote/AMZN/ と https://finance.yahoo.com/quote/WMT. を参照
11 Amazon.com, Inc. (2017) Form 10-K Annual Report for the fiscal year ended December 31, 2016. US Securities and Exchange Commission, Washington, DC. Available at: www.sec.gov/Archives/edgar/data/1018724/000101872417000011/amzn-20161231x10k.htm（最終閲覧日 2018 年 2 月 2 日）
12 www.amazon.com/Prime-FREE-Same-Day-Delivery/b?node=8729023011
13 2012 年に設立。国内総人口の半分以上となる 540 万人のユーザーを獲得している（www.getswish.se）
14 http://cashlessindia.gov.in
15 一方の当事者が他方の当事者よりも多くの，あるいはより良い情報を持っている場合に，情報の非対称性は発生する。
16 遅延時間はミリ秒単位で，ネットワークのある地点で操作を指令してから，別の地点でそれを受信するまでの遅延時間のこと。光ファイバーを通過する光の速度の関数であることから，距離の関数である。

17 www.gtai.de/GTAI/Navigation/EN/Invest/industrie-4-0.html
18 本社工場はカリフォルニア州フリーモントにある。

文献

Agarwal, N. and Brem, A. (2015) 'Strategic business transformation through technology convergence: Implications from General Electric's industrial internet initiative', *International Journal of Technology Management*, 67(204): 196–214.

Bose, N. and Dastin, J. (2017) 'With Whole Foods, Amazon on collision course with Wal-Mart', *Reuters*, 18 June. Available at: www.reuters.com/article/us-whole-foods-m-a-amazon-com-walmart-idUSKBN1990HH (accessed 16 May 2018).

Bresnahan, T.F. and Trajtenberg, M. (1995) 'General purpose technologies: Engines of growth?', *Journal of Econometrics*, 65(1): 83–108.

Christensen, C.M., Raynor, M.E. and McDonald, R. (2015) 'What is disruptive innovation?', *Harvard Business Review*, December. Available at: https://hbr.org/2015/12/what-is-disruptive-innovation (accessed 2 February 2018).

Cisco Systems, Inc. (2015) 'The zettabyte era: Trends and analysis'. Available at: www.cisco.com/c/en/us/solutions/collateral/service-provider/visual-networking-index-vni/vni-hyperconnectivity-wp.pdf (accessed 2 February 2018).

Citigroup Inc. (2016) 'Citi GPS: Digital disruption', *Citi CPS: Global Perspectives and Solutions*, 31 March. Available at: www.privatebank.citibank.com/home/freshinsight/citi-gps-digital-disruption.html (accessed 16 May 2018).

Clark, G.L. (2015) 'The components of talent: Company size and financial centres in the European investment management industry', *Regional Studies*, 50(1): 168–181.

Delgado, M., Porter, M. and Stern, S. (2014) 'Clusters, convergence, and economic performance', *Research Policy*, 43(10): 1785–1799.

Deloitte (2016) 'China e-retail market report 2016'. Available at: www2.deloitte.com/content/dam/Deloitte/en/Documents/cip/deloitte-cn-cip-china-online-retailmarket-report-en-170123.pdf (accessed 2 February 2018).

Frey, C.B. and Osborne, M.A. (2017) 'The future of employment: How susceptible are jobs to computerisation?', *Technological Forecasting and Social Change*, 114(C): 254–280.

Gartner, Inc. (2017) 'Gartner Worldwide IT spending forecast Q1 2017'. Available at: https://www.gartner.com/en/products/special-reports (accessed 2 February 2018).

Ge, L., Konana, P. and Tanriverdi, H. (2004) 'Global sourcing and value chain unbundling'. Available at: www.mccombs.utexas.edu/faculty/prabhudev.konana/globalsourcing.pdf (accessed 2 February 2018).

General Electric and Accenture (2015) 'Industrial Internet Insights Report for 2015'. Available at:

www.ge.com/digital/sites/default/files/industrial-internet-insightsreport.pdf (accessed 2 February 2018).

Germany Trade and Invest (2014) 'Industrie 4.0: Smart manufacturing for the future'. Available at: www.gtai.de/GTAI/Content/EN/Invest/_SharedDocs/Downloads/GTAI/Brochures/Industries/industrie4.0-smart-anufacturing-for-the-future-en.pdf?v=8 (accessed 2 February 2018).

Gress, D.R. and Kalafsky, R.V. (2015) 'Geographies of production in 3D: Theoretical and research implications stemming from additive manufacturing', *Geoforum*, 60: 43–52.

Hall, S. and Appleyard, L. (2009) 'City of London, city of learning? Placing business education within the geographies of finance', *Journal of Economic Geography*, 9(5): 597–617.

Harvey, D. (1999) 'Time-space compression and the postmodern condition', in M. Waters (ed.), *Modernity: Critical Concepts*, Volume 4. Abingdon: Routledge. pp. 98–118.

Heller, L. (2016) 'The battle between Walmart and Amazon will be epic', Forbes.com, 30 October. Available at: www.forbes.com/sites/lauraheller/2016/10/30/the-battle-between-walmart-and-amazon-will-be-epic/#11e7068a56ee (accessed 2 February 2018).

Henley, J. (2016) 'Sweden leads the race to become cashless society', *The Guardian*, 4 June. Available at: www.theguardian.com/business/2016/jun/04/sweden-cashless-society-cards-phone-apps-leading-europe (accessed 2 February 2018).

Jensen, R. (2007) 'The digital provide: Information (technology), market performance and welfare in the South Indian fisheries sector', *Quarterly Journal of Economics*, 122(3): 879–924.

Kessler, A. (2016) 'The uberization of banking', *The Wall Street Journal*, 29 April. Available at: www.wsj.com/articles/the-uberization-of-banking-1461967266 (accessed 2 February 2018).

Leamer, E. and Storper, M. (2001) 'The economic geography of the Internet age', *Journal of International Business Studies*, 32(4): 641–665.

Lee, J., Bagheri, B. and Jin, C. (2016) 'Introduction to cyber manufacturing', *Manufacturing Letters*, 8: 11–15.

Malecki, E.J. and Moriset, B. (2008) *The Digital Economy: Business Organization, Production Processes and Regional Developments*. Abingdon: Routledge.

Marr, B. (2015) 'How big data drives success at Rolls-Royce', *PC Portal*, 3 June. Available at: http://pcportal.us/how-big-data-drives-success-at-rolls-royce (accessed 2 February 2018).

Marx, V. (2013) 'Biology: The big challenges of big data', *Nature*, 498: 255–260.

McKinsey Global Institute (2015) 'Digital America: A tale of the haves and have-mores'. Available at: www.mckinsey.com/industries/high-tech/our-insights/digital-america-a-tale-of-the-haves-and-have-mores (accessed 2 February 2018).

Moriset, B. and Malecki, E.J. (2009) 'Organization vs space: The paradoxical geographies of the digital economy', *Geography Compass*, 3(1): 256–274.

Murphy, A. (2003) '(Re)solving space and time: Fulfilment issues in online grocery retailing',

Environment and Planning A, 35(7): 1173–1200.

O'Brien, R. (1992) *Global Financial Integration: The End of Geography*. London: Pinter.

Peck, J. (2017) *Offshore: Exploring the Worlds of Global Outsourcing*. Oxford: Oxford University Press.

Porter, M.E. (1985) *Competitive Advantage: Creating and Sustaining Superior Performance*. New York: Free Press.

Rolls-Royce Holdings plc (2016) *Annual Report 2016*. Available at: www.rolls-royce.com/~/media/Files/R/Rolls-Royce/documents/annual-report/rr-2016-full-annual-report.pdf (accessed 5 June 2017).

Rymaszewska, A., Heloa, P. and Gunasekaran, A. (2017) 'IoT powered servitization of manufacturing—an exploratory case study', *International Journal of Production Economics*, 192: 92–105.

Snyder, M. et al. (2006) *Big Bang 20 Years On: New Challenges Facing the Financial Services Sector*. London: Centre for Policy Studies. Available at: www.cps.org.uk/files/reports/original/111028101637-20061019EconomyBigBang20YearsOn.pdf (accessed 2 February 2018).

Stark, J. (2015) *Product Lifecycle Management: 21st Century Paradigm for Product Realisation*. Geneva: Springer International.

Storper, M. and Venables, A.J. (2004) 'Buzz: Face-to-face contact and the urban economy', *Journal of Economic Geography*, 4(4): 351–370.

The Economist (2017) 'Adidas's high-tech factory brings production back to Germany', *The Economist*, 14 January. Available at: www.economist.com/business/2017/01/14/adidass-high-tech-factory-brings-production-back-to-germany (accessed 2 February 2018).

US Bureau of Labor Statistics (2017) 'Occupational employment and job openings data 2014 and projected 2024'. Available at: www.bls.gov/emp/ep_table_107.htm (accessed 2 February 2018).

US Census Bureau (2017) 'Estimated annual US retail trade sales'. Available at: www.census.gov/retail/index.htrnl#ecommerce (accessed 2 February 2018).

Wadhwa, T. (2016) 'America's biggest banks are closing hundreds of branches', *Business Insider*, 23 October. Available at: www.businessinsider.com/bank-branches-around-the-world-are-shrinking-in-favor-of-digital-models-2016-10 (accessed 2 February 2018).

Wójcik, D., MacDonald-Korth, D. and Zhao, S.X. (2017) 'The political–economic geography of foreign exchange trading', *Journal of Economic Geography*, 17(2):267–286.

Wrigley, N. and Currah, A. (2006) 'Globalizing retail and the "new e-conomy": The organizational challenge of e-commerce for the retail TNCs', *Geoforum*, 37:340–351.

Yoffie, D.B. (1996) 'Competing in the age of digital convergence', *California Management Review*, 38(4): 31–53.

第Ⅴ部
デジタル政治

第 20 章　開発

ドロテア・クライネ

はじめに

　デジタル化が世界のほとんどすべての社会に大きな影響を及ぼしていることを主張するのはたやすい。現在，世界人口の 47％がインターネットを利用していると推定されており（International Telecommunication Union (ITU), 2016），デジタル化は社会・経済・政治・文化活動の既存のパターンにますます浸透してきている。しかし，39 億人がインターネットにアクセスできず（ITU, 2016），20 億人が携帯電話を持っていない（GSMA, 2017）と推定されている。国の間や社会の中での情報通信技術（ICT）の不均等な普及として定義されているデジタルディバイドは依然として残っており，たとえば階級・ジェンダー・教育・年齢の間，さらには都市と農村の間や，所得の豊かな国と貧しい国の間にある既存の排除の軸に従う傾向にある。

　「開発」の研究者は，「内発的かつ非意図的なプロセスとしての開発」と「意図的な活動としての開発」というわかりやすい区別を設けている（Cowen and Shenton, 1998）。国際開発の実践や開発学という学際的な分野は後者に焦点を当ててきた。そして，開発をどのようなものとして理解するかという規範的な問いは非常に論争が多く，それにはたとえば，経済成長，基本的ニーズ，公平性，自由，ケイパビリティ，選択する能力，権利に基づくアプローチなどを強調する多様な視点がある（開発理論のわかりやすい紹介としては Willis, 2011 を参照されたい）。筆者自身を含む一部の人々は，自由，幸福（ウェルビーイング），持続可能性の視点からの開発は今でもあらゆる場所で行われているため，グローバルサウスにあるかグローバルノースにあるかにかかわらず，すべての国が「発展途上国」である，と主張している（Kleine, 2013）。2015 年に採択された国連の「持続可能な開発目標」〔SDGs〕[1] は，世界中のすべての国を対象としている。しかし，多くの

論者にとって「開発」は，依然としてグローバルサウスで生じるものである。

また，デジタルな開発と意図的な開発の取組みが交差する学際的な活動および学問分野に対するラベルとして，「デジタル開発」や「ICT4D」(ICT for development: 開発のための情報通信技術) がある。国際開発の視点から見ると，デジタルツールは，人道支援，周縁化されたコミュニティへのサービス提供，弱者の声の拡大，キャンペーン活動や市民運動などを変革する可能性を秘めている。情報システム，コンピュータサイエンス，開発学，地理学，政治学，経済学，人類学など，さまざまな分野の研究者が，観察，批判，理論化，評価，統合から参加型アクションリサーチや共同制作に至るまで，幅広い立場でこの分野に取り組んでいる。本章では，この拡大する分野を，やむを得ず不完全ではあるが手短に概観し，いくつかの核心的な問題を強調し，新たなテーマについて展望を示す。

略史

進歩，植民地主義，地政学，国際協力，技術といった概念の間には歴史的な絡み合いが存在する。国際開発の実践というせめぎ合いの空間は，数十年にわたり技術革新を利用してきた。実践者たちは，ソープオペラ〔テレビやラジオの連続ドラマ〕で公衆衛生のメッセージをパッケージ化したり，ラジオを介して農業情報を提供したりするなど，開発の取組みにラジオやテレビなどの機器が有効であることを認識していた。より最近では，1990 年代後半のドットコムブームに合わせて，1997 年に当時の国連事務総長コフィー・アナン (Cofi Annan) が，「農業，健康，教育，人材・環境マネジメント，あるいは交通・ビジネス開発」における ICT の利活用を呼びかけた。彼は，「その結果は，真に革命的なものになる可能性がある」(Annan, 1997) と楽観的に結論づけた。当時，このような技術的楽観主義が広まっており，関連する国連会議によってさらに強化された。2003 年と 2005 年で 2 回開催された国連世界情報社会サミットには，174 カ国から政府代表団，企業代表，多国間・二国間開発関係者，非政府組織，市民社会運動家，活動家が集まった —— 合計で 19,000 人以上が参加した (Kleine and Unwin, 2009)。

介入のための典型的な領域は，ビジネスと事業，教育と農村開発，さらには電子政府と e ヘルスのための ICT を包含していた（Unwin, 2009）。たとえば，遠隔医療，農産物価格と農業気象情報サービス，より一般的にはインターネットへのアクセスや〔ICT 利活用の〕トレーニングを無料または高額の補助金で提供するテレセンターなどがある。しかし，多くの ICT4D イニシアティブを検証した研究者たちは，その大半が失敗したと結論づけた（Heeks, 2002）。それは，技術的な理由もありうるが，技術が埋め込まれていたはずである社会的文脈を十分に考慮していなかったことが原因である場合が多い。一方，「子ども 1 人に 1 台のノート PC を」（One Laptop per Child: OLPC）のようなイニシアティブも生まれた。そこでは，MIT のコンピュータサイエンティストと教育者のチームが，目標コスト 100 ドルで頑丈かつシンプルなノート PC を設計し，それによって質の悪い学校教育に苦しむ「発展途上国」の恵まれない子どもたちの教育機会を改善できる，と提唱した。OLPC は一部の政治家の想像力を駆り立て，ルワンダ，ウルグアイ，ペルーなどでの主要な実践例において膨大な数のマシンの注文につながった。批評家たちは，OLPC イニシアティブが教師と十分に連携していないこと，学習のプロセスではなくノート PC という人工物に焦点を当て過ぎていること，このモデルでは修理，メンテナンス，教師のトレーニングのコストが無視されていること，すでに教育予算が圧迫されている国にとっては高い機会コストがかかること，を指摘した（Villanueva-Mansilla, 2015）。

　一方，多くの国が体系的かつ複数部門にわたる国家的なデジタル戦略を策定し，場合によっては複数のステークホルダー間のパートナーシップの構築に成功した。たとえば，2000 年代に人口 1,800 万人のチリでは，すべての学校をインターネットに接続するとともに，60 万人以上の未就学の成人に基礎的なコンピュータスキルを教えることに成功した。そのトレーニングコースの大半は政府が運営するテレセンターで行われた（Kleine, 2009）。テレセンターは，携帯電話が歴史上最も急速に成長した技術の一つになったことで，その意義が失われていったように思われる。1997 年時点で世界の携帯電話契約数は 2 億 1,500 万件であったが（ITU, 1999），現在では 50 億件と推計されている（GSMA, 2017）。所得の低い人々にとって携帯電話へのアクセスはインター

ネットよりもはるかに実現可能であり，グローバルサウスの人々の大半が初めてインターネットにアクセスする手段は携帯電話になってきている。今や携帯電話は多目的ツールであり，多くの人々の生活の中心的存在となってきている。人々は農業情報や健康相談を自分たちの携帯電話で受け取ることができるのである。最も有名な成功例の一つが M-Pesa である。M-Pesa はケニアのモバイルマネーシステムで，市場を独占している Safaricom の顧客がデジタルで送金できるようにするものである。農村の貧困層が正規の銀行にアクセスする機会が限られている国や，国際送金や都市-農村間の送金が一般的な国において M-Pesa は高い人気を誇っている。〔しかし〕遠隔通信や金融市場がより細分化されている国では M-Pesa の成功を真似することは難しいということが示されている（Donovan, 2015）。

災害対応におけるソーシャルメディアの活用から，医療診断における携帯電話カメラと遠隔医療用電話アプリの活用まで，携帯電話をベースとしたデジタル技術は今や開発実践に広く浸透している。かつては，開発の実践者や研究者の間での議論は，たとえばインターネットアクセスと給水ポンプのどちらにお金を使うべきかといった，役に立たない二項対立で枠づけられていた。今日では，給水ポンプにデジタルセンサーを取りつけることで水質の測定，使用状況のモニタリング，故障の自動報告，修理チームの派遣要請などが可能になっている。デジタルダッシュボードは，村の水利組織の審議にデータを提供して知見を与えることができる。優先順位（水かインターネット接続か）の誤った選択ではなく，水とデータフローの社会-技術システムのハイブリッドで絡み合った性質が明らかになってきているのである。〔しかし〕こうしたシステムをどのようにして社会的・文化的に適切で，かつ技術的・財政的に持続可能な方法で実装するかが依然として課題である。

理論的アプローチ

研究者が特定の介入を助言したり，共同設計したり，共同実施したり，評価したりする，より応用的な学術的アプローチと並んで，デジタル開発／ICT4D に関する一連の理論的視点が発展してきている。イノベーションと採

用の理論が〔開発とは〕異なる分野からデジタル開発／ICT4Dへと流れ込んでおり、それらはしばしば技術の採用とユーザーの実践に焦点を当てる。制度論の研究者たちは、デジタルなもの（the digital）に関連する社会構造、組織変化、そして社会的規範と言説の進化に注目している（たとえば Avgerou, 2003）。一部の研究者は構造化理論を援用して、文化的価値と技術の関係、そしてその実践をさらに概念化している（Walsham, 2002 など）。研究者たちはアクターネットワーク理論の視点を適用し（Stanforth, 2006 など）、ICT デバイスが項目別に並べ立てられ、むやみやたらに崇拝される一方で、その有効性は実際にはより広く複雑な社会-技術システムに依存している、ということに対して注目することを促している。研究者たちは開発の視点に立ち、競争優位の観点（Heeks, 2006 など）から、またステークホルダー分析（Bailur, 2006 など）、生業の枠組み（Duncombe, 2006 など）、フェミニスト開発学（Buskens, 2010 など）によって、デジタル化を理解しようと試みてきた。さらに、ICT4D の理論化の豊かな系譜（Garnham, 1999; Gigler, 2004; Zheng and Walsham, 2008; Kleine, 2010 など）は開発に対するケイパビリティアプローチに基づいており、地元住民が「自らが価値を置く理由のある生活」（Sen, 1999: 293）を送る自由を中心とするべきであり、この自由は経済的なものだけでなく、社会的・政治的・文化的なものでもある、と主張している（Kleine, 2013）。これらの研究者は、デジタル化はこうした自由を拡大するための強力なツールを提供することができるが、有害な効果をもたらす可能性もあると主張している。そして何よりも、かれらは、「開発」が何を意味するのか、人々自身がどのような未来を望んでいるのかという問いが、特定のデジタル技術の実用化の問題よりも優先されなければならない、と強く主張している。

主要な議論

デジタル技術と開発の関係については、いくつかの核心的な論争が続いている。これらには、デジタルな介入の効果、アクセスの諸側面、デジタルイニシアティブの設計、環境をめぐる疑問、データの倫理に関する議論が含まれる。

内発的効果 vs 介入

　最初に，一部の ICT4D の批判者は，それに関連するデジタルソリューショニズムの過剰な楽観的誇大広告は，デジタル化によって不均等な資本主義的開発が強化されることを過小評価している，と主張している（Murphy and Carmody, 2015）。かれらは，内発的開発と意図的開発を区別した上で，デジタル化の内発的効果は意図的効果をはるかに上回るものであり，実際，意図的開発の小規模な成功を称賛することは深い構造的不利益から注意をそらす危険性がある，と主張している。たとえば，南アフリカとタンザニアにおける小規模事業は，携帯電話を介した詳細な価格情報の提供や，サプライヤーと顧客との効率的なコミュニケーションから恩恵を受けるかもしれない。しかし，かれらは依然として貿易障壁や貧弱な道路インフラに直面し，低技能・低賃金の環境下で〔事業を〕運営している。

　〔一方〕確かに内発的効果ははるかに大きいものの，誇大広告に対抗し，過剰な期待を抱かせず，既存の構造的な経済的不公正を覆い隠さないようにする限り，世界的な不平等を減らす取組みにデジタルツールやデータを使うことは容認できる，と主張する者もいる。実際，ICT4D の進歩的視点には，データとデジタル技術を利用して不平等を可視化・監視し，変化のための運動や組織化を支援することが含まれている。

アクセスの諸側面

　デジタル開発の分野にとっての主要な関心事は，インターネットとデジタル技術への不均等なアクセスに関する問題である。ガースターとジマーマン（Gerster and Zimmermann, 2003）はアクセスの核心的側面を，利用可能性，購入可能性，スキルとして概念化している。インターネット接続と携帯電話の普及率は不均等に分布しており，貧困層や人口の少ない地域に対するサービスが不十分であることが多い。これと結びついているのが購入可能性であり，それはアクセスコストと特定のデバイスの所有コストを包含している。アクセス，購入可能性，使用の質をめぐる社会的規範は異なるものである。たとえば，力の弱い世帯員（女性に多い）は電話を借りるか，もはや不要になった古い電話を自分よりも力の強い世帯員（男性に多い）から譲り受けなければならないことが多

い。利用料金を安くするために，複数の SIM カードおよび／もしくは端末を持ち歩き，その時々に一番安いプロバイダーを利用する人もいるだろう。「フラッシング」——他人の携帯電話を一定回数鳴らし，相手が応答しないうちに切る行為——も人気である。着信の数は合意された〔事前に取り決められた〕メッセージとなり，この方法によってゼロコストでメッセージを伝えることができる。

　スキルもデジタルデバイスの使用の質に影響を与える。フィーチャーフォンの SMS メッセージでさえ，送信される言語のリテラシーが要求される。インターネット上のコンテンツの多くは英語やその他の主要言語を使用しているため，フォーマルな教育を受けておらず現地の言語しか話せないユーザーが利用できる情報は限られている。デスクトップ PC，タブレット，スマートフォンを活用するためにはデジタルリテラシーが必要である。

　ジェンダーをめぐるデジタルディバイドは根強く，また，世界的にみるとインターネットを利用している女性の割合は男性よりも 12% ほど低いと推定されている（International Telecommunication Union, 2017）。利用可能性，購入可能性，スキルの不平等とは別に，インターネット利用に影響を与える時間と空間の使い方に関する規範が存在する（Kleine, 2013）。社会の間や中で特権と不利の軸が複雑な仕方で交差しているため，ここで〔ジェンダーをめぐるデジタルディバイドを〕一般化することは不可能である。男性は女性や少女に比べてケアの責任が少なく，時間に対する自律性が高いため，インターネットにアクセスしたり，デジタルデバイスを使用したりする自由な時間が多い傾向にある。しかし，インドの農村で兄弟姉妹の面倒を見る義務を持つ若い下位カーストの女性と，バンガロールの都市で使用人に頼る上位カーストの既婚女性では，時間のプレッシャーが根本的に異なるため，メディアの使い方に違いがある。階級／カースト，都市 - 農村，教育，ジェンダー，年齢，配偶者の有無，能力差，その他の差異の軸がすべて交差し，自由時間の利用可能性に影響を与え，それがインターネットへの参加に影響を与えている。

　さらに，アクセスの空間が重要であると指摘する地理学者もいる。テレセンターは立地が固定されており，開館時間も設定されている。このことは，特に女性のモビリティを自宅や家事に制限する社会的規範がある場合，女性が〔テレセンターに〕行くことを難しくする。携帯電話とそれによる安価な個人向け

アクセスは，女性が家から出る必要がないという理由で解放的とみなされるかもしれないが，同時に，他の女性と集まり経験を共有するというエンパワーメントの側面に影響を与える可能性がある。さらに，携帯電話は家庭におけるジェンダーポリティクスの戦場となっている。GSMA（2015）の研究によると，ニジェールの回答者のうち，夫が妻の携帯電話に登録されている電話番号を確認することを容認できると答えたのは女性86％，男性79％であるのに対し，妻が夫のそれを確認することを容認できると答えたのは女性58％，男性45％にとどまった。デジタル技術へのアクセスそれ自体は，社会的態度に深く根ざしているジェンダー不平等を変化させる力を持っていないのである。

設計原則

　デジタル開発プロジェクトの設計は，失敗率の高さに特徴づけられた初期のフェーズから，ある程度進歩している。〔失敗から〕教訓を学び，さまざまな国際的実践コミュニティが設計原則を策定し，2015年の「デジタル設計のための原則」に集約された。これらの原則は，国連開発プログラム，ユニセフ，世界銀行，スウェーデン国際開発協力機関（SIDA），USAID，ビル＆メリンダ・ゲイツ財団など54以上の団体や主要寄付者によって支持されている。その原則は以下の通りである。

1. ユーザーと共に設計すること。
2. 既存のエコシステムを理解すること。
3. 規模を考慮して設計すること。
4. 持続可能性のために構築すること。
5. データ駆動型であること。
6. オープンスタンダード，オープンデータ，オープンソース，オープンイノベーションを利用すること。
7. 再利用と改善を行うこと。
8. プライバシーとセキュリティに対応すること。
9. 協力的であること[2]。

これらの原則は依然として争点となっており，賛同組織のリストはその存在と不在の両方の点で興味深い。確かに原則の中には，以前から従っていればICT4Dのプロジェクトの失敗率を下げるのに大いに役立ったであろうものがいくつかある。たとえば，「ユーザーと共に設計すること」という原則はICT4Dの遅すぎた教訓であり，1970年代に開発実践で始まった参加論的転回を心にとめていればもっと早く学べたであろう。歓迎すべき点は多いが，特に原則3および原則6の一部，すなわちスケーラビリティとオープンソース技術の重視は，ローカルな文脈によって異なるアプローチが必要になるかもしれないため批判されている。

環境の本質的な持続不可能性

　デジタル開発に固有の課題の一つは，多くの介入が依存しているデバイスの背後にあるビジネスモデルが環境的に持続不可能だということである（Vallauri, 2009）。携帯電話には鉱物が含まれており，しばしばそれは，コンゴ民主共和国のように（Epstein and Yuthas, 2011），その取引が内戦を助長する国から調達されてきた。グローバルノースでは携帯電話事業者が2年以内に「古い」端末を廃棄するように顧客を誘導している。ユーザーはソフトウェアのアップデートが義務づけられており，より高い演算能力を持つデバイスへのアップグレードを余儀なくされている。これによって大量の電子廃棄物が生み出されている。電子廃棄物は頻繁にグローバルサウスに運ばれ，そこで廃棄されるか，しばしば労働者の健康，水，土壌を危険にさらす状況下で部品に分解され，リサイクルされる。それゆえ，国連の持続可能な開発目標[3]に向けた進歩を加速させるために使用されるデバイスは，人間の幸福（ウェルビーイング）や環境に負の影響を与える可能性もある。有望な反例はFairPhone[4]である。それは，オランダを拠点に，高い環境基準と社会基準に配慮した「倫理的」な携帯電話を調達，生産，販売することを目指すイニシアティブである。FairPhoneはデバイスの価格がかなり高く，これまで10万台あまりしか生産されていない（Appleは10億台以上のiPhoneを販売している）ため，画期的なイニシアティブであることに変わりはないが，低所得者やグローバルサウスの大半の顧客にとっては入手しづらいニッチな製品でもある。

データ倫理

　デジタル技術が人道支援やサービス提供に統合され，活用されることで，トレーサビリティや個々の受益者のためにカスタマイズされたサポートなど，これまでにない可能性が生まれている。トレーサビリティは，たとえば紛失，汚職，縁故，偏愛が起こりうる食糧援助配送など，不透明で複雑なサプライチェーンから生じる困難と関連している。食品の配送を追跡するためにサプライチェーンの無線自動識別（RFID）技術を利用することでトレーサビリティを向上させることができ，医薬品の RFID トレーサビリティはサプライチェーンに偽造医薬品が持ち込まれるリスクを低減することができる。

　健康サービスの提供においては，医療データ（子どもの出生体重，予防接種，健康診断など）をチップカードや母親の携帯電話に保存し，SMS のリマインダーとリンクさせることで，理屈上は子どもへの医療サービスの提供をかなり向上させることができる。HIV 陽性患者が抗レトロウイルス薬の服用を忘れないようにするための SMS リマインダーシステムは，かれらの命を救うことができる。一般的には，サービス提供におけるデータの取得は，影響のモニタリング，リアルタイムの意思決定，機敏な対応を可能にするために多くのことを行うことができる。

　しかし，このようなシステムをめぐるサイバーセキュリティ対策は，グローバルノースの似たようなサービスに比べて，はるかに配慮が欠けていることが多い。これは，第一線の医療従事者が経験するニーズの緊急性による部分もあるが，それ以外にも，グローバルノースのエンジニアやコンピュータサイエンティストを含む実務家や多くのアクションリサーチャーが先に解決策を実装して質問は後にするという「実行可能（can do）」バイアス，データ倫理に対する認識や能力の欠如，「飾り気のない」システムへの限られた資源の集中，グローバルサウスの多くの国におけるデータ保護の法律およびその施行の緩さなどが要因として挙げられる。

今後の展開

　今後，デジタル化は多くの介入領域に大きな影響を与える可能性があるのと

同時に，その威力，普及性，破壊的特徴が新たなリスクを生むだろう。

デジタル開発の主流化

　デジタル開発，あるいは ICT4D は，かつては多くの開発実践者や研究者から疑問視され，次の「開発トレンド」が到来すればすぐに消えてしまう流行りのトピックだと思われていた。しかし，それどころか，デジタル技術やデータは国際開発においてユビキタスなものとなり，大部分が〔開発〕イニシアティブの主流の中に組み込まれてきている。水と衛生，農業，事業展開，教育，医療など，今日のサービス提供のほとんどの分野が何らかのかたちでデジタルツールに依存している。たとえば，モノのインターネット〔IoT〕やセンサー技術は，将来のマシンツーマシン〔M2M〕通信にもとづくモニタリングのための機会を多数提供する一方で，データ監視に関する問題をもたらしている。災害救援活動は，カスタムメイドのプラットフォームや，Twitter，WhatsApp，Facebook に頼っている。開発支援や資金調達運動は，ソーシャルメディアやデジタルプラットフォームを活用している。

　このことから生じる多くの課題の一つに能力開発の問題がある。開発実践者や現地パートナーは，たとえソフトウェアの開発やハードウェアの修理を含む技術的作業を監督または委託するだけであっても，技術的知識を持っている必要がある。また，デジタルツールの使用は，包括的で，削除不可能で，新しく組み合わせることが可能なビッグデータの足跡を新たに創り出すが，その一方で，多国間・二国間機関や非政府組織を含む多くの開発アクターは，データ保護政策を依然として十分に更新していない。

経済のデジタル化

　多くの若者が職を求めている社会では，教育やスキルが限られている場合も多く，自動化が進むことで雇用の喪失や失業がより広がる危険性がある。政府は，代わりに新しいデジタル労働市場に資本を投入しようとしてきた。しかし，デジタル労働市場は低賃金のデジタル関連業務を個別化されたデジタル労働者へと世界的に分散させるため，底辺への競争を招く危険性がある（Graham et al., 2017）。トップエンドにおいては，ナイロビで称賛されている iHub のよ

うなイノベーションハブが，開発機関，財団，Google や Facebook などの大企業から支援を受けている。アフリカ全土の多くの首都では，現在，同様のコワーキングスペースがあり，デジタル起業家やイノベーターを集めてデジタルスタートアップ企業を発展させ，ナイロビの「シリコンサバンナ」のように，技術起業家精神が育まれる場所としてアフリカの特定の都市について新しいイメージを作り出した。そのモデルは，スタートアップ企業に競争的な開業資金を提供するシリコンバレー型のインキュベーターから，フォーマル・インフォーマルの能力開発の空間や，単なるコワーキングスペースまでさまざまである（Kelly and Firestone, 2016）。その影響についてはまだ十分な証拠がないが，調査によると，そうした空間は若い男性起業家で占められていることが多く（Jimenez and Zheng, 2018），IT 職の女性は独自の支援ネットワークを設立している（Roberts, 2016）。アフリカのテックハブは都市の中心に位置し，主に都市部の教育を受けた中産階級の若者を対象としているため，サブサハラアフリカにいる数百万人の失業者や不完全雇用者のほんの数パーセントにしか届いていない。

インターネットの自由の縮小とデータ監視の強化

　もう一つの注目すべき主要な潮流は，インターネットの自由の継続的な縮小，匿名化されたオンライン空間の閉鎖，オンライン活動の追跡と記録の増加である。世界のインターネット利用者の 3 分の 2 は政府の検閲のもとで生活していると言われており，インターネットの自由は年々縮小している（Freedom House, 2016）。報道とメディアの自由，民主的権利と人権のアドボカシー，女性の権利団体，LGBT+ の支援ネットワーク，先住民の権利，法的地位を問わない難民の人道支援など，進歩的な開発の運動は，国家が通信を取り締まり，匿名性を奪うさまざまなメカニズムによって影響を受けている。この問題は複雑であり，テロリストや犯罪者は匿名性を維持するために，抗議運動，政治的異論，迫害されているマイノリティのための支援ネットワークが使用しているものと同じツールを使用している。さらに，多くのデジタル開発プロジェクトは，人々がインターネットに自由にアクセスする権利に依存しているが，フランス，エストニア，フィンランド，コスタリカのように，これを権利として明

文化している国はほとんどない。その他のデジタル権利としては，データ保護，プライバシー，表現の自由が挙げられる。一方では，政府や民間部門によって「デジタルバイデフォルト」〔情報システムを構築する際にデジタルであることを第一候補とすること〕が推進されており，ICT を利用できない，あるいは利用したくなく，デジタルな足跡を残したくない人々を周縁化する危険性がある（Unwin, 2017）。デジタル権利運動のアクターは，自由および 幸福(ウェルビーイング)と関連するデジタル開発の多くが依拠する基本的権利と選択肢を効果的に守っている。

おわりに

　本章では，デジタル開発／ICT4D の研究と実践という学際的分野における主要な問題と議論を圧縮して概観し，それがいかに急速に拡大し，かつ大きな争点となっているかを示した。デジタル技術とそれに関連するデータの流れは，社会を再形成し，幅広い意図的な開発介入にますます統合されている。それらは「増幅器」（Toyama, 2011）として機能しうるため，既存の社会的不平等を後退させたり増加させたりする可能性がある。デジタルイノベーションが開発のポジティブな効果を増幅させた例もある。新しい技術革新はそれ自体がもたらすリスクや機会を変化させるが，その一方で，常に問われなければならない根本的な疑問は変わらない。すなわち，どのような種類の「開発」が推進されるのか，そしてそのビジョンを共にかたちづくる権限を与えられるのは誰なのか，という疑問である。

注
1　https://www.un.org/sustainabledevelopment/sustainable-development-goals/ を参照。
2　https://digitalprinciples.org/principles を参照。
3　https://sustainabledevelopment.un.org/sdgs を参照。
4　https://www.fairphone.com を参照。

文献

Annan, K. (1997) 'Secretary General stresses international community's objective of harnessing informatics revolution for benefit of mankind'. Geneva: Commission on Science and Technology for Development 'Inter-Agency Project on Universal Access to Basic Communication and Information Services', 3rd Session, E/CN.16/1997/Misc.3.

Avgerou, C. (2003) 'IT as an institutional actor in developing countries', in S. Krishna and S. Madon (eds), *The Digital Challenge: Information Technology in the Development Context*. Aldershot: Ashgate. pp. 44–62.

Bailur, S. (2006) 'Using stakeholder theory to analyze telecenter projects', *Information Technologies and International Development*, 3(3): 61–80.

Buskens, I. (2010) 'Agency and reflexivity in ICT4D research: Questioning women's options, poverty, and human development', *Information Technologies and International Development*, 6: 19–24.

Cowen, M. and Shenton, R. (1998) 'Agrarian doctrines of development', *Journal of Peasant Studies*, 25(2): 49–76.

Donovan, K. (2015) 'Mobile money', in R. Mansell, P.H. Ang, C. Steinfeld, S. van der Graaf, P. Ballon, A. Kerr, J.D. Ivory, S. Braman, D. Kleine and D.J. Grimshaw (eds), *The International Encyclopedia of Digital Communication and Society*. Malden, MA: Wiley-Blackwell. pp. 619–626.

Duncombe, R. (2006) 'Using the livelihoods framework to analyze ICT applications for poverty reduction through micro enterprise', *Information Technologies and International Development*, 3(3): 81–100.

Epstein, M.J. and Yuthas, K. (2011) 'Conflict minerals: Managing an emerging supply-chain problem', *Environmental Quality Management*, 21(2): 13–25.

Freedom House (2016) 'Silencing the messenger: Communication apps under pressure', *Freedom on the Net 2016*. Washington, DC: Freedom House. Available at: https://freedomhouse.org/report/freedom-net/freedom-net-2016 (accessed 3 February 2018).

Garnham, N. (1999) 'Amartya Sen's "capabilities" approach to the evaluation of welfare: Its application to communications', in A. Calabrese and J.C. Burgelman (eds), *Communication, Citizenship and Social Policy—Rethinking the Limits of the Welfare State*. Lanham, MD: Rowman & Littlefield.

Gerster, R. and Zimmermann, S. (2003) *Information and Communication Technologies (ICTs) for Poverty Reduction?* Bern: Swiss Agency for Development Cooperation.

Gigler, B.S. (2004) 'Including the excluded—can ICTs empower poor communities? Towards an alternative evaluation framework based on the capability approach', paper presented at the Fourth International Conference on the Capability Approach, Pavia, Italy.

Graham, M., Hjorth, I. and Lehdonvirta, V. (2017) 'Digital labour and development: Impacts of global digital labour platforms and the gig economy on worker livelihoods', *Transfer: European*

Review of Labour and Research, 23(2): 138–162.

GSMA (2015) *Bridging the Gender Gap: Mobile Access and Usage in Low- and Middle-Income Countries*. London: GSMA. Available at: https://www.gsma.com/mobilefordevelopment/wp-content/uploads/2016/02/Connected-Women-Gender-Gap.pdf (accessed 3 February 2018)

GSMA (2017) *The Mobile Economy 2017*. London: GSMA. Available at: https://www.gsma.com/subsaharanafrica/wp-content/uploads/2018/11/2017-02-27-9e927fd6896724e7b26f33f61db5b9d5-1.pdf (accessed 3 February 2018)

Heeks, R. (2002) 'Information systems and developing countries: Failure, success and local improvisations', *Information Society*, 18(2): 101–112.

Heeks, R. (2006) 'Using competitive advantage theory to analyze It sectors in developing countries: A software industry case analysis', *Information Technologies and International Development*, 3(3): 5–34.

International Telecommunication Union (ITU) (1999) *World Telecommunication Development Report 1999*. Geneva: ITU. Available at: https://www.itu.int/pub/D-IND-WTDR-1999 (accessed 19 May 2018)

International Telecommunication Union (ITU) (2016) *JCT Facts and Figures*. Geneva: ITU. Available at: https://www.itu.int/en/ITU-D/Statistics/Documents/facts/ICTFactsFigures2016.pdf (accessed 31 October 2017)

International Telecommunication Union (ITU) (2017) *Mobile Phone Subscriptions per 100 Inhabitants*. Geneva: ITU. Available at: www.itu.int/ITU-D/ict/statistics/ict/graphs/internet.jpg (accessed 31 October 2017).〔2024年2月20日時点リンク切れ〕.

Jiménez, A. and Zheng, Y. (2018) 'Tech hubs, innovation and development', *Information Technology for Development*, 24(1): 95–118.

Kelly, T. and Firestone, R. (2016) 'How tech hubs are helping to drive economic growth in Africa', background paper for the World Development Report 2016: Digital Dividends. Available at: https://documents1.worldbank.org/curated/en/626981468195850883/pdf/102957-WP-Box394845B-PUBLIC-WDR16-BP-How-Tech-Hubs-are-helping-to-Drive-Economic-Growth-in-Africa-Kelly-Firestone.pdf (accessed 30 May 2017)

Kleine, D. (2009) 'The ideology behind the technology: Chilean microentrepreneurs and public ICT policies', *Geoforum*, 40(2): 171–183.

Kleine, D. (2010) 'ICT4What? Using the choice framework to operationalise the capability approach to development', *Journal of International Development*, 22(5): 674–692.

Kleine, D. (2013) *Technologies of Choice: ICTs, Development and the Capabilities Approach*. Cambridge, MA: MIT Press.

Kleine, D. and Unwin, T. (2009) 'Technological revolution, evolution and new dependencies: What's new about ICT4D?' *Third World Quarterly*, 30(5): 1045–1067.

Murphy, J. and Carmody, P. (2015) *Africa's Information Revolution: Technical Regimes and*

Production Networks in South Africa and Tanzania. Malden, MA: Wiley.

Norris, P. (2001) *Digital Divide: Civic Engagement, Information Poverty, and the Internet Worldwide*. Cambridge, MA: Harvard University Press.

Roberts, T. (2016) 'Women's use of participatory video technology to tackle gender inequality in Zambia's ICT sector', in *Proceedings of the Eighth International Conference on Information and Communication Technologies and Development (ICTD '16)*. New York: Association for Computing Machinery. Available at: https://doi.org/10.1145/2909609.2909673 (accessed 3 February 2018).

Sen, A. (1999) *Development as Freedom*. Oxford: Oxford University Press.

Stanforth, C. (2006) 'Using actor-network theory to analyze e-government implementation in developing countries', *Information Technologies and International Development*, 3(3): 35–60.

Toyama, K. (2011) 'Technology as amplifier in international development', in *Proceedings of the 2011 iConference* (iConference '11). New York: ACM. pp. 75–82.

Unwin, T. (2009) *ICT4D*. Cambridge: Cambridge University Press.

Unwin, T. (2017) *Reclaiming Information and Communication Technologies for Development*. Oxford: Oxford University Press.

Vallauri, U. (2009) 'Beyond e-waste: Kenyan creativity and alternative narratives in the dialectic of end-of-life', *International Review of Information Ethics*, 11(10): 20–24.

Villanueva-Mansilla, E. (2015) 'One Laptop Per Child (OLPC) strategy', in R. Mansell, P.H. Ang, C. Steinfeld, S. van der Graaf, P. Ballon, A. Kerr, J.D. Ivory, S. Braman, D. Kleine and D.J. Grimshaw (eds), *The International Encyclopedia of Digital Communication and Society*. Malden, MA: Wiley-Blackwell. pp 674–679.

Walsham, G. (2002) 'Cross-cultural software production and use: A structurational analysis', *MIS Quarterly*, 26(4): 359–380.

Willis, K. (2011) *Theories and Practices of Development*, 2nd ed. London: Routledge.

Zheng, Y. and Walsham, G. (2008) 'Inequality of what? Social exclusion in the e-society as capability deprivation', *Information Technology and People*, 21(3): 222–243.

第 21 章　ガバナンス

ロブ・キッチン

はじめに

　地理学者は長い間，主権国家（地方・地域・国の政府や政府機関に象徴される）がその領域内の市民社会や市場をどのように管理するかという観点と，企業，第三セクター（非政府組織（NGO），慈善団体など），一般の人々がどのように領域を規制し，社会秩序を維持しようとするかという観点から，社会と場所がどのように統治されるかに関心を寄せてきた（Herod et al., 2002）。実際，従来の政府の構造，政策，立法機関はガバナンスの一要素にすぎず，他にも多くのアクターが，時には国家と連携し，あるいは国家に代わって，あるいは独力で，社会的関係や空間的関係を管理する役割をますます果たすようになってきている。この関係は，主権国家，市場，市民社会の関係が再交渉され，あいまいになり，中央集権的で官僚的な形態の規制や政府から，ローカルからグローバルまでさまざまなスケールで機能する，共存し重なり合う複数のネットワークやパートナーシップへと移行している現在において，流動的であるように見える。

　本章で論じるように，デジタル技術は，社会を管理・統治するためのさまざまな新しい手段を導入することで，この流動性に貢献し，現在機能している統治性(ガバメンタリティ)を重要なかたちで変容させてきた。フーコー（Foucault, 1991）にとって統治性(ガバメンタリティ)とは，社会を統治可能にし，政府などの機関が統治を実現するための論理，合理性，技法のことである。統治性(ガバメンタリティ)の性質は時間とともに変異し，周期的にその形態が根本的に変化することがある。たとえば，封建社会から近代社会への移行期においては，中央集権的で制度化された官僚制を通じて，個人を管理し，規制するためのより体系化された手段が導入された。多くのアナリストによれば，デジタル時代のユビキタスコンピューティング（デジタルデバイスやデジタルコンピュテーション）が，今まではデータの送受信と表示しかでき

なかったモノに組み込まれ，情報通信技術〔ICT〕ネットワークへのモバイルアクセスを通じてどこでも利用可能になること），ビッグデータ（大量のリアルタイムのデータストリーム），機械学習（コンピュータがデータから学習し，自律的に価値を引き出せるようになること）は，社会の管理・統制方法に同様の激震を与えている。筆者はまず，政府とガバナンスにおけるデジタル技術の役割について，歴史的な文脈から簡単に説明する。次に，より現代的な形態のデジタルガバナンスと，それがセキュリティ，取締り(ポリシング)，政府の管理・運営，企業と消費者の関係をどのように変えているかについて議論する。最後の節では，テクノクラート的で，アルゴリズム的で，自動化された，そして予測的なシステムがどのように統治性(ガバメンタリティ)を変容させ，規律訓練型社会から制御型社会へとガバナンスの規律様式を移行させているのかを考察する。

デジタルガバナンスの初期形態

1950年代にデジタルコンピューティングが誕生して以来，コンピュテーションは人口を管理する目的でグローバルノースの政府に導入されてきた。コンピュータは官僚機構内で，データの構築，保存，管理，処理のために行政やサービス提供目的で使用されていた。このようなシステムの使用は，コストや技術的な要件から範囲や程度が限定されていたが，その使用は後の発展の基礎となるものだった。また，電気・ガス・水道およびその他のインフラを監視・制御し，都市サービスを管理するために，電磁センサーやアナログカメラをネットワーク上に配置し，パフォーマンスを監視し，集中管理室と情報をやり取りする監視制御・データ収集システムが導入された。1960年代後半には，ガバナンスや政策の問題はコンピュテーションによってより効果的に管理できるとするサイバネティックな考え方が，政府の一部の要素に応用されるようになった。たとえば都市は，デジタルに媒介されうる複数の体系のシステム（a system of systems）で構成されるものとして想定された（Forrester, 1969）。各システムは，その構成部分とプロセスに分解したり，その本質をとらえるためにモデル化・シミュレートしたりすることが可能であり，そのモデルを用いて都市機能を計画・運用することができる，と主張された。しかし，初期の段階では，

都市がどのように機能するかは，モデルが許容する以上に複雑で，偶有的(コンティンジェント)で，社会政治的であることが判明したため，最適な解決策を生み出すことができなかった（Flood, 2011）。ライト（Light, 2003）が詳述しているように，このサイバネティックスやその他の技術主導型の都市管理に採用されたアプローチは，軍事技術を民間の文脈に適合させようとするものであり，そうすることで，都市の管理やガバナンスの合理性をテクノクラート的な解決策へと移行させたのである。

1980年代から1990年代にかけて，中央政府と地方自治体にパーソナルコンピュータが普及し始めると，行政と業務遂行の両方を目的として，ガバナンスにおけるコンピュテーションの利用が急速に拡大した。この時期に行政に組み込まれた主要な地理的技術は地理情報システム（GIS）であり，土地利用や都市の資産，人口，経済の空間構成を記録・分析し，意思決定や資源配分を支援するために使用された。また，交通管理システムのように，市民の空間行動を規制するために設計された技術も，世界中のほとんどの都市に導入され，交通の流れをリアルタイムで監視したり，信号の順序を制御したり，さまざまなシナリオの下で起こりうる結果を予測したりすることができるようになった。1990年代から2000年代にかけてのインターネットの普及に伴い，電子政府（デジタルチャネルを介したサービスの提供や市民との交流）と電子行政（デジタルツールを用いた市民活動の管理）に対する大規模な投資が行われ，それに関連して行政機関の再編や縮小が行われた。さらに，デジタルに促進され，コミュニティを重視した参加型民主主義の最初の試みである公共電子ネットワークが展開された。それは，公開討論を改善し，意思決定の透明性を高めるとともに，電子メールや掲示板を通じて，政治家に直接アクセスする新しいチャンネルを設けることを目的としていた（Kitchin, 1998）。インターネットはまた，ネットワーク化された監視システム，特に，市民の監視や規律訓練のためのデジタルビデオカメラやさまざまな形態のデジタルスヌーピング（電子メール，携帯電話，データベースなどの覗き見）の普及を可能にした（Lyon, 1994）。インターネットは社会を統治する手段であると同時に，それ自体が新たな統治されるべき空間となり，オンライン上の行動を取り締まるために，無数の新しい慣習法や正式な規則・規制が導入された（Lessig, 1999; Dodge and Kitchin, 2000）。

このような発展を通して，地理学者は基礎研究や応用研究を行いながら技術の発展に貢献すると同時に，その社会的な影響を理解しようと努めてきた。たとえば，初期の計量地理学者は政策立案のためのモデルを構築し，GIS の開発，使用，政治に関しても継続的な議論を行ってきた。現在の視点から見ると，ジェニファー・ライト（Light, 2003），ジョー・フラッド（Flood, 2011），マシュー・ウィルソン（Wilson, 2017），トレバー・バーンズ（Barnes, 2014），シモン・ナターレとアンドレア・バラトア（Natale and Ballatore, 2020）などの研究が証明しているように，デジタル技術が生み出す地理とガバナンスにおけるその使用は，興味深い現代の歴史地理の基礎を形成している。しかし，本章の残りの部分では，デジタルなもの（the digital）がガバナンスの地理をどのように再形成したかについての歴史的展開をさらに探るのではなく，主に現代について論じる。

社会 – 空間的関係のデジタルガバナンス

　新しいデジタルな技術や技法 ── クラウドコンピューティング，ビッグデータ，機械学習 ── の融合は，人と場所の統治方法を一変させつつある。つまり，ユビキタスコンピューティングの普及とビッグデータの生成が，個人やシステムの行動や行為に関するきめ細かな情報を取得する能力が拡大・深化しているのである。そして，データマイニング，パターン認識，モデリング，シミュレーション，予測などの機械学習や人工知能の技法を使用して新たなデータ分析を行い，洞察を引き出し，システムを適応させて制御し，さらなる行動を媒介・規制することができる。ガバナンスを目的としたビッグデータの生成と利用は，セキュリティや取締り（ポリシング）との関連で最も顕著に見られるが，政府が日常業務や市民との接点を管理する方法や，企業が消費者行動に影響を与えて誘導しようとする方法にも，ますます浸透している。本節では，デジタル技術がガバナンスに与えるさまざまな影響について詳述し，次節では，デジタル技術が統治性（ガバメンタリティ）の性質をどのように変化させつつあるのかを明らかにする。

　ユビキタスコンピューティングの時代は，人や場所について生成されるデータの量，範囲，粒度を根本的に変え，社会の監視を根本的に深化させてきた。

デジタル技術は，本質的に，その使用を通じてデータを生成するものであり，これらの技術がネットワーク化されると，データは容易に共有される。日常生活のより多くの側面がネットワーク化されたデジタル技術によって媒介されるようになるにつれ，それを使う人々やその「まなざし」に晒される人々（たとえば，カメラやセンサーの前を通過する人々）について，より多くのデータが取得されるようになる。監視やデータ監視（データ記録を通した監視）がどの程度行われているかは，人々が自分の活動を捕捉されているだけでなく，ほぼ継続的に地理的監視（Kitchin, 2015）の対象となり，多くの方法で自分の位置と動きが定期的に追跡されていることを意味する。たとえば，以下のような方法がある。

- 制御可能なデジタル高画質閉回路テレビ（CCTV）カメラ（顔認識ソフトウェアとの併用が増加している）
- 携帯電話会社やアプリ開発者とデータを共有し，携帯電話基地局，GPS，またはWi-Fi接続を介して電話の位置を追跡するスマートフォン
- GPS対応のフィットネストラッカーやスマートウォッチなどのスマートデバイス
- MACアドレスなどの電話識別子を補足して追跡するセンサーネットワーク
- 建物への入館や公共交通機関の利用時に使用されるカードのバーコード／RFIDチップをスキャンして記録するスマートカードトラッキング
- ナンバープレート自動認識カメラ，道路通行料の自動支払いや駐車場用の固有IDトランスポンダー，車載GPSを使った車両追跡
- ATMの使用，クレジットカードの使用，インターネットにアップロードされた写真のメタデータタグ付け，ソーシャルメディアへの投稿のジオタグ付けなど，その他の立ち寄り場所
- GPS追跡装置による子どもや仮釈放者の電子的なタグ付け
- 会議の日時と場所を提供する共有カレンダー

重要なのは，レシュチンスキ（Leszczynski, 2017）が指摘するように，これらのデータの捕捉と流通は以下のようなものだということである。

- 無差別かつ網羅的である（すべての個人，モノ，取引などを含む）
- 分散型である（複数のデバイス，サービス，場所にまたがって発生する）
- プラットフォームに依存しない（プラットフォーム，サービス，デバイスをまたいでデータが容易に流れる）
- 継続的である（データは定期的かつ自動で生成される）

　このようなデータ化は，プライバシーに関しても大きな影響を及ぼす。今や人々は，かつてないほど大きなレベルの厳しい監視にさらされるようになった。さらに，デジタルに媒介される取引や監視の普及に加え，サービスにアクセスするための固有の識別子（氏名，ユーザー名，パスワード，口座番号，住所，電子メール，電話番号，クレジットカード番号，スマートカードID，ナンバープレート，顔など）の使用が増加していることから，デジタルフットプリント（自分自身が残す痕跡）やデジタルシャドウ（自分について捕捉された痕跡）を残さない日常生活はほとんど不可能になってきている。さらに，これらのデータは，生成されたデータを超えて多くの推論を行い，これまで公開されることのなかった潜在的な本質を明らかにすることができる。データに参照される人々は，生成されたデータ，その形式，範囲，使用方法についてほとんど制御できないことが多い。

　重要なのは，こうしたデータは，ガバナンスの既存の様式の改良と，新しい様式の生産を可能にするということである。たとえば，警察や治安維持機関などの国家機関が，人々の見解（ソーシャルメディア，電子メール，メッセージング，電話での会話），交際（ソーシャルネットワーク），活動，居場所を定期的に監視することが可能になるのである。Wikileaksの暴露やエドワード・スノーデン（Edward Snowden）などの内部告発者が明らかにしたように，多くの国で国家主導の監視と安全保障の範囲と性質が段階的に変化している（たとえば，アメリカ国家安全保障局やイギリス政府通信本部のさまざまなプログラム）。データは戦略的な諜報活動のために分析されるだけでなく，安全保障上の潜在的脅威となりうる人物を特定するためにも分析される。テロリストと疑われる人物を標的にした特別作戦のほかに，こうしたセキュリティスクリーニングが最も顕著に現れるのは，海外旅行と国境管理である（Amoore, 2006）。空港を通過する際には，

書類と生体測定（さらに，荷物のタグ付け，スキャン，追跡）を介して（チェックインカウンター，セキュリティチェックポイント，搭乗口，出入国審査場において）本人確認が行われ，情報は他の政府データベースと相互参照される。そこでは旅客が旅行や入国を拒否する決定が下されたことに対して，問い合わせや不服申し立てをする権利は非常に限られている（Kitchin and Dodge, 2006）。このようなスクリーニングには，通信，交友関係，場所を分析し，誰が追加調査を受けるべきかというリスクのレベルを予測するための予測プロファイリングもますます含まれるようになっている。事実上，航空旅行の乗客は，フーコー（Foucault, 1991）がいうところの「従順な身体」（権威に抵抗することなく要求通りに行動する従順な乗客）として行動することを確実なものとするために，閉鎖的で厳密に監視された身体およびデータのセキュリティ装置を通過させられるのである。

　このようなデータは，データ解析と組み合わせることで，日常の取締り活動にも役立つ。監視の強化や，犯罪発生時の証拠探しのための資料のデータバンクや新しいツール（デジタルCCTVの顔認識など）の作製に加えて，データは今日，運用の指針や予測取締りに活用されている。たとえば，多くの警察は，強化された広範な複数の機器による監視（高解像度CCTV，ドローンカメラ，センサー，コミュニティレポートなど）を導入し，現場での取締りを指揮する（また犯罪行為の抑止力としても機能する）新しい指揮・統制センターに多額の投資を行っている（Wiig, 2017）。さらに，警察は既知の活動家や扇動者の通信を監視し，社会不安を予測して制御しようとする。抗議者が集まると，警察はソーシャルメディアを精査し，無線セルグリッド内でリーダーの携帯電話を識別して追跡し，活動家の計画を把握することを試み，「デジタルケットリング」という方法を用いて抗議者を特定の範囲に孤立させようとする（Paasche, 2013）。また，現在多くの取締りでは，過去の犯罪データ，逮捕記録，犯罪者の既知の社会的ネットワークの分析に基づいて，将来起こりうる犯罪者を特定し，地域のパトロールを指示する予測取締りを使用しているが（Stroud, 2014），こうしたアプローチは，人種プロファイリングを効果的に再生産していると批判されている（Harcourt, 2006）。

　ビッグデータとその解析は安全保障や取締り以外にも，国家による行政や運

営管理の目的でも利用される。すべての国家は生政治を行い，国民とその受給資格（サービス，福祉，住宅，健康など），法律や規則の遵守（学校に通う，税金を納める，交通規則に従う）を監視・管理しようとしている。国とのやり取りはますますオンラインで行われるようになり，政府のサービスやデータベースと直接やり取りすることが多くなっている。これらのデータベースには，潜在的な不正行為を特定し，不正を減らすための解析が適用されている。このようなシステムは政府自体の行いを監視するためにも機能し，データはプログラムや政策の効率と効果を評価したり，サービスを提供する新しい方法を設計したりするために利用される（Kitchin, 2014）。業務の面では，新しいデジタル技術が，サービスの構成と展開の方法を大きく変えている。たとえば，ゴミ箱内のセンサーがゴミ箱の満杯状態を監視し，その情報を廃棄物管理サービスに伝えることで，ゴミ収集車が空にする必要のあるゴミ箱だけを訪れるようになる。交通管理に関しては，カメラと誘導型ループセンサーの高密度ネットワークが道路システム全体の交通の流れを監視し，渋滞を最小限に抑え，交通の流れを維持するために信号の順序を自動的に調整する。この情報は，アプリやラジオを通じて一般市民にも伝えられ，代替のルートや交通手段を取るよう促す（Coletta and Kitchin, 2017）。

　今日では，国家に加え，企業も，顧客とかれらの消費パターンを含むビジネスのあらゆる側面に関して定期的にデータを生成しており，その情報を使って行動に影響を与え，リスクを評価し，予測的にプロファイルし，消費者を社会的・空間的に振り分けている。企業は，より効果的な広告のマイクロターゲティング，消費者の購買意欲の喚起，あるいはデータを統合して新しい製品に再パッケージ化し，さまざまなデータサービス（たとえば，人物と場所のプロファイリング，人探しと人物調査，信用度の評価，追跡サービスの提供，異なる状況下で個人が何をするか，または個人がどの程度のリスクを構成するかについての予測モデリングの実施）を提供するデータブローカーにデータを売却することによって，データの収益化を図ろうとしている。データ仲介は数十億ドル規模の産業であり，小売，金融，行政，健康，観光，物流，ビジネスインテリジェンス，不動産，民間警備，政治調査など，さまざまな市場で膨大な量のデータや派生情報が日々貸し出しされたり，売り買いされたりしている（Kitchin, 2014）。

そのようなデータ仲介会社の一つであるAcxiomは、世界中の5億人のアクティブな消費者に関するデータバンクを構築し、1人当たり約1,500のデータポイントを持つと言われており、オフライン、オンライン、モバイルのデータを統合して、消費者に関する「360度ビュー」を提供できると主張している（Singer, 2012）。データブローカーは、社会的・空間的な振り分け（ソーティング）——個人の値打ちや価値、信用リスク、一定の価格を支払う可能性や支払いに応じる可能性について、市民や（潜在的な）顧客のプロファイルを作成すること——を通じて、ガバナンス形態に寄与している。その目的は、顧客の好みや価値を反映した変動的な価格設定など、個人最適化（パーソナライズ）された対応を提供することだが、それはまた、たとえば信用取引、住宅購入、採用機会を拒否するといったかたちで疎外されたり、排除されたりしてしまう個人を特定することによってリスクを低減する目的で、事業者にも使用される。ジオデモグラフィクスの実践を通じて、データブローカーは投資に関する場所のプロファイリングや、場所の空間的な振り分け（ソーティング）も行っている（Harris et al., 2005）。

規律訓練から制御と予測へ

多くの研究者にとって、ガバナンスを目的としたデジタル技術の利用の増加は、統治性（ガバメンタリティ）の性質——すなわちガバナンスがどのように組織され、機能するかという根本的な論理とメカニズム——を転換している。その論点は、本質的にガバナンスはよりテクノクラート的で、アルゴリズム的で、自動化され、予測的なものになりつつあるということである（Kitchin and Dodge, 2011）。テクノクラート的な形態のガバナンスは、社会システムは技術的解決策を通して対処することができる技術的問題として扱い、測定し、監視することができる、という前提を設ける。つまりそれは、規制や政策、ソーシャルパートナーシップ、コミュニティ開発といった他のガバナンスメカニズムではなく、計算処理的（コンピュテーショナル）なシステムを通して、人口や社会問題の管理に効果的に取り組み、サービスを提供することが可能である。このようなテクノクラート的システムは、データフィードを処理・評価し、基本的なルールセットに基づいて結果を決定するアルゴリズムによって支えられ、駆動されている。これらのアルゴリズムマシンは、ます

ます自動化された方法，自律的な方法，自動的な方法で働くようになってきており（Dodge and Kitchin, 2007），人間の監視は3段階の参加に限定されるようになっている（Docherty, 2012）。

- ヒューマン・イン・ザ・ループ：システムが意思決定を特定・選択するが，重要な意思決定と行動は人間が行う。
- ヒューマン・オン・ザ・ループ：システムが自動化されており，重要な意思決定とその実行を行うが，積極的に介入できる人間のオペレーターの監視下にある。
- ヒューマン・アウト・オブ・ザ・ループ：システムが自動化されており，人間の入力や人間との対話なしに意思決定と行動を行う。

　自動化されたシステムは，多くの場合，機械学習を用いて過去の意思決定の結果から学ぼうとする。また，人がどのように振る舞うかを予測し，その予測に基づいて決定を下す（Amoore, 2013）。このような自動化されたシステムの中では，データに基づいて行動し，意思決定を行うためのルールはブラックボックス化されているため，透明性や説明責任が欠けている。このように，自動化されたシステムは，動作の観点からすると不条理（カフカエスク）であるかもしれない。たとえば搭乗拒否者リストについて，なぜその人がリストに掲載されたのかは知らされず，その決定に対して反論することもできない。

　テクノクラート的で，アルゴリズム的で，自動化された予測システムの効果は，統治性（ガバメンタリティ）を規律訓練的な形態から社会の制御や予測ガバナンスへと移行させることである。フーコー（Foucault, 1991）は，20世紀後半の統治性（ガバメンタリティ）は――制度，行政，法律，技術，社会規範，空間的論理が連動する装置を通じて――違反者を追い詰め，処罰し，特定の習慣，気質，期待，自己規律を植えつけるために設計された規律訓練型権力の形態を行使していたと主張している。規律訓練型の統治性（ガバメンタリティ）の重要な側面は，人々は自分が監視の対象であり，計算レジーム（たとえば，監視し，報酬を与える官僚制）に組み込まれていることを知っており，それゆえ，罰則を受けることを避けるために，それに応じて行動を自制することである。したがって，CCTVのような技術は本質的に規律訓練的であり，違

反行為を目撃されて処罰されることへの恐れを利用して，人々に適切な行動を取らせるように設計されているのである。

　21世紀において，ビッグデータを処理するアルゴリズムによるガバナンス形態の実現は，監視の範囲と頻度を大幅に高め，ガバナンスの論理を監視と規律訓練から捕捉と制御へと移行させた（Deleuze, 1992）。ここでは，人々は，高度道路交通システムによって制御される交通網や，フライトのためのオンラインチェックインなど，ソフトウェアを介したシステムを通じて常に調節（モジュレーション）を受けるようになり，そこでは，人々の行動は（自らによって）規律訓練されるのではなく，明示的または暗黙的に誘導されたり，促されたりしている。統治性（ガバメンタリティ）は，もはや主体化（主体を形成し，行動を制限すること）だけでなく，制御（影響，欲望，意見を調節（モジュレーティング）し，規定された構成の中で行動を誘発すること）にも関係している（Braun, 2014）。権力を空間的に限定し，周期的なものにする（学校や職場など決まった場所で決まった時間に行使する）のではなく，制御のシステムが分散し，相互に結びつき，重なり合い，連続的であるため，制度的権力は複数の技術を横断して忍び寄り，社会的景観に浸透することができる。たとえば，デイヴィス（Davies, 2015）がニューヨークのスマートシティ開発，すなわちセンサーと埋め込み型のコンピュテーションに満ちたハドソンヤードについて述べているように，住民と労働者は，相互にリンクしたシステムの混合体によって，複合施設全体で継続的に監視され，調節（モジュレート）されることになる。その結果として，人々が制度的な囲いの中で適合するように規制されるのではなく，ある種の社会的で道徳的な配置を生み出すように設計された，多数の計算レジームが重なり合う，定量化されたコミュニティが生まれるだろう。

　アモア（Amoore, 2013）が詳述しているように，アルゴリズム的統治性（ガバメンタリティ）の合理性は可能性――将来起こりうる結果を計算して現在の行動を方向づけること――にも根差している。予測ガバナンスは，予測分析を用いて将来のリスクを予測し，適切な対応を生み出す。将来犯罪行為が起こる可能性のある場所や犯人を特定する予測取締り（ポリシング）は，その一例である。社会的・空間的な振り分け（ソーティング）もその一つである。このような場合，ある人物のデータの影は，その人を追いかけるだけでない。それは，その人に先行して，起こることはないかもしれないが現実的ではある帰結（たとえば，より多くの職務質問を受ける，海外旅行ができない，仕

事や住む場所を拒否されるなど）を予測しようとする（Harcourt, 2006）。一部の人が心配しているのは，新しいかたちの「データ決定論」が出現していることである。この場合，個人は自分が行ったことだけでなく，自分が将来行うかもしれないことの予測に基づいて判断され，扱われるのである（Rameriz, 2013）。

　現代社会における統治性（ガバメンタリティ）の戦術と技法は非常に多様であり，たとえば，さまざまな技術を利用し，それぞれが異なる方法で構成され展開されうることに注意する必要がある。より根本的には，統治性（ガバメンタリティ）は多様であり，さまざまな主体（国家機関，企業，コミュニティ）によって制定され推進される，関連・重複するいくつかのガバナンス形態が同時に作用する。実際，オング（Ong, 2006）は，新自由主義に関連する現代の統治性（ガバメンタリティ）は一様ではなく，普遍的でグローバルな論理を有しているわけではないと主張している。むしろ，抽象的で，移動的で，動態的で，絡み合い，偶有的（コンティンジェント）で，多様で，文脈依存的な方法で翻訳され，運用される可変的な論理を有しているのである。主権権力が規律権力に完全に置き換わることがなかったように，制御は規律訓練に対して優性になるのではなく，むしろ補完するようになる可能性が高い（Davies, 2015）。その一方で，権力，統治性（ガバメンタリティ），ガバナンスは抵抗され，より参加型のコミュニティ開発を通じて，オルタナティブなかたちの社会関係が実現される（第22章参照）。

おわりに

　最初のデジタルコンピュータが登場して以来，ガバナンスの形態と様式は，コンピュテーションを活用するために適応してきた。ユビキタスコンピューティング，ビッグデータ，クラウドコンピューティング，機械学習の出現により，ガバナンスの実践は徹底的にデジタル化され，その結果，現代の統治性（ガバメンタリティ）の性質が変化しているのである。われわれは今，アルゴリズム的で予測的なガバナンスの時代に生きている。そこでは，われわれの日常の行動，動作，見解に関して膨大な量のデータが生成され，計算処理（コンピュテーショナル）システムがこれらのデータを処理して決定を下し，われわれの行動を管理，規律訓練，制御，誘導する意思決定が行われるのである。ガバナンスは，その性質が，ますますテクノクラート的で，自動化され，予測的になってきており，企業，官民協働，NGO，コ

ミュニティ団体など，国家を超えた多くのアクターが関与するようになってきている。地理学者は，デジタル時代が社会 - 空間的関係のガバナンスをどのように変容させ，新たな空間性やモビリティを生み出しているかに特に関心を持っている。しかし，さまざまなデジタル技術──電子政府システム，都市運営システム，パフォーマンス管理システム，アーバンダッシュボード，集中管理室，監視システム，予測取締り、協調型緊急対応，高度交通システム，物流管理，スマートグリッドとスマートメーター，センサーネットワーク，ビル管理システム，アプリ制御型スマート家電など──が，どのようにガバナンスの合理性，論理，実践を作り変え，新しい統治性を生み出しているか，また，それらがいかに市民によって抵抗され，争われているかについて，より十分に理解するための理論的・経験的な研究が今なお数多く必要である。テクノクラート的かつアルゴリズム的なガバナンスを推進する政治や経済を理解し，それに挑戦し，そしてデジタル技術のいくつかの有害な影響を最小限に抑えつつ，デジタル技術から恩恵を受けるオルタナティブな方法を考えるには，こうした作業が重要なのである（第 22，23 章を参照）。

文献

Amoore, L. (2006) 'Biometric borders: Governing mobilities in the war on terror', *Political Geography*, 25(3): 336–351.

Amoore, L. (2013) *The Politics of Possibility: Risk and Security Beyond Probability*. Durham, NC: Duke University Press.

Barnes, T.J. (2014) 'What's old is new, and new is old: History and geography's quantitative revolutions', *Dialogues in Human Geography*, 4(1): 50–53.

Braun, B.P. (2014) 'A new urban dispositif? Governing life in an age of climate change', *Environment and Planning D: Society and Space*, 32(1): 49–64.

Coletta, C. and Kitchin, R. (2017) 'Algorhythmic governance: Regulating the "heartbeat" of a city using the Internet of Things', *Big Data & Society*, 4(2). DOI: 10.1177/2053951717742418.

Davies, W. (2015) 'The chronic social: Relations of control within and without neoliberalism', *New Formations*, 84/85: 40–57.

Deleuze, G. (1992) 'Postscript on the societies of control', *October*, 59: 3–7.

Docherty, B. (2012) *Losing Humanity: The Case against Killer Robots*. New York: Human Rights Watch. Available at: www.hrw.org/sites/ default/files/reports/arms1112_ForUpload.pdf (accessed 17 November 2015).

Dodge, M. and Kitchin, R. (2000) *Mapping Cyberspace*. London: Routledge.

Dodge, M. and Kitchin, R. (2007) 'The automatic management of drivers and driving spaces', *Geoforum*, 38(2): 264–275.

Flood, J. (2011) *The Fires: How a Computer Formula, Big Ideas, and the Best of Intentions Burned Down New York City and Determined the Future of Cities*. New York: Riverhead.

Forrester, J.W. (1969) *Urban Dynamics*. Cambridge, MA: MIT Press.

Foucault, M. (1991) 'Governmentality', in G. Burchell, C. Gordon and P. Miller (eds), *The Foucault Effect: Studies in Governmentality*. Chicago: University of Chicago Press. pp. 87–104.

Harcourt, B.E. (2006) *Against Prediction: Profiling, Policing and Punishing in an Actuarial Age*. Chicago: Chicago University Press.

Harris, R., Sleight, P. and Webber, R. (2005) *Geodemographics, GIS and Neighbourhood Targeting*. Chichester: Wiley.

Herod, A., O'Tuithail, G. and Roberts, S. (eds) (2002) *Unruly World? Globalization, Governance and Geography*. London: Routledge.

Kitchin, R. (1998) *Cyberspace: The World in the Wires*. Chichester: John Wiley and Sons.

Kitchin, R. (2014) *The Data Revolution: Big Data, Open Data, Data Infrastructures and Their Consequences*. London: Sage.

Kitchin, R. (2015) 'Spatial big data and the era of continuous geosurveillance', *DIS Magazine*. Available at: https://dismagazine.com/dystopia/73066/rob-kitchin-spatial-big-data-and-geosurveillance/ (accessed 3 February 2018).

Kitchin, R. and Dodge, M. (2006) 'Software and the mundane management of air travel', *First Monday*, 11 (9). Available at: http://firstmonday.org/ojs/index.php/fm/article/view/1608 (accessed 3 February 2018).

Kitchin, R. and Dodge, M. (2011) *Code/Space: Software and Everyday Life*. Cambridge, MA: MIT Press.

Lessig, L. (1999) *Code and Other Laws of Cyberspace*. New York: Basic Books.

Leszczynski, A. (2017) 'Geoprivacy', in R. Kitchin, T. Lauriault and M. Wilson (eds), *Understanding Spatial Media*. London: Sage. pp. 235–244.

Light, J.S. (2003) *From Warfare to Welfare: Defense Intellectuals and the Urban Problems in Cold War America*. Baltimore, MD: Johns Hopkins University Press.

Lyon, D. (1994) *The Electronic Eye: The Rise of the Surveillance Society*. Oxford: Polity Press.

Natale, S. and Ballatore, A. (2020) 'Imagining the thinking machine: Technological myths and the rise of Artificial Intelligence', *Convergence: The International Journal of Research into New Media Technologies*, 26(1): 3–18.

Ong, A. (2006) *Neoliberalism as Exception: Mutations of Citizenship and Sovereignty*. Durham, NC: Duke University Press.

Paasche, T.F. (2013) 'Coded police territories: 'Detective software' investigates', *Area*, 45(3):

314–320.

Rameriz, E. (2013) 'The privacy challenges of big data: A view from the lifeguard's chair', *Technology Policy Institute Aspen Forum,* 19 August. Available at: http://ftc.gov/speeches/ramirez/130819bigdataaspen.pdf (accessed 11 October 2013).

Singer, N. (2012) 'You for sale: Mapping, and sharing, the consumer Genome', *New York Times,* 17 June. Available at: www.nytimes.com/2012/06/17/technology/acxiom-the-quiet-giant-of-consumer-database-marketing.html (accessed 6 February 2018).

Stroud, M. (2014) 'The minority report: Chicago's new police computer predicts crimes, but is it racist?', *The Verge,* 19 February. Available at: www.theverge.com/2014/2/19/5419854/the-minority-report-this-computer-predicts-crime-but-is-it-racist (accessed 17 July 2014).

Wiig, A. (2017) 'Secure the city, revitalize the zone: Smart urbanization in Camden, New Jersey', *Environment and Planning C: Politics and Space,* 36(3): 403–422.

Wilson, M.W. (2017) *New Lines: Critical GIS and the Trouble of the Map.* Minneapolis: Minnesota University Press.

第 22 章　市民論

テイラー・シェルトン

デジタル市民論の出現

　ここ数十年のデジタル技術の急速な発展と普及は，互いに交流し，集合的な目標に向かって組織化する新しい方法を市民に提供する，本質的に民主的な力であるとしばしば謳われてきた。2004 年のハワード・ディーン（Howard Dean），2008 年のバラク・オバマ（Barack Obama）による〔インターネットやブログを活用した〕アメリカ大統領選挙キャンペーンや，2011 年の「アラブの春」における抑圧的な政治体制に対する大規模な抗議活動などの有名な事例のように，市民参加と政治的組織化を促進する上でデジタル技術が果たす役割がますます重要になっていることを示す事例がたくさんある。とはいえ，こうしたデジタル技術の最も重要な効果が民主化への流れであるということに疑問を抱く理由も数多くある。
　デジタル技術へのアクセスやそれを利用するスキルの根強い不平等——人種，ジェンダー，年齢，障がい，収入，地理のいずれであれ——は，相当数の人々がそうしたツールにアクセスすることさえできず，ましてや社会的に有益で利他的な目的のために利用することはできないことを意味する。同様に，有名な政治的抗議活動でその役割を果たしたことで知られているものと同じ技術の多くが，政治的反体制派を監視し抑圧する目的にも，同じようにたやすく利用されうることは明らかである。こうした民主化をめぐる有名な話は，一般に想定されているよりもさらに複雑だということは事実であるにもかかわらず，特に市民がそうしたプロセスに組み込まれ，参加を許される方法との関連で，デジタル技術が複数のスケールにわたって政治とガバナンスを形成する上で重要な役割を果たしていることは間違いない。
　本章では，市民活動や市民参加がますますデジタル化され，データ駆動型

になってきている主要な点をいくつか紹介する。しかし，デジタル技術の民主的可能性をめぐる議論に取り組むよりも，この新たな「デジタル市民論」が，ビッグデータ時代における市民権の概念化，実践の仕方を再構築するさまざまな方法に目を向ける方が，間違いなくより生産的であろう。本章では，まず，市民権がどのようにデータやデータ実践との関係でますます定義されるようになってきているのか，そして，こうした再定義が，市民権が概念化され，運用可能にされる方法におけるより大きな変化をどのように促しているのかを議論する。次に，今後さらに注目すべきデジタル市民論の状況に向けた，相互に関連する三つの進行中の変化を明らかにする。すなわち，デジタル市民論の空間化，デジタル市民論の企業化，そして，より目立つようになってきた，社会的・政治的現状に異議を唱えようとするデジタル市民論の反抗的利用である。

市民権のデータ化

デジタル技術がコミュニケーションのための技術と見なされなくなるにつれ，ますますそれは，いくつもの社会的プロセスに関する膨大な量のデータを生成して，分析するためのプラットフォームとみなされるようになってきている。この変化を受け，研究者たちは，この社会生活の「データ化」の進展がさまざまな領域で何を意味するのかを理解することにも目を向けるようになっている。データと社会に関するこの新たな研究課題の成果として，研究者たちは市民権に及ぼすデジタル技術の二つの重要な影響を明らかにしている。第1に，市民権の遂行はますますデータを中心に方向づけられているということ，第2に，このデータへの注目は市民権とそれが位置づけられる場所の再定義をもたらすということである。

デジタル技術がガバナンスと政治の形態に組み込まれている最も顕著な例の多くは，大規模な機関によって採用されているが，これらの技術は同時に市民や市民参加のプロセスにも向けられている。このダイナミクスは，デザイナーのダン・ヒル (Hill, 2013) による，「スマートシティ」から「スマート市民」への転換への呼びかけでも強調されている。それは，技術が地域コミュニティに変化をもたらすために利用される，より断片的で，ボトムアップな，市民主

導の方法を評価しようとするものである。タウンセンド（Townsend, 2014: 25）は，スマートフォンをこうした取組みの中心に据え，「これらのデバイスは，われわれを取り巻く都市のダイナミックな生活に対する新しいレンズであると同時に，離れた場所にある世界を起動するために利用できるリモコンである」と主張している。外出中に都市に関する情報にアクセスしたり，都市そのものにフィードバックや追加情報を提供したりすることができる〔スマートフォンの〕能力は，人間どうしの，また人間と環境の新しい関わり方を可能にする一方で，このダイナミクスは，われわれがどのように実際に市民権を概念化し，実践するかということに，より大きな影響も及ぼしてきた。

　ジェニファー・ガブリス（Gabrys, 2014：34）によれば，「都市システムに情報をフィードバックするためのデータの監視と管理は，市民権を構成することになる実践である。市民権は，計算処理的（コンピュテーショナル）な環境や技術に対応して（そしてそれらと通信して）行われる実践を通じて具体化される，市民センシングへと変容する」。すなわち，「善き」市民権の定義と遂行は，自分たちの街や市民全体にデータを還元するために自分の手やポケットにある技術を使う市民と結びつけられている。地域の問題を報告するアプリケーションを使うような，より積極的で意図的な貢献を通したものであろうと，あるいはプライバシーに関する不満を引き起こすことなく，建造環境に埋め込まれたセンサーが自分自身を追跡することを許可するという，より受動的な参加を通したものであろうと，最終的には，「市民はデータポイントであり，データの生成者とフィードバックのシステムにおける応答ノードの両方なのである」（Gabrys, 2014: 38）。このデータがどのような特定の形式をとるか，またどのような問題を対処しようとしているかにかかわらず，市民（およびかれらの経験，意見，関心）はデータにされることを通して「重要（matter）」（Wilson, 2011a）とされるのである。

　しかし，市民参加をデータによって定義されたプロセスに変えることは，無情にも効率性や市民の関心事への応答性をより高めることにはつながらない。どちらかといえば，このプロセスは，しばしば抜本的な代替案を提案したり，創造したりする可能性さえも排除し，情報の面での介入策を通じてさまざまなプロセスの効率を高めて，より限定的な領域へと行動を導き，最終的に市民参加の範囲を限定するように作用してしまう。ウィルソン（Wilson, 2011b）がシ

アトルの近隣指標プロジェクトの事例で述べているように、都市の社会問題を個別のカテゴリーへとコード化することは、表面的なレベルの兆候をより大きな原因から切り離して扱うことになるため、いくつかの問題に気づかぬまま放置してしまう可能性がある。ウィルソン（Wilson, 2011b: 370）によれば、「これらの評価技術を住民の手に委ねるというこの動きは、市民を苦情システムから報告システムへと移行させることにつながった」。とはいえ、オッフェンフューバー（Offenhuber, 2015）は、コミュニティの問題に関してより議論好きで批判的なコメントを可能にする（あるいは時に阻止する）こうしたアプリケーションのデザインを踏まえて、すべての報告システムが平等に作られているわけではないことを示している。つまり、データを通じて市民がほぼ一様に責任を負う――政策を立案・実施するためにデータを収集・分析する責任が国家から市民に移る――ようになったとしても、この責任の形態は明らかに限定的である。

　市民権の範囲がデータポイントであることや、データポイントに貢献することに縮小されると同時に、この焦点をデータに当てることを通して、市民権の条件も再構成されつつある。実際、多くの点で、最も重要なのは実際のデータそのものではなく、むしろデータがどのように社会構造やプロセスをさらに方向転換させるのに役立っているかである。この新しいデジタル市民論において最も頻繁に議論される現象の一つが、市民ハッカソンという、市民技術者のチームを集め、短期間、与えられた市民問題に集中的に取り組む単発のイベントである。しかし、これらのイベントは意味のある技術的なアウトプットを生み出すことはほとんどなく、むしろ特定の社会問題をめぐる幅広い言説を形成し、技術中心の市民参加の形態に継続的に参加する動機を与えることに焦点を当てている、ということを示唆する文献が増えつつある（DiSalvo et al., 2014; Lodato and DiSalvo, 2016; Robinson and Johnson, 2016; Schrock, forthcoming を参照）。レシュチンスキ（Leszczynski, 2016）が、ガバナンスの実践の文脈においてデータがとる特定の形態だけでなく、データが特定の未来のビジョンの創造を助ける方法にも注目する必要があると主張しているように、こうした区別は重要である。そして、市民アプリが現在と未来における市民の参加や政治的参加の見え方の可能性を構造化するように、ハッカソンもまた、基本的に「保守的な市民ビジョン」に向かう傾向があるとシュロック（Schrock, forthcoming）は主張

している。つまり，これらの表向きは参加型のイベントによって提示される未来のビジョンは，都市ガバナンスにおけるデータの役割を特権化し続けている（Perng and Kitchin, 2018）。またそのビジョンは，そうしたデータから意味のある製品を生み出す実績が限られているにもかかわらず，近い将来の問題に対する批判的な探究を最終的に排除する，ある種の技術的製品やデザイン製品に焦点を当てる（Gregg, 2015; Lodato and DiSalvo, 2016; Schrock, forthcoming）テクノクラート的な道具的合理性の一種である。

　このようにデータに対する市民権の理解がますます顕著になるにつれ，誰が市民なのか，そしてどのように市民権が空間的に定義されるのかも再定義されるようになってきた。特に，場所に根差したアイデンティティを通じて定義される正式な法的地位としての市民権からの移行が進んでいる。技術的な専門知識，特にデータを操作する能力がますます評価されるようになってきており，この専門知識を持つ人は，たとえ特定の場所に市民権（あるいは居住権でさえ）という正式な法的地位を持っていなくても，おなじみのテーブルに特権的な座席を与えられている。シェルトンとロダト（Shelton and Lodato, 2019）がアトランタのスマートシティプログラムの事例で示しているように，この技術的専門知識の特権化は，そのような技術的洞察力を持たない市民が，自分たちの代役として意思決定を行う専門家を支持することで，計画や意思決定プロセスからほとんど排除されることになるため，市民とは誰か，またかれらのニーズが何でありうるのかという具体的問題に取り組む自治体職員側の能力の喪失につながる。結局のところ市民権とは，市民権の法的地位を持つ実際の場所によってではなく，出身地や居住地，特定の場所への個人的な投資などに関係なく，貢献できる専門知識の種類によって定義されるものである。同時に，市民権が存在すると想定される空間が再構成され，ハッカソンや，アプリとオープンデータポータルのデジタル空間が特権化される一方で，物質的な公共空間は市民にとってよりアクセスしにくくなっている。これらのより従来的な場所での市民の抗議や参加は，社会秩序を構成するものというよりも，むしろ社会秩序を破壊するものとみなされており，この事実は，近年のブラック・ライブズ・マターやオキュパイ運動という抗議への反応によって実証されてきた。しかし，市民権がデジタルデータの言説と実践に関連してますます定義され再構

成されるようになってきているように，これらの変化は市民権と市民参加の実践方法にさらなる変化を生じさせている。次節では，デジタル市民論の中で今後注目を受けるべき三つの新たな傾向を突き止めることを試みる。

デジタル市民論の空間化

　第1の新たな傾向は，デジタル市民論の空間化が進んでいることである。市民参加がデジタルなもの（the digital）によってますます媒介されるようになるにつれて，これらのデジタルの痕跡はますます地理と明確に結びつけられるようになってきている。このような空間データの爆発的拡大は，空間，場所，社会プロセスの間の基本的なつながりを示すために，市民参加のプロセスで利用されるマッピングツールやプラットフォーム，データダッシュボード，動的なビジュアリゼーションの増加を意味している。ネオ地理学〔地理学の専門家ではない人々が地理的技術を利用して地理空間情報を生み出す取組み〕であれ，自発的(ボランタリー)な地理情報であれ，ジオウェブであれ，どのような言葉で説明されるにしても，より広範な Web 2.0 の理念（Johnson and Sieber, 2012）のより空間的に明確な表明は，地理的プロセスに関するより従来的な思考法や表現法が，より広い市民的想像力のより中心になりつつあることを意味する。これらの実践は，前述のような問題報告アプリケーションに位置データを与えることから，地域の特定の重要な問題に関する認識を高めるためのシンプルなウェブ地図の利用や，市民活動の論拠を主張するためのより複雑な空間分析技術や表現の利用まで，多岐にわたっている。同時に，これらの新しい空間的技術は，人々と地図や空間データとの関わり方を再形成する働きもあり，地図が男性主義的で，帝国主義的で，デカルト的な知識を特権化するという長年の批判に対するある種の不注意な反応をもたらすが，むしろデジタルマッピングの中で実現される，より幅広い認識論と存在論のアプローチを可能にすることもある（Elwood, 2008; Warf and Sui, 2010; Elwood and Leszczynski, 2013）。

　これらの新しいプラットフォームや新しい形式のデータの出現は，空間情報がより容易にアクセスできるようになり，その形態もより多様になったことを意味するが，ハクレイ（Haklay, 2013）は，このような量的成長を，これらの技

術が日常の人々にどのように利用されうるかという質的変化とみなすことに対して注意を促している。つまり，グッドチャイルド（Goodchild, 2007）が当初示唆したように，より空間的に明確なデジタル市民論の反復は場所固有の問題へのより大きな関与を可能にするという展望があるにもかかわらず，これらの技術は，高学歴で比較的裕福な白人男性の声がそのプラットフォームで過度に代表されるという長年の障壁をほとんど克服できていないのである。ハクレイ（Haklay, 2013: 66）が主張しているように，

> それ〔ネオ地理学〕を民主的な力として推進する人々の中心的な主張の主な誤りは，地理情報をさまざまな方法で活用し，地理的技術へのアクセスを得る人々の数を増やすことによって，これらの利用者が力を得て，より政治的・社会的支配力を獲得したという仮定である……ネオ地理学は，単に，この情報の収集と利用を社会の富裕で，教育を受けた，力のあるより大きな層に開放しただけである。

デジタル市民論の企業化

デジタル技術のより深い民主化のためのこの限られた可能性は，間違いなく，デジタル市民論の企業化によって同時に形成されてきた。市民参加の空間化と結びついて生じることで，この種のデジタル空間プラットフォームやプロセスを実行に移すための技術的専門知識の必要性の高まりは，企業の技術ベンダーが地方自治体の代理として，あるいは少なくとも地方自治体と協力して参加するようになっていることを意味している。しかし，この局面は，レシュチンスキ（Leszczynski, 2012）がマッピングの新自由主義化と表現したように，空間情報の提供において，国やその他の多かれ少なかれ公的な機関が民間企業に取って代わられたこと以上に広がっている。現在では，前述のデータ化された市民権の実践の中心に空間データがあるために，市民活動の行いそのものが，恩恵はないにせよ，テクノロジー企業の参加を必要としている。

市場をリードするEsri社，比較的新しいMapbox社やCarto社など，マッピング産業の主要企業はいずれも，近年，何らかのタイプの自治体や市民参

加のプログラムやプラットフォームを立ち上げている (Carto, 2015; Poon, 2016; Turner, 2016)。これらのプログラムの多くは，ソフトウェアサービスと技術的専門知識の組み合わせを必要としている都市政府に提供することをねらいとしているように見えるが，物議を醸している配車サービスアプリの Uber は，地方自治体の支援活動において異なるアプローチをとっている。都市住民の日常的なモビリティを理解しようとする地方自治体にとって，このプラットフォームによって収集されたデータが非常に貴重であることを認識している Uber は，これまでこのような配車サービスアプリの規制に熱心であった地方自治体から譲歩を引き出す方法として，自社が所有するデータへの限定的なアクセスを提供しているようである (Poon, 2017)。デジタル市民論の空間に関する表向きは非営利の一派の中で最もよく知られた組織である Code for America でさえも，そのフェローシッププログラムからプロジェクトを営利目的の技術系スタートアップにスピンオフさせることにおいて積極的な役割を担っており，デトロイトとニューオーリンズのフェローシップチームと，それぞれの都市で空き物件を分析するデータプラットフォームに関するかれらの作業から，LocalData や CivicInsight のようなプラットフォームが生まれてきている。

「よりスマート」でよりデータ駆動的になることに投資するいくつかの自治体にとっては，こうした企業とのパートナーシップを通じてのみ，そのような目標を実現することができる。直接の調達を通してであれ，互いに有益なパートナーシップ契約を通してであれ，都市は提供される技術やサービスを必要とするだけでなく，こうした官民パートナーシップに伴う評判資本 (reputational capital) を獲得しようともしている。たとえば，ケンタッキー州のルイビルでは，大都市圏政府が，Code for America, Bloomberg Philanthropies, Rockefeller Foundation などの非営利団体を通して提供されるさまざまな技術支援プログラムに参加しようとするだけでなく，IBM, OpportunitySpace, MySidewalk, Asthmapolis, LocalData などの営利企業とのパートナーシップを構築しようともしてきた。このようなデジタル市民論の企業化は，多くの場合，特に緊縮財政の時代には，推進されているようなデータ集約的な種類の作業を行うのに必要な内部能力をほとんどの自治体が持っていないという事実から生じるものである。その代わりに，自治体はこの種の専門知識がますます集

中している外部の機関に頼ることになる。しかし，このプロセスは自己強化サイクルに陥り，地域の能力や専門知識が決して構築されることなく，代わりに地方自治体からお金を引き出すことができる民間企業（多くの場合，全く別の都市や州にある）に継続的にアウトソーシングされ，同時に極めて社会的な問題に対する技術的解決策を〔民間企業が〕特権化し続けることになる。

デジタル市民論の新たな反抗的利用

　しかし，デジタル市民論が，社会生活の他の多くの領域と同じく，テクノロジー企業と包括的な新自由主義の理念によってますます植民地化されてきているのと同時に，これらの技術がより急進的で解放的な目的に向かう手段として機能する可能性を主張する反対運動も起こっている。企業の力を強化し，政府サービスの後退を促し，技術的専門知識の価値を神聖化するのではなく，デジタル市民論のこれらの新しい反抗的利用は，社会的・政治的現状に挑戦しようとするものである。こうしたプロジェクトは，市民権が表現される主要な手段としてデータがますます特権化される時代において，データが市民によって自らの目的のために有用に利用されるのと同時に，生み出されるより広い政治的主張の根拠として役立つことさえある，ということを示している (Taylor et al, 2014; Shelton et al, 2015; Le Dantec et al, 2016)。時には暗黙のうちに，カウンターマッピングのより長い歴史（Peluso, 1995 参照）を引きながら，デジタルデータとマッピング技術のより対立的で論争的な利用は，これらのツールが，デジタル技術のより制度的な反復の中でよく見られる，社会的・空間的プロセスに関するある種の問題を含む理解や社会的不平等とスティグマの自然化に，本質的にはつながらないということを証明しようとしている (Shelton, 2017; Jefferson, 2018 参照)。その代わりに，それらはデータ分析と可視化手法を用いて，いくつもの社会問題に対する批判的で反覇権的な理解と介入を促進する。

　この「カウンターデータ」運動によって最も頻繁に標的にされている問題の中に，世界的な住宅危機がある。〔サンフランシスコの〕ベイエリアの Anti-Eviction Mapping Project[1] から，デトロイトの Property Praxis[2]，Inside Airbnb の地域横断的な調査[3] まで，こうしたデジタル市民論のより反抗的な

反復は，既存の社会的ヒエラルキーをただ単に強化するのではなく，それに抗議する可能性を示している。これらのプロジェクトがある部分において強力なのは，それらが生み出してきた説得力のある対話的な可視化手法(ビジュアリゼーション)のおかげでもあるが，マッピングや空間分析手法と素朴な論理実証主義の間に長年想定されてきた結びつき（Wyly, 2009）を断ち切る一助となっている点でも重要である。これらのプロジェクトはいずれも，中立的で定量的なデータを通して世界をありのままに記述することを主張していない。その代わりに，これらのプロジェクトはすべて，データや分析結果に特定の政治的立場を持ち込んでおり，これらの問題に関する会話を，単に事実のように見えるものから，これらの場所の住民や住宅市場に大打撃をもたらしている，技術に基づくジェントリフィケーションのプロセスや税金の差し押さえ，不動産投機という根底にある手段へと方向転換している。

　こうしたデジタル市民論の新たな論争の形態は，デジタル技術によって可能になり，デジタル技術を通して明確に表現されているにもかかわらず，パトリック・ゲデス（Patrick Geddes）やその他の初期の社会改革者たちによる，デジタル化される以前のマッピングや都市のフィールドワークにおける「市民論」のルーツを反映している（Guldi, 2017）。実際，それらは，それ自体が目的である単なるデータの提供を越えて，また包摂と参加のアジェンダを促進する手段としてのオープンデータに向けて，シーバーとジョンソン（Sieber and Johnson, 2015）のより現代的なオープンデータへの呼びかけを実現することも意味している。これらのプロジェクトの多くは，オープンデータや市民技術の枠組みからではなく，現状に対する根本的な代替案を明確にするための手段としてこれらの技術を利用するという立場から運営されているにもかかわらず，より制度に基づいたかたちのデジタル市民論と同じツールやアプローチを多く動員しており，さまざまな社会や組織の文脈におけるこれらの技術の柔軟性や，データの重要性の高まりがいかに市民権と市民参加を再形成しているか，という矛盾を浮き彫りにしている。

注
1 www.antievictionmap.com
2 www.propertypraxis.org
3 www.insideairbnb.com

文献

Carto (2015) 'Urban insights: An analysis of the future of our cities and technology', White Paper. Available at: https://go.carto.com/hubfs/SmartCitiesWhitePaper.pdf (accessed 3 February 2018).

DiSalvo, C., Gregg, M. and Lodato, T. (2014) 'Building belonging', *Interactions*, 21(4): 58–61.

Elwood, S. (2008) 'Volunteered geographic information: Future research directions motivated by critical, participatory, and feminist GIS', *GeoJournal*, 72(3–4): 173–183.

Elwood, S. and Leszczynski, A. (2013) 'New spatial media, new knowledge politics', *Transactions of the Institute of British Geographers*, 38(4): 544–559.

Gabrys, J. (2014) 'Programming environments: Environmentality and citizen sensing in the smart city', *Environment and Planning D: Society and Space*, 32(1): 30–48.

Goodchild, M. (2007) 'Citizens as sensors: The world of volunteered geography', *GeoJournal*, 69(4): 211–221.

Gregg, M. (2015) 'Hack for good: Speculative labour, app development and the burden of austerity', *Fibreculture Journal*, 25: 183–201.

Guldi, J. (2017) 'A history of the participatory map', *Public Culture*, 29(1): 79–112.

Haklay, M. (2013) 'Neogeography and the delusion of democratisation', *Environment and Planning A*, 45(1): 55–69.

Hill, D. (2013) 'On the smart city; or, a "manifesto" for smart citizens instead', *City of Sound*, 1 February. Available at: https://cityofsound.com/2013/02/02/on-the-smart-city-a-call-for-smart-citizens-instead/ (accessed 3 February 2018).

Jefferson, B.J. (2018) 'Predictable policing: Predictive crime mapping and geographies of policing and race', *Annals of the American Association of Geographers*, 108(1): 1–16.

Johnson, P.A. and Sieber, R.E. (2012) 'Motivations driving government adoption of the geoweb', *GeoJournal*, 77(5): 667–680.

Le Dantec, C.A., Appleton, C., Asad, M., Rosenberger, R. and Watkins, K. (2016) 'Advocating through data: Community visibilities in crowdsourced cycling data', in A. Golub, M.L. Hoffmann, A.E. Lugo and G.F. Sandoval (eds), *Bicycle Justice and Urban Transformation: Biking for All?* Abingdon: Routledge. pp. 70–85.

Leszczynski, A. (2012) 'Situating the geoweb in political economy', *Progress in Human Geography*, 36(1): 72–89.

Leszczynski, A. (2016) 'Speculative futures: Cities, data, and governance beyond smart urbanism', *Environment and Planning A*, 48(9): 1691–1708.

Lodato, T.J. and DiSalvo, C. (2016) 'Issue-oriented hackathons as material participation', *New Media & Society*, 18(4): 539–557.

Offenhuber, D. (2015) 'Infrastructure legibility—a comparative analysis of open311-based citizen feedback systems', *Cambridge Journal of Regions, Economy and Society*, 8(1): 93–112.

Peluso, N.L. (1995) 'Whose woods are these? Counter-mapping forest territories in Kalimantan, Indonesia', *Antipode*, 27(4): 383–406.

Perng, S.Y. and Kitchin, R. (2018) 'Solutions and frictions in civic hacking: Collaboratively designing and building wait time predictions for an immigration office', *Social & Cultural Geography*, 19(1): 1–20.

Poon, L. (2016) 'Helping smart cities harness big data', *City Lab*, 29 September. Available at: www.citylab.com/life/2016/09/how-mapbox-will-help-smart-cites-tackle-urban-challenges/502241 (accessed 3 February 2018).

Poon, L. (2017) 'Finally, Uber releases data to help cities with transit planning', *City Lab*, 11 January. Available at: https://www.bloomberg.com/news/articles/2017-01-11/inside-uber-s-new-data-tool-movement (accessed 3 February 2018).

Robinson, P.J. and Johnson, P.A. (2016) 'Civic hackathons: New terrain for local government-citizen interaction?' *Urban Planning*, 1(2): 65–74.

Schrock, A. (forthcoming) '"Hackathons with no hacking": Civic hackathons and the performance of innovation', in C. Watkins (ed.), *Rethinking the Innovation Economy: Exploring the Future of Technology, Social Inequality, and Creative Labor*. New York: Routledge. Available at: www.dropbox.com/s/d6ji0gq9tgiqt46/hackathons%20with%20no%20hacking-public%20draft%20with%20edits.pdf?dl=0 (accessed 17 May 2018).〔2024年9月23日現在未刊行〕

Shelton, T. (2017) 'The urban geographical imagination in the age of Big Data', *Big Data & Society*, 4(1). DOI: 10.1177/2053951716665129.

Shelton, T. and Lodato, T. (2019) 'Actually existing smart citizens: Expertise and (non) participation in the making of the smart city', *City*, 23(1): 35–52.

Shelton, T., Zook, M. and Wiig, A. (2015) 'The "actually existing smart city"', *Cambridge Journal of Regions, Economy and Society*, 8(1): 13–25.

Sieber, R.E. and Johnson, P.A. (2015) 'Civic open data at a crossroads: Dominant models and current challenges', *Government Information Quarterly*, 32(3): 308–315.

Taylor, A.S., Lindley, S., Regan, T. and Sweeney, D. (2014) 'Data and life on the street', *Big Data & Society*, 1 (2). DOI: 10.1177/2053951714539278.

Townsend, A. (2014) 'To know thy city, know thyself', in D. Hemment and A. Townsend (eds), *Smart Citizens*. Manchester: FutureEverything. pp. 23–26. Available at: https://futureeverything.org/wp-content/uploads/2013/08/SmartCitizens---FutureEverything_.pdf (accessed 3 February 2018).

Turner, A. (2016) 'Data-driven citizenship', *Esri Insider*, 27 September. Available at: https://blogs.esri.com/esri/esri-insider/2016/09/27/data-driven-citizenship (accessed 3 February 2018).

Warf, B. and Sui, D. (2010) 'From GIS to neogeography: Ontological implications and theories of truth', *Annals of GIS*, 16(4): 197–209.

Wilson, M.W. (2011a) 'Data matter(s): Legitimacy, coding, and qualifications-of-life', *Environment and Planning D: Society and Space*, 29(5): 857–872.

Wilson, M.W. (2011b) '"Training the eye": Formation of the geocoding subject', *Social & Cultural Geography*, 12(4): 357–376.

Wyly, E. (2009) 'Strategic positivism', *Professional Geographer*, 61(3): 310–322.

第23章　倫理

リネット・テイラー

はじめに

　すべての作用には常に等しい反作用が存在する〔ニュートンの運動の第3法則〕。データ化についていえば，この拮抗が<ruby>データ倫理<rt>・・・・・</rt></ruby>という考え方になっている（Floridi and Taddeo, 2016）。それは哲学や社会科学の貢献分野の交点として発展しており，そこには情報倫理（Floridi, 2013）やクリティカル・データ・スタディーズ（Dalton and Thatcher, 2014）だけでなく，重要なことに地理学も含まれている。地理学の倫理的側面は，活発に，また現在進行形で議論されている。1990年代後半にスミス（Smith, 1997）は，人口移動や政治といった人文地理学の関心事と，自然地理学に関連する倫理（気候変動や環境正義が地理学の中心的関心になるにつれて重要性が増しているもの）の両方に触れる，地理学の「道徳的転回」を指摘した。その10年後に書かれたPopke（2009）は，地理学者に対して情動的倫理（空間との関係で共同や連帯を考慮しうるもの）を主張した。この考えは，ハトゥカとトック（Hatuka and Toch, 2017）のような「スマートシティ」に関する最近の研究の根底にも見ることができる。

　開発地理学などの関連分野も，デジタル地理学の倫理がどのようなものであるかを理解するのに役立つ。1990年に開発された人間開発指数は，地理学者に社会的・経済的不平等を研究するための概念的ツールを提供した。こうした概念的転換は，その後，2000年代に地理情報システム（GIS）ツールによって（Porter and Purser, 2008），2010年代に新しいさまざまなデータソースによって（United Nations, 2014）補完された。これらの新たなデータソース，特に携帯電話は，調査方法や権力の非対称性という観点からデジタル地理学にも倫理的問題をもたらし（Taylor, 2016a），地理学的倫理における新たな優先的研究課題を提唱する声を引き起こしている。そうした優先的研究課題はデジタルデータを

扱う他分野に知見を提供することができる（Dalton et al., 2016）。

　これらの議論を通じて地理学者は，データ倫理，特に立場性（ポジショナリティ），調査方法，データソースをめぐる問題の概念的基礎を発展させる上で重要な役割を担ってきた。データ倫理がますます取り組むようになってきている課題の一つは，ユビキタス接続とビッグデータ解析の台頭に伴う権力の非対称性を問うことである（Taylor and Broeders, 2015; Hatuka and Toch, 2017）。データ倫理は，データ化が人間に与える影響に注意を向けることで，データシステムそのものとの関連で，またデータシステムの政治や歴史との関連でどのように道徳的選択がなされるのか（Dalton et al., 2016），また，データシステムが権力の非対称性や対立する理解をどのように形成し，決定するかを，幅広く理解することを目指している。

　新たなデジタルデータソースは，地理学者にとっていくつかの重要な課題を示している。これらの課題は，立場性（ポジショナリティ）や包摂性といったすでに知られている問題から発展したものであるが，新しい考え方を必要とするとともに，一般的に優れた地理学研究とはどのようなものか，ということについて洞察を与えてくれる。デジタル地理学研究の倫理の中心には立場性（ポジショナリティ）と包摂性の問題がある。たとえば，経験された空間の分析に関するクワン（Kwan, 2015）の研究，グランドトゥルースとしての位置データの言説性に関するセン（Sen et al., 2015）の研究，自発的（ボランタリー）に提供されたデータやクラウドソーシングによって集められたデータの実践的・倫理的問題に関するローリオとムーニー（Lauriault and Mooney, 2014）の研究，〔タンザニアの〕開発における GIS メタデータの脱構築に関するジョージアドゥら（Georgiadou et al., 2016）の研究がある。シュールマン（Schuurman, 2009）が指摘するように，これらの類のデジタル地理学への注目は，主に量的研究よりも質的研究を求める傾向がある。これは，ビッグデータ（ビッグ空間データ）やそれがもたらす機会とどのように調和させることができるだろうか？　GIS の学習における技術的要求は，地理学の学生たちが自分たちの研究の倫理的含意と関わることに抵抗感を抱かせる傾向がある，というエルウッドとウィルソン（Elwood and Wilson, 2017）の見解の根底にはこうした明らかな対立があるかもしれない。

　倫理に対するデジタル地理学の貢献の中心を占める研究対象の一つはスマートシティである。本章では，スマートシティデータを例に，今日のデジタル地

理学に関連するいくつかの倫理的課題を検討する。ダラコルテら（Dalla Corte et al., 2017: 81）が「道具化された都市環境」と呼ぶものは，センシングされる環境とセンシングする環境の生産における，公共部門のアクター，インフラ，実践と民間部門のそれらとの協力が関係している。都市の行政は，センサーで満たされた環境を整備する能力を持っておらず，センサーが生み出すデータを分析するデータサイエンティストも十分に抱えていない。その代わり，行政は民間企業，他の行政機関，大学の研究者と契約して，自分たちの都市とその機能に関するデータを入手・分析する。この多面的な官民のインターフェースは，市民と向き合い，分析に対して開かれることもあるが，都市が生成したデータを利用する可能性のある市民と研究者の両方に対して不透明となることが多く（Kitchin, 2016a），データの収集・処理・貯蔵を追跡したり，管理したりすることや，そのデータの利用がもたらしうる倫理的影響を理解することを難しくしている。

　キッチン（Kitchin, 2016b）は，市民側のプライバシーと意識に焦点を当て，スマートシティにおけるデータの生成方法とそれに関する問題の変化の倫理的含意を概説している。本章では，これと同じ内容を扱うことはしない。筆者は，「スマートシティデータ」を研究ツールとして利用しようとする人々が直面する特定の問題を引き出すために，記述的なレンズを用いて，都市空間のデータ化との関連で倫理がどのように描かれ，提示されるかを分析する。われわれは，判断がどのように下され，正当化されるのか，また，どのような主体がデータ倫理の裁定者だと主張されるのか，といったことを理解することに努めれば，これらのスマートインフラを通じた新しい見方や影響力を構成する政治的・道徳的・経済的要因を問うための生産的な方法を発見するかもしれない，と筆者は主張する。

公共空間の商業化のためのツールとしてのデータ化

　空間のデータ化によって生み出される視認性には特定の政治性がある。それは情報資本主義の副産物である。人々は見られ，特定の空間，サービス，デバイスを利用することで生じるデータを通じて政策や商業的介入の対象となる。

これは，営利団体が公的機関と連携して，あるいは単独で，〔人々の生活に〕介入する権力の重要な構成要素をもたらす（Taylor and Broeders, 2015）。

このダイナミクスの一例が，Alphabet 社（Google の親会社）の Sidewalk Labs が開発した Flow というシステムである。Flow は都市交通データをデジタル化して一元化するシステムであり，交通システムを管理するための完全な「解決策_{ソリューション}」として都市に売り込まれている（Harris, 2016）。もしある市が Flow のサービスを採用した場合，その提供者が公共交通システムにおけるいくつかの重要な機能を担当することになる。それは，低所得の居住者向けの補助金を調整したり，すべての交通システムに Google のモバイル決済システムを提供したり，Google Maps を用いて携帯電話を介して運転手の位置を監視し，車両の位置と駐車場の位置をマッチングすることで公共駐車場の最適化を行ったりする。しかしながら，それと同時に Flow は，それを採用する市に対価を要求する。このシステムは，市に包括的に採用されなければならないパッケージとして提供され，公共交通の提供を独占している公的部門に対価を強いることになる。Flow は，交通システムから溢れた乗客を Uber などのライドシェア会社に振り向けること（人が多すぎるバス停に自動車を自動的に呼び出すこと）や，それを促進するために市がすべての公共交通データを Uber と共有することを求める。また，市がすべての駐車場と乗降客情報をリアルタイムで Sidewalk Labs と共有することや，Sidewalk Labs の決済インフラの独占的使用を乗客に約束することも求めている（Harris, 2016）。

Flow のようなシステムが存在する官民のインターフェースは，公的資源を使って民間のサービス提供に補助金を出すことを常態化してしまうという点で問題がある。私立学校に通う生徒に資金を提供するバウチャープログラム〔私立学校に通う家庭の学費負担を軽減し，学校選択の幅の広げるために，政府が教育目的で利用できるクーポンを子どもや保護者に支給する制度〕が公立学校制度を弱体化させていると批判されているように，Flow は，市が人々の交通ニーズを理解し，サービス提供の不足を特定することを可能するためのデータが，むしろ民間交通サービスのビジネス戦略を磨くためのツールになるというリスクを示している。これは，市民が公平かつ効率的に利用できるように公共交通システムを管理するという市の特権を不可避的に損なうことになる。

この例は，データが公共アクターと民間アクターの両方によって扱われるとき，人々の視認性がどのように変化するかを示している。通常の場合，市は行政機能の一部として，補助金，移動者，支払いに関するデータを処理する。これは，間違いなく社会契約の一部として行われるものである。われわれは，関連する公的機関がさまざまな機能を果たすことができるように，自分自身に関するデータを提供するのである。しかし，Sidewalk Labs が同じデータを処理する必要がある場合は，それを民間部門に別途提供しなければならない。また，民間部門はより多くのデータを必要とする。さらに Sidewalk Labs は，運転手が駐車スペースが必要なときに備えて，かれらがどこにいるかを常に知りたがっている。補助金をもらっている乗客がどこでバスに乗り降りしているか，バスが超満員のときにどこでライドシェアサービスを利用するか，決済システムへ送金する際にどの銀行口座を使用するかなども知りたがっている。これらの視認性は，一旦商業化されると，さまざまな意味を持つようになる。それらは市民を顧客に変え，人々の消費者としての行動を公共交通の利用者としての行動に関連づけることを可能にし，そしてデータ市場において価値のある，人々の会計，仕事，娯楽に関するストーリーを伝える。Flow のようなシステムは，都市交通を最適化するかもしれないが，誰の利益になるのだろうか？公共空間が商業空間となり，公的資源が商業サービスと混ざり合い，当初は〔交通システムの〕キャパシティと効率性を生み出すかのように見えたシステムが，実際には公的資金を民間部門に流用することになる。

　今日の「スマートシティ」の技術の多くは，民間企業に対する人々の視認性を最大化する仕方でサービス提供にアプローチする傾向がある。ショッピングエリアで使用されているビーコンは，アプリと接続し，周辺の小売店からの特別オファーに関するメッセージを通知する（Social Retail, 2017）だけでなく，教会や公的な建物といった地域のランドマークへの案内通知を送信したり，洪水や避難勧告などの公共サービスのアナウンスを提供したりすることもできる。世界中の都市で使用されている「スマート街路灯」（Newman, 2015）は，エネルギー効率や公衆安全のためのツールとして販売されているが（Humble Lamppost, 2016），移動，行動，携帯電話のトラフィックを監視できるセンサーが配列されている。こうした公共空間におけるセンシングはリスク評価を志向

している。またそれは，市当局や警察による介入の基礎となる視認性を創出している。さらに街路灯そのものも，配列されたセンサーによって攻撃行動が感知されると，匂いを噴霧したり，照明を変えたりして，人々の行動に直接介入するように設計することができる（de Graaf, 2015）。

この公的 - 私的な視認性は，デジタル地理学の倫理が取り組まなければならない種類の問題の一例である。それは，ビッグデータ解析を特徴づける特定の政治および市場の構成によって出現し，倫理や道徳的選択に関する主張の対象が誰であるべきかを特定することを困難にしている。誰に対してわれわれは倫理的であるよう求めるべきか？　どのような種類のデータにわれわれは注目すべきか，また市当局あるいはその民間部門のパートナーを通じてどのような種類のデータにアクセスすべきか？　データが独占されていたり，保護されていたりする場合，データが都市を正確に表象しているかどうかをどのように知ることができるか？　われわれは，誰がデータ技術を通じて行動しているか，また誰に対して行動しているかを知らなければ，これらの本質的な問いについて明確に考えることは難しくなる。

集団と個人

現在，データ倫理が注目を浴びている理由の一つに，ビッグデータが新たなガバナンスやルール作りの問題を提示していることが挙げられる。キッチン（Kitchin, 2014）は，「ビッグデータ認識論」がいかにわれわれの知識創造戦略の転換を意味しているかを概説している。われわれは，磨き上げられたデータを使用して特定の問題にねらいを定めることから，複数のデータセットをマイニングしてパターンを検出し，仮説を生成することへと移行しつつある。これはビッグデータと他の形式のデータの根本的な違いであるが，それは現実世界においても，これまでとは異なる考え方が必要となる影響をもたらしている。データセットが大きくなり，われわれの分析戦略がより帰納的になるにつれ，また，研究者と研究対象者の両方にとって少なくとも一部が不透明であるニューラルネットワークのような新しい手法が開発されるにつれ，人々はますます個人よりも集団を対象とした方法で分類され，介入されるようになってき

ている。このことは，地理学研究との関連で集団について考えることを求めるポプキ（Popke, 2009）の呼びかけにわれわれを引き戻す。データを管理するために現在われわれが使用しているアプローチは，個人を特定できることに伴う被害から人々を守ることに基づいている。それは，研究の結果として生み出されるものも含め，影響や操作を通じて生じる不確実な被害から群衆を守ることには基づいていないのである。被害を主張するための根拠があいまいになるにつれ，データを使って何をすべきで何をすべきでないかを理解するわれわれの能力も低下してきている。

　しかし，こうした，誰がどのように影響を受けるのかに関する不確実性は，データ分析ビジネスでは普通のことである。オランダのアイントホーフェン市で行われているリビングラボ〔日常生活の場で研究開発を行い，生活者の目線で新しい技術やサービスを生み出す取組み〕のマネージャーが発言したように，「われわれは群衆にとってのビッグブラザー〔監視者〕に過ぎない」（de Graaf, 2015）。スマート街路灯を利用するプロジェクトでは，街路灯の下を歩く人々を介入や操作の対象とする上で〔あらかじめ〕特定する必要はない。それはちょうど一般市民を「ナッジする」〔ひじで軽くつつく〕政策立案者が行動変容を誘導するための実験に取り組む際に個人の同意を求めないのと同じである（Thaler and Sunstein, 2008）。

　人々を可視化するこれらの方法はプライバシーのための法的枠組みの対象にはならない。なぜなら，プライバシーは個人の権利に由来するものであり[1]，ヨーロッパやアメリカの制度ではそうした権利は，データに関連する被害から個人を守ることとして解釈されているからである。このことは，データが非特定化されていれば，それは完全に安全でオープンな使用であるとみなされることを意味している。このようなデータは，それを人口，移動，開発の空間的動態を研究するために使用することがありうる研究者にとって特に重要である。しかし，データが誰かを直接的に特定しない場合であっても，特定可能な場合と同じくらい深刻な影響を与える可能性があることが研究によって実証されている（Raymond, 2016; Taylor, 2016b）。実際，個人を特定できないデータ——ただしレイモンド（Raymond, 2016）が指摘するように，「人口学的に特定可能」である可能性はある——であっても何かしらのことは語っている。たとえば人口や

都市の動態，リスクの推定や予測分析，コミュニケーションのネットワーク分析など，ビッグデータは個人を特定するのと同じくらい集団の特徴や動態を分析するために使用されている。特にネットワークレベルで分析すると，ビッグデータは集団の生活，ネットワーク，村，都市，さらには国家について語ることができ，すでに集団レベルでの介入を可能にする「シャドウマップ」〔国のデータや統計と並行して，また時にはその代わりとして作成される，社会現象や地域のデジタル表象」(Taylor and Broeders, 2015: 232)〕へと姿を変えている（Taylor and Broeders, 2015）。これらの可能性を踏まえると，「匿名」のデータは安全なデータであるという前提に従う研究者は，研究対象者に対して現実的な問題を引き起こす可能性がある（衛星データの事例を扱っている Raymond et al., 2013 を参照）。

データ倫理の課題

　ここで示された問題は，新しいデータソースと，そのデータを処理するために利用できるようになりつつある新しい技術によって生じる問題のほんの一部である。研究者にとってお決まりの倫理的項目(パラメータ)と新しいデジタルデータソースになりうるものとの間には，重要な断絶がある。これを踏まえると，プライバシーとデータ収集に関する一連の標準的なルールは，キッチン（Kitchin, 2016b）が指摘するように，道具化された都市環境における市民の虐待を防止するために必要な前提条件ではあるが，われわれはそれらにとらわれない方がよいかもしれない。社会への影響の特定は，論理的には社会の中のステークホルダーによってより広く，また真っ先に，市民団体によって行われるべきである。しかし，スマートシティとの関連でいえば，市民参加は明確ではない。現在，注目を浴びている都市のデジタル化プロジェクトの多くは〔市民参加とは〕ほとんど無関係だと考えられており（Greenfield, 2013），深刻な懸念は破壊的なものになるまで傍観されがちである（Datta, 2015）。スマートシティプロジェクトを推進する人々は市民参加のイニシアティブ（European Innovation Partnership on Smart Cities and Communities, 2016 など）に追従しているが，スマートシティは基本的にテクノクラート的な都市で，専門家(エキスパートシティ)の都市である（Shelton and Clark, 2016）。

われわれが持っているルールは，必要ではあっても十分ではない。デジタルデータを扱うために開発されたルールも，あらゆる事例で正しいとは限らない。たとえば，現在一般的な「オープンリサーチデータ」は，研究者が収集したデータをリポジトリに保存し，現場の人が利用できるようにしなければならないという決まりである。もし，どのデータが危険なのかがもはやわからないとすれば，どのデータをオープンにするのかをどのように決めればよいだろうか？　あるいは，たとえば，データ化の集団的リスクと個人的リスクを対象とするならば，単にプライバシーに対する個人の権利という考え方に頼ることはできない。その代わりに，われわれは，デジタル地理学の倫理が何を達成する必要があるのかという，より政治的で構造的な考え方に行き着くことになる。このような構造的アプローチは，プライバシー，非差別，自律性を促進するためにどのようにしてデータの価値連鎖と制度的管理が構成されるかを問うこと，そして，われわれが何に賛成し，何に反対するかを特定する方法としてデータの問題を批判的に歴史化することを要求する（Dalton et al., 2016）。

　では，デジタル地理学研究との関連で何が倫理的であるかを理解する方法は，どのようなアプローチによって得られるだろうか？　データの使用や影響に関して何が公平で公正であるかを評価するためには，できる限り多様なステークホルダーを含める必要がある。重なり合うと思われるいくつかの枠組みが利用可能だと思われる。まず，プルトヴァ（Purtova, 2015）の「システムリソース」としてのデータという考え方，つまり所有者が分散した，人とプラットフォームとプロファイルの生態系(エコシステム)という考え方は，合意よりも革新を優先させる可能性のあるテクノクラート的視点に反論する方法を提供する。アルバレス・レオン（Alvarez León, 2016）は，地理情報との関連でこうした分散型データ所有の経済的分析を行ってきたが，それに対応する倫理的観点からの分析は，道具化・デジタル化された都市空間によって生み出されるデータに対して誰が権利を持つのかということとの関連で，データに対するさまざまな主張を尊重する方法を考える上で有用なツールとなるだろう。ステークホルダーの重なり合いという考え方は，出発点として明らかに重要である。最も明確に考慮すべき集団は，市民団体，教育者と研究コミュニティ，地方議員と市長，企業自体，そして法律家や規制当局などの国家レベルのアクターだと思われる。これら

の集団は絡み合っており，それらを統合して考えると，データは何をすべきか，またどのようにしてそれをすべきかを判断するための多面的なアプローチが必要となる。ある人が利益団体や町議会のメンバーであると同時に，企業で働く，あるいは教師や研究者として働くこともありえる。さらに，それぞれのタイプの集団は，都市空間で生活して働く個人で構成されることもあるため，一部の「市民」が欠けている可能性がある。

　もう一つのアプローチは，データ技術は人間の繁栄，尊厳，完全性を高める方法で使用されるべきであるという観点から出発し，データの新しい使用法をこれらのベンチマークに対してそれぞれ検証することである。こうした包括的視点は，情報の哲学（Floridi, 2016）だけでなく，国際開発（Heeks and Renken, 2018）やメディアコミュニケーション（Arora, 2016; Powell, 2016）にも見出すことができる。われわれはこれらの視点を互いに対話させることで（Taylor, 2017），ビッグデータによる実験の境界を設定し，どのような種類のルール作りのプロセスを採用したいかを考え抜くことに役立ちうる，幅広い社会的議論を構築する必要がある，という主張にたどり着く。はっきりしていることは，データ経済のリスクを特定してそれに対処するための現在のツールは不十分だということ，また，「データ倫理」という考え方は必要なルール作りや境界設定に関する一連の多様な議論のための数少ない有用な仮の器（プレースホルダー）の一つかもしれないということである。われわれは，ユビキタスな接続性とセンシングされた環境との関連で倫理的行動がどのような形式をとるかについて，新しい議論が必要である。われわれは，データ倫理がその議論の場となることを期待しなければならない。

注

1　特に世界人権宣言（第12条）と欧州人権条約（第8条）において顕著である。

文献

Alvarez León, L.F. (2016) 'Property regimes and the commodification of geographic information: An examination of Google Street View', *Big Data & Society*, 3(2). DOI: 10.1177/2053951716637885.

Arora, P. (2016) 'Bottom of the data pyramid: Big data and the Global South', *International Journal of Communication*, 10(19): 1681–1699.

Dalla Corte, L., van Loenen, B. and Cuijpers, C. (2017) 'Personal data protection as a nonfunctional requirement in the smart city's development', B. Anglès Juanpere and J. Balcells Padullés (eds), *Proceedings of the 13th International Conference on Internet, Law & Politics: Managing Risk in the Digital Society*. Barcelona: Huygens Editorial. pp. 76–92.

Dalton, C.M. and Thatcher, J. (2014) 'What does a critical data studies look like, and why do we care?', *Society and Space*, 12 May. Available at: https://www.societyandspace.org/articles/what-does-a-critical-data-studies-look-like-and-why-do-we-care (accessed 17 July 2017).

Dalton, C.M., Taylor, L. and Thatcher, J. (2016) 'Critical data studies: A dialog on data and space', *Big Data & Society*, 3(1). DOI: 10.1177/2053951716648346.

Datta, A. (2015) 'New urban utopias of postcolonial India: "Entrepreneurial urbanization" in Dholera smart city, Gujarat', *Dialogues in Human Geography*, 5(1): 3–22.

De Graaf, P. (2015). 'Een biertje met Big Brother erbij op Stratumseind', *De Volkskrant*, 23 November. Available at: https://www.volkskrant.nl/binnenland/een-biertje-met-big-brother-erbij-op-stratumseind~a4192665 (accessed 23 November 2015).

Elwood, S. and Wilson, M.W. (2017) 'Critical GIS pedagogies beyond "Week 10: Ethics"', *International Journal of Geographical Information Science*, 31(10): 2098–2116.

European Innovation Partnership on Smart Cities and Communities (2016) 'Inclusive smart cities: A European manifesto on citizen engagement'. Available at: https://smart-cities-marketplace.ec.europa.eu/sites/default/files/EIP-SCC%20Manifesto%20on%20Citizen%20Engagement%20%26%20Inclusive%20Smart%20Cities.pdf (accessed 4 February 2018).

Floridi, L. (2013) *The Ethics of Information*. Oxford: Oxford University Press.

Floridi, L. (2016) 'On human dignity as a foundation for the right to privacy', *Philosophy & Technology*, 29(4): 307–312.

Floridi, L. and Taddeo, M. (2016) 'What is data ethics?', *Philosophical Transactions of the Royal Society A*, 374(2083): 1–5.

Georgiadou, Y, Verplanke, J., Lungo, J. and Mbise, M. (2016) 'Water point mapping in Tanzania: Making the voices of data collectors audible', paper presented at the 7th Rural Water Supply Network (RWSN) Forum: Water for Everyone, Abidjan, Cote d'Ivoire.

Greenfield, A. (2013) *Against the Smart City: A Pamphlet*. New York: Do Projects.

Harris, M. (2016) 'Secretive Alphabet division funded by Google aims to fix public transit in US', *The Guardian*, 27 June. Available at: https://www.theguardian.com/technology/2016/jun/27/google-flow-sidewalk-labs-columbus-ohio-parking-transit (accessed 4 February 2018).

Hatuka, T. and Toch, E. (2017) 'Being visible in public space: The normalisation of asymmetrical visibility', *Urban Studies*, 54(4): 984–998.

Heeks, R. and Renken, J. (2018) 'Data justice for development: What would it mean?', *Information Development*, 34(1): 90–102.

Humble Lamppost (2016) 'Humble Lamppost'. Available at: http://eu-smartcities.eu/initiatives/78/description (accessed 4 February 2018).〔2024年2月20日時点リンク切れ〕.

Kitchin, R. (2014) 'Big Data, new epistemologies and paradigm shifts', *Big Data & Society*, 1(1). DOI: 10.1177/2053951714528481.

Kitchin, R. (2016a) 'Getting smarter about smart cities: Improving data privacy and data security'. Dublin: Data Protection Unit, Department of the Taoiseach. Available at: www.taoiseach.gov.ie/eng/Publications/Publications_2016/Smart_Cities_Report_January_2016.pdf (accessed 4 February 2018).

Kitchin, R. (2016b) 'The ethics of smart cities and urban science', *Philosophical Transactions of the Royal Society A*, 374(2083): 1–15.

Kwan, M.-P. (2015) 'Critical visualization in landscape and urban planning: Making the invisible visible', *Landscape and Urban Planning*, 142: 243–244.

Lauriault, T.P. and Mooney, P. (2014) 'Crowdsourcing: A geographic approach to public engagement'. Programmable City Working Paper No. 6. Available at: https://papers.ssrn.com/sol3/papers.cfm?abstract_id=2518233 (accessed 4 February 2018).

Newman, L.H. (2015) 'Sheesh, even streetlights are getting cameras and internet connections', *Future Tense*, 2 October. Available at: https://slate.com/technology/2015/10/ge-intelligent-lampposts-have-cameras-sensors-may-come-to-new-york-city.html (accessed 13 July 2017).

Popke, J. (2009) 'Geography and ethics: Non-representational encounters, collective responsibility and economic difference', *Progress in Human Geography*, 33(1): 81–90.

Porter, J.R. and Purser, C.W. (2008) 'Measuring relative sub-national human development: An application of the United Nation's Human Development Index using geographic information systems', *Journal of Economic and Social Measurement*, 33(4): 253–269.

Powell, A. (2016) 'Hacking in the public interest: Authority, legitimacy, means, and ends', *New Media & Society*, 18(4): 600–616.

Purtova, N. (2015) 'The illusion of personal data as no one's property', *Law, Innovation and Technology*, 7(1): 83–111.

Raymond, N.A. (2016) 'Beyond "do no harm" and individual consent: Reckoning with the emerging ethical challenges of civil society's use of data', in L. Taylor, L. Floridi and B. van der Sloot (eds), *Group Privacy: New Challenges of Data Technologies*. Cham: Springer. pp. 67–82.

Raymond, N.A., Davies, B.I., Card, B.L., Al Achkar, Z. and Baker, I.L. (2013) 'While we watched: Assessing the impact of the Satellite Sentinel Project', *Georgetown Journal of*

International Affairs, 14(2): 185–191.

Schuurman, N. (2009) 'Critical GIS', in R. Kitchin and N. Thrift (eds), *International Encyclopedia of Human Geography*, Volume 2. Amsterdam: Elsevier. pp. 363–368.

Sen, S.W., Ford, H., Musicant, D.R., Graham, M., Keyes, O.S.B. and Hecht, B. (2015) 'Barriers to the localness of volunteered geographic information', in *Proceedings of the 33rd Annual ACM Conference on Human Factors in Computing Systems—CHI '15*. New York: Association for Computing Machinery. pp. 197–206. Available at: https://doi.org/10.1145/2702123.2702170 (accessed 4 February 2018).

Shelton, T. and Clark, J. (2016). 'Technocratic values and uneven development in the "smart city"', *Metropolitics.eu*, 10 May. Available at: https://metropolitiques.eu/Technocratic-Values-and-Uneven-Development-in-the-Smart-City (accessed 4 February 2018).

Smith, D.M. (1997) 'Geography and ethics: a moral turn?' *Progress in Human Geography*, 21(4): 583–590.

Social Retail (2017) 'Social Retail for smart cities'. Available at: https://www.digitalsocialretail.com/smart-city/ (accessed 12 July 2017).

Taylor, L. (2016a) 'No place to hide? The ethics and analytics of tracking mobility using mobile phone data', *Environment and Planning D: Society and Space*, 34(2): 319–336.

Taylor, L. (2016b) 'Safety in numbers? Group privacy and big data analytics in the developing world', in L. Taylor, L. Floridi and B. van der Sloot (eds), *Group Privacy: New Challenges of Data Technologies*. Cham: Springer. pp. 13–36.

Taylor, L. (2017) 'What is data justice? The case for connecting digital rights and freedoms on the global level'. Available at: https://papers.ssrn.com/sol3/papers.cfm?abstract_id=2918779 (accessed 4 February 2018).

Taylor, L. and Broeders, D. (2015) 'In the name of development: Power, profit and the datafication of the global South', *Geoforum*, 64(4): 229–237.

Thaler, R.H. and Sunstein, C.R. (2008) *Nudge: Improving Decisions about Health, Wealth, and Happiness*. New Haven, CT: Yale University Press.

United Nations (2014) 'A world that counts: Mobilising the data revolution for sustainable development'. Available at: https://www.undatarevolution.org/wp-content/uploads/2014/11/A-World-That-Counts.pdf (accessed 4 February 2018)

第 24 章　知識政治

ジェイソン・C・ヤング

はじめに

　社会学者のマニュエル・カステル（Castells, 2004）は，複数のデジタルネットワークの発展に由来する根本的な構造変化のプロセスを通じて世界が変容していると主張している。これらのネットワークは，大量の情報を貯蔵し，分析し，広く伝える人間の能力を大幅に拡張している。さらに，それらにアクセスする技術はこれまで以上に安価になり，あらゆるところに存在するようになっている。それはつまり，これまで以上に多くの個人が，デジタル情報を生産・消費する機会を多く得ているということである（Benkler, 2006）。また，これらのデジタルネットワークは世界全体に伸びており，非常に長い地理的距離を越えて他者とつながる可能性を人々に与えている。これによってデジタルネットワークはスモールワールド効果を生み出し，アイディアを素早く移動させ，さまざまな聴衆に幅広く届けることができる（Bennett and Segerberg, 2013）。

　こうしたデジタル技術とデジタル情報の深いつながりを踏まえると，デジタル知識政治が重要な研究分野として登場していることは驚くことではない。特に，あらゆる人や場所にとってデジタル技術の効果は同じではないということを踏まえると，このようなことが言える。デジタル技術はハードウェアとソフトウェアの物質的な束で構成されているだけでなく，それに付随する社会的な実践，論理，方法論を通じても構成されている。デジタル技術は，それがどのようなタイプの知識を誰に対して効果的に広めるか，ということをかたちづくる社会的な歴史を持っている。本章では，デジタル知識政治をめぐって生まれてきている主要な研究課題を特定する。筆者は，知識政治に対する地理学的関心を，地理情報システム（GIS）をめぐる初期の議論にまで遡ることで議論を開始する。次に，デジタル知識政治に関する現在の三つの研究分野，すなわち

デジタルインフラストラクチャーと物質的不平等の交点，デジタルな空間と実践が知識主張の視認性と権威を形成する方法，デジタルな知識の広範な政治的効果，について議論する。

地理空間的知識の政治学

デジタル知識政治は，デジタルメディアの中でさまざまな知識群がどれだけ包摂（あるいは排除）され，可視化（あるいは不可視化）され，権威を与えられる（あるいは周縁化される）かをかたちづくる実践の集まりとして定義される（Elwood, 2010）。デジタル知識政治に関する議論は，デジタル知識と権力の相互の結びつきに批判的な目を向けているため，GIS をめぐる初期の議論と驚くほど類似している（Burns, 2015）。1990 年代に地理学者たちは，カルトグラフィーに対する批判を，新たに登場したデジタル形式の地理空間技術へと広げた（Sheppard, 1995）。かれらは，いかにして GIS が特定の世界を知る方法を自然なものにする一方で他の知る方法を周縁化するかを検証した。この研究の中心は，GIS における知識と権力の共同生産的性質に関する疑問である。初期の「GIS と社会」の研究者は，誰が地理空間技術にアクセスできるのか，またそれは地理空間データの生産と消費にとってどのような意味を持っているのか，といったことについて疑問を投げかけた。参加型 GIS（PGIS）研究は，GIS へのアクセスや GIS の専門知識を新しいコミュニティへと広げることを目指した。これらのプロジェクトは，地理空間技術とローカルな形態の知識を融合させ，幅広いガバナンスプロセスを横断してローカルな知識の力を高めようとした。

地理学者は，物理的なアクセスを超えて，どのようなタイプの認識論的バイアスがよりわずかにデジタルに GIS に組み込まれているか，また，そのバイアスは技術によって可視化され，権威づけられる知識のタイプをどのように形成しているか，といったことについても疑問を投げかけた。フェミニスト地理学者は，地理学における定量的な地理空間手法の普及や二次資料への依存が，いかにして GIS の実践者に，男性主義的論理によって支えられている科学的・客観的な認識論的スタンスを特権化させているか，について述べている（たとえば McLafferty, 2005）。先住民研究も同様に，西洋の認識論的枠組みが場所に関

する先住民の知識の全体的・眺望的・経験的側面を GIS の中で表象することをいかに難しくしているかを批判している (Young, 2016)。

　上述の地理学者たちは，否定的な批判にとどまらず，地理空間的実践を新しい知る方法へと開く応用的なプロジェクトにも取り組んだ。フェミニスト GIS の実践者たちは，文脈的・関係的・ジェンダー的な形態の空間的知識を表象する能力を高めるために GIS を応用した。これに関連して，質的 GIS 研究は，質的データを保存したり，質的分析を実行したりすることをより可能にする技術の設計を試みた。先住民研究者たちは，しばしば PGIS の旗印の下で活動し，GIS と場所に関する先住民の知識を組み合わせることの緊張と可能性を探った。これらのプロジェクトにはバリエーションがあるものの，いずれもデジタル知識政治がどのようにしてより広範な政治的・物質的効果をもたらすように波及するかを強調している。

　地理空間技術は，Web 2.0 技術の爆発的な普及，ユーザー中心の技術設計とコラボレーション，モバイルデバイス，ビッグデータなどにより，過去 10 年間で劇的に形を変えてきた。地理学者たちは，地理空間ウェブ（ジオウェブ），自発的な地理情報（VGI），ネオ地理学，新しい空間メディア，クラウドソーシングなどの旗印の下，新しい研究を始めた (Elwood et al., 2012)。この研究は，明らかな地理空間技術にとどまらず，空間のアルゴリズム的管理，拡張現実，より広範なデジタル空間における地理的想像力などにも広がっている。利用可能なデータの量は劇的に増加し，認識論的権威の性質は転換し，不均等な知識のヒエラルキーに介入するために使用される戦術は変化してきた (Burns, 2015; Elwood and Leszczynski, 2013)。こうした転換は見られるが，GIS と社会〔の関係〕に関する議論において最初に提起された基本的な問い——誰が世界のデジタル表象を管理しているのか，デジタル空間へのアクセスやデジタル空間内の権威に差異があるのはどのようなタイプの知識か，デジタル空間がより認識論的に多元的になるにはどうすればよいか——は，これまでと同じように重要であり続けている。

　本章の残りの部分では，これらの問いに関連する三つの主要な研究分野を検討する。筆者は，それらをすべて北極圏環境主義のデジタル知識政治に関する事例研究に位置づける。より具体的には，北極圏の先住民であるカナダのイ

ヌイットが，気候変動に直面する北極圏の環境管理に関する議論の中で，イヌイットの知識（Inuit Qaujimaningit: IQ）の視認性を高めるためにデジタル技術をどのように利用してきたかを検討する。これは，知識の伝達における認識論的ギャップを克服するためのデジタル技術の潜在的可能性と限界を明らかにするものであるため，理想的な事例研究である。IQ は，しばしば国際的な政策を推進し，多くのデジタル空間に浸透している西洋の認識論とは重要な点で異なる。しかし，イヌイットは IQ を議論に反映させる道筋を探すようになってきており，デジタルメディアはその重要な空間の一つとなってきている。

アクセスの問題 —— デジタルインフラストラクチャーと物質的不平等

　デジタル知識政治の主要な研究分野は，情報通信技術の物質的アクセシビリティを軸としている。周縁化された集団にとってデジタル技術のアクセシビリティはどのようにして情報の消費と生産を容易にするか，またそれによってどのように新たな政治的可能性を生み出すのか？　デジタルインフラは既存の物質的不平等とどのように交わり，これらの新たな政治的可能性をどのように形成するのか？　一部の研究者は，ウェブはより多くの集団が分散した聴衆に自分たちの意見を広く発信できることができるため，認識論的多元主義を育む空間であると考え，それを歓迎した（たとえば Warf and Sui, 2010）。カナダの北極圏では，たとえばイヌイットがデジタル技術を使用して，他のコミュニティや，北極圏政策を管理する南部の政治家たちとのコミュニケーションを改善している。北極圏内の移動コストが高いことを踏まえると，自分の視点を安価に発信できることは，新たな政治的可能性を開いている（Young, 2017）。

　しかし，デジタルディバイドは，知識政治を形成する不平等も再生産する。構造的不平等は，効果的なデジタル参加に必要なハードウェアやソフトウェアから技術的訓練に至るまで，インフラへのアクセスを形成する（Crutcher and Zook, 2009; Gilbert and Masucci, 2011; Graham and Zook, 2013）。その影響は多岐にわたる。不平等なアクセスは誰の知識が世界を表象するようになるか，そのユーザーはどの認識論的システムを利用できるのか，そのユーザーは世界のどの部分を表象することを選択するのか，といった点で不平等を生み出す。北極

圏の事例研究はこの知識政治の複雑さを浮き彫りにする。カナダ北極圏の歴史的文脈は入植植民地主義（セトラーコロニアリズム）の一つであり，それが貧困，高い生活費，必要なインフラの欠如といった現代的問題を生み出している（Stevenson, 2014）。これらの問題は，北極圏の通信インフラの質にも及んでいる。コミュニティは，大半の場合，より効果的な光ファイバーケーブルではなく，赤道上の静止軌道上にある一連の衛星を介してインターネットに接続されている（Young, 2017）。そのため，コミュニティ内の旧式の設備が自宅と衛星をつなぐ「ラストワンマイル」となる。このようなインフラが生み出すインターネットサービスは，低速で不安定で，その上非常に高価である。これらの要因は，イヌイットのオンラインディスカッションへの参加を直接的に妨げ，ネット料金を支払うか食費を支払うかの選択を強いることもある（Young, 2017）。

　これらの物質的不平等は，どのイヌイットがインターネットと関わるかといったことや，それらのイヌイットがどのようなタイプの知識を共有するのかといったことも微妙にかたちづくっている。カナダ北極圏のインターネットアクセスは大きなコミュニティに集中しており，このことはそのコミュニティ内に住むイヌイットが最も多くインターネットを利用していることを意味する。コミュニティの外に住むイヌイット ── 多くは年配者や猟師 ── は，インターネットにアクセスする機会が圧倒的に少ない。また，IQ を最も多く持っているのもかれらである。なぜなら，かれらはこの知識を獲得するための基礎となる土地に根差したライフスタイルや習慣を維持しているからである。これにより IQ がオンラインで表象される可能性は低くなる（Young, 2017）。コストが高く，速度も遅い北極圏のインターネットは，多くのイヌイットがイヌイットの知識を伝えるのに有効でないファイル形式を採用させている。IQ は経験的学習とイヌイット語による口頭での語りに強く根差しており，これら二つは視聴覚メディアに最もよく対応するものである。ピーターセン（Petersen, 2012）は，帯域幅の狭いネットワークはイヌイットにテキストベース形式や表象形式の知識伝達を強いるため，かれらに対する認識的暴力を犯している，と主張している。それゆえ，物質的不平等とデジタルインフラが交わることで，IQ 保持者がインターネットにアクセスする可能性は低くなり，アクセスできたとしても IQ を伝えることが難しくなる。

認識論的バイアス —— アクセス，視認性，権威

　ユーザーが物質的インフラに完全にアクセスできるようになると，デジタルメディアのカスタマイズ性によって，多種多様な戦略を用いて自分の意見，関心，知識を比較的簡単に表示できるようになる。しかし，あらゆる人が共有された知識を見たり，信じたりするのだろうかという疑問が残る。デジタルアクセスの問題は，個人がインターネットに接続すれば魔法のように解決されるわけではない（Graham, 2011）。むしろ，デジタル空間そのものが，異なるタイプの知識主張の相対的な力に影響を与える不平等を再生産している。このシフトは，ある形式の知識の力を拡大する可能性がある —— たとえば，クラウドソーシングが広く利用可能になったことで，かつては科学的権威に限られていた権限が，専門家ではないローカルな人々の見解にも与えられるようになった。しかし，これらのアプリケーションでさえ，誰が参加できるか，どのようなタイプの知識が許されるか，そしてその知識が権威を得るためにはどのようにフォーマット化され，集約されるべきか，といったことを規定する認識論的枠組みを中心に構築されている（Sieber and Haklay, 2015）。

　そのため，研究の主要な領域は，知識がどのようにカウントされるようになるかをかたちづくるデジタルなメカニズムや実践を中心に据えている（Elwood and Leszczynski, 2013）。ある者のデジタル知識政治に参加するための相対的能力は，検閲，ウェブサイトやアプリケーションの法的利用規約，文化的・言語的規範，アルゴリズムによる振り分け（ソーティング）プロセスの不透明な操作，他のデジタルユーザーの表象実践など，ガバナンスの実践によって影響を受ける（Ballatore et al., 2017; Elwood and Leszczynski, 2011; Leszczynski, 2012）。これらの要因は，どのようなタイプの知識が貢献しやすいかを決定し，その知識の視認性と権威をかたちづくる。逆もまた然りである —— これらの要因は，知識主張を排除し，不可視化し，非合法化することがどれほど容易であるかをかたちづくる（Thatcher et al., 2016; Young and Gilmore, 2014）。バーンズ（Burns, 2014: 53）が指摘するように，知識政治は「単に知識を見えるようにすることを通じてだけでなく，見え方を統制するための闘争を通じても」機能する。

　これらのプロセスは，IQに基づく主張と西洋の科学的主張がデジタル空間に

おいて持つ相対的なアクセス，視認性，権威を比較することで浮き彫りになる。ヤング（Young, 2017）は，非常に視覚的なデジタルプラットフォームの中でIQに基づく環境知識にイヌイットが貢献することを，デジタルな規範と実践がいかに抑止するかについて述べている。イヌイットは，こうした空間に組み込まれた敵対的な取組みの規範によって，独特の制約を感じている。荒らし（トローリング）のような敵対的行動は，党派的で男性主義的なかたちをとる西洋文化に根ざしており，尊敬に満ちた合意形成というイヌイットの政治的規範に逆行し，植民地の歴史に埋め込まれた現在進行形のメンタルヘルスの問題を悪化させる（Phillips, 2016; Porter, 2017; Young, 2017）。このような規範は，自分たちは誤解されているとイヌイットが思ったとしても，かれらに環境に関するセンシティブな議論に参加することを躊躇させる。また，文語英語の普及はIQの表現をより難しくしている。年配者，シャーマン，猟師は英語を話す可能性が低いものの，IQを保持する可能性が高くもある。さらに，イヌイット語の英語への翻訳は，イヌイットの環境概念の全体論的側面を奪ってしまうことが多い。それはつまり，翻訳はIQを表現するには不都合のある試みかもしれないということである（Cameron et al., 2015）。こうした規範によって，イヌイットは世界的に見られうるウェブサイトよりも，イヌイットに特化したウェブサイトに積極的に参加するようになる。より世界的に見られうるサイトが含む知識主張のほとんどは，北極圏に関する西洋科学的研究に基づく傾向がある（Young, 2017）。このようなバルカン化〔インターネット（サイバースペース）が政治や宗教などを理由に複数の領域に分断すること〕は，知識体系を横断する間認識論的（inter-epistemological）な議論の可能性を減らし，IQに基づく批判から西洋科学的研究を保護し，西洋思想のヘゲモニーを強化する。

　たとえIQが可視化されたとしても，他の実践がその周縁化を確実なものにしてしまう。北極圏で最も目につくデジタル表象は，イヌイットを消し去り，その環境の社会的側面を排除している。そうした表象は環境を生物学的な物質性の集まりとして描くことで，IQのような，環境変化の規範的・社会的側面に関わることができる〔知識〕体系の必要性を弱めている。多くのウェブサイトは，知識生産に関する西洋科学的理解を暗黙裡に正常化するような引用実践が用いられている。Wikipediaは最も露骨な例の一つである。このウェブサイ

トは，公表され，偏りのない二次資料として定義されている「信頼できる」情報源のみを利用することをユーザーに対して求めている。これは，特にIQが出版物で伝えられるのではなく口伝されている場合，IQに組み込まれた個人的・経験的視点を機能的に排除することになる（Young, 2016）。イヌイットの知識がデジタルな議論の中に含まれる場合，それは物質的環境に対する個人的・逸話的な見方として枠づけられることがほとんどである。それゆえ，このような見方は，それが生じたより全体論的で認識論的なシステムから切り離されている。そしてIQに基づく知識は，西洋科学の枠組みを通じて，環境に関する他の見方と統合される可能性がある（Young, 2017）。この例では，IQをクラウドソーシングされた情報の一形態として枠づけることで，その認識論的規範を損なっている。こうした表象の技法がIQに基づく環境管理への批判を取り入れることに失敗すると，イヌイットは人種化され，間違いだらけのもの，あるいは原始的なものとして描き出されることで，さらにその合法性が否定されることになる。要するに，これらの技法はIQの視認性や権威を制限し，それを西洋の知識の枠組みに従属させることができるようにするものなのである。

デジタル知識のより広範な政治的・物質的効果

最後の研究領域は，デジタル知識が他の政治的プロセスや物質的不平等に与える影響を探究するものである。ひとたび知識がデジタルメディアを介してデジタル化され，表象され，伝達されるようになると，それは世界にどのような影響を与えるだろうか？　デジタル知識の消費が物質的行動にどの程度影響を与えるかをめぐって，いくつかの論争がある。活動家集団も政治家も，情報の生産と消費，他者とのネットワーク，世論操作，政治的行動の動員のために，ますますソーシャルメディアプラットフォームを採用するようになってきている。しかし，一部の研究者は，こうした実践はより効率的なかたちのアクティビズム〔特定の目的や思想に基づく意図的な社会運動〕やガバナンスを確実に生み出すのか，それとも単に非常に視覚的なかたちで，ほとんど成果を上げないスラックティビズム〔自己満足的な社会運動〕であるのか，という疑問を呈している（たとえばChristensen, 2011）。さらに研究者たちは，デジタルメディアに

よって個人は新たな政治的立場や視点を考えるようになるのか，それとも単にバルカン化したエコーチェンバーとして行動し，すでに持っている信念や党派的行動を強化するだけなのか，といったことについて疑問を投げかけている（たとえば Bennett and Iyengar, 2008）。ミクロ政治のレベルでは，日常的タスクに対するデジタル技術の活用――Google Maps の使用からパーソナルフィットネストラッカーの採用まで――が，どのように人々が世界を理解し，世界の中で行動しているかを変容させているという点で，より合意が得られている（たとえば Graham and Zook, 2013）。この分析の中心は，力を与えるかたちの物質的政治と周縁化するかたちの物質的政治の両方をデジタル知識政治がどのように生み出すか，を検証することである。

初期の研究は，デジタル知識が持つ力を与える側面について，異様なほど楽観的であった。デジタルアプリケーションは，市民の政治的知識や効力を向上させ，民主的審議を促し，ガバナンスのプロセスや基本サービスの提供を改善し，さらには市民が不平等に対して抗議したり，権威主義体制に反対したりすることさえも可能にすることが証明されている（たとえば，Freelon et al., 2012; Livingston and Walter-Drop, 2012; Ruijgrok, 2017）。経済面では，デジタル知識のオープンな生産は，ある特定の独占的なビジネスモデルを弱体化させ，それによって新しく，よりコミュニティ志向の経済パラダイムを開くのに役立つ可能性がある（Benkler, 2006）。本章の北極圏の事例研究に戻ると，イヌイットはデジタル技術を利用して，コミュニティ間の連帯構築や文化再生の支援，経済開発プロジェクトに関して協議する能力の向上，国内外の政府関係者への働きかけなどを行っている（McMahon, 2013; Young, 2017）。

その他にも，デジタル知識の拡大が周縁化や規律関係をどのように生み出しているかに焦点を当てた研究がある。デジタル技術は監視の規模や場所を拡大させ続けており，人々の行動の仕方に影響を与える世界の規範化された表象を増殖させるのに有効であることが証明されている（Graham et al., 2013）。このようなプロセスは，人種差別，男性性，新自由主義的な統治性といった，不公正で暴力的なシステムの広がりを強める傾向にある（たとえば，Leszczynski, 2014; Stephens, 2013）。この意味でデジタル技術は，世界における特定の認識枠組みと主体の立場の不平等な支配を拡大するのである（Graham et al., 2013）。北極圏

では，こうしたプロセスがイヌイットの文化や知識を損なうことで，植民地主義の論理を拡大している。パッシュ (Pasch, 2008) は，ソーシャルメディアサイトにおける英語の普及が，イヌイット語の侵食を通じて，イヌイットに同化圧力をかけていると主張している。イヌイットは植民地の言語を用いて自分たちの考えを表現することを余儀なくされており，自分たち自身の言語への理解を失っている。

　同じようにヤング (Young, 2017) も，デジタル技術の空間性と論理が，IQ の伝達にとって重要な社会的実践と場を侵食していることを明らかにしている。彼によれば，インターネットが家庭内に集中したことで，イヌイット同士が直接交流する時間が減り，コミュニティの外にいる年配者を訪ねる時間も減り，屋外へ出かけたり，狩りをしたりする時間も減っているという。イヌイットが外に出かける際にデジタル技術を使い続けることで，環境とやり取りするイヌイットの身体と目が訓練し直される。年配者たちは，GPS 技術の利用が進むことで，氷上を安全に航行するイヌイットの能力が損なわれることを心配している (Young, 2017)。かれらは，IQ の根底にある経験的・身体的なかたちの学習が，それによって道具的・表象的なかたちの知識伝達に取って代わられることを恐れている。また，イヌイットの若者は土地を見たり，周囲の様子に耳を傾けたり，年配者の話を聞いたり，スキルを実践したりすることよりも，モバイルデバイスを見つめることが多すぎる，と心配する者もいる (Young, 2017)。いずれの場合も，世界のデジタルな枠づけ（フレーミング）と関わることで，イヌイットの日常生活に西洋の認識論が微妙に入り込んでいる。

おわりに

　デジタル知識政治は，新しい技術や技術的実践の発展とともに変容し続けていくだろう。拡張現実，ウェアラブルデバイス，モノのインターネット〔IoT〕，その他の技術形態の拡大は，デジタルデータの利用可能性を拡大し，デジタル世界と物質世界を融合させ続けるだろう。上述した各分野は，このように今後も新たな研究の可能性を提供し続けるだろう。結論として，今後の研究の問いを形成すると思われる，新たに浮かび上がってきている問題を示しておきたい。

第1に，ポスト真実〔世論形成において客観的事実よりも個人の感情や信念の方が影響力を持つこと〕の政治が世界的に台頭し，デジタルメディアが政治的議論における真実の重要性の浸食，新しい政治運動の大衆化，党派性の増大を促していることに対して関心が集まりつつある。このことは，デジタル研究者にとって，政治における真実の重要さ加減を変容させるという点でのデジタル技術の役割を分析することと，より広範な知識政治の集まりを探究するためのデジタル方法論を開発することの，両方の機会を提供するものである。第2に，デジタルインフラが新たなグローバル空間へと拡大し続けることで，全く異なる認識論システム間のグローバルな知識政治の集まりを検討する機会がもたらされている。地理学研究は，主にグローバルノースの一部の限られたエリートユーザー集団のデジタル実践に焦点を当ててきた。それは，全く異なる文化システムや認識論システム間でのデジタルな遭遇を厳密に理解することを難しくしている。グローバルサウスにおけるプロジェクトをより包含するように研究アジェンダを広げ，グローバルノースとグローバルサウスの国際的な対話を検討することで，これらの研究の隙間を埋めることができるだろう。これは，気候変動からグローバリゼーションまで，党派的な地政学的問題に関連するデジタル知識政治の役割を理解する上で，特に有効だと思われる。最後に，クリティカルGISの研究者がGISのアクセシビリティと認識論的なオープン性を拡大するための応用的プロジェクトを開発したように，地理学者もデジタル知識政治に介入するための応用的プロジェクトに取り組む余地がある。認識論的に多元的な議論を増やし，周縁に追いやられた視点に力を与え，間認識論的な対話を通じて政治的党派性を克服し，物質的不平等を減らすために，どのようなタイプのデジタルマッピングプラットフォームやジオロケーションサービスを開発することができるだろうか？ この研究分野は，地理学者がデジタル知識政治をより良く理解するだけでなく，それを形成することにも役立つだろう。

文献

Ballatore, A., Graham, M. and Sen, S. (2017) 'Digital hegemonies: The localness of search engine results', *Annals of the American Association of Geographers*, 107 (5): 1194–1215.

Benkler, Y. (2006) *The Wealth of Networks*. New Haven, CT: Yale University Press.

Bennett, W.L. and Iyengar, S. (2008) 'A new era of minimal effects? The changing foundations of political communication', *Journal of Communication*, 58(4): 707–731.

Bennett, W.L. and Segerberg, A. (2013) *The Logic of Connective Action*. Cambridge: Cambridge University Press.

Burns, R. (2014) 'Moments of closure in the knowledge politics of digital humanitarianism', *Geoforum*, 53: 51–62.

Burns, R. (2015) 'Rethinking big data in digital humanitarianism', *GeoJournal*, 80(4): 477–490.

Cameron, E., Mearns, R. and McGrath, J.T. (2015) 'Translating climate change: Adaptation, resilience, and climate politics in Nunavut, Canada', *Annals of the Association of American Geographers*, 105(2): 274–283.

Castells, M. (ed.) (2004) *The Network Society: A Cross-Cultural Perspective*. Cheltenham: Edward Elgar.

Christensen, H. (2011) 'Political activities on the Internet: Slacktivism or political participation by other means?', *First Monday*, 16(2). Available at: http://firstmonday.org/article/view/3336/2767 (accessed 4 February 2018).

Crutcher, M. and Zook, M. (2009) 'Placemarks and waterlines: Racialized cyberscapes in post-Katrina Google Earth', *GeoForum*, 40(4): 523–534.

Elwood, S. (2010) 'Geographic information science: Emerging research on the societal implications of the geospatial web', *Progress in Human Geography*, 34(3): 349–357.

Elwood, S. and Leszczynski, A. (2011) 'Privacy, reconsidered: New representations, data practices, and the geoweb', *Geoforum*, 42(1): 6–15.

Elwood, S. and Leszczynski, A. (2013) 'New spatial media, new knowledge politics', *Transactions of the Institute of British Geographers*, 38(4): 544–559.

Elwood, S., Goodchild, M. and Sui, D. (2012) 'Researching volunteered geographic information: Spatial data, geographic research, and new social practice', *Annals of the Association of American Geographers*, 102(3): 571–590.

Freelon, D., Kriplean, T., Morgan, J., Bennett, W.L. and Barning, A. (2012) 'Facilitating diverse political engagement with the Living Voters Guide', *Journal of Information Technology & Politics*, 9(3): 279–297.

Gilbert, M. and Masucci, M. (2011) *Information and Communication Technology Geographies: Strategies for Bridging the Digital Divide*. Kelowna, BC: Praxis (e)Press. Available at: www.praxis-epress.org/ICT/ictgeographies.pdf (accessed 4 February 2018).

Graham, M. (2011) 'Time machines and virtual portals: The spatialities of the digital divide', *Progress in Development Studies*, 11(3): 211–227.

Graham, M. and Zook, M. (2013) 'Augmented realities and uneven geographies: Exploring the geo-linguistic contours of the web', *Environment and Planning A*, 45(1): 77–99.

Graham, M., Zook, M. and Boulton, A. (2013) 'Augmented reality in urban places: Contested content and the duplicity of code', *Transactions of the Institute of British Geographers*, 38(3): 464–497.

Leszczynski, A. (2012) 'Situating the geoweb in political economy', *Progress in Human Geography*, 36(1): 72–89.

Leszczynski, A. (2014) 'On the neo in neogeography', *Annals of the Association of American Geographers*, 104(1): 60–79.

Livingston, S. and Walter-Drop, G. (2012) 'Information and communication technologies in areas of limited statehood', SFB-Governance Working Paper Series Volume 38. Berlin: Research Center (SFB) 700. Available at: https://www.files.ethz.ch/isn/154055/WP38.pdf (accessed 4 February 2018)

McLafferty, S. (2005) 'Women and GIS: Geospatial technologies and feminist geographies', *Cartographica*, 40(4): 37–45.

McMahon, R. (2013) 'Digital self-determination: Aboriginal peoples and the network society in Canada'. Doctoral dissertation, Simon Fraser University.

Pasch, T. (2008) 'Inuktitut online in Nunavik: Mixed-methods web-based strategies for preserving Aboriginal and minority languages'. Doctoral dissertation, University of Washington.

Petersen, R. (2012) 'Decolonizing the digital North', *Global Native Networks*, 10 October. Available at: https://globalnativenetworks.wordpress.com/2012/10/10/decolonizing-the-digital-north-why-inuit-need-better-broadband-now (accessed 4 August 2016).

Phillips, W. (2016) *This Is Why We Can't Have Nice Things: Mapping the Relationship between Online Trolling and Mainstream Culture*. Cambridge, MA: MIT Press.

Porter, J. (2017) '"Go kill yourself": Social media messages encourage Indigenous youth to commit suicide', *CBC News*, 3 February. Available at: https://www.cbc.ca/news/canada/thunder-bay/social-media-suicide-1.3963322 (accessed 25 February 2017)

Ruijgrok, K. (2017) 'From the web to the streets', *Democratization*, 24(3): 498–520.

Sheppard, E. (1995) 'GIS and society: Towards a research agenda', *Cartography and Geographic Information Systems*, 22(1): 5–16.

Sieber, R. and Haklay, M. (2015) 'The epistemology(s) of volunteered geographic information: A critique', *Geo: Geography and Environment*, 2(2): 122–136.

Stephens, M. (2013) 'Gender and the geoweb: Divisions in the production of usergenerated cartographic information', *GeoJournal*, 78(6): 981–996.

Stevenson, L. (2014) *Life Beside Itself: Imagining Care in the Canadian Arctic*. Berkeley: University of California Press.

Thatcher, J., O'Sullivan, D. and Mahmoudi, D. (2016) 'Data colonialism through accumulation by dispossession', *Environment and Planning D: Society and Space*, 34(6): 990–1006.

Warf, B. and Sui, D. (2010) 'From GIS to neogeography: Ontological implications and theories of truth', *Annals of GIS*, 16(4): 197–209.

Young, J. (2016) 'Polar bear management in a digital Arctic', *The Canadian Geographer/Le Geographe canadien*, 60(4): 466–478.

Young, J. (2017) 'Encounters across difference: The digital geographies of Inuit, the Arctic, and environmental management'. Doctoral dissertation, University of Washington.

Young, J. and Gilmore, M. (2014) 'Subaltern empowerment in the geoweb', *Antipode*, 46(2): 574–591.

第 25 章　地政学

ジェレミー・W・クランプトン

地政学とデジタル地理学

　本章では地政学とデジタル地理学の関係を検討する。ここでいう地政学とは，特に国際（国家間）レベルでの国家と企業双方のガバナンス形態，政治的政策，国際関係の展開から成るものである。それゆえ，ここでの地政学とはしばしば権力に関するものである。しかしながら，それは単に中心が周辺に対して権力を行使するということだけではない。戦術と手続きは，ブーメランのように戻ってくることもあれば，実際に抵抗され，圧倒されることもある。加えて，デジタル地理の特筆すべき側面は，それが必ずしも国家レベルだけで起こるものではないということである──「国家の枠を超えて」展開する方法もたくさんある。たとえば，警察はドローンや空間解析など，当初政府によって開発された技術を導入することもある。また，実際には国家の新自由主義的な拡張の一形態とまではいかないものの，企業体も国家と同じくらい重要である。最後に，いくつかの「日常の」デジタル地政学がビデオゲームにおいて注目を集めている（Bos, 2016）。

歴史

　地政学とデジタル地理学の関係はコンピューティングの歴史と不可分なものである。コンピュータ，そして第二次世界大戦後のデジタルコンピューティングは，暗号化／暗号解読，ミサイル軌道の計算，戦時中の気象予測，データ分析に関する政府の要求に応えるために生まれた。コンピュータそれ自体が真価を発揮するようになったのは20世紀後半だが，その100年も前に驚くべき先駆けが開発された。それは，チャールズ・バベッジ（Charles Babbage）によっ

て開発され，数学者エイダ・ラブレス（Ada Lovelace）によって説明・宣伝された階差機関である。バベッジは航海術と天文学のための数表を計算するため，1823年に階差機関（そして1833年には分析機関）の開発を始めた。海事経済においてイギリスはタイムリーで正確な数表の製作に依存しており，それまでそれは手計算 —— 面倒で時間がかかるプロセス —— で作られていた。ラブレスの分析機関に関するノートにはベルヌーイ数として知られる，ある特定の数を計算するためのアルゴリズムが含まれており，これがコンピュータのアルゴリズムとして最初に発表されたものと考えられている。

　バベッジの階差機関と分析機関はデジタルではなかったが，これらはプログラムが可能だったため，「現代のデジタルコンピュータの機能のほぼすべて」が具体化されていた（Campbell-Kelly et al., 2014: 42）。バベッジは，パンチカードを用いてあらゆるパターンの生地を織るプロセスを持つジャカード織機から発想を得ていた。このパンチカードによる解決法は後に，1890年のアメリカ国勢調査の回答を集計するスキーム —— 国民一人ひとりにカードを1枚ずつ発行する方式 —— を発明したハーマン・ホレリス（Hermann Hollerith）によって採用された。ホレリスが立ち上げた会社は後にIBM社となり，大量情報処理の時代が誕生したのである。

　しかし，第二次世界大戦中の開発によって，デジタルなもの（the digital）と地政学の間に深いつながりが明確に誕生した。特に，情報理論（Shannon, 1948）とコンピューティングインテリジェンスの理論（Turing, 1950）の2点が重要であった。このインテリジェンスの概念は地理的インテリジェンスやGEOINT〔Geospatial Intelligence〕（この呼び名は2001年の911事件〔アメリカ同時多発テロ事件〕以降に作られたが，長い歴史的な先例がある）のように，今日も変わることなくわれわれの身近に存在している。「機械は考えることができるか？」というチューリング（Turing）の問いは，今日の機械学習，ビッグデータ，そしてアルゴリズムに対する取組みの中心を成している。シャノン（Shannon）の論文は情報が計算可能なものであることを示し，それは情報が収集され，測定され，分析され，伝達されることが可能なものであることを意味した。戦時中のアメリカ（ハーバード大学のMark Iコンピュータ）とイギリス（ブレッチリーパークでドイツのエニグマ暗号を解読したチューリングと彼の仲間の仕

事）におけるコンピュータ開発は，これらの発展の良い例となったが，そこで大事だったのは〔コンピュータに関する〕技術よりも理想であった。

　その理想――夢――とは情報を介した統治であり，それは新しいものではなかった。ビッグデータに対する最初の熱狂的反応は19世紀に生じた。それは「印字された数の雪崩」（Hacking, 1982）と「国勢学（state-istics）」（統計学）と呼ばれるものの登場である（Shaw and Miles, 1979）。今日のアーバンダッシュボード〔モニタリングのためにリアルタイムの統計を要約的に表示する画面〕（Mattern, 2015）は同じ衝動に起源を持つ（Medina, 2011）。ダッシュボード（あるいはビッグデータ）は決して単なる技術的達成ではなく，権力への依存と権力の行使であった（Kitchin et al., 2016）。

　両者の成功の中心にあったのは，データそれ自体である。大量のデータ収集は，ほぼ間違いなく冷戦期に始まり（Farish, 2010; Barney, 2014），最初はアナログ（フィルム）で，そして後にデジタルで展開された。たとえばアメリカのコロナ計画は，ソビエト連邦の「立ち入り禁止地帯」の画像を入手するための最高機密活動であった（Cloud, 2001; Dalton, 2013）。偵察衛星で得られたデータは，1960年代初頭の「ミサイルギャップ論」〔冷戦期における米ソ間の兵器数や実態のギャップ〕の再評価につながり，アメリカの外交政策姿勢を大きく変えた。これらの情報資源を管理するために，1961年に新たな機密機関であるアメリカ国家偵察局が設立され，今日ではその予算規模は100億ドル以上である（Richelson, 2012; Gellman and Miller, 2013）。これに地理的インテリジェンス部門であるアメリカ国家地理空間情報局（NGA）が加わり，その予算規模は約30億ドルである。冷戦期の間に，アメリカはリモートセンシング，インテリジェンス，監視，偵察の能力を日進月歩で発展させた。それらのデータのほぼすべてがデジタルであり，リアルタイムで収集・分析することが可能である。

　過去数十年の間に，多数の企業がGEOINTにおいて重要になってきた。人工衛星とロケット発射装置は高価であったが，冷戦後の予算削減を受けて，いくつかの企業が官民連携合意に参入した。そのようなものの一つがUnited Launch Allianceである。それは，アメリカ政府に〔ロケットの〕打ち上げ能力を提供するため，長年の軍事請負企業であるBoeing社とLockheed Martin社によって2006年に設立された。同じ頃，1メートル以下の解像度を提供する

DigitalGlobe 社のような，商業偵察衛星会社の製品が市場に出回ることが合法的に認められた。それらとは別の会社によってより小さな人工衛星と再利用できる発射装置が開発されたが，中でも注目すべきは SpaceX 社であり，同社は 2016 年に初めて GPS 衛星を打ち上げた。デジタル空間データの広範囲にわたる収集は，現在では完全に軍と企業の連携合意および契約によるものの一つとなっている（Crampton et al. 2014）。

　これの好例は Google Earth である。Google 社はこの製品を開発したわけではなく，EarthViewer という 3D デジタルアースを所有していた Keyhole 社を 2004 年に買収したのである（Crampton, 2008）。Keyhole〔という名称〕はアメリカ極秘偵察衛星計画〔の名称〕にちなんでおり，GEOINT インテリジェンスへアクセスするコードワードは，現在も TALENT-KEYHOLE と指定されている。その一方で，CIA のベンチャーキャピタル投資部門の In-Q-Tel は，アメリカのイラク戦争を支援するために，2003 年に地理空間情報局に代わって Keyhole 社へ資金提供を行った（In-Q-Tel, 2003）。

　政府による地理空間データの収集と並行して発展が見られるのが，無人航空機（UAV，あるいはドローン）の急増である。ドローンには驚くほど長い歴史がある。アメリカの南北戦争期には，敵の位置を空中から監視するために，方向を定めない気球が用いられた一方，Dayton-Wright 社の「ケタリング・バグ」のような遠隔操作航空機の著しい革新は第一次世界大戦時にまでさかのぼる。第二次世界大戦中には，遠隔操縦による爆弾運搬システムが開発された。ベトナム戦争中には，爆撃による被害の評価を行うために，ドローンが不可欠なものであった（Ehrhard, 2010）。

　しかし，（新しく改良された航空機ではなく）真の兵器としてのドローンの台頭，そしてプレデターのようなドローンの誕生を見るようになったのは，1980 年代のことである。プレデタードローン（正式名称は MQ-1）は現在，アメリカ軍によるアフガニスタンへの配備や，CIA によるパキスタンとイエメンへの秘密裏の配備が最もよく知られているが，それらは 911 事件よりもはるかに前から開発されていた。プレデターは 1990 年代半ばにボスニアへの配備（Richelson, 2012）が見られたのち，2000 年に CIA によって初めてアフガニスタン上空を飛行した。911 事件の直後（10 月），最初の武装ドローンが配備され，ビンラ

ディンの関係者とされる人々を攻撃するために使用された（Schmitt, 2002）。アメリカのドローンへの支出は 2000 年度（会計年度）の 2 億 8,400 万ドルから 2010 年度の 33 億ドルへ膨れ上がった（Gertler, 2012）。

ショー（Shaw, 2016, 2017）は，今日のドローンは遠く離れた空間を守り，戦力投射を目的とした偵察と監視を行う，強国の社会 - 技術的な投影であると主張している。ブッシュ（Bush）政権とオバマ（Obama）政権時，ドローン攻撃の新しい地政学的な政策は個人の特定を必要としない「識別特性爆撃（シグネチャーストライク）」として始まった。むしろ，武装勢力によって支配された特定の空間的な場所でのドローン偵察を含む複数の情報源に基づいて，行動，移動，そして遭遇の分析が行われるだろう。関連した用語が「活動に基づくインテリジェンス（activity-based intelligence）」である（Phillips, 2014）。シャマユー（Chamayou, 2015）によると，この戦略はあらゆる空間への戦争の投影や，グレゴリー（Gregory, 2011）がいうところの「どこでも起きる戦争（everywhere war）」を伴うのみならず，戦闘員と非戦闘員の境界を消し去り，すべての人が潜在的に危険とされ，それゆえ大規模な監視を必要とするものである。

このような技術は，常に戦場から中核地帯（ハートランド）へブーメランのように戻ってくる（Stoler, 1995; McCoy et al., 2012）。ショー（Shaw, 2017: 3）が記すように，「ベトナムの泥と血の中で誕生した電子戦場は，現代のスマートシティの基盤に染み込んできている——今やそれは，われわれの私的なモビリティを感知し，追跡している」のである。

論争

本節では三つの重要な論争について論じる。すなわち，軍事的実践と商業的実践と学術的実践の結びつき，プライバシーの損失と大規模な監視へと向かう傾向，そして生活を管理して統治するための自動化されたアルゴリズム的レジームの力である。

急成長する軍産複合体に関するアイゼンハワー（Eisenhower）の有名な 1961 年の警告の前でさえ，アメリカ軍と非軍事請負企業の結びつきは，しばしば疑いの目で見られていた。たとえば，アメリカの南北戦争では，アメリカ政府は

軍服の契約をしていたが，送られてきた製品はしばしば簡単に破れる「粗悪な」端切れ生地で作られたものであり，それは低質という言葉の現代的な意味を生み出した（Nagle, 1999）。

2000年度（会計年度）から2012年度の間に，国防総省は5万以上の企業との契約に3兆7,500億ドル以上の資金を費やした（Crampton et al., 2014）。この関係における重要な問題の一つは，地理情報／地理的インテリジェンスがどのように獲得され，アクセスされ，保護されているかである。スタンガー（Stanger, 2011）が記すように，情報が私有化されると，法的な監視が弱まり，下請け契約によってさらに隠されてしまうかもしれない。たとえばアメリカでは，情報公開法は政府の外部の情報を対象としていない（政府内の行政部門の機関のみが対象であり，それゆえ議会は対象外である）。このような政府から実業界への主要な政府活動の移行は，たとえば民主主義の新自由主義化（Peck, 2014）などに関する広範な論争の焦点となっている。

地理的データが軍事化されたり兵器化されたりしている点において，著述家たちはそれが市民を犠牲にして国益を促すという問題が生じるかもしれないと主張している（Bryan and Wood 2015）。しかし，懸念は反対方向にも存在しており，企業が収集してきた大量の個人情報の一部が政府によってアクセス可能となるかもしれない。スノーデン文書や，911事件後に政府が令状なしで盗聴していたことに関するメディア報道（Risen and Lichtblau, 2005; Risen, 2006）がさらけ出したように，アメリカ政府は国内のすべての電話通話のメタデータを収集しており，インターネット通信を収集する権限が与えられている（2008年FISA修正法702条，すなわちPRISMプログラム）。それに対してプライバシー擁護派たちは，デジタル時代においては通信プロバイダーでさえもメッセージを解読ができないように――あるいは，サンバーナーディーノのiPhoneの事件（Apple社が拒否したためFBIが第三者に料金を支払って電話のロックを解除させたことにより，事件が疑わしいものとなった）のように，政府の要求に応じてロックを解除することができないように――強力な暗号化が必要であると主張した。しかしながら，歴史がわれわれに教えるように，これはおそらく今後も続く論争となるだろう。1990年代初頭の「クリッパーチップ」論争では，「裏口（バックドア）」機能を暗号化する政府の計画が失敗し，デジタルプライバシー擁護派の勝利に帰結した。しかし，

911事件の発生と，ヨーロッパやアメリカでの近年のテロ攻撃によって，政府はプライバシーへのデジタルな権利を再検証しており，類似した暗号解読機能を導入するかもしれない。隠されたことを極端にさらけ出すその本質を踏まえると，この問題の核心は地理的位置情報データである。アメリカ連邦最高裁判所は2012年にGPSデバイスで容疑者を追跡するためには捜査令状が必要であるとの判決を出し（US v. Jones 訴訟），別の訴訟では携帯電話の位置情報を捜索するために捜査令状が必要であるかどうかの是非が争われるだろう（Carpenter v. US 訴訟）〔2018年の最高裁判決で令状が必要であるとされた〕。

　加えて，政府（特に軍）と学術界の結びつきが強まっていると認識されていることについても，論争が展開されている。たとえば，マッピングとGISに関していえば，これが意味するのはUSGIF GEOINT認証のような，GEOINTを中心に設計されたカリキュラムの急増である。USGIF〔アメリカ地理空間インテリジェンス財団〕は国防総省（DoD），NGA〔アメリカ地理空間情報局〕，学術界，そして企業のコンサルタントから理事会が構成される，学術界，政府，産業界の間に位置づく非営利組織である。歴史的に，学術界は長らく，特に戦時中に軍に貢献してきた。地理学（特にGISとマッピング）は国家安全保障，軍，そして警察機関と深いつながりがあり，その多くはデジタル地理学に基づくものである。たとえば，予測取締り（ポリシング）は未来の犯罪パターンを明らかにするため，空間解析とデジタルマッピングを使用している。加えて，近年の研究によれば，最も軍とつながりが深い大学上位100校に毎年提供される総額30億ドルの大部分は，「インテリジェンス技術，サイバーセキュリティ，ビッグデータ解析」の研究に向けられている（Arkin and O'Brien, 2015）。多くのジオタグデータの基盤であるアメリカGPS（Navstarの名で知られている）は，国防総省によって開発されたものである。これらのつながりは学術界への影響をめぐる論争の領域であり続けるだろう。

　ここで明らかにするデジタル地理学に関する論争の三つ目の分野は，アルゴリズム的ガバナンスとして知られるようになったもの，つまり人間の生活の諸側面に関する意思決定のために機械学習，人工知能，アルゴリズムに依存する傾向が強まっていることである（第21章を参照）。ルーブロイとバーンズ（Rouvroy and Berns, 2013）によれば，アルゴリズム的ガバナンスは三つの「段

階」から成る。それはデータ複製〔ある人物がデータでとらえられ，データ上でその生き写しが作られること〕，知識の生産，そして最後に行動への働きかけである（Amoore, 2017 も参照）。スマートシティ，ビッグデータ，ビジネスインテリジェンス，そしてデータガバナンスはすべてデジタルなものに依存し，デジタルなものを優先する。このトピックについては本書の他の章でより深く論じられているが〔第 14 章と第 21 章を参照〕，論争の論点としては，データ複製はどのくらい代表性を持つのか（Leszczynski, 2018），〔社会の〕機械的制御の性質はどのようなものか（Deleuze, 1992; Sadowski and Pasquale, 2015），そして機械バイアスはどのくらい大きな要因であるのか（Angwin et al, 2016）が挙げられる。

　デジタル地理学にとって，監視とプライバシーほど重要な問題はない（Leszczynski, 2017）。集計データの空間的マスキングを探究した研究もあるが（Kwan et al., 2004; Clarke, 2016），同時にアイデンティティをさらけ出す顔認証技術も開発されている。2016 年 5 月に，アメリカ政府会計検査院は FBI による顔認証の使用に関する報告書を発表した。それによると，FBI による顔認証は 4 億 1,200 万以上の画像を含んでおり，そのほとんどが警察や運転免許機関との合意を通して入手されているが，インフォームドコンセントを含む多くの問題を抱えていた。商品として売られている顔認証アルゴリズムに関する別の政府報告書は，警察のデータベースのほとんどが人種的に代表性を持たないことを踏まえると，身元に関する偽陽性（データベース内の個人が誤って識別されること）は，偽陰性（識別が見落とされていること）と同じくらい懸念される，と述べている（Grother et al., 2017）。この報告書は，位置データの追加によって，身元に関する偽陽性は大幅に減らすことができると指摘している。それが示唆するのは，人々のリアルタイムの地理的位置情報の追跡は，（街頭カメラ，警察の車載カメラやボディカメラ，あるいは他のメカニズムを通して）国家が欲しがるものとなり，それゆえこれはデジタル地理学研究にとって関心の高いトピックであり続けるであろう。

将来の発展

　本節では，デジタル地理学において関心を集める話題となるであろう，い

くつかの兆候を述べて〔本章を〕締めくくる。ここで述べることは——この分野の研究課題が急速に変化していることを踏まえると——予言ではなく，むしろすでに注意が必要となっている領域である。前節の結論に従えば，われわれは地理的監視を今後も継続的に研究されるトピックとして挙げることができるだろう。スマートシティやモノのインターネット（IoT）において環境センサー，解析，アルゴリズムの相互運用可能なネットワークが構築されていく中で，公共空間がどのように私有化され，監視されるようになってきているかは，デジタル地理学にとって大きな課題となるだろう。たとえばドローンに関していえば，「ドローン専用路線」を設けて大気圏（それは一定以上の高度は公共圏である）を私有化するという提案がAmazon社によってなされているが，これはまだ発展していない。顔認証技術は，個人を識別し，追跡するためだけに使用されるわけではない。たとえば，ある研究はFlickr上のジオタグが付いた顔〔写真〕のアルゴリズム的分析を用いて，「典型的な顔」を地理的に地図化している（Islam et al., 2015）。このような研究（これは国防総省から資金提供を受けていた）は，誰が「場違い」であるかを判断するためにも使われることは疑いの余地がないだろう。インテリジェンスコミュニティのIARPA〔アメリカ情報高等研究開発活動〕は，「出回っている」顔（提出されたものではなく，ニュースメディアなどの現実世界のソースからキャプチャされたもの）の大きなデータセットに基づき，（部分的に）空間情報を利用して「顔の空間」を作成することによって顔認証を改善するヤヌスプロジェクトを2013年に発表した。

　デジタル地理学者が関心を持つであろう第2の領域は，オープンあるいはクローズドなデータの性質と普及である。いくつかの都市や政府機関は一部の地理空間データへのオープンアクセスを提供しているが（たとえばOpenDataPhillyやアメリカ国勢調査），IoTがより企業化されるようになると，そのデータベースは所有者のためのアーカイブの中に消えていくことになるのだろうか？　誰がこれらのデータに対する権利を有するのだろうか？　実際のところ，「デジタル権利」（およびデジタル権利の管理）は，この問題を枠づける最良の方法なのだろうか（Elwood and Leszczynski, 2011）？　公と私の間には，どのような緊張関係があるだろうか（Young and Gilmore, 2014; Zook et al., 2017）？

　最後に，デジタル技術への依存度の高まりを踏まえると，サイバー戦争，

ハッキング，侵入，そしてデータ漏洩は，潜在的に関心の大きな領域である。セキュリティ専門家のブルース・シュナイアー（Schneier, 2017）が表現したように，IoT によって「われわれは世界規模のロボットを作っている」のである。個々のデバイスは他のデバイスとネットワーク化されており，その連鎖の中で最も弱いリンクと同じ程度でしかセキュリティは機能しない。修正パッチを当てていないベビーシッター監視用隠しカメラ，デジタルビデオレコーダー，モデム，さらには車両までもがボットネットに捕捉されていることが，今や当たり前のように報告されている。サイバー戦争は，ある程度は暗号化をめぐる問題である（サイバー〔空間の〕脆弱性は部分的には暗号化の脆弱性である）。サイバー戦争は，サイバー空間（インターネット，ネットワーク，ソフトウェア，ハードウェア）あるいはその一部の操作の優越性を達成するために設計された攻撃と防御の手段，と定義されている。これらの問題に対処するためには，国際的な政治協力が不可欠である。

　サイバー戦争は国家によって実践される活動としばしば考えられているが，企業への攻撃やクレジットカードデータの窃盗も，国家主権や独立国家の象徴への攻撃とみなすことができ，それゆえサイバー戦争だと言える（Kaiser, 2015）。攻撃への脆弱性とその地理には，大量のインターネットトラフィックを運ぶ海底ケーブルが海岸に上がる地理的に戦略的な要所（もしかするとマッキンダー（Mackinder）の地図の現代におけるデジタル版に相当するかもしれない！），2017年初頭にあった「WannaCry」攻撃のような「ランサムウェア」を可能にする攻撃とボットネットの地理，そしてアメリカとイスラエルが開発した Stuxnet によるイランの原子炉への攻撃のような，0-day ワームやウイルスによる巻き添え被害が含まれる。イギリスの政治家トニー・ベン（Tonny Benn）が述べたように，権力を前にしたら五つの問いを投げかけてみよう。「あなたはどのような権力を持っているのでしょうか？　あなたはそれをどこで得てきたのでしょうか？　誰の利益のために，あなたはそれを行使するのでしょうか？　誰に対して，あなたは説明責任を負うのでしょうか？　そしてわれわれはどうすればあなたを追い払うことができるのでしょうか？」（Benn, 2001）。今日のデジタル地理の地政学を理解するためにはこれらの問いのすべてが重要である。

文献

Amoore, L. (2017) 'What does it mean to govern with algorithms?', *AntipodeFoundation.org*, 19 May. Available at: https://radicalantipode.files.wordpress.com/2017105/2-louise-amoore.pdf (accessed 5 February 2018).

Angwin, J., Larson, J., Mattu, S. and Kirchner, L. (2016) 'Machine bias', *ProPublica*, 23 May. Available at: http://www.propublica.org/article/machine-bias-risk-assessments-incriminal-sentencing (accessed 5 February 2018).

Arkin, W.M. and O'Brien, A. (2015) 'The most militarized universities in America: A VICE News investigation', *Vice News*, 6 November. Available at: https://news.vice.com/article/the-most-militarized-universities-in-america-a-vice-news-investigation (accessed 5 February 2018).

Barney, T. (2014) *Mapping the Cold War*. Chapel Hill: University of North Carolina Press.

Benn, T. (2001) 'Address to Parliament', *Hansard*, 22 March. Available at: https://publications.parliament.uk/pa/cm200001/cmhansrd/vo010322/debtext/10322-13.htm (accessed 5 February 2018).

Bos, D. (2016) 'Critical methodologies for researching military-themed videogames', in A.J. Williams, N. Jenkings, R. Woodward and M.F. Rech (eds), *The Routledge Companion to Military Research Methods*. New York: Routledge. pp. 332–344.

Bryan, J. and Wood, D. (2015) *Weaponizing Maps*. New York: Guilford Press.

Campbell-Kelly, M., Aspray, W., Ensmenger, N. and Yost, J.R. (2014) *Computer: A History of the Information Machine*, 3rd ed. Boulder, CO: Westview Press. Campbell-Kelly, M., Aspray, W, Ensmenger, N. and Yost, J.R. 著，杉本舞監訳，喜多千草・宇田　理訳 (2021)『コンピューティング史——人間は情報をいかに取り扱ってきたか』共立出版.

Chamayou, G. (2015) *Theory of the Drone*. New York: New Press. シャマユー, C. 著，渡名喜庸哲訳 (2018)『ドローンの哲学——遠隔テクノロジーと〈無人化〉する戦争』明石書店.

Clarke, K.C. (2016) 'A multiscale masking method for point geographic data', *International Journal of Geographical Information Science*, 30(2): 300–315.

Cloud, J. (2001) 'Essay review: Hidden in plain sight. The CORONA reconnaissance satellite programme and clandestine cold war science', *Annals of Science*, 58(2): 203.

Crampton, J.W. (2008) 'Keyhole, Google Earth, and 3D worlds: An interview with Avi Bar-Zeev', *Cartographica*, 43(2): 85–93.

Crampton, J.W., Roberts, S. and Poorthuis, A. (2014) 'The new political economy of geographic intelligence', *Annals of the Association of American Geographers*, 104(1): 196–214.

Dalton, C.M. (2013) 'Sovereigns, spooks, and hackers: An early history of Google geo services and map mashups', *Cartographica*, 48(4): 261–274.

Deleuze, G. (1992) 'Postscript on the societies of control', *October*, 59(Winter): 3–7.

Ehrhard, T.P. (2010) *Air Force UAVs: The Secret History*. Arlington, VA: Mitchell Institute Press.

Elwood, S. and Leszczynski, A. (2011) 'Privacy, reconsidered: New representations, data practices, and the geoweb', *Geoforum*, 42(1): 6–15.

Farish, M. (2010) *The Contours of America's Cold War*. Minneapolis: University of Minnesota Press.

Gellman, B. and Miller, G. (2013) '"Black budget" summary details US spy network's successes, failures and objectives', *Washington Post*, 29 August. Available at: http://wapo.st/2K3oVyc (accessed 5 February 2018).

Gertler, J. (2012) *US Unmanned Aerial Systems*. Washington, DC: Congressional Research Service.

Gregory, D. (2011) 'The everywhere war', *Geographical Journal*, 177(3): 238–250.

Grother, P., Quinn, G. and Ngan, M. (2017) *Face in Video Evaluation (FIVE): Face Recognition of Non-Cooperative Subjects*. Washington, DC: NIST.

Hacking, I. (1982) 'Biopower and the avalanche of printed numbers', *Humanities in Society*, 5: 279–295.

In-Q-Tel (2003) 'In-Q-Tel announces strategic investment in Keyhole', *In-Q-Tel*, 25 June. Available at: http://www.iqt.org/in-q-tel-announces-strategic-investment-in-keyhole (accessed 5 February 2018).

Islam, M.T., Greenwell, C., Souvenir, R. and Jacobs, N. (2015) 'Large-scale geo-facial image analysis', *EURASIP Journal on Image and Video Processing*, 2015: 17.

Kaiser, R. (2015) 'The birth of cyberwar', *Political Geography*, 46: 11–20.

Kitchin, R., Maalsen, S. and McArdle, G. (2016) 'The praxis and politics of building urban dashboards', *Geoforum*, 77: 93–101.

Kwan, M.P., Casas, I. and Schmitz, B.C. (2004) 'Protection of geoprivacy and accuracy of spatial information: How effective are geographical masks?', *Cartographica*, 39(2): 15–28.

Leszczynski, A. (2017) 'Geoprivacy', in R. Kitchin, T. Lauriault and M.W. Wilson (eds), *Understanding Spatial Media*. London: Sage. pp. 235–244.

Leszczynski, A. (2018) 'Digital methods I: Wicked tensions', *Progress in Human Geography*, 42(3): 473–481.

Mattern, S. (2015) 'Mission control: A history of the urban dashboard', *Places Journal* (March). Available at: https://placesjournal.org/article/mission-control-a-history-of-the-urban-dashboard (accessed 5 February 2018).

McCoy, A.W., Fradera, J.M. and Jacobson, S. (eds) (2012) *Endless Empire: Spain's Retreat, Europe's Eclipse, America's Decline*. Madison: University of Wisconsin Press.

Medina, E. (2011) *Cybernetic Revolutionaries: Technology and Politics in Allende's Chile*. Cambridge, MA: MIT Press. メディーナ, E. 著, 大黒岳彦訳 (2022)『サイバネティックスの革命家たち——アジェンデ時代のチリにおける技術と政治』青土社.

Nagle, J.F. (1999) *A History of Government Contracting*, 2nd ed. Washington, DC: George Washington University Law School, Government Contracts Program.

Peck, J. (2014) *Constructions of Neoliberal Reason*. Oxford: Oxford University Press.

Phillips, M. (2014) 'A brief overview of activity based intelligence and human domain analytics', in D.G. Murdock, R.R. Tomes and C.K. Tucker (eds), *Human Geography: Socio-Cultural Dynamics and Challenges to Global Security*. Herndon, VA: United States Geospatial Intelligence Foundation. pp. 219–224.

Richelson, J.T. (2012) *The US Intelligence Community*, 6th ed. Boulder, CO: Westview Press.

Risen, J. (2006) *State of War: The Secret History of the CIA and the Bush Administration*. New York: Free Press. ライゼン，J. 著，伏見威蕃訳 (2006)『戦争大統領──CIAとブッシュ政権の秘密』毎日新聞社．

Risen, J. and Lichtblau, E. (2005) 'Bush lets US spy on callers without courts', *New York Times*, 16 December. Available at: http://www.nytimes.com/2005/12/16/politics/bush-lets-us-spy-on-callers-without-courts.html (accessed 5 February 2018).

Rouvroy, A. and Berns, T. (2013) 'Algorithmic governmentality and prospects of emancipation: Disparateness as a precondition for individuation through relationships?' *Réseaux*, 177: 163–196.

Sadowski, J. and Pasquale, F. (2015) 'The spectrum of control: A social theory of the smart city', *First Monday*, 20(7). Available at: http://firstmonday.org/article/view/5903/4660 (accessed 5 February 2018).

Schmitt, E. (2002) 'Threats and responses: The battlefield; US would use drones to attack Iraqi targets', *New York Times*, 6 November. Available at: https://www.nytimes.com/2002/11/06/world/threats-responses-battlefield-us-would-use-drones-attack-iraqi-targets.html (accessed 5 February 2018).

Schneier, B. (2017) 'Click here to kill everyone', *New York Magazine*, 17 January. Available at: http://nymag.com/selectall/2017/01/the-internet-of-things-dangerous-future-bruce-schneier.html (accessed 5 February 2018).

Shannon, C. (1948) 'A mathematical theory of communication', *Bell System Technical Journal*, 27: 379–423, 623–656. シャノン，C. 著，植松友彦訳 (2009)『通信の数学的理論』筑摩書房．

Shaw, I.G.R. (2016) *Predator Empire: Drone Warfare and Full Spectrum Dominance*. Minneapolis: University of Minnesota Press.

Shaw, I.G.R. (2017) 'Policing the future city: Robotic being-in-the-world', *AntipodeFoundation.org*, 19 May. Available at: https://radicalantipode.files.wordpress.com/2017/05/3-ian-shaw.pdf (accessed 5 February 2018).

Shaw, M. and Miles, I. (1979) 'The social roots of statistical knowledge', in J. Irvine, I. Miles and J. Evans (eds), *Demystifying Social Statistics*. London: Pluto Press. アーヴィン，J・マイルズ，I・エヴァンス，J.編著，伊藤陽一ほか訳 (1983)『虚構の統計──ラディカル統計学からの批判』梓出版社．

Stanger, A. (2011) *One Nation under Contract: The Outsourcing of American Power and the Future of Foreign Policy*. New Haven, CT: Yale University Press.

Stoler, A.L. (1995) *Race and the Education of Desire: Foucault's 'History of Sexuality' and the Colonial*

Order of Things. Durham, NC: Duke University Press.

Turing, A. (1950) 'Computing machinery and intelligence', *Mind*, 59(236): 433–460. チューリング, A. 著, 新山祐介訳 (2001)「計算する機械と知性」https://www.unixuser.org/~euske/doc/turing-ja/index.html（最終閲覧日：2024 年 2 月 25 日）

Young, J.C. and Gilmore, M.P. (2014) 'Subaltern empowerment in the geoweb: Tensions between publicity and privacy', *Antipode*, 46(2): 574–591.

Zook, M., Barocas, S., boyd, d., Crawford, K., Keller, E., Gangadharan, S.P., et al. (2017) 'Ten simple rules for responsible big data research', *PLoS Computational Biology*, 13(3): e1005399. DOI: 10.1371/journal.pcbi.1005399.

監訳者解題

田中雅大

　本書は，Ash, J., Kitchin, R. and Leszczynski, A. eds. (2018) *Digital Geographies* (London: Sage) の全訳であり，デジタル地理学（ジオグラフィーズ）と呼ばれる取組みに関わっている 25 名の地理学者によって書かれた当該取組みの入門書である。
　デジタル地理学——おそらく本書を手に取った多くの読者は聞いたことがない言葉だろう。本書第 1 章でデジタル地理学についてある程度概説されているが，紙幅の都合もあってか説明が不足しているため，ここではデジタル地理学が登場するに至った経緯とその位置づけを示しておきたい。
　今の時代，デジタル技術に全く関わらずに生活を送ることはほとんど不可能である。われわれは，コンピュータが組み込まれた家電を使用し，ノート PC，携帯電話／スマートフォン，タブレット端末を持ち歩き，さまざまな種類の電子決済手段で商品を購入し，インターネットを介して多種多様な情報を収集・交換・共有している。一方，街中では監視カメラで撮影され，人工衛星によって現在地を捕捉されるなど，自分の意思とは無関係にデジタル技術の影響にさらされている。こうした中，英語圏の人文・社会科学分野では「デジタル」を主題・対象とする批判的研究が活発化している。近年では，その一部が翻訳され，日本においてもそうした研究の存在が知られるようになってきた（たとえば，チェニー＝リッポルド，2018；シャマユー，2018；エリオット，2022；ユーバンクス，2021；パスカーレ，2022）。
　地理学も例外ではない。2016 年にアメリカ地理学会（AAG）でデジタル地理学専門グループ（Digital Geographies Specialty Group）が，イギリス王立地理学会（RGS-IBG）でデジタル地理学研究グループ（Digital Geographies Research Group）がそれぞれ設立された。その後，2018 年に本書 *Digital Geographies* が出版され，2020 年にはデジタル地理学の専門誌として *Digital Geography and Society* が創刊された。同年に出版された *International Encyclopedia of Human Geography* 第 2 版

では，2009年に出版された第1版にはなかったデジタル地理学関連の項目が複数追加された。これに関連して，2016年に批判的なビッグデータ研究の専門誌として *Big Data & Society* が創刊されており，複数の地理学者が編集委員を務めている（2024年5月27日現在の編集委員長は，本書第17章を担当しているマシュー・ズック（Matthew Zook）である）。

　本書の編者であるアグニェシュカ・レシュチンスキ（Agnieszka Leszczynski）によれば，こうしたデジタル地理学の制度化の直接的なきっかけは，2014年にロンドンで開催された RGS-IBG Annual International Conference におけるジリアン・ローズ（Gillian Rose）（本書第14章担当）の講演であったという（Leszczynski, 2021）。そこでローズは，デジタル時代における文化地理学の対象と手法の見直しを提起した（その内容は Rose, 2016 にまとめられている）。その後，ローズは 7th Doreen Massey Annual Event を主催し，そのテーマを「デジタル地理学──デジタルは地理学の対象と手法をどのように再定式化するか」とした。先述した AAG と RGS-IBG のデジタル地理学専門／研究グループは，このイベントにおける発表者とコメンテーターを中心に設立された。そして，そのイベントでデジタルなもの（the digital）に関するコンセプトノートを発表したロブ・キッチン（Rob Kitchin）と，そのコメンテーターを務めたジェームズ・アッシュ（James Ash），レシュチンスキが自身らの発表内容とコメントをまとめ，人文地理学の最先端の動向を展望する雑誌 *Progress in Human Geography*（PHG）に掲載した（Ash et al., 2018）。さらに彼らは，人文地理学のあらゆる下位分野においてデジタルなものが無視できない存在になっていることを踏まえ，本書 *Digital Geographies* を編集・刊行した。PHG誌に載せた論文の冒頭で，彼らは次のように述べている。

> われわれは，地理学はデジタル論的転回（digital turn）の渦中にある，と強く主張する。従来あるいは現在の地理学の理論や実践との根本的な断絶を提案するのではなく，地理学的探究の対象としても主題としてもデジタルなものへの転回が顕著に見られることをとらえ，デジタルなるものが地理学の思想・研究・実践に広く影響を与えていることを示すために，「デジタル論的転回」という考えを提唱する。（Ash et al., 2018: 25，強調は原文）

アッシュらによれば，デジタル地理学は地理学の新しい下位分野ではなく，デジタルなものを主題・対象とする地理学的研究の総称である。それは，さまざまな分野・立場・思想を横断する取組みである。さらにアッシュらは，「『転回』の定義が，注目の焦点とアプローチの協調的な方向転換であるとすれば，過去20年間で地理学は『デジタル論的転回』を経験したと言ってよいだろう」と述べている（Ash et al., 2018: 34-35）。彼らの見解に従えば，デジタル地理学という取組みは1990年代後半以降に顕在化してきたことになる。

　1990年代は先進諸国においてパーソナルコンピュータ（PC）が普及するとともに，コンピュータ間のネットワーク化が進展した時代である。インターネットに代表されるコンピュータネットワークは，遠隔地とのコミュニケーション（情報の伝達・交換・共有）を容易にし，「距離の克服」や「地理の終焉」といった言説を生み出した。また，コンピュータネットワークそのものを空間に見立てた「サイバースペース」という言葉も使われるようになった。こうした中で，物事の空間性に関心を寄せる地理学者は，コンピュータネットワークの発展とそれが経済・社会・文化・政治活動に及ぼす影響を，脱工業化，ポストフォーディズム，知識経済化，ポストモダニズムなどの文脈に位置づけ，それによる都市・地域の再編やオルタナティブなコミュニケーション空間の創出などについて検討するようになった。本書の編者であるキッチンはまさにその研究を先導する存在であり，1990年代末に *Cyberspace: The World in the Wires* と題する著作を刊行している（Kitchin, 1998）。また，本書第4章を担当しているマーティン・ドッジ（Martin Dodge）との共著 *Mapping Cyberspace* も発表している（Dodge and Kitchin, 2001）。

　地理学史・地理思想史の観点からみれば，こうした英語圏地理学におけるコンピュータネットワークに関する研究は，実証主義的立場とポスト実証主義的立場の両方から取り組まれてきた。後者については，1970年代以降の批判地理学（マルクス主義，フェミニズム，ポスト構造主義，ポストモダニズム，ポストコロニアリズムなどの批判的社会理論に依拠する地理学的研究）の流れに位置づけられる。そして，今日のデジタル地理学もその文脈にある。レシュチンスキ（Leszczynski, 2021）によれば，デジタル地理学にはイギリスを中心とする社会・文化地理学の流れと，アメリカを中心とするクリティカルGIS（地理情

システムを社会的文脈に位置づけ，その可能性や限界を批判的に検討したり，批判的にそれを利用したりする取組み）の流れがあるという。本書 Digital Geographies は，章構成から明らかなように，まさにそれら二つの流れの交点に位置づけられる。

インターネットなどのコンピュータネットワークに関する議論が中心を占めていた 1990 年代までの地理学的研究は，しばしば「情報の地理学」と呼ばれる。それは，コンピュータネットワークを情報の媒体として位置づけ，それを介したコミュニケーションを主題とする傾向にあった。そこでは，ネットワークは「管」のようにとらえられ，その中を情報という「物」が通過するかのように考えられている。当然のことながら，ネットワークに接続されているかいないかにかかわらず，コンピュータとその内部で処理される情報は，それを構成する複数の機械的な仕組みによって制御されている。しかし，従来の研究ではそのことは看過されていた。

コンピュータは急速に小型化が進み，計算能力（コンピューティングパワー）は飛躍的に増大した。今では，われわれの身の回りにあるさまざまなモノにコンピュータが組み込まれ，モバイル端末やスマートデバイスが普及し，かつてマーク・ワイザー（Wieser, 1991）が提唱したユビキタスコンピューティングはある程度実現されている。コンピュータが組み込まれたさまざまなモノは，人間の手を離れ，目に見えないところで自動的・自律的に動いている。われわれはそれらのモノがコンピュータによって動いているということを，普段ほとんど意識しない。ナイジェル・スリフト（Thrift, 2004）はこれを「技術的無意識（technological unconscious）」と呼ぶ。世界中に混乱をもたらした 2000 年問題（Y2K）は，われわれの技術的無意識を実感させる出来事であった。

また，GAFAM（Google, Amazon, Facebook（現 Meta），Apple, Microsoft），YouTube, Twitter（現 X），Uber, Airbnb などを筆頭とするプラットフォームビジネスが台頭し，われわれの日常生活の基礎をなすようになってきた。われわれの都市的生活様式（アーバニズム）はプラットフォーム資本主義（スルネック，2022）に左右されるようになり，最近ではプラットフォームアーバニズムという概念も登場した（Barns, 2020）。さらに，第 4 次産業革命やインダストリー 4.0 といった考えの下でロボットの役割が期待され，ドローン，自動運転車，自律走行車，無人走行車，ソーシャルロボット（接客ロボット，介護ロボットなど）も徐々に

公的・私的空間に姿を見せ始めている。

　こうしてコンピュータが日常生活へますます溶け込み，われわれが意識しないところでわれわれの生活を支えるようになるにつれ，そのことの社会的含意を考える必要性が増してきた。コンピュータは単に人間が情報を処理するための道具ではなく，われわれが生きる世界を形成するアクターの一つであり，その効果を理解することが求められている。地理学者にとっては，コンピュータの遍在が経済・社会・文化・政治，ひいては地理学という学問に何をもたらしているか，また，それによってわれわれの空間性，場所性，時間性がどのようなものになってきているかが重要な研究テーマとなる。そこではコミュニケーション（情報のやり取り）だけでなくコンピュテーション（物事のアルゴリズム的な計算処理）も問題となる。実際，先述したアッシュらのPHG誌の論文では，キーワードの一つ目が「コンピューティング」とされている。

　こうした話は，人間以外のものの行為主体性（エージェンシー）に目を向けるポスト人間中心主義にも位置づけられる（森，2021）。1990年代までのコンピュータネットワークに関する地理学的研究の多くは，現実空間（物理空間）と仮想空間（サイバースペース）の相互作用を考えるものであった。それに対して2000年代以降の研究は，現実と仮想の区別を所与のものとせず，両者が折り重なったような状況を念頭に置いていることが特徴的である。現実空間と仮想空間を先験的に別個に存在するものとしてとらえた上で両者の相互関係について考えるのではなく，両者の存在と区別を所与のものとしてはとらえず，さまざまな事物が関係し合う中で常に折り重なるようにして両者が共に生まれてくることについて考えるのである（本書第2章を参照）。この見方は1990年代までの研究ではほとんど採用されず，一部の地理学者によって思弁的に議論されるにすぎなかった。しかし2000年代以降は，先述したようにコンピュータの社会的影響力がより顕在化したこと，そして地理学において関係論的でポスト人間中心主義的なものの見方が強まり，人間以外のものの行為主体性が注目されるようになったことを背景に，この見方に立った研究が増えてきた。

　これらを背景にアッシュらは，単なる情報のやり取りではなく，デジタルコンピューティングの物質的で技術的な側面に注意を払うことを地理学者に求めている。彼らはPHG誌論文の中で次のように主張する。

デジタルなものとの学術的な関わりは，急速に発展している分野であり，地理学とデジタル性との関係の強まりの多くの側面は，概念的，方法論的，経験的にさらに注目されるべきものである。今後の展望としてわれわれは，科学技術研究，ソフトウェア・スタディーズ，サイバネティックス，クリティカル・データ・スタディーズ，ゲーム・スタディーズ，プラットフォーム・スタディーズ，（ニュー）メディア・スタディーズ，情報学，ヒューマン・コンピュータ・インタラクションなど，デジタルなもの特有の技術的側面に実質的に焦点を当てている分野の理論や実践との相乗効果を同定することで，非常に多くのものを得ることができる，と主張する。これは極めて重要なことである。なぜなら，デジタル技術の効果や結果を特定し，それらに意味のある影響を与えるためには，技術のインフラやプロトコル，そしてそれらを運用可能なものとする方法を理解することが不可欠だからである（Ash et al., 2018: 36）。

本書はこうした学術的・社会的背景のもとで書かれたものである。そのことを念頭に置いていただければ，デジタル地理学という取組みに対する理解がより深まるのではないかと思われる。

*　　　　　*　　　　　*

本書を翻訳するに至った経緯と翻訳の過程について述べておきたい。それら自体が「デジタル」なものであった。

きっかけは 2014 年にまでさかのぼる。その年，ケンタッキー大学のマシュー・ズック氏（本書第 17 章担当）が来日し，「空間，ジオソーシャルメディア，社会──拡張現実とデジタル表現の力」と題する講演を行った。その講演のオーガナイザーを務めたのがケンタッキー大学大学院に留学してズック氏と親交があった二村であり，田中，桐村，小泉は聴講者として参加した。今にして思えば，その講演内容はまさに上記のデジタル論的転回を示すものであった。

当時，田中はクリティカル GIS について調べており，その延長で先述した

アッシュらのPHG誌論文と出会い，2018年12月に本書が出版されるという情報を得た。そして，桐村との雑談中に本書の輪読会を開くというアイディアが出た。そこで，上記の講演会に参加していた二村と小泉に声をかけ，2019年3月に輪読会がスタートした。当初は一章ずつ担当者を決め，レジュメを作って読み進めていこうと考えていたが，二村から「翻訳するのはどうか」というアイディアが出たことをきっかけに，すべての章を翻訳することになった。その後は翻訳を担当する章を決め，ほぼ月1回のペースで会を開き，作業を進めた。途中，二村が福本拓氏（南山大学人文学部日本文化学科）を誘い，オブザーバーとして協力していただくことになった。

　翻訳作業は当初想定していたよりも難航し，25章すべてを訳し終わったのは2023年11月であった。会の開催数は実に50回にのぼる。これだけ時間がかかった原因は，本の内容に対する訳者らの理解不足はもちろんだが，新型コロナウイルス感染症の影響もある。2020年3月までは一つの部屋に全員が集まり，10時から17時まで，途中昼休憩をはさんで読み合わせを行っていた。しかし，2020年4月以降はそのスタイルで会を開くことが不可能になった。訳者らの生活スタイルも大きく変える必要があり，数か月間，翻訳作業を中断することになった。ある程度生活が落ち着いてきた2020年9月，Zoomを利用してオンラインで読み合わせを行うようにして翻訳作業を再開した。ただし，オンラインで長時間読み合わせを行うのは大変であるため，作業時間を13〜17時に短縮した。

　正直に言って，翻訳を始めた頃の訳者らは，本の内容をうまく理解できずにいた。ペーパーレス化もまともに進まない日本において，本書で書かれているレベルの「社会のデジタル化」は実感がわきづらかった。しかし，コロナ禍というかたちで，否が応でもそれを感じずにはいられなくなった。人や物との接触を避けるために，世界各地であらゆる物事のデジタル化が急速に進んだ。大学教員である訳者らにとっては，研究・教育活動のデジタル化が喫緊の課題となった。その余波はいまだに続いており，大学では完全オンライン，あるいは対面とオンラインのハイブリッドの授業が当たり前のように行われている。「テレワーク」という言葉も当たり前のように使われるようになった。本書が出版された2018年末と現在では，「デジタル」という言葉に抱くイメージが大

きく変わったように思われる。

＊　　　　＊　　　　＊

　最後に，本書の邦訳を快く許可してくださり，「日本語版序文」を寄せてくださったジェームズ・アッシュ氏，ロブ・キッチン氏，アグニェシュカ・レシュチンスキ氏に，この場を借りて深く感謝の意を申し上げる。また，翻訳作業にオブザーバーとして参加してくださり，ご助言や激励を与えてくださった福本拓氏にも謝意を表明したい。

　本書の出版にあたっては，明石書店の長島遥氏に大変お世話になった。出版業界はデジタル化の影響を強く受けており，印刷・物流コストの上昇も相まって，厳しい経営環境に置かれていると聞く。その中で，本書の意義を認めてくださり，紙媒体での出版に向けてご尽力いただいたことに心より感謝を申し上げる。

　「日本語版序文」にも書かれているように，本書の内容を日本の文脈でとらえ，その研究成果を発信していくことが訳者ら，ひいては日本の地理学者に与えられた課題であると感じている。これからの世界を考える上で「デジタル」に関する話は避けて通れない。地理学者一人ひとりが各自の分野における「デジタル」の含意を考えていく必要があるだろう。本書がそのきっかけとなることを願っている。

文献

エリオット，A. 著，遠藤英樹・須藤　廣・高岡文章・濱野健一訳 (2022)『デジタル革命の社会学――AI がもたらす日常世界のユートピアとディストピア』明石書店.

シャマユー，G 著，渡名喜庸哲訳 (2018)『ドローンの哲学――遠隔テクノロジーと〈無人化〉する戦争』明石書店.

スルネック，N. 著，大橋完太郎・居村　匠訳 (2022)『プラットフォーム資本主義』人文書院.

チェニー＝リッポルド，J. 著，高取芳彦訳 (2018)『WE ARE DATA　アルゴリズムが「私」を決める』日経 BP 社.

パスカーレ，F. 著，田畑暁生訳 (2022)『ブラックボックス化する社会――金融と情報を支

配する隠されたアルゴリズム』青土社.
森　正人 (2021)『文化地理学講義──〈地理〉の誕生からポスト人間中心主義へ』新曜社.
ユーバンクス, V. 著, ウォルシュあゆみ訳, 堤　未果解説 (2021)『格差の自動化──デジタル化がどのように貧困者をプロファイルし, 取締り, 処罰するか』人文書院.
Ash, J., Kitchin, R. and Leszczynski, A. (2018) 'Digital turn, digital geographies?', *Progress in Human Geography*, 42(1): 25–43.
Barns, S. (2020) *Platform Urbanism: Negotiating Platform Ecosystems in Connected Cities*. Basingstoke, UK: Palgrave Macmillan.
Dodge, M. and Kitchin, R. (2001) *Mapping Cyberspace*. London: Routledge.
Kitchin, R. (1998) *Cyberspace: The World in the Wires*. New York: John Wiley & Sons.
Leszczynski, A. (2021) 'Being genealogical in digital geographies', *The Canadian Geographer* 65(1): 110–115.
Rose, G. (2016) 'Rethinking the geographies of cultural 'objects' through digital technologies: Interface, network and friction', *Progress in Human Geography*, 40(3): 334–351.
Thrift, N. (2004) 'Remembering the technological unconscious by foregrounding knowledges of position', *Environment and Planning D: Society and Space* 22(1): 175–190.
Weiser, M. (1991) 'The computer for the 21st century', *Scientific American* 265(3): 94–104.

索 引

英字（人名）

Adey, P. 188
Alvarez León, L.F. 324
Amoore, L. 188, 298
Anwar, M. 212
Ash, J.
　担当章 1, 172
　注意について 191
　デジタル技術の性質について 26-27
　GIFについて 180-181
Babbage, C. 343-344
Barnett, C. 203
Barns, S. 37-38
Behrendt, F. 78
Belk, R. 247
Benkler, Y. 244-245
Benn, T. 352
Berns, T. 189, 349-350
Bingham, N. 201
Boy, J.D. 25
Boyer, C. 32
Brown, M. 87, 91-92, 139
Buhr, B.L. 49
Bunge, W. 128-129
Cash, H. 124
Castells, M. 329
Catlin-Groves, C.L. 132-133
Chamayou, G. 347
Chrisman, N.R. 146

Clark, G.L. 263
Cockayne, D.G. 248
Cooke, B. 137
Cope, M. 113
Crampton, J.W. 343
Cresswell, T. 119
Crowston, K. 134
Dalton, C. 108
Davies, A. 247
Davies, W. 298
de Souza e Silva, A. 19
DeLyser, D. 116
Dodge, M. 22-23, 44, 237-238
Elman, C. 123-124
Elwood, S. 131
Fischer, C.S. 229-230
Forlano, L. 33
Foucault, M. 75, 288, 294
French, S. 237
Gabrys, J. 75, 305
Geoghegan, H. 128
Gerster, R. 277
Gieseking, J. 87-88
Graham, M. 20, 21, 212, 216, 221, 236
Graham, S. 34, 237, 238
Gregg, M. 89
Haklay, M. 235, 308-309
Hall, S. 203
Harada, T. 73

Harley, J.B. 145
Harvey, D. 212
Herod, A. 218
Hill, D. 304
Hochman, N. 25
Hollerith, H. 344
Kapiszewski, D. 123-124
Kar, B. 137
Kent, J. 78
Kinsley, S. 185, 201
Kitchin, R.
　担当章 1, 97, 288
　コードと空間について 22-23, 237-238
　スマートシティについて 36, 318
　ビッグデータについて 99-100, 157, 321
Kleine, D. 272
Kneale, J., 201
Knopp, L. 87, 91
Knowles, A. 118
Kothari, U. 137
Langley, P. 174, 249
Lauriault, T. 97
Leszczynski, A.
　担当章 1, 16
　手法について 117, 130
　存在論について 85
　データとガバナンスについて 306

データと主体について
　189–190
媒介について　23, 205
Leyshon, A.　174, 246, 249
Lodato, T.　307
Longhurst, R.　202,
　205–206
Luque-Ayala, A.　30, 36
McArdle, G.　100
MacEachren, A.M.　149,
　151
McHaffie, P.　146
Malmgren, E.　179–180
Manovich, L.　25
Mark, D.M.　85
Martin, C.J.　247
Marvin, S.　36
Mitchell, P.　119
Monmonier, M.　59
Moriset, B.　256
Neistat, C.　176
Offenhuber, D.　306
Ong, A.　299
O'Sullivan, D.　143
Pedwell, C.　179
Pickles, J.　17, 62, 89
Popke, J.　316, 322
Purdam, K.　134
Purtova, N.　324
Pykett, J.　191
Raisz, E.　61
Rankin, W.　145–146
Ravenelle, A.　251–252
Reynaud, M.　180
Richardson, L.　243, 248
Robinson, A.　59
Rose, G.　39, 40, 117, 199,
　206

Rouvroy, A.　189, 349–350
Salomon, I.　72
Schor, J.B.　252
Schuurman, N.　62, 85
Schwanen, T.　70
Shanon, C.　344
Shaw, I.G.R.　347
Sheller, M.　74
Shelton, T.　303, 307
Sheppard, E.　238
Smith, B.　85
Smith, D.M.　316
Smith, N.　145, 146
Stanger, A.　348
Stephens, M.　235
Stevens, M.　136
Strain, W.　64
Sui, D.　116
Taylor, L.　316
Thatcher, J.　84, 85, 108
Thrift, N.　40, 237
Timeto, E.　24
Tomlinson, R.F.　147
Townsend, A.　305
Tucker, K.　138
Turing, A.　344
Uitermark, J.　25
Urry, J.　73
Waitt, G.　73
Wakeford, N.　33
Wiggins, A.　134
Wilson, M.W.　56, 76, 124,
　191, 305–306
Wood, D.　33, 57–58, 145
Young, J.　329, 335
Zimmerman, S.　277
Zook, M.　19–20, 21, 227,
　236

英字（その他）

4chan 掲示板　179
Acxiom　296
Airbnb　243, 250, 258
AlphaGo　166
Amazon　245, 257, 261
ARPANET　230, 234
ATI（透明性のある調査のための注釈）　123–124
Carto 社　161
Code for America　310
COR（リオのオペレーションセンター）　35–36
e コマース　245, 260–261
FairPhone　280
Flickr　202
Flow システム　319
General Electric　264
GIF アニメーション　180–181
GIS（地理情報システム）
　——とガバナンス　290
　クリティカル——　62, 87,
　　109, 116, 131, 144
　——と権力　145–146
　参加型——　18, 131–132,
　　330
　——における質的データと
　　量的データ　116, 121,
　　137, 330
　——の性質と進化
　　143–144
　——と政府-学術界の結び
　　付き　349
　——の存在論と認識論
　　86–87
　データサイエンスとの相互
　　作用　161

デジタルカルトグラフィーと
　　の関係
　　コードの重要性
　　　152-153
　　対話的なプロセス
　　　149-150
　　地図学的モデル
　　　147-149
　　批判と論争　17-18, 62,
　　　87, 89, 119, 131,
　　　330-331
　　プラットフォームとして
　　　のインターネット
　　　150-151
　　マッピングとの関係
　　　57-58
　　歴史的文脈　145-147
Google Earth　121, 202, 346
Google Maps　20, 21, 235
Google ガバナンス　236
Google 爆撃　220
GPS（全地球測位システム）
　　121, 145
GPT（汎用技術）　258
IBM　34, 344
ICT4D（開発のための情報通
　　信技術）　273
　　開発　も参照
ICT（と移動）　71-73
IETF（インターネット技術特別
　　調査委員会）　234
Instagram　24-25
Keyhole　346
Kickstarter　177
M-Pesa　275
OpenStreetMap　151
PGIS（参加型 GIS）　18,
　　131-132, 330

PPGIS（市民参加型 GIS）　18,
　　131-132, 330
Predix　264
RFID（無線自動識別）　74,
　　281
Rolls-Royce 社　264-265
SDI（空間データインフラストラ
　　クチャー）103
Sidewalk Labs　319-320
TaskRabbit　252
Tesco　245
Twitter　105, 162-164
Uber　243, 251-252, 310,
　　319
USGIF（アメリカ地理空間イン
　　テリジェンス財団）349
VGI → 自発的な地理情報
vlogging　176
Walmart　260-261
Web 2.0　132-134, 308
Wikipedia　202

あ行

アーカイブ　101-106
アウトソーシング　214-215,
　　259-260
アクセス
　　――とデジタル開発
　　　277-279
　　――とデジタル産業　234
　　――とデジタル市民論
　　　303
　　――と知識政治　330,
　　　332-333
　　データへの――　101-106,
　　　123-124
アクターネットワーク理論
　　276

新しい空間メディア　331
アプリケーション・プログラミ
　　ング・インターフェース
　　（API）　105
アメリカ国家偵察局　345
アメリカ地理学会　84, 114
アメリカ地理空間インテリジェ
　　ンス財団　349
アルゴリズム　19-20, 39,
　　166-167
アルゴリズム的ガバナンス／
　　統治性　189, 296-299,
　　349-350
暗号化　348, 352
位置情報　189
位置情報サービス（LBS）
　　76, 150
位置を認識するモバイルデバ
　　イス　19
移動　70, 71-73
移動の修正　72
意図的開発　277, 284
イヌイットの知識 Inuit
　　Qaujimaningit（IQ）
　　332-336, 338
意味と表象　200-203
医療　281
インターネット
　　――へのアクセス　277,
　　　333
　　――とガバナンス　283-
　　　284, 290
　　マッピングプラット
　　　フォームとしての
　　　――　150-152
　　――の歴史　234
インターネット技術特別調査
　　委員会（IETF）234

インターネット中毒 124
インターネットの自由
　283–284
インターネットマッピングプロ
　ジェクト 232
「インダストリー4.0」イニシア
　ティブ 265
インテリジェンス → 地理的イ
　ンテリジェンス
ウーバリゼーション 258
運動（activism）／抗議
　307, 336
　抵抗 も参照
エジプト 17
遠隔通信（と都市空間）
　31–32
オープンソース技術 235
オープンサイエンス 104–105
オープンソースソフトウェア
　135
オープンデータ 37–38, 104,
　135, 312, 351
オープンな生産（知識の）
　337
オープンリサーチデータ 324
王立地理学協会 84
オフショアリング 259–260
オルタナ右翼運動 179–180
音楽 246
音声レコーダー 121
オンラインショッピング
　245–246, 260–261
オンライン取引市場 174

か行

カーシェアリング 79, 245
階差機関 344
回析的技術空間 24

開発
　――とアクセス 277–279
　――の概念 272–273
　――と環境の持続不可能
　　性 280
　――の効果 277
　今後の展開 228–230
　設計原理 279–280
　――に対する理論的アプ
　　ローチ 275–276
　――とデータ倫理 281
　――の歴史的文脈
　　273–275
カウンターマッピング
　321–312
カエルのペペ 179–180
顔認証 350–351
学術界（政府と結びついた）
　349
拡張現実 21, 59, 219,
　221–222
カタログ 102
活動に基づくインテリジェンス
　347
家族生活 73
ガバナンス
　アルゴリズム的―― 189,
　　296–299, 349–350
　――とインターネットの自
　　由 283–284
　――の現代的形態
　　291–296
　――の諸側面 288–289
　――とスマートシティ
　　35–36
　――に対する知識政治の
　　効果 337–338
　データの―― 321–322

　統治性の変容 296–299
　都市における――と監視
　　33
　――の歴史的文脈
　　289–291
可変単位地区問題（MAUP）
　162–164
カメラ 121
カルトグラフィー
　GISとの関係
　コードの重要性
　　152–153
　対話的なプロセス
　　149–150
　地図学的モデル
　　147–149
　プラットフォームとして
　　のインターネット
　　150–152
　歴史的文脈 145–147
　今後の可能性 153–154
　――の性質と進化
　　143–144
　――の歴史 59–61,
　　145–147
　マッピング も参照
環境の持続不可能性 280
監査，食品のトレーサビリ
　ティ 49–51
監視／モニタリング
　――とガバナンス 290–
　　296, 299
　今後の研究 350–352
　――と主体／主体性
　　187–192
　――と地政学 346–349,
　　351

都市における――
　　32-34, 36
ドローン　346-347, 351
モビリティの――　74-75,
　　77
監視集合体　190
企業化　→ 公共と民間の関
　　係
起業家精神　37, 283
疑似共有　247
技術性　88
技術的専門知識　307,
　　309-321
規制　222-223, 283-284,
　　290
既存の産業　→ 産業（既存の）
給水ポンプ　275
行政　297
競争（労働者間の）　216
協働（労働者の）　221-222
共同創造型プロジェクト　135
共同型プロジェクト　135
共有可能な商品　244-245
規律訓練型ガバナンス　297
緊急事態（とスマートシティ）
　　35-36
金融業界　262-263, 275
近隣　162-164
クィア理論　87
空間
　　空間性　16-28
　　デジタル産業によっ
　　　て生産される
　　　　――　237-239
　　都市空間　30-40
　　農村空間　44-54
　　マッピング　56-66

モビリティ　70-80
　デジタル空間も参照
空間科学　86-87
空間人文学　118
空間性　16-28
空間データインフラストラク
　　チャー（SDI）　103
空間の存在発生　21
空間モデリング
　　今後の展開　164-167
　　データサイエンスとの相互
　　　作用　161-166
　　――の歴史的文脈
　　　158-161
空間論的転回　118-119
クラウドソーシング　134-135,
　　151, 236, 331, 334
クラウドファンディング　174,
　　176-177
クラウドワーク　215
クリアリングハウス　102
「クリック＆コレクト」→「実
　　店舗型」小売業者
クリティカル GIS　62, 87,
　　109, 116, 131, 144
クリティカル・データ・スタ
　　ディーズ　90, 106-110
グローバル化（バリューチェー
　　ンの）　259-260
グローバルな文脈（知識政治
　　における）　339
軍事　145, 349
経験主義　86
経済
　　既存の産業　256-266
　　シェアリングエコノミー
　　　243-253
　　デジタル産業　227-239

労働　212-224
計算処理装置（コンピューテー
　　ショナル・ディスポジティフ）
　　75-79
計算社会科学（CSS）　160
携帯電話　122, 274-275,
　　277-280
　　スマートフォン　26-27,
　　　150, 259, 305
ケイパビリティアプローチ
　　276
健康リスク　50
言語　21, 162-164, 278, 338
言説　4
権利（デジタルな）　283-284,
　　349, 351
権力
　　――と GIS　145-146
　　――とカルトグラフィー
　　　145-146
　　――とデジタル産業
　　　237-239
　　――統治性　296-299
　　――と表象　203
権力／知
　　クリティカル・データ・ス
　　　タディーズにおける
　　　――　107-108
　　――とスマートシティ
　　　36-37
コード　33-34, 152-153,
　　237-239
コード／空間　22-23, 52,
　　70, 237
コード化空間　22-23
コードダイアグラム　232

索　引

371

行為主体性
　デジタル労働者の——
　　218-222, 224
　——と表象　203-204
　抵抗 も参照
抗議　→ 運動／抗議
工業化された農業　46
航空旅行　22, 74, 293-294
貢献型プロジェクト　135
耕地生産　47-49
公共と民間の関係
　ガバナンスの企業化　36
　公共空間の商業化
　　318-321
　市民論の企業化
　　309-321
　地政学における
　　——　345-349
構造化理論　276
交通
　自動化　5, 49, 79-80
　Uber も参照
交通管理　100, 290, 295
交通データ　100, 319-320
購入可能性とアクセス　277
小売業　245-246, 260-261
国連世界情報社会サミット
　273
個人（データ倫理との関連）
　321-323
子ども　74
　若者 も参照
「子ども1人に1台のノート
　PCを（OLPC）」イニシア
　ティブ　274
子どもの都市地理学プロジェ
　クト　120-122

コメントリクエスト（RFC）シ
　ステム　234
雇用　→ 産業，従来の産業，
　労働
雇用形態　251-253
コロナ計画　345
コンテンツ制作　175-177
コンバインハーベスター
　48-49
コンピュータと都市計画　31
コンピューティングの歴史
　343-344

さ行

サービスとしてのモビリティ
　（MaaS）　77
サービス業務　214
差異　→ 社会的差異／カテゴ
　リー
反省性　138
サイクリング　76, 78
最高度の市民科学（ExCiteS）
　135
サイバーインフラストラク
　チャー　103-104
サイバーシティ　32-34
サイバースペース　31,
　201-202
サイバーセキュリティ　281
サイバー戦争　351-352
サイバネティックス　30-31,
　290
サプライチェーン　49-51,
　259, 281
　物流 も参照
参加
　スマートシティにおける市

　民の——　37-38,
　　323-325
　——の性質と意味
　　137-138
　政治的 → 市民論
　デジタル産業へのユーザー
　　の——　234-235
　アクセス も参照
参加型 GIS（PGIS）　18,
　131-132, 330
参加型手法
　クラウドソーシング　134-
　　135, 151, 236, 331,
　　334
　今後の展開　138-139
　市民科学　134-135,
　　138-139
　主要課題　135-138
　——の性質　128-131
　ネオ地理学　132-134,
　　235, 308-309, 331
　GIS と P/PGIS　131-132,
　　330
　VGI（自発的な地理情報）
　　132-134, 151, 235,
　　308-309, 331
　Web 2.0　132-134, 308
参加型歴史地理学　138
参加論的転回　128-131
産業（デジタル）
　——と開発　282
　空間の生産における役割
　　237-239
　今後の展開　239
　——の中心性　227
　——の民主化　234-237
　——の歴史的起源
　　229-231

――の立地 231–234
産業／業界（既存の）
　金融業 262–263
　――間の境界線のあいまい化 257–258
　小売業 260–261
　製造業 263–265
　――に対するデジタルの影響 257–265
　――のデジタル化 256–257, 260–265
　農業 も参照
産業の集中 266
産業のインターネット 263–265
シェアモビリティ 78, 245
シェアリングエコノミー
　共有についての言説 246–248
　今後の展開 253
　――の性質 243–244
　デジタルプラットフォームの役割 249–251
　――と分配 251–253
　――の歴史的文脈 244–246
自営業 251–252
ジェンダー 133, 278–279
シェンムー3 176–177
ジオウェブ 133, 151, 308, 331
ジオコンピュテーション 158–161, 165
視覚（認識論的批判における） 89–90
時間置換仮説 72
空間的‐時間的フィックス 216–218

自己規制 78, 297
自己選択バイアス 164
自己モニタリング 76
仕事
　――と主体の位置 192–194
　デジタルコミュニケーションが――に与える影響 231–232
　――と場所との結びつき 212, 215–216
　産業（デジタル），産業（既存の），労働（デジタル）も参照
システムリソース（としてのデータ） 324
実践とモビリティ 72–73
実証主義 86
質的GIS研究 116, 331
質的手法 113
　今後の展開 123–124
　実践の変化 120–122
　デジタル人文学／空間人文学／地理人文学 117–120
　歴史的文脈と議論 113–117
「実店舗型」の小売業者 245, 260–261
自動化
　自動車 79–80
　――と主体性 193–194
　地図作成の―― 146–147
　――と統治性 297
　農業における―― 49, 51–52

　――とモビリティ 79–80
　Uber も参照
視認性
　――と公共空間のデータ化 318–321
　知識主張の―― 334–336
自発的な地理情報（VGI） 132–134, 151, 235, 308–309, 331
情動 178–181, 205
自律走行車／自動化車両（AV） 5, 49, 79–80
　ドローン も参照
自動搾乳システム（AMS） 51–52
視の制度 89–90
資本主義
　――シェアリングエコノミー 247–248, 250–251
　――とデジタルプラットフォーム 174–175
　――とデジタル労働 216–217, 220–221, 236–237
　――と認識論 90
市民
　消費者としての―― 320
　スマートシティにおける―― 35–36, 320, 323–324
市民アプリ 306–308
市民科学 134–135, 138–139
市民権（のデータ化） 304–308

索引　　373

市民論
　　——の企業化　309-321
　　——の空間化　308-309
　　市民権のデータ化
　　　304-308
　　——の出現　303-304
　　——の反抗的利用
　　　321-312
社会契約　320
社会的差異／カテゴリー
　　——と参加型手法
　　　132-134, 138-139,
　　　235
　　——と主体／主体性
　　　192-193
　　——とデジタル市民論
　　　308-309
　　デジタルディバイドとジェン
　　　ダー　278
　　——とデジタル都市　39
　　——とデジタル労働
　　　282-283
　　——とモビリティ　73-75,
　　　78-79
　　不平等も参照
社会問題　31, 305-306
住宅　321-312
集団（データ倫理との関連）
　　321-323
主体／主体性
　　——の概念化　185-187
　　——のデジタルな生成
　　　187-192
　　デジタル主体の脱中心化
　　　192-194
主体化　187-188
主体の位置　185-195

手法
　カルトグラフィーとGIS
　　143-154
　参加型　128-139
　質的　113-124
　データとデータインフラスト
　　ラクチャー　97-110
　統計，モデリング，データ
　　サイエンス　157-168
　認識論　84-92
商業部門　→ 公共と民間の
　　関係
常時接続性　75-76
消費者　295-296, 320
消費の場所　220
情報技術（IT）
　　——への支出　257
　　ICTも参照
食肉（のトレーサビリティ）
　　49-51
植民地主義　17
シルクロード　213
真実（ポスト真実の政治）　339
スキル（とアクセス）　278
鈴木裕　177
ステークホルダー（データ倫理
　の）　324
スマート街路灯　320
スマートシティ
　　——という概念　34-35
　　——と技術的な専門知識
　　　307
　公共空間の商業化
　　318-321
　　——と市民参加　35-36,
　　　323-325
　　——とデータ倫理
　　　317-321

　　——とデジタルシャドウ
　　　20
　　——の例　35-38
スマート農業　53-54
スマートフォン　26, 150, 259,
　　304-305
スマートモビリティ　76-79
スリッピーマップ　150-152
制御（と統治性）　297-299
生成（移動の）　71
政治
　開発　272-284
　ガバナンス　288-300
　　——と参加型手法　129,
　　　133
　市民論　303-312
　知識政治　329-339
　地政学　343-352
　　データの——　106-110
　　分配の——　251-253
　倫理　316-325
存在（ontics）　3
製造業のサービス化
　　264-265
製造業界　263-265
制度論　276
精密農業　47-49
世界の地図学的モデル
　　147-149
セカンドライフ　19
責任（市民の）　306
セキュリティ　74, 293-294,
　　352
　取締りも参照
接続性　25-28, 32, 75-76
摂動　25-28
センサー　5, 320-321
先住民　17, 108

374

先住民研究　330–332
先住民の知識　331–338
全地球測位システム（GPS）
　　121, 145
ソーシャルシェアリング　244
ソーシャルメディア　174, 176,
　　178–181, 202, 336
相互接続された技術とモビリ
　　ティ　75–76
ソフトウェア（コード）　152–
　　153, 237–238
ソフトウェアによる振り分け
　　34, 237
存在論　85–86

た行

大衆文化　172–174, 181–182
　　——の定義　173
　　デジタルプラットフォー
　　　　ムとコンテンツ制作
　　　　175–177
　　デジタルプラットフォームと
　　　　情動　178–181
　　デジタルプラットフォームの
　　　　台頭　174–175
　　デジタルプラットフォームと
　　　　ミクロ文化　178–181
対話的プロセス（マッピング）
　　149–150
立場性　317
探索的データ分析　166
地域区分　163
置換（ICTによる移動の）
　　71–73
畜産　49–51
知識主張の権威　334–336
知識政治
　　アクセスの問題　332–333

今後の研究　338–339
　　——の起源　329–330
　　——の定義　330
デジタル知識の広範な影響
　　336–338
認識論的バイアス
　　334–336
地図作成
　　——と認識論的批判
　　　　87–88
　　マッピングとの関係
　　　　57–59
　　——の歴史　59–61
地図 - 領土関係　16–18
地政学
　　アルゴリズム的ガバナンス
　　　　349
　　今後の展開　350–352
　　産学官連携　347–350
　　——の性質　343
　　プライバシーと監視
　　　　348–349
　　——の歴史的文脈
　　　　343–347
地に足の着いた可視化　121
注意　124, 190–191
中立性（ICTの——，移動と
　　——）　72
地理参照されたビッグデータ
　　100–101
地理情報科学　132, 144, 159
地理情報システム　→ GIS
地理人文学　118–119
地理的インテリジェンス
　　（GEOINT）　344–346,
　　349

データ
　　——へのアクセス　104–
　　　　105, 123–124
　　——のガバナンス
　　　　321–322
　　——とクリティカル・デー
　　　　タ・スタディーズ　90,
　　　　106–110
　　システムリソースとしての
　　　　——　324
　　——の将来の影響　165
　　——の性質と進化
　　　　97–101
　　デジタル産業に関する
　　　　——　231–232
　　——とモノのインターネット
　　　　（IoT）　264–265
　　Uberによって生産される
　　　　——　310
　　ビッグデータ，オープン
　　　　データも参照
データインフラストラクチャー
　　101–106, 148
データ化
　　——と公共空間の商業化
　　　　318–321
　　市民権の——　304–308
データ解析（とガバナンス）
　　294
データ革命　157–158
データ監視　292–296
データ駆動型科学　166
データ駆動型都市　37
　　スマートシティも参照
データ決定論　299
データサイエンス（DS）　158,
　　160–166

データ収集 114, 345
　手法 も参照
データ主権 108
データストレージ 101–102,
　104–105, 148
データスペクタクル 89
データに基づく主体
　187–192
データ品質 105–106
データ不安 109
データブローカー 295–296
データ分析（のデジタル化）
　114–115
データベース 148
　データストレージ も参照
データモニタリング 77
　監視／モニタリング も参照
データ倫理
　——の概念と役割
　　316–318, 323–325
　——と公共空間の商業化
　　318–321
　集団と個人 321–323
　——とデジタル開発 281
抵抗 18, 238, 321–312
　運動／抗議 も参照
ディスラプション（とデジタルの
　影響）258, 266
定量的アプローチ 157–158
　今後の—— 164–167
　複数の視点の相互作用
　　161–165
　——の認識論 86
　——の歴史的文脈
　　158–161
　——と GIS 116, 135–138
ディレクトリ 102–103
テクストレビュー 122

テクノクラート的ガバナンス
　296–297
デザイン（開発イニシアティブ
　の）279–280
デジタル（定義）3–5
デジタルインフラストラク
　チャー 332–333
　データインフラストラク
　　チャー も参照
デジタル化 272
　アナログメディアの
　　—— 172–174
　手法の—— 114
　従来の業界の—— 256–
　　258, 260–265
　データの—— 101
　開発 も参照
デジタル技術（の影響）1–4
デジタル空間
　拡張現実としての——
　　21–22, 59, 219,
　　220–222
　明確なものとしての
　　—— 219–220
　空間 も参照
デジタル権利 283–284,
　349, 351
デジタル産業 → 産業
デジタル産業へのユーザー参
　加 234–236
デジタル市民論の空間化
　308–309
デジタルシャドウ 20–22
デジタル人文学 117–118,
　139
デジタル地理学
　紹介 1–11
　各テーマについては，文

　化，経済，手法，政
　治，空間
デジタルディバイド 136,
　234, 272, 277–279,
　332–333
　不平等 も参照
デジタルデバイス 76, 121
　携帯電話 も参照
デジタルコンバージェンス
　258–259
デジタルプラットフォーム
　——とコンテンツ制作
　　174–177
　シェアリングエコノミーにお
　　ける役割 249–251
　——と情動 178–181
　——と大衆文化 172–
　　174, 181–182
　——の台頭 174–175
　——とミクロ文化 178
デジタル論的転回 6–7, 84,
　130, 157, 159
テレセンター 274, 278–279
電子行政 290
電子政府 290
電子廃棄物 280
電話
　——の歴史 229–230
　携帯電話 も参照
ドイツ 265
動画 172–173
統計学
　今後の展開 164–167
　データサイエンスとの相互
　　作用 161–165
　——の歴史的文脈
　　158–161
統計的複製 189

統治性 189, 288, 296-299
都市
　コンピュータと再概念化 30-32
　サイバーシティ概念 32-34
　スマートシティ概念 34-38
　——とデジタルガバナンス 289-291
　——のデジタルシャドウ 20-22
　未来のデジタルアーバニズム 38-40
　スマートシティも参照
都市空間
　今後のデジタルアーバニズム 38-40
　コンピュータと再概念化 30-32
　サイバーシティ概念 32-34
　スマートシティ概念 34-38
　——とデジタルガバナンス 289-291
　——のデジタルシャドウ 20-22
　スマートシティも参照
都市計画 30-31
都市への問題指向型アプローチ 31, 34-35
取締り 294, 298, 349
トレーサビリティ 49-51, 281
ドローン 346-347, 351

な行

内発的開発 272, 277

二重独立地図エンコード（DIME）ファイル 146
ニューヨーク市（NYC） 37
認識論 84-92, 331-332
認識論的多元主義 332
認識論的バイアス 330, 334-336
人間開発指数 316
ネオ地理学 132-134, 235, 308-309, 331
ネット・ロカリティ 19
ネットワークシティ 32
ネットワーク資本 73
ネットワーク接続 26-27
農業
　耕作生産 47-49
　畜産 49-51
　——と抵抗 238
　——の認識と変化 45-47
　未来の—— 53-54
　酪農生産 51-52
農村空間
　——における限られた技術 44-45
　技術と農業 45-47
　研究者たちによる——における技術の軽視 45
　耕作生産 47-49
　畜産 49-51
　未来 53-54
　酪農生産 51-52

は行

ハーバード大学コンピュータグラフィックス研究所 146
バイオデジタル畜産 49-51

媒介 23-25, 203-206
ハイチ 74
ハイブリッド空間 18-20, 32
場所（労働と結びついた） 212-215
ハッカソン 306-307
パノプティコン 19-20
バリューチェーン（のグローバル化） 259-260
ハンドヘルド端末 75
　携帯電話も参照
反抗 →運動／抗議, 抵抗
半導体 258-259
汎用技術（GPT） 258
ピアツーピアネットワーク 246
光検出・測距（LIDAR）センサー 5
ピケライン 220
ビジネスプロセスアウトソーシング（BPO） 259
ビッグデータ
　——へのアクセス 104-105
　——の特徴 99-100
　——と認識論 88-89, 321-322
　——と倫理 321-322
　地理参照された—— 100
　歴史的文脈における—— 345
　——の品質 105-106
　データ化, データ監視も参照
ビデオ会議 72
ビデオゲーム 176-177
美の感覚 3, 89
人目を引くモビリティ 76

索　引　　377

批判地図学 145
批判的転回 114
「ピュアプレイ」のインターネット小売業者 245
表象
　——という概念 199-200
　サイバースペースの
　　—— 201-202
　支配的解釈への挑戦 203
　——におけるデジタル技術の役割 201-203
　デジタル産業の—— 233
　——とバイアス 133-134, 164
　——と媒介 203-206
　認識論的批判における
　　—— 87-90
　——とモビリティ 72-73
　——と GIS 87-90, 119
評判経済 249
ファーストネーション／先住民 17, 108
　先住民の知識 も参照
フェミニストの視点 87, 331
プッシュ通知 27
物流 74, 259-261
　サプライチェーン も参照
不平等
　アクセスの—— 234, 277-279, 303, 332-333
　——と開発 272
　——と参加型手法 136
　ジェンダー 278-279
　——と市民権 307
　——知識主張 332-336
　——デジタル産業 234-236

　——とデジタルシャドウ 20-22
　社会的差異／カテゴリー も参照
プライバシー 322, 348-350
フラッシング（電話利用における）278
プラットフォーム協同組合主義 250
プラットフォーム資本主義 250
プレデタードローン 346
プログラミング → コード
プロセス論的認識論 88
プロファイリング 188, 294
雰囲気 25-28
文化
　主体／主体性 185-195
　表象と媒介 199-207
　メディアと大衆文化 172-182
文化地理学 200, 203
文化論的転回 199
分配／流通 220-253
　物流 も参照
ポータル 102
包摂性 133-134, 138-139, 317
ポスト真実の政治 339
北極圏環境主義 331-338
北極圏空間データインフラストラクチャー 103

ま行

マッピング
　カウンターマッピング 321-312
　議論 61-64

近隣と可変単位地区問題（MAUP）162-164
　——と空間人文学 118
　——の性質 57-59
　——の対話的なプロセス 149-150
　地図作成との関係 57-59
　デジタル産業の
　　—— 232-234
　——とデジタル市民論 308-309
　デジタルマッピングの起源 59-61
　——の未来 64-65
　GIS との関係 57-58
　カルトグラフィー も参照
マッピング産業 309-310
マッピングプラットフォーム 150-151
ミーム 178-180
ミクロ文化 178-180
民間部門 → 公共と民間の関係
民主化 234-237, 246
無人航空機（UAV）346-347, 351
無線自動識別（RFID）74, 281
メディア 172-174, 181-182
　注意，主体性と
　　—— 190-192
　デジタルプラットフォームとコンテンツ制作 175-178
　デジタルプラットフォームと情動 178-181
　デジタルプラットフォームの台頭 174-175

デジタルプラットフォームとミクロ文化　178-181
メトロポライゼーション　266
モデリング　→ 空間モデリング
モバイルな生活　73
モビリティ
　に関する質的研究　122
　──と自動化　79-80
　──と主体／主体性　188-189
　──と相互接続された技術　75-79
　──と特定の機能を持つ技術　71-75
　モビリティ概念　70
　交通管理，交通データも参照
モニタリング　→ 監視／モニタリング
モノのインターネット（IoT）　264

や行

ユーザーオペレーター（ARPANET の）　234
ユーザー生成コンテンツ　174
予測ガバナンス　298
予測システム　297-298
予測取締り　294, 298, 349
予測プロファイリング　294

ら行

酪農生産　51-52
ラスターデータモデル　148
ラディカル地図学　63
リオデジャネイロ　35-36
リスク評価　259
リポジトリ　102-104
利用可能性とアクセス　277
領土 - 地図関係　16-18
リレーショナルデータベース　148
倫理
　──の概念と役割　316-317, 323-324
　──と公共空間の商業化　318-321
　自動化（主体性と）　194
　集団と個人　321-323
　──とマッピング　153
労働（デジタル）
　──と開発　282
　──の規制　222-223
　──の空間の再概念化　219-223
　雇用形態　251-253
　──および仕事の再組織化　236-237
　資本主義の文脈での ──　216-218, 220-221, 236-237
　──の集中　222
　──と主体の位置　192-194
　──と政治経済　231
　──の定義　213
　能動的な行為体としての労働者　218-221, 223-224
　──および場所と仕事の結び付き　212-215
　歴史的文脈　213-215
　労働の過剰供給　216
　産業（デジタル），産業（既存の）も参照
労働の地理学　218
ロボット搾乳　51-52
論理　3

わ行

若者　120-122

監訳者

田中雅大（たなか まさひろ）

　東京都立大学都市環境学部地理環境学科准教授。

　2017 年首都大学東京大学院都市環境科学研究科博士後期課程修了（博士（地理学））。

　主な著作は「地理空間情報を活用した視覚障害者の外出を『可能にする空間』の創出――ボランタリー組織による地図作製活動を事例に」（単著，『地理学評論』88 巻 5 号，2015 年），「GIS の認識論と存在論に関する批判的議論の展開――クリティカル GIS の哲学的側面」（単著，『理論地理学ノート』23 号，2023 年）など。

　担当：監訳，第 1 章，2 章，5 章，7 章，10 章，13 章，15 章，20 章，23 章，24 章

訳　者

二村太郎（ふたむら たろう）

　同志社大学グローバル地域文化学部グローバル地域文化学科准教授。

　2008 年ケンタッキー大学大学院博士課程修了（Ph.D.）。

　主な著作は「拡大するアメリカ合衆国の都市農業とその課題」（単著，『日本不動産学会誌』34 巻 1 号，2020 年），マーク・ジェインほか著『アルコールと酔っぱらいの地理学――秩序ある／なき空間を読み解く』（共訳，明石書店，2019 年）など。

　担当：第 4 章，9 章，14 章，16 章，17 章，25 章

桐村　喬（きりむら たかし）

　京都産業大学文化学部京都文化学科准教授。

　2010 年立命館大学大学院文学研究科博士課程後期課程修了（博士（文学））。

　主な著作は『基礎から学ぶ GIS・地理空間情報』（共著，古今書院，2024 年），『ツイッターの空間分析』（編著，古今書院，2019 年）など。

　担当：第 6 章，8 章，12 章，18 章，22 章

小泉　諒（こいずみ りょう）

　神奈川大学人間科学部准教授。

　2013 年首都大学東京大学院都市環境科学研究科博士後期課程修了（博士（理学））。

　主な著作は *Political Economy of the Tokyo Olympics*（共著，Routledge，2023 年），「東京都心周辺埋立地の開発計画とその変遷」（単著，『経済地理学年報』66 巻 1 号，2020 年）など。

　担当：第 3 章，11 章，19 章，21 章

執筆者一覧（所属は原著執筆当時のもの）

ジェームズ・アッシュ（James Ash）［第1, 13章］　ニューカッスル大学 上級講師
ダニ・アリバス゠ベル（Dani Arribas-Bel）［第12章］　リバプール大学 講師
モハメド・アミール・アンワル（Mohammad Amir Anwar）［第16章］　オックスフォード大学 インターネット研究所 研究員
マシュー・ウィルソン（Matthew W. Wilson）［第5章］　ケンタッキー大学 准教授
デヴィッド・オーサリヴァン（David O'Sullivan）［第11章］　ヴィクトリア大学ウェリントン 教授
ロブ・キッチン（Rob Kitchin）［第1, 8, 21章］　アイルランド国立大学メイヌース校 教授
サム・キンズリー（Sam Kinsley）［第14章］　エクセター大学 講師
ドロテア・クライネ（Dorothea Kleine）［第20章］　シェフィールド大学 上級研究員
マーク・グラハム（Mark Graham）［第16章］　オックスフォード大学 インターネット研究所 教授
ジェレミー・W・クランプトン（Jeremy W. Crampton）［第25章］　ケンタッキー大学 教授
メーガン・コープ（Meghan Cope）［第9章］　バーモント大学 教授
ジム・サッチャー（Jim Thatcher）［第7章］　ワシントン大学タコマ校 助教授
テイラー・シェルトン（Taylor Shelton）［第22章］　ミシシッピー州立大学 助教授
ティム・シュヴァーネン（Tim Schwanen）［第6章］　オックスフォード大学 准教授
ヒラリー・ジョーイーガン（Hilary Geoghegan）［第10章］　レディング大学 准教授
マシュー・ズック（Matthew Zook）［第17章］　ケンタッキー大学 教授
リネット・テイラー（Linnet Taylor）［第23章］　ティルブルグ大学 助教授
マーティン・ドッジ（Martin Dodge）［第4章］　マンチェスター大学 上級講師
ブリュノ・モリセ（Bruno Moriset）［第19章］　ジャン・ムーラン・リヨン第3大学 准教授
ジェイソン・C・ヤング（Jason C. Young）［第24章］　ワシントン大学 上級研究員
リジー・リチャードソン（Lizzie Richardson）［第18章］　ダラム大学 リーヴァーヒューム若手研究員
アンドレス・ルケ゠アヤラ（Andrés Luque-Ayala）［第3章］　ダラム大学 助教授
アグニェシュカ・レシュチンスキ（Agnieszka Leszczynski）［第1章, 2章］　ウェスタン大学 助教授
ジリアン・ローズ（Gillian Rose）［第15章］　オックスフォード大学 教授
トレイシー・ローリオ（Tracey Lauriault）［第8章］　カールトン大学オタワ校 助教授

編著者

ジェームズ・アッシュ（James Ash）
　原著執筆当時，ニューカッスル大学（イギリス）上級講師。デジタルインターフェースの文化，経済，政治について検討している。主な著作に *The Interface Envelope: Gaming, Technology, Power*（Bloomsbury, 2015），*Phase Media: Space, Time and the Politics of Smart Objects*（Bloomsbury, 2017）がある。

ロブ・キッチン（Rob Kitchin）
　原著執筆当時，アイルランド国立大学メイヌース校教授。20 年以上にわたってデジタル地理学に関する研究に取り組んでいる。主な著作に *Cyberspace: The World in the Wires*（John Wiley & Sons, 1998），*Mapping Cyberspace*（Routledge, 2001, 共著），*The Atlas of Cyberspace*（Addison-Wesley, 2001, 共著），*Code/Space: Software and Everyday Life*（The MIT Press, 2011, 共著），*The Data Revolution: A Critical Analysis of Big Data, Open Data and Data Infrastructures*, 2nd ed.（Sage, 2023）がある。

アグニェシュカ・レシュチンスキ（Agnieszka Leszczynski）
　原著執筆当時，ウェスタン大学（カナダ）地理学科助教授。デジタル位置情報の商業化に伴う社会的・経済的・技術的変化について検討している。主な論文に Leszczynski, A. (2015) Spatial media/tion, *Progress in Human Geography*, 39(6): 729–751., Leszczynski, A. (2016) Speculative futures: Cities, data, and governance beyond smart urbanism, *Environment and Planning A*, 48(9): 1691–1708., Leszczynski, A. (2020) Glitchy vignettes of platform urbanism, *Environment and Planning D: Society and Space*, 38(2): 189–208 がある。

デジタル・ジオグラフィーズ──変容する空間，地理学の変容

2025 年 3 月 30 日　初版第 1 刷発行
2025 年 4 月 25 日　初版第 2 刷発行

編著者　ジェームズ・アッシュ，ロブ・キッチン，
　　　　アグニェシュカ・レシュチンスキ
監訳者　田　中　雅　大
訳　者　二村太郎，桐村　喬，小泉　諒
発行者　大　江　道　雅
発行所　株式会社 明 石 書 店
　〒101-0021　東京都千代田区外神田 6-9-5
　電話　03-5818-1171　　FAX　03-5818-1174
　振替　00100-7-24505　　URL　https://www.akashi.co.jp/

装　幀　清水　肇（prigraphics）
印刷／製本　モリモト印刷株式会社
（定価はカバーに表示してあります）　　ISBN978-4-7503-5903-8

多文化都市トロントにおける移民街の揺動
ジェントリフィケーション・私的政府BIA・ローカル政治

髙橋昂輝 著

■A5判／上製／312頁　◎5400円

多文化主義国家カナダでも有数の移民街「リトルポルトガル」。近年、この街区に重大な影響を与えているジェントリフィケーションと都市政策BIAに焦点を当て、ダイナミックな都市変容過程におけるローカル政治の構造と力学を明らかにする。

●内容構成●

第Ⅰ部　はじめに
本書の枠組みと目的／既往の研究／研究方法と分析の手順

第Ⅱ部　多文化主義国家カナダと多文化都市トロントのポルトガル系移民街
多文化主義国家カナダと多文化都市トロントのポルトガル系ディアスポラ

第Ⅲ部　移民街の発展・変容とエスニックコミュニティの空間的分散化
リトルポルトガルの移民街としての発展段階／リトルポルトガルの脱ポルトガル化とポルトガル系コミュニティの空間的分散化

第Ⅳ部　私的政府BIAとジェントリフィケーション進展下のローカル政治
都市の街区政策BIAとその私的政府性／リトルポルトガルBIAにおける主導権争いと社会関係／ジェントリフィケーション進展下のポルトガル系議員の選挙戦

第Ⅴ部　おわりに
移民一世の高齢化と老後の戦略的トランスナショナリズム／結：多文化都市トロントのディレンマと移民街の揺動

デジタル革命の社会学
AIがもたらす日常世界のユートピアとディストピア
アンソニー・エリオット著
遠藤英樹、須藤廣、髙岡文章、濱野健訳
◎2500円

デジタル世界のスキル形成
デジタルトランスフォーメーションが導く仕事・生活・学び
経済協力開発機構（OECD）編著
菅原良、松下慶太監訳
◎6800円

ドローンの哲学
グレゴワール・シャマユー著
渡名喜庸哲訳
◎2400円

都市高齢者の介護・住まい・生活支援
福祉地理学から問い直す地域包括ケアシステム
宮澤仁著
◎3600円

都市に暮らすモンゴル人
ウランバートル・ゲル地区にみる住まい空間
松宮邑子著
◎4500円

ネオアパルトヘイト都市の空間統治
南アフリカの民間都市再開発と移民社会
宮内洋平著
◎6800円

グローバル・ヘルスと持続可能な社会
健康の課題からSDGsを考える
小林尚行著
◎2700円

グローバル感染症の行方
分断が進む世界で重層化するヘルス・ガバナンス
詫摩佳代著
◎2700円

〈価格は本体価格です〉

女性の世界地図
女たちの経験・現在地・これから

ジョニー・シーガー 著
中澤高志、大城直樹、荒又美陽、
中川秀一、三浦尚子 訳

■B5判変型／並製／216頁　◎3200円

世界の女性はどこでどのように活躍し、抑圧され、差別され、生活しているのか。グローバル化、インターネットの発達等の現代的テーマも盛り込み、ますます洗練されたカラフルな地図とインフォグラフィックによって視覚的にあぶり出す。オールカラー。

● 内容構成 ●

世界の女性たち 差別の終結（CEDAW）／差別を測る／ジェンダー・ギャップ／平均寿命／レズビアンの権利／二分論を超えて／結婚と離婚
女は女の場所に置いておく さまざまな箱の王国／合法的な束縛／児童婚ほか／殺人／DV／レイプ犯と結婚させる法律／「名誉」殺害される女性ほか
出産にまつわる権利 出産／避妊／妊産婦死亡率／中絶／男児選好
身体のポリティクス スポーツ／美／美容整形／女性器切除／セックス・ツーリズム／買売春／人身売買／ポルノグラフィー
健康・衛生 乳がん／HIV／結核／マラリア／飲料水／トイレに関する活動ほか
仕事 有償・無償の仕事／分断された労働力／世界の女性／仕事のための移民／失業／児童労働／水のために歩く／農業と漁業／仕事のための移民
教育とつながり 就学年数／学歴の積めない／収入の格差／学位への前進／識字率／コンピューター／インターネットとソーシャルメディア／オンラインハラスメントほか
財産と貧困 土地の所有／住宅の所有／毎日の貧困／極限の貧困
権力 女性の選挙権／政治における女性／軍隊／国連／いろんなフェミニズム

アルコールと酔っぱらいの地理学
秩序ある／なき空間を読み解く

マーク・ジェイン、ジル・バレンタイン、
サラ・L・ホロウェイ 著
杉山和明、二村太郎、荒又美陽、成瀬厚 訳

■四六判／上製／304頁　◎2700円

イギリスの地方都市と農村での聞き取り調査を基礎に、都市・田園・ジェンダー・エスニシティなどのテーマから「飲酒空間の地理学」を構築する。近年英語圏で急速に発展中の「アルコールの地理学」の嚆矢となった一冊。「イギリス人と酒」の素顔を知りたい人にも。

● 内容構成 ●

日本語版へのはしがき
序章　酒・飲酒・酩酊の地理　アルコール研究と地理学的アプローチほか
第1章　都市　ビンジ・シティ：酒・飲酒・酩酊と現代の都市生活　ほか
第2章　田園　田園における飲酒の理論化／田園における現代アルコールと若者ほか
第3章　ホーム　ホームの欠如／家庭内の飲酒実践、社会的意味、社会的差異ほか
第4章　ジェンダー　ジェンダー化された飲酒パターン、場所、目的ほか
第5章　エスニシティ　禁欲というムスリムの文化／夜間経済ほか
第6章　世代　飲酒実践における世代間の連続性と非連続性ほか
第7章　感情と身体　アルコール消費の世代間の感情と身体の地理ほか
「もう一杯いかが？」――あとがき
「酔いに任せてもう一杯」――訳者あとがき

〈価格は本体価格です〉

現代人文地理学の理論と実践
世界を読み解く地理学的思考

フィル・ハバード、ロブ・キチン、ブレンダン・バートレイ、ダンカン・フラー 著
山本正三、菅野峰明 訳

■A5判/上製/432頁 ◎5800円

「地理学的に考える」とはどういうことか。概念と学史の通論を避け、人文地理学に理論的影響を与えてきた諸学の思想、また人文地理学が最新社会科学の実践に与える刺激を丹念に解説。理論の重要性および現代世界の理解における地理学的思考の必要性を説く。

● 内容構成 ●

第1部 人文地理学の理論化
 第1章 理論への導入
 第2章 地理学思想史の概観
 第3章 新しい理論、新しい地理学?
第2部 理論地理学の実践
 第4章 身体の地理学
 第5章 テクストの地理学
 第6章 貨幣の地理学
 第7章 ガバナンスの地理学
 第8章 グローバリゼーションの地理学
第3部 結論
 第9章 結び

人間の領域性
空間を管理する戦略の理論と歴史

ロバート・デヴィッド・サック 著
山﨑孝史 監訳

■A5判/上製/344頁 ◎3500円

人間の領域性=「領域(境界で画された区域)を用いた空間と行動の戦略的管理」の機能と効果を、地理学的視点から理論化する。部族社会から初期・中世キリスト教会、開拓時代の米国、産業革命以降の職場まで多様なスケールの領域利用を解きほぐし、権力と空間をめぐる議論を方向付けた名著の全訳。

● 内容構成 ●

1 領域性の意味
 領域性の例/意味についての注記/領域性を定義する/これまでのアプローチ/領域性と地理学/領域性の意義
2 理論
 領域性の社会的構築/理論・パート1/理論・パート2
3 歴史的モデル――領域性、空間、そして時間
 傾向と複雑性/原始社会の政治経済/文明社会/資本主義
4 カトリック教会
 領域と見える教会/原始キリスト教/初期のローマ教会/中世初期とルネサンス/宗教改革とその後
5 アメリカの領域的システム
 新大陸発見と植民地化/独立革命期と西方拡大/20世紀の領域的効果への視点
6 職場
 空にいきて非人格的な空間/あいまい化/現代的状況における領域の力学
7 結論――社会、領域、そして空間

〈価格は本体価格です〉